国家社科基金后期资助项目
出版说明

后期资助项目是国家社科基金设立的一类重要项目,旨在鼓励广大社科研究者潜心治学,支持基础研究多出优秀成果。它是经过严格评审,从接近完成的科研成果中遴选立项的。为扩大后期资助项目的影响,更好地推动学术发展,促进成果转化,全国哲学社会科学工作办公室按照"统一设计、统一标识、统一版式、形成系列"的总体要求,组织出版国家社科基金后期资助项目成果。

全国哲学社会科学工作办公室

国家社科基金
GUOJIA SHEKE JIJIN HOUQI ZIZHU XIANGMU
后期资助项目

中国刑法帮助犯理论体系研究

Research on the Theoretical System of the Accessory in China

黄丽勤　著

上海三联书店

目　　录

引　言

　　共同犯罪理论是刑法学中最疑难、最复杂的理论之一,不仅涉及行为的构成要件符合性、违法性、有责性问题,而且涉及不同共犯人之间的关系问题;不仅涉及刑法理论本身,而且涉及刑事政策理论。特别是随着信息网络技术的迅猛发展,各种利用信息网络实施的犯罪层出不穷,其中许多犯罪是由互不相识的人相互配合得以实施完成的。利用信息网络与利用传统工具实施犯罪的特点具有较大差异,导致网络共同犯罪在行为构造方面与传统共同犯罪具有较大不同,比如共犯人之间的犯意联络难以认定、帮助行为与其他共犯行为之间的界限模糊不清、帮助行为也可以在共同犯罪中起到重要作用等,都使共同犯罪理论变得更加复杂,迫切需要加强研究。

　　本书拟以建立我国帮助犯理论体系为研究目标,从中外刑法规定和共犯理论有别的立场出发,在比较50多个国家及地区刑法共犯规定的基础上,结合我国共犯规定和典型案例,对我国刑法中帮助犯各重要理论展开全面、系统而深入的研究,各章具体内容概括如下:

　　第一章是"中国共犯参与体系的性质"。对于我国共犯参与体系是单一制还是区分制,目前学界争议很大,而该理论在帮助犯理论体系中处于基础性地位,直接影响帮助犯与正犯的区分、帮助犯是否从属于正犯、帮助犯的处罚根据、对中性帮助行为和片面帮助行为应当如何处罚等问题。本章在归纳总结各种学说的基础上,从单一制与区分制的划分标准、我国区分制说和单一制说的优劣、我国共犯参与体系与区分制和单一制的重大差异等角度,论证了我国共犯参与体系既非区分制,又非单一制,而是分工定性与处罚原则相分离的分离制;相应地,区分制和单一制则属于分工定性与处罚原则相统一的统一制。

　　在第一节"单一制与区分制的区分标准"中,首先采用归纳法,逐一列举国内外著名学者公认的采用单一制和区分制的国家及地区,再在介绍评析单一制和区分制的内涵、特征、优劣、采用原因、形式性统一正犯概念、功能性统一正犯概念的基础上,比较分析这些国家及地区共犯规定的共同特点,发现以下几个规律:(1)学界认为共犯立法的理论基础是因果关系理论中的条件理论还是构成要件理论中的限制的正犯概念,不是单一制和区分制的主要区别。在立法上采用单一制的国家及地区,理论上也可能赞成构成要件理论中的限制的正犯概念;在立法上采用区分制的国家及地区,理论上也有学者主张扩张的正犯概念甚至共犯独立性说。(2)立法中是否明文规定了正犯和共犯,更不是单一制和区分制的主要区别。立法上采取区分制的国家及地区固然要明文规定正犯和共犯,但立法上采单一制的国家及地区也可能明文规定正犯和共犯,特别是在采用功能性统一正犯概念体系的国家及地区的立法中必然要明文规定组织犯、教唆犯、帮助犯等概念。(3)立法中是否规定对教唆犯要"处以正犯之刑"之类,是否规定对共犯要按照刑法分则规定的罪名和法定刑处罚,是否规定对各参与人均应按其参与的性质、程度、所起作用大小分别处罚,也不是单一制和区分制的主要区别。因为这类规定都是一种没有特别意义的注意性规定,仅是提醒大家对共犯也要定罪量刑而已,而要定罪量刑,当然得按照刑法分则规定的罪名和法定刑进行,并且当然要按行为人责任大小判处相应的刑罚。(4)刑法理论通说对共犯的成立采取何种学说,也不是单一制和区分制的主要区别。在立法上采用区分制的国家及地区,理论上自然以赞同共犯从属性说者居多,但也有一些学者赞同共犯独立性说。在立法上采用单一制的国家及地区,理论上理当更赞同共犯独立性说,但也有许多学者赞成共犯从属性说,甚至立法本身也体现共犯从属性说。例如,巴西是公认的采取单一制的国家,但《巴西刑法典》第31条明文规定共犯的成立必须以正犯着手实行犯罪为前提。(5)尽管理论根基不同,但单一制和区分制体现在立法上的区别,其实只有一点,就是是否特别为帮助犯规定了减轻处罚原则。规定了对帮助犯应当减轻或者可以减轻处罚的,是区分制;反之,对此没有规定的,是单一制。虽然这一结论简单明了,但却符合单一制和区分制的理论根基,因为作为单一制理论基础的单一的正犯概念认为,所有共犯行为在条件关系上都等价,都应同等处罚,自然不能为帮助犯规定减轻处罚原则,而作为区分制理论基础的限制的正犯概念认为,刑法本来不应处罚帮助犯,处罚帮助犯是刑罚扩张事由,所以必然要对帮助犯规定减轻处罚原则。至于教唆犯、共谋犯、组织犯等共犯形态,由于参与人在案件中所起的作用可能并不小于甚至还大于亲自实施构成要件行为的实行犯,因此至多只能规定"处以正犯之刑"或者规定按照其责任大小进行处罚,不太可能明文规定可以或应当减轻处罚。

第二节评析我国区分制说特别是双层区分制说的优劣。一是将作用分类视作一层区分是混淆概念；二是该说关于分工分类是定性和定罪、作用分类是定量和量刑之观念明显不妥，实际上，分工分类不是定罪，定罪主要根据行为人的犯罪故意性质而不根据角色分工，作用分类也不是量刑而同样是定性，同样是认定事实和适用法律的完整过程，分工分类与作用分类这两种定性各自独立，并行不悖；三是因为我国刑法规定了教唆犯、组织犯、帮助犯就认为我国刑法采取了区分制的观点，与单一制和区分制的划分标准不符；四是是否处罚教唆未遂或帮助未遂，是共犯从属性说与独立性说的争议问题，与立法例是单一制还是区分制没有必然联系。

第三节评析了我国单一制说的优劣。一是该说故意忽略正犯与共犯的划分不符合实际，因为正犯与共犯的区别是天然存在的，司法实践中不可能不首先考虑正犯与共犯的区别，尽管在裁判文书中可以不作表述；二是该说认为正犯与共犯在我国有着完全相同的成立条件，都是只要有共同故意和共同行为就可以成立犯罪，是将共同犯罪的认定条件与正犯和共犯的成立条件混为一谈；三是该说认为我国不存在以正犯的法定刑作为处刑基准而对共犯从宽处罚的看法明显欠妥，因为无论是对正犯还是对共犯，都只能根据刑法分则中规定的罪名和法定刑定罪量刑，总则中不可能规定罪名和法定刑，而分则规定罪名和法定刑是以单独实行犯（即正犯）的既遂为标准的，不可能以共犯的既遂或未遂为标准；四是该说认为我国共犯立法采用了单一制的主要理由均值得商榷。

第四节正面论述了我国共犯立法采取的是分工定性与处罚原则相分离的分离制，而其他国家及地区的单一制和区分制都是分工定性与处罚原则相统一的统一制。之所以用分工定性与处罚原则这两个因素作为分类因素，是因为在各国刑法的共犯规定中都存在这两个因素，而作用定性则只有在我国的共犯规定中才有采用。在我国，刑法对共犯参与人的分类，既不像国外单一制那样不为帮助犯规定减轻处罚原则，也不像国外区分制那样仅采用分工分类法，而是同时采用作用分类法与分工分类法，并且两种分类法是并列的，既互不决定而并行不悖，又相互影响而相辅相成。主犯与从犯的认定也是对参与人角色的一种定性，也是根据证据认定事实和适用法律进行定性的完整过程，"起主要作用者是核心角色、起次要作用者是边缘角色"与"核心角色起主要作用、边缘角色起次要作用"是对同一问题的不同描述，不能简单地将作用分类等同于量刑。结合第二章对正犯与共犯区分标准实质化的分析可以看出，虽然区分制从形式上看是分工定性与处罚原则相统一，但分工分类的实质标准仍然是作用分类，导致区分制在实质上也是根据作用大小来决定处罚原则的,分工分类仅是形式,作用分类才是实质。

第二章是"德日刑法正犯与共犯的区分困境及其解决出路"。有感于我国部分学者极力提倡用分工分类法来取代我国刑法现行分类法之不妥,本章对德日刑法区分正犯与共犯面临的重重困境进行剖析,分析其产生原因及解决对策,得出德日刑法应当引进作用分类法的结论,以引导大家正视我国共犯规定比德日体系更加优越之处,并为进一步展开我国刑法帮助犯理论体系研究打下基础。

第一节准确、简练地介绍和评析德日刑法区分正犯与共犯的各种学说,包括以因果关系理论为基础的主观说和早期的客观说(实质说)、以构成要件理论为基础的形式客观说和各种实质客观说,特别是对作为目前通说的重要作用说和犯罪事实支配理论进行准确的介绍、中肯而切中要害的评析。

第二节分析德日刑法区分正犯与共犯所面临的困境。一是除形式客观说之外的其他区分理论,都将分工分类法实质化为作用分类法,将重要作用(相当于我国刑法中主犯的认定标准)作为认定正犯的实质标准,从而既违背分类标准逻辑又违背罪刑法定原则;二是区分标准实质化与区分制的理论根基自相矛盾,区分制的理论根基是构成要件理论和限制的正犯概念,是根据是否直接实施构成要件行为从而能否直接侵害法益来区分正犯与共犯的,并认为共犯对正犯具有从属性,认为只有在正犯着手实行犯罪之后,共犯的可罚性才能达到值得运用刑罚予以惩罚的程度,但是在区分标准实质化之后,未亲自实施构成要件行为的人可能被认定为正犯,亲自实施构成要件行为的人反而可能被认定为帮助犯,导致共犯从属性原则根本无从适用;三是主观说同样是根据参与人在共同犯罪中所起作用大小来将实行者认定为共犯、将非实行者认定为正犯的,与实质客观说存在同样的缺陷;四是区分制仅区分正犯与共犯而不区分主犯与从犯,无法实现具体处罚的妥当性,难以满足罪刑相适应原则的要求,因而为了使处罚能够符合罪刑相适应原则,不得不根据在共同犯罪中的作用大小来将未亲自实施构成要件行为的组织犯、共谋犯认定为正犯,并且反而可能将实施构成要件行为的实行者认定为帮助犯;五是正犯与共犯的区分难以适用于非典型形态,导致陷入到底是正犯还是共犯、是哪一种共犯的难以决定之困境。

第三节分析了德日刑法区分正犯与共犯陷入困境的主要原因。一是立法中规定的共犯形态极不完整,缺少组织犯、共谋犯等必要的规定,而组织犯、共谋犯是现实生活中客观存在的与教唆犯、帮助犯、实行犯有很大不同的行为类型;二是目前学说都错误地将能否说明间接正犯的正犯性作为衡量区分学说合理与否的标准,但实际上,间接正犯的认定是其定义和认定标准问题,不是正犯与共犯的区分问题,作为正犯与共犯区分标准的学说,只宜讨论能将同一共同犯罪中的正犯、教唆犯、帮助犯、组织犯、共谋犯区分开来的标准,而不宜同时讨论间接正犯的定义和认定标准问题;三是过于重视分工分类法而故意不承认作用分类法,导致无法符合罪刑相适应原则的要求,但实际上,为了符合罪刑相适应原则的要求,又不得不采用重要作用、支配作用等实质标准来区分正犯与共犯,导致将作用分类法作为分工分类法的实质标准,导致两种分类法彻底混同而逻辑混乱。

　　第四节是为解决区分困境提出方案。一是增设共谋犯、组织犯等常见共犯形态并明文规定其处罚原则;二是修改帮助犯和正犯的处罚原则,将帮助犯的处罚原则从"应当减轻处罚"修改为"可以按其责任大小从轻或者减轻处罚",增加规定"对于正犯和共同正犯,如果其在共同犯罪中仅起次要作用,可以按其责任大小从轻或者减轻处罚";三是引进作用分类法,像中国刑法那样采取分工分类法与作用分类法相结合的并行不悖的分离制,以彻底避免根据作用大小来认定、区分正犯与共犯所引起的各种理论混乱;四是回归构成要件理论本位,回归正犯与共犯概念的本义,严格根据形式客观说来区分正犯与共犯,避免重要作用说和犯罪事实支配理论将实质作用作为形式分类标准所引发的逻辑混乱。

　　第三章是"中国刑法中的共犯独立性"。在共犯的成立是否必须以正犯着手实行犯罪为前提的问题上,我国刑法学界存在共犯从属性说、共犯独立性说、共犯二重性说等多种观点。但是,许多学者实际上已经偏离了两说的基本含义,而是根据自己的理解对从属性与独立性作了新的定义,比如提出定罪时的从属性、处罚时的独立性、共犯利用他人是独立性、共犯相互利用是从属性、共犯的成立只应当以正犯成立预备犯为前提、共犯有自己的定罪量刑标准就是独立性等观点。因此,本章首先重申应当坚守从属性和独立性的基本含义,以免在讨论时因偷换概念或转移论题而缺乏真正的交锋。

　　在坚守共犯的实行从属性是指"共犯的成立是否必须以正犯着手实行犯罪为前提"这一基本含义的基础上,本章对我国刑法中共犯对正犯是否具有实行从属性问题进行分析。首先是准确界定"共犯""从属性""独立性"等概念的基本含义;其次是具体评析我国学者所持的共犯从属性说、共犯二重性说、共犯独立性说的不足;接着依次分析我国刑法中教唆犯、帮助犯、组织犯、共谋犯都体现了共犯独立性,因为即使正犯没有着手实行犯罪也可以处罚共犯,共犯与正犯在犯罪预备阶段就可以成立共同犯罪,共犯的成立并不需要以正犯着手实行犯罪为前提;最后提出只需坚守从属性和独立性的基本含义即可,无须一并接受两说提出伊始时的理论基础,没有必要因为我国刑法中的共犯规定体现了独立性而认为共犯行为本身也是一种实行行为,甚至认为我国刑法采取了主观主义,因为刑法处罚预备阶段的共犯主要是出于预防犯罪的政策需要,并没有蕴含过多的含义。

本章重点在第三节对教唆犯的独立性所作的论证。论证分两层,第一层论证为什么对《刑法》第 29 条第 2 款进行限制解释缺乏理论依据,包括我国多数学者和司法工作者都认为教唆未遂行为具有严重的社会危害性,应当受到刑罚惩罚;共犯从属性说在德国和日本并未得到一贯坚持,他们同样处罚预备阶段的共犯,尤其是重罪的教唆未遂;正犯与共犯的区分标准实质化导致根本无法适用共犯从属性说,缺乏充分理由的限制解释会严重破坏法的安定性、违反立法意图和规范目的等。第二层论证为什么《刑法》第 29 条第 1 款也只体现了共犯独立性而未体现从属性,包括该款实际上并未规定任何有意义的内容,因为不仅对教唆犯,而且对所有的正犯和共犯,都是要按照他们在共同犯罪中所起的作用处罚的,这是罪刑相适应原则的基本要求;反而,由于认定共同犯罪只需要认定各行为人共同故意实施犯罪即可,而教唆者和被教唆者在预备阶段也可成立共同犯罪,所以可将该款解释为也要求处罚预备阶段的教唆犯,从而教唆犯的成立并不需要以被教唆者着手实行犯罪为前提,不符合共犯从属性的基本含义。由于该条第 2 款明示采取共犯独立性说,在被教唆者没有犯被教唆的罪时,包括被教唆者拒绝接受教唆、教唆意图尚未传达到被教唆者、被教唆者领会错误而犯了其他罪等,也可单独处罚教唆犯,因此综合来看,《刑法》第 29 条在教唆犯的实行从属性问题上采取的是共犯独立性说,认为第 1 款采取的是共犯从属性说的传统观点是错误的。

第四章是"共犯的处罚根据"。本章论证目前的共犯处罚根据论都无法完全解释各种特殊情形下共犯的处罚根据问题,既与共犯与正犯的区分标准理论和共同犯罪本质理论的发展不协调,又至多只能说明共犯既遂时的处罚根据而无法说明共犯未遂时的处罚根据(因为在未遂时并未侵害法益),因而需要考虑其他因素;作为通说的因果共犯论只根据因果关系来说明共犯的处罚根据,忽略了刑事归责的其他因素;共犯处罚根据应当是多元的、综合性的,既要考虑共犯行为的构成要件符合性、违法性、有责性等形式依据,又要考虑刑罚预防犯罪目的、社会通常观念和人们的处罚感情、刑罚处罚的必要性和合理性等更加实质的归责要素。

　　本章首先仔细辨析各种共犯处罚根据论,包括责任共犯论、不法共犯论、三种因果共犯论的概念、基本内容、理论基础、优点不足、学者误解;接着分析目前共犯处罚根据论所面临的共同问题,包括无法完全说明各种特殊情形下共犯的处罚根据、与正犯和共犯区分标准理论的发展不协调、与共同犯罪本质理论的发展不协调、无法说明共犯未遂场合共犯处罚根据等;最后提出共犯的处罚根据应是多元的而非一元的,应综合考虑共犯的构成要件符合性等多种因素,并根据这种综合说分析身份犯的共犯、教唆自杀和帮助自杀时的共犯、幕后者利用不知情的正犯实施义务犯、共犯误以为正犯具有犯罪故意时的处罚根据等问题。

　　本章新颖观点包括:(1)结合各国刑法处罚共犯未遂和预备犯等立法实际,跳出因果关系理论这一狭小范围,从多个角度思考共犯的处罚根据,提出共犯的处罚根据应当是多元的、综合性的,只有综合考虑法益侵害、刑罚目的、处罚感情、处罚的必要性和合理性等多种因素,才能说明各种情形下共犯的处罚根据。(2)分析共犯处罚根据论与其他共犯理论的发展不相协调之处,认为因果共犯论的理论基础是根据形式客观说来区分正犯与共犯、根据前构成要件行为共同说来设置应予讨论的各种共犯情形、根据因果关系理论来论证共犯的处罚根据,这已经落后于正犯与共犯区分标准的主观说和实质客观说,落后于共犯本质理论的部分犯罪共同说和构成要件行为共同说,也无法说明亲自实施了构成要件行为的共犯是如何通过没有亲自实施构成要件行为的正犯的实行行为去法益侵害的;(3)提出共犯处罚根据论不仅应解决共犯既遂时的处罚根据问题,而且应解释共犯未遂时的处罚根据问题,而在未遂时还不存在因果关系问题,因此不能仅以因果关系来考虑共犯的处罚根据,必须考虑其他因素;(4)根据大多数学者对某一特殊情形下共犯可罚或不可罚的观点,用图表表示各种共犯处罚根据论解决16种特殊情形下共犯处罚根据问题的能力,认为纯粹惹起说的能力最强,混合惹起说次之,其他各说相差不大,并简要分析了原因;(5)提出应区分两层因果关系,一层是教唆行为导致正犯行为,教唆是因,正犯是果,还有一层是"侵害法益意义上的"不法产生于符合构成要件的事实,正犯的不法是因,共犯的不法是果,后者只能从属于前者,并且,除非共犯本身欠缺保护法益,正犯的不法一般会连带导致共犯的不法。

　　第五章是"帮助行为正犯化研究"。第一节探讨帮助行为正犯化的内涵与外延,认为帮助行为正犯化是指刑法分则为某类帮助行为单独规定罪状和法定刑的立法现象,应根据研究目的来确定其外延,对以下在社会观念上已经高度独立化的行为类型没有必要作为帮助行为正犯化进行研究:

一是事后帮助行为所涉罪名,如洗钱罪等;二是已经高度独立化的中间行为,如各种运输特殊物品的犯罪;三是已经高度独立化的预备性质的帮助行为,如各种提供特殊物品或信息的犯罪;四是被帮助的行为没有被规定为犯罪的行为,如容留他人吸毒罪等;五是虽然描述了行为方式,但没有独立配置法定刑的行为,如强迫他人劳动罪的帮助犯。因此,需要作为帮助行为正犯化进行研究的,主要是为他人实行犯罪提供资金或其他物质帮助的行为,以及刑法同时为正犯和帮助犯规定了罪状和法定刑的行为。

第二节评析了两种帮助犯量刑规则理论。一种是将帮助行为正犯化规定区分为绝对正犯化、相对正犯化和量刑规则的理论,另一种是将帮助行为正犯化规定区分为正犯化和量刑规则的理论。前者存在循环论证问题,即首先根据帮助行为实质上是否可罚及可罚程度来区分绝对正犯化、相对正犯化与量刑规则,然后又根据这种区分来决定帮助犯是否具有实行从属性,以及能否处罚对该帮助犯的教唆或帮助。这种根据具体行为的可罚性来判断法条性质的做法违反了"先定性后量刑"的逻辑顺序,并且撇开法条性质来判断具体行为是否可罚并无可靠的依据,认为有些帮助行为能够独立侵犯实行犯所侵犯的法益也是将帮助行为与实行行为各自所能侵犯的法益混为一谈。再者,对具体行为是否可罚不能仅考虑法益侵害一个因素,而必须综合考虑处罚的必要性和合理性,认为没有法益侵害就不可罚将违背帮助行为正犯化的立法宗旨,正是由于帮助行为本身不可能侵害法益但又需要处罚才将其正犯化。对于后者也主要是指出其逻辑论证错误。结论是对帮助行为正犯化规定不能区分为正犯化与量刑规则,应一律视为已经正犯化的罪名。

第三节探讨帮助行为正犯化的实行从属性问题。首先介绍评析各种观点,如共犯独立性说、提升后的正犯说、对行为要求从属性与对人不要求从属性的区别说、帮助行为正犯化罪名的成立以正犯不构成犯罪为前提的排斥说、犯罪成立与处罚范围相分离说;接着论证帮助行为正犯化是独立的罪名,其成立及处罚不需要以所帮助的正犯着手实行犯罪为前提。既然刑法分则已经将某类帮助行为规定为独立的犯罪,说明立法者已经认可该类行为本身具有严重的社会危害性和应受刑罚惩罚性,具有不依赖于所帮助的实行行为的独立的违法性,这种社会危害性和违法性未必需要与所帮助的实行行为的社会危害性、违法性保持一致。

第四节探讨帮助行为正犯化罪名的共犯形态和停止形态问题。在判断此类罪名的修正形态的可罚性时,不应过于重视形式上的构成要件符合性,而应更加实质地考虑其帮助行为本质和社会危害性,对不值得处罚者,可根据《刑法》第13条但书条款出罪。在考虑准正犯修正形态的可罚性时,应当将其与准正犯和正犯的可罚性一并考虑,通过综合考虑各种因素,比如准正犯的罪名和法定刑、同一罪名内部正犯行为的性质、同一罪名内部帮助行为的类型、修正形态本身的类型、修正形态在社会观念上能否成立等,实质性地判断准正犯修正形态的可罚性。

第六章是"帮助行为共犯化研究"。本章论证了刑法分则和司法解释规定帮助行为共犯化的原因主要是对片面帮助犯无法以帮助犯论处、对中性帮助行为的处罚存在较大争议、为了限制处罚范围而提高帮助行为的定罪量刑标准等。对帮助行为以共犯论的规定都是共犯化而非正犯化规定,其条款一般同时具有法律拟制和注意规定双重性质,包括片面帮助犯和共犯中的帮助犯。司法解释是否为帮助行为单独规定定罪量刑标准,与是否采纳共犯独立性说是两个没有必然联系的问题,作出这种规定主要是为了限制处罚范围。即使帮助行为达到定罪量刑的数量标准,能否处罚帮助犯仍取决于解释者是赞成共犯从属性说还是共犯独立性说。可根据研究需要适用不同标准对帮助行为共犯化规定进行分类。

第一节探讨了作出帮助行为共犯化规定的三大理由。其中,为了限制处罚范围,有的司法解释规定只处罚帮助行为中的某些种类,例如对于协助组织卖淫行为,只处罚管账、打手、保镖等帮助行为而不处罚收银、保安、保洁等帮助行为;对于非法采矿、破坏性采矿的帮助犯,也只处罚其中曾因该罪受过处罚、参与利润分成、领取高额固定工资者,而一般不处罚其他受雇佣提供劳务者;更常见的方式,则是为帮助行为的定罪量刑标准规定数倍于实行行为的数额,或者额外增加"情节严重"等要求。

第二节探讨帮助行为共犯化的相关问题。一是对帮助行为共犯化规定是注意规定还是法律拟制进行分析。二是论证司法解释为帮助行为单独规定定罪量刑标准并不体现共犯独立性,因为共犯从属性与独立性的基本含义是指共犯的成立是否必须以正犯着手实行犯罪为前提,这与司法解释是否为帮助行为单独规定定罪量刑标准是两个没有必然联系的问题。在帮助行为已经达到司法解释规定的定罪量刑标准时,能否处罚帮助犯,仍然取决于解释者对实行从属性问题的理解。如果坚持共犯从属性说,就会认为处罚该帮助行为仍然得以实行者已经着手实行犯罪为前提;反之,如果主张共犯独立性说,则会认为无论正犯是否着手实行犯罪,均可直接处罚帮助犯。三是论证帮助行为共犯化规定是共犯化而非正犯化,这些规定仅仅是从众多帮助行为中挑选出一些比较常见的类型并规定要达到一定数量标准才处,仅仅意味着对这些帮助行为要处罚或者单独规定定罪量刑标准，而不意味着将其规定为独立的犯罪，不意味着被挑选出来的帮助行为是对"新增"罪名的罪状描述，甚至也不意味着对司法解释未明文规定的帮助行为就不能处罚，因此远未达到为某类帮助行为单独设置罪名、罪状和法定刑的程度。

第三节探讨了帮助行为共犯化的分类问题。例如，根据犯罪性是否明显划分为普通帮助行为与中性帮助行为，根据具体行为类型划分为提供资金型、提供其他物质帮助型、提供劳务型、提供网络服务型、提供技术支持型、居间介绍型，根据帮助犯与正犯之间有无犯意联络划分为共犯中的帮助犯与片面帮助犯等。

第七章是"中性帮助行为的处罚范围"。本章论证了由于刑法对帮助犯的规定方式不同，以及理论上是否承认片面帮助犯单独可罚不同，中性帮助行为理论的内涵在我国与德日刑法体系中具有很大差异。在德日刑法体系中，由于刑法中明文规定了帮助犯的定义和处罚原则，由于通说承认片面帮助犯单独可罚，因而对于形式上符合帮助犯主客观构成要件的中性帮助行为，需要寻找合理标准来限制其处罚范围。但在我国则恰好相反，根据《刑法》第25条和第27条，处罚帮助犯必须以帮助者与实行者成立共同故意犯罪为前提，通说并不认为片面帮助犯属于共同犯罪，因而除了刑法分则及司法解释另有明文规定者外，对通常情况下不能与实行者成立共同犯罪的中性帮助行为，不能以帮助犯进行处罚。为了处罚那些确有必要处罚的中性帮助行为，有必要放宽犯意联络的认定标准，将高度明知他人必然或可能实施犯罪而仍然提供帮助的行为解释为在双方之间存在默示的犯意联络，能成立共同犯罪，而对那些确实无法解释为共同犯罪的情形，则有必要考虑对片面帮助犯如何处罚才合理可行的问题。

本章第一、二节尽可能准确、详细地描述中外著名学者的中性帮助行为理论。有感于目前论文和专著对中性帮助行为理论的介绍与评析存在诸多误解，本章放弃了将纷繁复杂的观点概括为主观说、客观说、折衷说的通常做法，而是在反复阅读原文并参考相关论述的基础上，对中外著名学者的中性帮助行为理论进行介绍，尽可能准确地描述作者的观点并适当进行评析，以形成自己对通说和少数说主要观点的判断。第三节介绍了德国与日本几个比较有名的案例。

第四节分析了中性帮助行为在中国应如何处罚的问题。首先分析了为何在我国按帮助犯去处罚中性帮助行为缺乏法律依据，因为帮助者与被帮助者之间往往缺乏犯意联络，不能成立共同故意犯罪。与德日刑法需要寻找合理标准去限制中性帮助行为的处罚范围相反，在我国真正的问题不是如何限制,而是如何放宽共同犯罪的认定标准,以便将那些应受刑罚处罚的中性帮助行为纳入处罚范围,导致产生两个迫切需要解决的问题:一个问题是哪些中性帮助行为具有可罚性,应当受到刑罚处罚;另一个问题是应当采取哪一种路径对可罚的中性帮助行为进行处罚。接着分析哪些中性帮助行为应当受到刑罚处罚,认为这不是一个逻辑论证的问题,而是一个价值选择的问题,目前常见论据都可以被正反双方所用,因而缺乏说服力。因此,应当根据大多数学者共同的价值观念与社会通常观念来挑选哪些中性帮助行为应受处罚,并列举了在挑选时应当着重考虑的十大因素,包括帮助行为的日常性与业务性、客观归责性、具体方式方法、与正犯行为之间距离的远近、对正犯行为及结果发生的促进程度、与犯罪的关联性、符合帮助犯构成要件的明显程度,以及帮助者的主观认知程度、主观恶性和人身危险性,对帮助行为进行刑罚处罚的必要性与合理性等。最后分析了处罚的可行路径,认为除了刑法分则中帮助行为正犯化和共犯化、司法解释中帮助行为共犯化和将"通谋"解释为"明知"等规定之外,对于确有处罚必要者,可放宽犯意联络的认定标准,将高度明知或确知对方可能实施犯罪而仍为对方提供商品或服务的行为,解释为双方之间存在默示的意思联络。

第八章是"片面帮助犯的处罚路径"。本章探讨帮助行为正犯化和共犯化之外的片面帮助犯的处罚路径问题。第一节探讨片面帮助犯的概念和类型。第二节评析目前关于片面帮助行为处罚路径的五种学说。第三节分析对片面帮助犯进行处罚的必要性与可行性。第四节论证对片面帮助犯应当以所帮助的罪的预备犯论处。

在关于片面帮助犯处罚路径的五种学说中,不可以处罚说会放纵那些确有必要处罚的片面帮助行为,不利于预防和打击犯罪,并且放弃了寻找其他合理途径的努力,忽略了对片面帮助犯按预备犯论处的可行性;片面共同犯罪说将单方明知认定为双方共同故意,认为片面帮助者与实行者之间成立片面的共同犯罪,既明显违背汉语的基本含义,又忽略了"共同故意"的概念界定;间接正犯说将片面帮助犯解释为间接正犯,忽略了帮助行为与间接正犯在行为形态上的天然区别,会导致对帮助犯处罚过重,有以帮助者与被帮助者之间有无犯意联络来区分帮助犯与间接正犯之嫌;单独的实行犯说认为片面帮助行为也是一种独立的实行行为,是帮助者利用他人的实行行为来完成自己的犯罪,这忽略了帮助行为与实行行为之间的区别,不符合帮助犯的心理实际,会导致一种犯罪具有多种实行行为的理论混乱,并且导致对帮助犯的处罚过重;犯罪参与说认为应适用单一制,不应区分帮助犯与实行犯而将片面帮助犯作为正犯进行处罚,以根据其犯罪情节单独定罪量刑,这既忽略了帮助犯与正犯之间的区别,又忽略了片面帮助犯并非共同故意犯罪中的帮助犯,因而无法按我国刑法的共犯规定进行处罚的事实。

虽然以上学说均不足取,但这并不意味着片面帮助行为不可罚,因为帮助行为的社会危害性和法益侵害性并不受帮助者与实行者之间有无犯意联络的影响。即使无法根据共同犯罪的规定去处罚那些确有处罚必要者,也不意味着无法处罚片面帮助犯。事实上,德日刑法普遍认为可以单独处罚片面帮助犯,我国刑法分则中的帮助行为正犯化罪名,以及刑法分则和司法解释中众多帮助行为共犯化规定,都可以用来处罚片面帮助犯。除以上规定之外,对于片面帮助行为,可以按预备犯论处,因为帮助行为在本质上是一种为了促进他人顺利实行犯罪而准备工具、制造条件的预备行为,只不过是为他人预备而已。其中,事前的帮助是一种比较容易理解的为他人预备行为,例如,在盗窃犯着手实行撬门之前为盗窃犯提供万能开锁工具,是典型的为他人实行犯罪而实施的预备行为;而事中帮助虽然是在他人着手实行犯罪之后提供,但相对于实行者之后仍要继续实施的实行行为来讲,仍属于为他人实行犯罪而实施的预备行为,例如,在盗窃犯因撬不开保险箱门而一筹莫展之际,匿名发短信告知盗窃犯开锁密码,使盗窃犯顺利打开保险箱门的,相对于开锁而言,显然也属于实行之前的帮助,仍属于预备行为。总之,由于帮助行为总是为使他人实行行为更加顺利而实施的,相对于提供帮助之后他人仍要继续实施的实行行为来讲,事中帮助仍然是一种事前帮助,仍具有为他人预备的性质。对片面帮助犯以预备犯论处,适用"可以从轻、减轻或者免除处罚"的处罚原则,在效果上与按帮助犯论处几乎没有差异,都能很好地符合罪刑相适应原则,且不受"在共同故意犯罪中"的限制。

第九章是"帮助信息网络犯罪活动罪研究"。此罪是帮助行为正犯化罪名的典型,同时也是引起争议最大的罪名,因为此罪所规定的帮助行为,都是比较典型的中性帮助行为、业务行为,与人们的日常生活息息相关,其可罚性面临较大争议,特别是在被帮助者没有着手实行犯罪的情况下,其可罚性能否达到应当运用刑罚予以处罚的程度,面临许多质疑,导致几乎所有帮助行为正犯化的研究,都绕不开以本罪作为例证。

第一节首先梳理了《刑法》第285条至第287条之二规定的信息网络犯罪的罪名体系,目的是让人对此类罪名体系有总体把握,能从体系解释角度理解本罪名;其次分析了涉及本罪的"预备行为正犯化罪名的帮助行为正犯化罪名""预备行为正犯化罪名的预备行为正犯化罪名的帮助行为正犯化罪名的帮助行为正犯化罪名"现象,目的是提醒人们对本罪的教唆、帮助行为的可罚性进行实质思考,不能因为本罪形式上已被正犯化而认为其教唆、帮助行为一概具有可罚性;最后从法条规定的实质来分析为什么本罪的教唆、帮助一般不可罚,因为《刑法》第27条中规定的是"在共同犯罪中起次要作用或者辅助作用",第29条第1款规定对教唆犯要"按照他在共同犯罪中所起的作用处罚",导致对教唆、帮助只能限制解释为教唆、帮助他人实施能够侵害法益的真正的实行行为,不包括教唆、帮助他人实施不能够侵害法益的帮助行为,否则教唆者、帮助者将无法在共同犯罪中起到某种作用,因为"作用"是指行为侵害法益的作用,而共犯无法单独直接侵害法益,必须通过正犯的行为才能间接侵害法益。

第二节探讨本罪主客观构成要件的认定问题。其中,"明知"是指明明知道他人必然或者可能利用其帮助去实施犯罪,仍希望或者放任这种结果发生。这里所谓"犯罪",是指刑法分则规定的行为类型,不要求他人能够成立犯罪。除了明显属于"明知"的情形以外,一般可采取推定方法来认定有无"明知",相关司法解释对"明知"的认定方法的规定可作参考。"犯意联络"是指帮助者和实行者之间相互的意思联络,双方就共同实施犯罪进行过沟通、形成了合意,否则即使实行者明知有人甚至明知是谁为他提供了帮助,也不能认为双方之间具有意思联络。本节还结合法院案例,对本罪客观行为的认定作了分析。

第三节探讨本罪的罪数形态问题。首先是对本罪与司法解释中相关帮助行为共犯化规定之间的想象竞合进行分析,提出应以其中重罪论处,反驳了认为在本罪与其他重罪竞合时应适用"从旧兼从轻原则"一律以本罪论处的观点。其次是分析本罪与非法利用信息网络罪的衔接适用问题,认为在本罪行为人为利用信息网络实施违法犯罪活动者提供帮助时,应根据各行为人之间有无犯意联络、能否成立共同犯罪来决定本罪行为的定性,不能一律以本罪论处。最后论证了本罪是一个补充性罪名,只有在其他较重罪名不能成立时,才能适用本罪。司法实践中往往忽略罪数形态理论和本罪法条"依照处罚较重的规定定罪处罚"的明文规定,对帮助行为一律以本罪论处,导致量刑畸轻,这种现象应予纠正。

以下简要谈谈帮助犯理论的内在体系。刑法学的主体是刑法解释学,由于各国刑法规定不尽相同,建立在刑法规定基础之上的刑法解释学也应当有所差异,在借鉴、吸收研究成果的过程中,应当充分注意各国刑法规定的差异,如果照抄照搬其他国家及地区的刑法理论而不作修改,就可能存在一个"水土不服"的问题。就共同犯罪的规定而言,我国刑法与德日体系刑法具有重大差异。德国、日本、韩国、法国等国家的刑法典中,并未规定共同犯罪的概念,而只规定共同正犯、教唆犯、帮助犯的概念及处罚原则,有些国家如泰国还明文规定对片面帮助犯要按帮助犯论处,因而在这些国家及地区,共同犯罪认定的重心,是认定各行为人在共同犯罪中的分工角色,即使对刑法没有明文规定的组织犯和共谋犯,也必须首先认定其属于正犯或共犯中的哪一类,才能予以处罚。与之相反,我国《刑法》第25条明文规定:"共同犯罪是指二人以上共同故意犯罪。二人以上共同过失犯罪,不以共同犯罪论处;应当负刑事责任的,按照他们所犯的罪分别处罚。"明确将共同犯罪的处罚范围限制在"共同故意犯罪"范围内,并且并未明文规定共同正犯、帮助犯的概念及处罚原则,而是在第26条至第28条中规定主犯、从犯、胁从犯的概念及其处罚原则,虽然在第29条中规定了教唆犯,但其处罚原则仍然是"应当按照他在共同犯罪中所起的作用处罚",导致共同犯罪认定的重心也从共犯人的分工角色转移到各行为人之间能否成立共同故意犯罪上来。如果能成立共同犯罪,就可按照其在共同犯罪中所起作用大小进行处罚;如果不能成立共同犯罪,就不能以共同犯罪中的教唆犯或帮助犯论处。这种立法上的差异,导致许多共犯理论虽然在其他国家及地区比较合理,但是未必符合我国的立法和司法实际。

其中,最为突出的,恐怕是对中性帮助行为的态度不同。在德日刑法体系中,由于刑法并未将帮助犯的处罚范围限制在共同故意犯罪中,并且通说认为对片面帮助犯可以单独按帮助犯论处,导致他们对于在形式上符合帮助犯主客观构成要件的中性帮助行为,面临一个怎样合理限制处罚范围的问题。一方面,中性帮助行为在形式上完全符合帮助犯的构成要件,似乎没有理由不予处罚;另一方面,许多中性帮助行为都是日常生活中常见的交易、交往、业务行为,如果一概予以处罚,既违背社会通常观念和人们的处罚感情,又可能过分干涉公民的行动自由、不当扩大处罚范围,因而需要寻找适当理由来限制中性帮助行为的处罚范围,从而发展起主观说、客观说、折衷说等多种学说。尽管学说繁多,但是各说对一些常见情形应否处罚却基本上达成了共识。例如,对于五金店老板发现有人在其店门口打架斗殴而将凶器卖给其中一方,致使该方用凶器杀伤了对方的,普遍认为店老板构成可罚的帮助;对于明知他人将要实行杀人或抢劫等犯罪而将他人运送到犯罪现场的,普遍认为司机构成可罚的帮助;相反,明知某工厂生产加工时会污染环境或偷税漏税而向该工厂出售原材料的,则普遍认为不可罚。

　　与德日刑法体系需要寻找理由限制中性帮助行为的处罚范围不同,在我国,反而是需要寻找理由来处罚那些确有处罚必要的中性帮助行为。因为我国刑法明文规定只处罚"共同故意犯罪"中的帮助犯,而中性帮助行为往往仅是帮助者明知对方可能实行犯罪而提供服务或商品,但双方并未就共同实施犯罪有过犯意联络,一般仅成立片面帮助犯,而通说否认片面帮助犯能与正犯成立共同故意犯罪,因此一般对中性帮助行为无法按帮助犯论处。但是,有些中性帮助行为明显具有可罚性,应当运用刑法予以处罚。为了处罚这些确有必要处罚的帮助行为(其中大部分是中性帮助行为),为了减少理论上的争议对司法实践的影响,刑法分则中规定了许多帮助行为正犯化罪名,刑法分则和司法解释中也有许多帮助行为共犯化规定,但对于未被正犯化和共犯化的片面帮助行为,仍然面临如何处罚的问题。

　　就帮助行为正犯化罪名而言,由于是刑法直接将帮助行为提升为实行行为,从而为帮助行为单独规定罪名、罪状和法定刑,因而对于已被正犯化的帮助行为,应当直接根据相应条文定罪量刑。这些犯罪的成立,不以被帮助者着手实行犯罪为前提,不宜将帮助行为正犯化规定区分为绝对正犯化、相对正犯化与量刑规则。不过,虽然被正犯化之后的帮助行为在形式上已被提升为实行行为,但是在本质上仍然属于真正实行行为的帮助行为,其本身不能直接侵害真正实行行为所侵害的法益,因而对这些帮助行为进行教唆或帮助的行为,除非能与真正实行行为成立共同故意犯罪,否则仍然不可罚。因为,我国刑法中的教唆犯和帮助犯,是指教唆或帮助他人实施能够直接侵害法益的真正实行行为,不包括教唆或帮助他人实施不能直接侵害法益的帮助行为或再帮助行为,而间接或再间接的教唆、帮助行为将无法在共同犯罪中起到某种作用,无法适用我国刑法的共犯规定进行处罚。因为,所谓"在共同犯罪中所起作用"中的"作用",是指行为对法益的侵害作用,是指行为对法益造成了某种损害的物理性作用或不良后果,而共犯行为本身不能单独直接侵害法益,只有通过正犯的行为才能间接地侵害法益。相反,德日刑法的共犯规定中就没有关于"在共同犯罪中所起作用"方面的规定。

　　就刑法分则和司法解释中的帮助行为共犯化规定而言,这些规定一般具有双重性质,既包括注意规定,即对于那些能与被帮助者成立共同故意犯罪的人,本来就可以按帮助犯论处,特意规定只是为了提醒司法工作人员注意应予处罚,又包括法律拟制,即对于那些不能与被帮助者成立共同故意犯罪的片面帮助犯,根据刑法规定和共犯理论,本来是不能按共同故意犯罪中的帮助犯处罚的,又由于片面帮助者没有实施刑法分则规定的构成要件行为,对其也不能单独适用刑法分则中的罪名和法定刑。但是,由于这些行为在本质上是帮助行为而不是间接正犯或实行行为,因而理应按帮助犯论处并适用从宽处罚原则,才能符合罪刑相适应原则,才更加符合实际。因此,为了减少理论争议对司法实践的影响,刑法分则和司法解释只好设置帮助行为共犯化规定,无论帮助者能否与被帮助者成立共同故意犯罪,都可以按帮助犯论处。而为了将处罚范围限制在危害性达到一定程度者,司法解释经常为帮助行为单独设置定罪量刑标准,这些标准往往比实行行为的数量标准高出数倍,以体现出对实行行为和帮助行为区别对待的态度。

除了正犯化罪名和共犯化规定之外,为了处罚片面帮助行为,有的司法解释还将刑法明文规定的双方“通谋”解释为包括帮助者单方“明知”在内。除以上规定之外,对于那些确有处罚必要者,则可通过放宽犯意联络的认定标准来扩大共同故意犯罪的成立范围,比如,可以将较高程度的明知或确知他人将要实行犯罪而提供帮助的情形,解释为在双方之间存在默示的犯意联络。对于仍然难以适用该解释路径的片面帮助情形,则可以对片面帮助者单独以被帮助的犯罪的预备犯论处,因为无论是事前帮助还是事中帮助,对于紧随其后实施的实行行为来讲,在本质上都属于一种为促使他人顺利实行犯罪而准备工具、制造条件的预备行为。对于这种为他人预备行为,在那些可以处罚预备犯的犯罪中,中外刑法理论皆认为可罚,因此解释上并无障碍。

综上,受制于只处罚共同故意犯罪的立法现实,我国刑法对帮助犯尤其是片面帮助犯的处罚,具有不同于德日刑法体系的独特特征,从而形成了帮助行为正犯化、帮助行为共犯化、中性帮助行为、片面帮助行为等独特理论体系,在借鉴、吸收德日共犯理论的精华的基础上,对刑法学理论作出了自己独特的贡献。

虽然本书写作时间较长,但由于笔者水平有限,书中缺点、错漏在所难免,为此恳请各位专家、学者、读者多多批评指正,笔者不胜感激。

第一章　中国共犯参与体系的性质

【本章导读】　虽然理论根基不同，但在立法规定上，区分制和单一制的唯一区别，是前者为帮助犯规定了从宽处罚原则而后者没有规定。由于刑法分则规定犯罪是以单独正犯既遂为模式，所以无论哪种体系，其正犯、共犯、主犯、从犯，都是依正犯的法定刑来处罚，只不过区分制规定对帮助犯或从犯可以从宽处罚而已。分工分类属于定性但不属于定罪，作用分类也属于定性而不属于量刑。根据分工定性与处罚原则是否统一，可以将共犯参与体系划分为统一制和分离制两大类。其中，单一制和区分制属于统一制，我国共犯参与体系属于分离制。在我国，作用定性与分工定性并行不悖而又相辅相成，并根据作用定性来确定处罚原则，体现出分工定性与处罚原则相分离的特征。

与一人单独实施犯罪时刑事责任由其自己承担不同，在数人共同实施犯罪场合，各人的分工角色和作用大小必然有所差异，各人的不法程度与罪责内涵也不尽相同，从而在处罚时需要区别对待。这种区别对待的方式，在各国刑法中的规定不尽相同。多数国家会根据参与形态不同将参与人区分为正犯与共犯，进而为共犯特别规定处罚原则，也有些国家不强调正犯与共犯的区分，反而统一规定对各参与人均适用同一法定刑，从而形成共犯参与体系上的区分制与单一制之分。在全球一体化之际，我国的刑法理论要创新与发展，不能不借鉴、吸收其他国家及地区理论的精华，但由于看问题的角度各异，学界对我国共犯参与体系究竟是单一制还是区分制，目前仍有很大争议。明确我国刑法对共犯的规定采用了哪一种参与体系，是我们研究帮助犯的理论体系的重要前提。虽然多数学者认为我国刑法对共犯的规定采取的是区分制，少数学者认为是单一制，但实际上，我国的共犯规定与单一制和区分制都有很大差异，应当既不属于区分制又不属于单一制，而属于一种独立的共犯参与类型。

第一节　单一制与区分制的区分标准

在刑法史上,区分正犯与共犯的共犯参与体系历史久远,最早可以追溯到中世纪罗马法时代。在 19 世纪末到 20 世纪初,欧陆刑法的共识曾经是单一正犯理论,目前也还有意大利、丹麦、挪威、捷克、瑞典、奥地利等国家采取单一正犯理论。但是,在德国,大约自 1930 年代以来,单一正犯理论日渐式微,学说和立法者选择了区分正犯与共犯的限制的正犯概念。[1] 因而通说认为,世界各国共犯参与体系存在单一制和区分制两大类型。

对我国共犯参与体系究竟是单一制还是区分制,我国学界争议很大,产生争议的原因,既与各学者对共犯理论的理解有关,又与学术界对区分标准缺乏共识有关。例如,虽然学界公认《意大利刑法典》第 110 条是单一制立法的典型[2],但也有学者认为该条采取的是区分制[3]。因此,要分析我国共犯参与体系的性质,不得不首先探讨单一制和区分制的区分标准问题。

由于实际的立法规定未必与理论上公认的应当作为立法理由的共犯理论保持一致,因此单一制与区分制的区分标准,还存在一个实然与应然的问题,即立法实际上采取了哪一种区分标准,与理论上认为应当采取哪一种区分标准,未必保持一致。因此,在探讨单一制与区分制的区分标准时,不得不兼顾实然标准与应然标准,但显然,作为一种对立法规定的解释,应当以实然标准为主。

一、关于各国采取何种共犯参与体系的常见观点

由于不同学者对同一国家共犯参与体系的性质的认识未必相同,所以有必要首先采用归纳法,根据大多数学者的一致认识,归纳出哪些国家及地区采取了区分制、哪些国家及地区采取了单一制,再根据这些国家及地区的共犯规定,具体分析区分制与单一制实际上采取了何种区分标准。至于少数学者的不同观点,则宜作为参考。

---

[1]　参见许玉秀:《当代刑法思潮》,中国法制出版社 2005 年版,第 550 页。

[2]　参见陈兴良:《教义刑法学》(第 3 版),中国人民大学出版社 2017 年版,第 666 页。

[3]　参见王志远:《共犯制度模式比较研究——以解读我国共犯制度模式为线索》,载《刑法论丛》第 15 卷。

从笔者手头有限的资料来看,以下学者对单一制和区分制的立法例都有总结:(1)大塚仁教授认为,区分正犯与狭义共犯的国家有德国、法国、波兰、瑞士、希腊、罗马尼亚等,使用统一的正犯者概念乃至包括的正犯者概念的国家有挪威、丹麦、意大利、巴西、奥地利等,持相同观点者有木村龟二、夏目文雄、高桥则夫、金子正昭。[①] (2)陈子平教授认为,采用统一正犯概念体系的国家有意大利、巴西、挪威、丹麦、奥地利等,采用二元犯罪参与体系的国家有法国、德国、日本等。[②] (3)柯耀程教授认为,采取区分制的国家有德国、瑞士、法国、西班牙、荷兰、日本等,采取单一制的国家有奥地利、挪威、丹麦、意大利、瑞典、巴西、捷克等。[③] (4)张明楷教授认为,奥地利、意大利、丹麦采用的是单一的正犯概念。[④] (5)罗克辛教授认为,奥地利、意大利、丹麦采用的是单一的实行人概念,区分正犯与共犯在欧洲仍然居于主流地位。[⑤] (6)钱叶六教授认为,采取单一制的国家有意大利、巴西、奥地利、阿根廷、丹麦等。[⑥] (7)西田典之教授认为,日本采用的是限制性正犯概念,而意大利采用的是统一的正犯概念。[⑦] (8)江溯教授认为,法国、德日、日本采取的是二元参与体系(区分制),意大利、奥地利、俄罗斯采取的是一元参与体系(单一正犯体系)。[⑧] (9)韩国有学者认为,奥地利采用的是单一正犯体系,德国和韩国采用的是正犯与共犯的分离模式。[⑨] 综合以上学者的观点,可以初步认为,学界公认的采取单一制的国家有意大利、巴西、奥地利、丹麦、挪威、捷克等,采取区分制的国家则有德国、日本、法国、瑞士、荷兰、波兰等。

二、单一制的内涵与种类

在立法的理论基础方面,单一制以条件说为理论基础,认为各参与人

---

① 参见[日]大塚仁:《刑法概说(总论)》(第3版),中国人民大学出版社2009年版,第273页。

② 参见陈子平:《刑法总论》,中国人民大学出版社2009年版,第309页。

③ 参见柯耀程:《变动中的刑法思想》,元照出版公司2001年版,第250页。

④ 参见张明楷:《外国刑法纲要》(第3版),法律出版社2020年版,第261页。

⑤ 参见[德]克劳斯·罗克辛:《德国刑法学总论(第2卷)——犯罪行为的特别表现形式》,王世洲等译,法律出版社2013年版,第9页。

⑥ 参见钱叶六:《共犯论的基础及其展开》,中国政法大学出版社2014年版,第3页。

⑦ 参见[日]西田典之:《日本刑法总论》(第2版),王昭武、刘明祥译,法律出版社2013年版,第293页。

⑧ 参见江溯:《犯罪参与体系——以单一正犯体系为视角》,中国人民公安大学出版社2010年版,第7—8页。

⑨ 参见[韩]金日秀、[韩]徐辅鹤:《韩国刑法总论》(第11版),郑军男译,武汉大学出版社2008年版,第536页。

对共同犯罪的实现具有同等原因力,应当受到同等处罚,因而不重视正犯与共犯在行为形态上的区别,也没有为共犯特别规定减轻处罚原则;理论上将其概括为单一的正犯概念、统一的正犯概念、排他的正犯概念或包括的正犯概念,是指将全部共同加功于犯罪实行的人都理解为正犯,并对各共犯人均依其加功的性质及程度而量刑,或者虽然形式上承认共同正犯、教唆犯、帮助犯的区别,但认为三者区别的作用仅在于量刑而不涉及犯罪论层次的一种参与体系。

通常认为,单一制的共犯参与体系具有如下特点:(1)认为所有参与行为都与法益侵害结果之间具有条件关系,因而各参与人都是正犯;(2)不重视参与行为形态在实行、教唆或帮助等方面的区别;(3)各参与人是否构成犯罪,取决于其自己的行为,不需要从属于狭义正犯的着手实行犯罪;(4)对各参与人统一适用刑法分则为某一犯罪所规定的法定刑;(5)对各参与人均依各自加功于共同犯罪事实的程度与性质而分别量刑。[1]

采用单一制的主要目的在于避免因正犯与共犯难以区分而形成处罚漏洞。但单一制至少存在以下问题:一是在概念上不区分共犯与正犯,不利于根据刑法分则为具体犯罪规定的构成要件来限制正犯的处罚范围,有违背罪刑法定原则之嫌;二是不适用共犯从属性原则,将导致把共犯的未遂也当作犯罪进行处罚,从而扩大处罚范围;三是把对实现犯罪有贡献的所有行为均视为正犯,会忽略构成要件行为的行为无价值[2];四是法官自由裁量权太大,有量刑不确定的致命缺点[3]。

由于各国刑法规定不完全相同,理论上还将单一的正犯概念分为形式性统一正犯概念和功能性统一正犯概念两种。

形式性统一正犯概念是在法条中完全不区分不同的共犯形态,而是统一规定对各参与人适用同一法定刑。例如,《阿根廷刑法典》第45条规定:"对于任何参与犯罪行为或为犯罪行为提供帮助或与罪犯合作的人,如果没有其参与、帮助或合作,犯罪即不可能实施的话,应当按照该犯罪规定的刑罚予以处罚。对于直接怂恿他人实施犯罪的人,应当同样予以处罚。"[4]《意大利刑法典》第110条规定:"当数人共同实施同一犯罪时,对于他们当中的每一个人,均处以法律为该犯罪规定的刑罚,以下各条另有规

① 参见陈子平:《刑法总论》,中国人民大学出版社2009年版,第309页。
② 参见[韩]李在祥:《韩国刑法总论》,[韩]韩相敦译,中国人民大学出版社2005年版,第368页。
③ 参见林钰雄:《新刑法总则》(第3版),元照出版社有限公司2011年版,第410页。
④ 参见《阿根廷刑法典》,于志刚译,中国方正出版社2007年版,第14页。

定者除外。"①这种立法例在语言表述上没有区分实行者、教唆者和帮助者，而仅用"数人共同实施同一犯罪"之类的表述，是典型的单一制。既然不区分正犯与共犯，自然也无法为共犯特别规定减轻处罚原则。

功能性统一正犯概念是在法条中使用了区分不同共犯形态的术语，但却特意规定不同参与人均为正犯，从而也未对共犯特别规定减轻处罚原则。例如，《冰岛刑法典》第22条规定："任何人以言辞或者行为的方式向本法规定的可以追究刑事责任的行为的实施提供帮助，或者以劝说、刺激或者其他方式参与实施这些行为的，应当按照适用于这些犯罪的条款追究刑事责任。"②《奥地利刑法典》第12条规定："自己实施应受刑罚处罚的行为，或者通过他人实施应受刑罚处罚的行为，或者为应受刑罚处罚的行为的实施给予帮助的，均是正犯。"第13条规定："数人共同实施应受刑罚处罚的行为的，按责任的大小分别处罚。"③虽然这种立法例在语言表述上区分正犯与共犯，但却明文规定对不同参与人均按正犯论处，因而被视为功能性统一正犯概念。这一概念由奥地利学者Kienapfel首先提出，他认为应当根据犯罪实施方式将正犯区分成不同类型，其中，直接正犯是指亲自实施构成要件行为的人，而区分制中的间接正犯、教唆犯及帮助犯则应统称为间接正犯，并可进一步分为促成正犯与支援正犯，认为这样可以大大减少形式性统一正犯概念对法治国原则中构成要件明确性的破坏程度。④

实际上，功能性统一正犯概念中还有一种立法例在形式上特别接近区分制，因为这种立法例一方面详细规定了正犯（实行犯）、教唆犯、帮助犯、组织犯的定义，另一方面又没有规定这些不同形态"均是正犯"。例如，《捷克刑法典》第22条至第24条详细规定了正犯（包括间接正犯）、共同正犯、组织犯、教唆犯、帮助犯的定义，但又同时规定："除非刑法另有规定，共犯的刑事责任和处罚，适用关于正犯的刑事责任和处罚的规定。"⑤《俄罗斯联邦刑法典》第33条、《阿尔巴尼亚刑法典》第26条、《塔吉克斯坦共和国刑法典》第36条均详细规定了组织犯、教唆犯、帮助犯与实行犯的定义，并

---

① 参见《最新意大利刑法典》，黄风译注，法律出版社2007年版，第42页。
② 参见《冰岛刑法典》，陈志军译，中国人民公安大学出版社2009年版，第16页。
③ 参见《奥地利联邦共和国刑法典》，徐久生译，中国方正出版社2004年版，第5页。
④ 参见许玉秀：《当代刑法思潮》，中国法制出版社2005年版，第557—559页。
⑤ 参见《捷克刑法典》，陈志军译，中国人民公安大学出版社2011年版，第11页。

在下一条中规定对参与人应按其责任大小分别处罚。①《斯洛伐克刑法典》第 21 条第 1 款规定了组织犯、教唆犯、雇佣犯、帮助犯的定义,第 2 款规定:"除非刑法另有规定,共犯的刑事责任,应当适用关于正犯刑事责任的规定。"②由于这种立法例没有为共犯特别规定减轻处罚原则,而是仍然规定对共犯应适用与正犯相同的法定刑,因而与区分制有较大区别;由于这种立法例没有像我国刑法那样根据作用大小区分主犯、从犯并对从犯特别规定从宽(从轻、减轻或者免除处罚)处罚原则,因而与我国立法例也有较大区别。但是,从其没有为共犯特别规定减轻处罚原则反而仍然规定对共犯应按刑法分则为具体犯罪规定的法定刑处罚来看,仍应划归单一制,例如许玉秀教授、柯耀程教授、江溯教授均将其划归单一制。

有学者认为:"在后一种立法例即单一的正犯者概念之下,由于不存在正犯与共犯的区别,便不存在共犯从属性说与共犯独立性说的问题。"③这种观点忽略了功能性统一正犯概念和立法例的存在,是不客观的。事实上,即便在作为典型单一制国家的巴西,由于刑法规定教唆犯、帮助犯的成立必须以正犯着手实行犯罪为前提,所以在理论上必然要讨论共犯的实行从属性问题。④

三、区分制的内涵与立法目的

区分制以构成要件论为立法的理论基础,赞成限制的正犯概念,认为正犯是亲自实施刑法分则规定的构成要件行为的人,共犯则是通过正犯的行为来对法益造成侵害或危险的人,刑法本来只应当处罚正犯而不处罚共

---

① 《俄罗斯联邦刑法典》第 34 条第 1 款规定:"共同犯罪人的责任由每一共同犯罪人实际参与犯罪的性质和程度决定。"参见《俄罗斯联邦刑法典》,黄道秀译,中国法制出版社 2004 年版,第 11—12 页。《阿尔巴尼亚共和国刑法典》第 27 条第 2 款规定:"在对共同犯罪人量刑时,法院应当考虑每个人在共同犯罪中的参与程度和犯罪实施过程中所发挥的作用大小。"参见《阿尔巴尼亚共和国刑法典》,陈志军译,中国人民公安大学出版社 2011 年版,第 9 页。《塔吉克斯坦共和国刑法典》第 37 条规定:"1. 共犯的刑事责任由个人实际参与完成犯罪的性质和程度决定。2. 合作者为共同实施的犯罪依据本法典同一条款承担责任。3. 组织犯、教唆犯和从犯参照本法典第 36 条规定,按照为实施犯罪规定具体刑罚的条款承担责任。……"参见《塔吉克斯坦共和国刑法典》,徐玲等译,中国人民公安大学出版社 2015 年版,第 13 页。

② 参见《斯洛伐克刑法典》,陈志军译,中国人民公安大学出版社 2011 年版,第 8—9 页。

③ 参见张明楷:《刑法的基本立场》,中国法制出版社 2002 年版,第 286 页。

④ 《巴西刑法典》第 31 条规定:"对于策划、共谋、教唆或者帮助行为,除非另有例外规定,否则在犯罪的实施尚未达到未遂程度的情况下,不追究刑事责任。"参见《巴西刑法典》,陈志军译,中国人民公安大学出版社 2009 年版,第 13 页。译者认为,该条将实行犯达到未遂以上程度作为对共犯人追究刑事责任的原则,反映出巴西在共犯从属性与独立性之争议上,倾向于共犯从属性理论。

犯,刑法关于共犯的规定是刑罚扩张事由,因而需要根据参与形态的不同将参与人区分为正犯和狭义共犯(教唆犯和帮助犯),并对共犯的成立及处罚适用与正犯不同的原则。

一般认为,区分制具有如下特征:(1)认为犯罪参与中的核心角色是正犯,教唆、帮助等参与行为均以正犯为轴心展开,共犯的成立要从属于正犯的着手实行;(2)重视参与形态在教唆、帮助或实行等方面的区别,参与者的罪责在很大程度上由参与形态决定,一般认为,正犯罪责最重,教唆犯次之,帮助犯最轻;(3)根据不同参与形态规定不同的处罚原则。[①]

多数国家及地区都采区分制。例如,《日本刑法典》第 60 条规定:“二人以上共同实行犯罪的,都是正犯。”第 61 条规定:“教唆他人实行犯罪的,处以正犯之刑。教唆教唆者的,同前项。”第 62 条规定:“帮助正犯的,是从犯。教唆从犯的,亦科以从犯之刑。”第 63 条规定:“从犯的刑罚,比照正犯的刑罚减轻。”德国、瑞士、韩国等国刑法的规定与日本刑法的规定非常相似。

采取区分制的立法目的是对共犯特别规定减轻处罚原则,以对正犯和共犯区别对待。例如,《波兰刑法典》第 19 条第 2 款规定:“在对教唆犯和帮助犯适用刑罚时,法院可以对其特别减轻处罚。”[②]《汤加刑法典》第 15 条规定了共谋犯,并规定,如果实行犯实行了犯罪,则对共谋犯处以实行犯之刑;如果实行犯没有实行犯罪,则对共谋犯处以教唆犯之刑。[③]《西班牙刑法典》第 17 条规定了合谋犯、教唆犯,第 18 条规定了煽动犯,并规定对这三类参与人,只有在法律有特别规定时,才予以处罚。[④]

大谷实教授认为,在采取区分制的国家及地区,围绕着间接正犯是正犯还是共犯的问题,理论上形成了两种正犯概念。[⑤] 其中,限制的正犯概念认为,只有亲自实施刑法分则规定的构成要件行为的人才是正犯,此外的参与者都是共犯,刑法本来只应当处罚正犯,其规定处罚共犯是为了扩大处罚范围,所以共犯的规定是刑罚扩张事由,根据这一概念,间接正犯将

---

① 参见钱叶六:《共犯论的基础及其展开》,中国政法大学出版社 2014 年版,第 9 页。

② 参见《波兰刑法典》,陈志军译,中国人民公安大学出版社 2009 年版,第 6 页。

③ 《汤加刑法典》第 15 条规定:“1.二人以上基于共同目的,同意共同实施犯罪或者同意共同教唆他人犯罪的,不论他们在先前是否达成一致,每一个人都成立其所实施或者教唆犯罪的共谋。2.二人以上成立其所实施或者教唆的犯罪的共谋的,如果该犯罪已经实际实施,按照该犯罪实行犯所应受到的刑罚处罚,如果该犯罪没有实施,按照该犯罪的教唆犯所应受到的刑罚处罚。”参见《大洋洲十国刑法典(下册)》,于志刚、李洪磊译,中国方正出版社 2009 年版,第 583—584 页。

④ 参见《西班牙刑法典》,潘灯译,中国检察出版社 2015 年版,第 6 页。

⑤ 参见[日]大谷实:《刑法讲义总论》(新版第 2 版),黎宏译,中国人民大学出版社 2008 年版,第 362 页。

是共犯；扩张的正犯概念认为，任何对犯罪的实现起了条件作用的人，都是正犯，都应受到刑罚处罚，但刑法例外地将教唆犯与帮助犯规定为狭义共犯，目的是限制正犯的处罚范围①，所以共犯的规定是刑罚限制事由，根据这一概念，间接正犯自然是正犯②。这两种正犯概念与单一正犯概念的区别在于，前者认为有区分正犯与共犯的必要，后者则认为没有区分正犯与共犯的必要。③

四、单一制与区分制的划分标准

综合比较、观察、分析以上学界公认的两种共犯参与体系的共犯规定，可以得出如下结论：

第一，学界认为共犯立法的理论基础是因果关系中的条件说还是犯罪构成要件理论中的限制的正犯概念，不是单一制和区分制的主要区别。在立法上采用单一制的国家及地区，理论上也可能赞成构成要件理论中的限制的正犯概念，这一点在采用功能性统一正犯概念的立法例中体现得更为明显，特别是在那些明文规定教唆犯、组织犯、帮助犯、共谋犯的详细定义但又不同时规定各参与人均是正犯的立法例中更加明显。反之，在立法上采用区分制的国家及地区，理论上也有学者主张扩张的正犯概念，甚至进而主张共犯独立性说。甚至有观点认为，扩张的正犯概念和单一的正犯概念实质上是同一个概念，两者都以条件说为基础，并且内涵完全相同，只是前者是法理上的、体系上的概念，后者是立法例上可能采用的、立法政策上的概念。④ 但这种观点未必正确。我国也有学者认为，由于区分制与单一制内部还有各种不同学说，二者之间的对立似乎日益模糊，一些支持区分制的论者主张用主犯与从犯概念来解决量刑问题，而用正犯与共犯概念来解决定罪的观点，就和功能性统一正犯概念的立场极为接近。⑤

第二，立法中是否明文规定了正犯和共犯，更不是单一制和区分制的主要区别。立法上采取区分制的国家及地区，固然要明文规定正犯和共犯，但立法上采单一制的国家及地区，也可能明文规定正犯和共犯，特别是

---

① 更准确地说，是为了对教唆犯和帮助犯适当从宽处罚。比如，根据共犯从属性说，若正犯尚未着手实行犯罪，即使正犯成立预备罪，对教唆犯和帮助犯仍不可处罚；再如，对帮助犯一般要从轻或者减轻处罚。

② 参见张明楷：《刑法学（上）》（第5版），法律出版社2016年版，第390页。

③ 参见张丽卿：《刑法总则理论与运用》（第4版），五南图书出版股份有限公司2011年版，第342页。

④ 参见许玉秀：《当代刑法思潮》，中国法制出版社2005年版，第552页。

⑤ 参见柯庆仁：《归责视野下共同犯罪的区分制与单一制》，载《法学研究》2016年第3期。

在俄罗斯、捷克、阿尔巴尼亚等采用功能性统一正犯概念体系的国家,立法中明文规定了组织犯、教唆犯、帮助犯、实行犯的详细定义,这种规定甚至比大多数采取区分制国家及地区的规定更加详细。

第三,立法中是否规定对教唆犯要"处以正犯之刑"之类的表述,是否规定对共犯要按照刑法分则规定的犯罪的法定刑处罚,甚至是否规定对各参与人均应当按照其参与的性质、程度、所起作用大小分别处罚,也不是单一制和区分制的主要区别。因为这类规定都是一种没有特别意义的提示性规定、注意性规定,仅仅是提醒大家对共犯也要定罪量刑而已。即使没有这类规定,对教唆犯和帮助犯以及其他共犯,自然也是要按照刑法分则规定的具体犯罪的罪名和法定刑处罚的,并且也是要按照各行为人参与的性质、程度、所起作用大小分别处罚的。

详言之,其一,具体犯罪的罪状和法定刑都是由刑法分则规定的,刑法总则不可能规定罪状和法定刑,如果要对共犯定罪量刑,当然也得适用刑法分则的规定。其二,所谓"处以正犯之刑"之类的表述,是指按照刑法分则为单独实行犯所规定的法定刑处罚[1],不是指按照具体案件中某一正犯所实际判处的刑罚来处罚[2]。由于各参与人的责任大小不可能完全相同,不同参与人所应判处的刑罚也不可能完全相同,尤其是当共同正犯有数人时,对共犯也无法按照其中某一正犯所实际判处的刑罚来处罚。特别是,当根据重要作用说或犯罪支配理论等实质客观说或者根据主观说将亲自实施构成要件行为的人认定为帮助犯,或者将没有实施构成要件行为的人认定为正犯时,对共犯更加无法按照正犯所实际判处的刑罚来处罚。例如,雇主 A 违反《粮食管理法》的规定让雇工 B 用卡车运送粮食,日本判例认为 A 是实行犯,尽管没有明确指出,但实际认定 B 构成帮助犯;B 等人抢劫运钞车,A 负责驾车将 B 等人带离现场并领取了一定报酬,日本判例认为,虽然 A 的作用不但不轻微反而是不可或缺的,但是并不能认定 A 具有利用 B 等人的行为而自己也实施强盗的意思,因而认定 A 构成帮助犯。[3] 换言之,由于刑法分则对具体犯罪的罪状和法定刑进行规定时,是以单独实行犯的既遂为模式的,所以无论是正犯还是共犯,都是以这一单独实行犯(也即正犯)的既遂的法定刑为量刑基准的,所谓"处以正犯之刑"

---

[1]　参见[日]山口厚:《刑法总论》(第 2 版),付立庆译,中国人民大学出版社 2011 年版,第 94 页。

[2]　参见[日]西田典之:《共犯理论的展开》,江溯、李世阳译,中国法制出版社 2017 年版,第 28 页。

[3]　参见[日]西田典之:《日本刑法总论》(第 2 版),王昭武、刘明祥译,法律出版社 2013 年版,第 316—317 页。

中的"刑",是指法定刑而不是指宣告刑。其三,根据罪责自负原则和罪刑相适应原则,在对各参与人判处刑罚时,自然要按照其参与的性质、程度、在共同犯罪中所起的作用大小分别处罚,即使是对各国刑法不明文规定处罚原则的正犯也不例外,只不过区分制要对共犯特别规定减轻处罚原则而单一制则不作规定而已。但是,所谓从宽,仍然是在共犯人自己的责任大小的基础上进行从宽,而不是比照其他参与人的责任大小来从宽。

第四,刑法理论通说对共犯的成立采取何种学说,也不是单一制和区分制的主要区别。在立法上采用区分制的国家及地区,理论上自然以赞同共犯从属性说者居多,但也有许多学者赞同共犯独立性说。同样,在立法上采用单一制的国家及地区,理论上理当更赞同共犯独立性说,但也有许多学者赞成共犯从属性说,甚至立法本身也体现共犯从属性说。

例如,巴西是公认的采取单一制的国家,因为《巴西刑法典》第 29 条中规定:"以任何方式共同加功于犯罪的人,根据他们的责任大小,按照法律对该罪规定的刑罚追究刑事责任。"但是,《巴西刑法典》第 31 条同时规定:"对于策划、共谋、教唆或者帮助行为,除非另有例外规定,否则在犯罪的实施尚未达到未遂程度的情况下,不追究刑事责任。"[①]所谓"犯罪的实施尚未达到未遂程度",显然是指实行犯的犯罪尚处于着手实行之前的阶段,因为一旦其着手实行,犯罪就达到未遂程度了,从而很明确地体现了共犯从属性说,认为共犯的成立必须以正犯着手实行犯罪为前提,否则,除非有例外规定,对共犯不能追究刑事责任。

正如我国台湾地区学者所言:"(单一制与区分制)此种体制上的差异,并非事物的本然,而是政策及论理上考量之结果……并不能断言何种体制系源自何种理论。"[②]换言之,实际的立法规定体现了何种学说,更主要是一个立法政策的问题[③],与立法中是采用单一制还是区分制没有必然联系,单一制与共犯独立性说、区分制与共犯从属说之间,并无一一对应的关系。

第五,尽管采取单一制和区分制的理论根基不同,但单一制和区分制体现在立法上的区别,其实只有一点,就是是否为帮助犯特别规定了减轻处罚原则。规定了对帮助犯可以或者应当减轻处罚的,是区分制;没有规定对帮助犯可以或者应当减轻处罚的,是单一制。虽然这一结论显得过于简单明了,但却完全符合单一制和区分制的理论根基。因为,作为单一制

---

① 参见《巴西刑法典》,陈志军译,中国人民公安大学出版社 2009 年版,第 7 页和第 13 页。

② 参见柯耀程:《变动中的刑法思想》,元照出版公司 2001 年版,第 250—251 页。

③ 参见[日]小野清一郎:《犯罪构成要件理论》,王泰译,中国人民公安大学出版社 2004 年版,第 164 页。

理论基础的单一的正犯概念认为,所有共犯行为在条件关系上都是等价的,都应同等处罚,自然不能为帮助犯特别规定减轻处罚原则;而作为区分制理论基础的限制的正犯概念认为,刑法本来不应处罚帮助犯,处罚帮助犯是刑罚扩张事由,所以必然要为帮助犯特别规定减轻处罚原则。至于教唆犯、共谋犯、组织犯等其他共犯形态,由于参与人在实际案件中所起的作用可能并不亚于甚至远远大于亲自实施构成要件行为的实行犯,因此至多只能规定"处以正犯之刑"或者规定按照其责任大小进行处罚,一般不太可能明文规定可以或者应当减轻处罚。

综上,单一制和区分制的实然区分标准,是刑法中是否为帮助犯特别规定了减轻处罚原则。凡是规定了对帮助犯可以或应当减轻处罚的均是区分制,凡是没有规定对帮助犯可以或应当减轻处罚的均是单一制,无论作为立法基础的其他理论为何。

第二节 我国的区分制说及其评析

在客观主义刑法观的指导下,我国多数学者认为,我国刑法对共犯参与体系的规定采取的是区分制。然而,其理由却未必无可置疑。

一、区分制说与双层区分制说

一般认为,我国刑法对共犯的规定采用的是混合分类法,既根据作用分类法将共犯区分为主犯、从犯、胁从犯,又根据分工分类法将共犯分为教唆犯、帮助犯、实行犯、组织犯,并且以作用分类法为主,以分工分类法为辅。[1] 尽管如此,多数学者仍然认为,我国共犯参与体系采用的是区分制。例如,陈兴良教授指出,采用单一制来理解我国刑法中的共同犯罪在解释论上存在重大障碍,因为我国刑法明文规定了教唆犯,说明刑法分则规定的各种犯罪行为均是正犯行为,而不包含教唆行为等共犯行为,对共犯行为只能根据刑法总则结合刑法分则的相关规定进行定罪,这是共犯对正犯在定罪上的从属性。[2] 又如,钱叶六教授认为,我国刑法采取的是区分制,

---

[1] 参见马克昌主编:《犯罪通论》,武汉大学出版社1999年版,第540页。

[2] 参见陈兴良:《教义刑法学》(第3版),中国人民大学出版社2017年版,第668—669页。不过,即使是单一制体系,其刑法分则中规定的构成要件行为也只是指正犯行为,同样不包括教唆、帮助、组织、共谋等共犯行为,因为是否亲自实施构成要件行为,是正犯与共犯天然的区别,作为立法技术,只可能首先规定正犯行为,再以此为标准附带规定共犯行为,不 (转下页)

理由包括:(1)我国刑法规定了教唆犯、帮助犯、组织犯和实行犯,对参与人作了正犯与共犯的划分。(2)实质的单一作用分类法难以解决参与人的定罪量刑问题,因为认定犯罪首先必须确定谁是正犯谁是共犯。(3)单一制导致处罚教唆未遂甚至帮助未遂,违背我国刑法的客观主义立场。(4)采单一制说者也不排斥共犯参与类型的概念及其意义。[①]

由于认识到我国的立法例与德日刑法具有明显不同,钱教授进而提出其双层区分制说,认为德日刑法将参与人划分为正犯、教唆犯和帮助犯是根据单一的分工分类标准,其中,正犯是共同犯罪定罪和量刑的中心,不仅具有定罪价值,而且具有量刑功能,因为共犯要按照正犯之刑处断或者减轻处罚。在这种体系下,正犯与共犯的区分,实际上决定着参与人是成立较重类型的正犯,还是成立较轻类型的共犯的问题,由此导致区分标准必然呈现出客观实质化或正犯主犯化趋势,犯罪事实支配理论及重要作用说便是这种学说走向的集中反映。与德日刑法这种单层区分制不同,我国刑法采取的是按照参与类型和参与程度实行双层操作的双层区分制,在对参与人进行分类时,同时采用了分工分类法和作用分类法两种分类标准,首先根据分工分类法在构成要件层面将参与人划分为正犯、教唆犯、帮助犯和组织犯,用以解决参与人的分工定性及相互间关系问题;然后在分工分类的基础上,进一步按照作用分类法将参与人划分为主犯和从犯并规定处罚原则,用以解决参与人的量刑问题。[②]

二、对双层区分制说的评析

笔者认为,钱教授以上观点很有创见,指出了我国区分制与德日区分制

(接上页)可能在同一条文中同时规定正犯行为和共犯行为。例如,对"盗窃他人财物的,处……"只能理解为亲自动手秘密窃取他人财物,而不能同时理解为包括教唆、帮助、组织、共谋。此外,对共犯行为需要结合总则规定和分则规定才能定罪,并不能体现出共犯对正犯在定罪上的从属性,因为分则规定基本构成要件行为、总则规定修正构成要件行为,是立法技术的需要,与共犯对正犯是否具有定罪上的从属性不是同一个问题。在单一制国家对共犯行为定罪,也是需要结合总则规定和分则规定的。例如,需要根据总则确定甲的行为是否为教唆行为,根据分则确定甲教唆他人犯盗窃罪、诈骗罪等何种犯罪。在区分制国家,对共犯和正犯所确定的罪名也可能不是同一个罪名。例如,甲教唆乙伤害丙,乙接受教唆但产生了杀害意思,甲成立故意伤害(致死)罪,乙成立故意杀人罪。甚至,在正犯没有着手实行的场合,也可能处罚共犯。例如,甲教唆乙杀人,乙前往犯罪现场途中被警察抓捕,甲、乙成立故意杀人罪的预备犯,根据我国《刑法》第 29 条第 2 款的规定,对甲可以从轻或者减轻处罚。此外,共犯从属性说中的从属性,是指狭义共犯的成立及处罚是否必须以正犯着手实行犯罪为前提的问题,而不是指所谓定罪上的从属性或量刑上的从属性。

① 参见钱叶六:《共犯论的基础及其展开》,中国政法大学出版社 2014 年版,第 15—17 页。

② 参见钱叶六:《双层区分制下正犯与共犯的区分》,载《法学研究》2012 年第 1 期。

的重大区别,能给人以极大的启发,近年来也获得许多学者赞同。不过,认为我国刑法共犯参与体系是双层区分制,似乎还有进一步思考的余地。

第一,双层区分制将我国刑法对主犯与从犯的划分视作区分制中的一个层次,这的确如刘明祥教授所言,是将不同意义上的"区分"混为一谈,从而模糊了区分制的基本含义,在逻辑上属于偷换概念。如果彻底一点,将导致认为共犯参与体系中根本不存在单一制体系,因为任何国家及地区的刑法都或多或少地会对不同参与人的处罚作出不同规定。例如,有学者即一反通说观点而将意大利刑法视为"统一规定参与犯的处罚条件并等价处罚"的区分制模式,认为《意大利刑法典》第110条中"数人共同实施同一犯罪"的前提,是承认参与人有正犯、教唆犯、帮助犯等不同形态,处罚参与人的形式化依据并非刑法分则规定的构成要件,而首先是刑法总则关于共同犯罪的专门规定,是总则规定的共犯成立条件,即所谓"多重主体的构成要件",不再是过时的等价因果关系说或同等原因说。[①] 其言下之意,是只有完全在刑法分则中规定共犯的立法例才可视为单一制,否则,只要在刑法总则中有关于共犯的规定,就必然是区分制。不过,将中外刑法学界公认为单一制体系的意大利刑法划到区分制行列是否妥当,仍有疑问。

第二,认为双层区分制中存在严格的先后顺序,首先得根据分工分类法将参与人划分为正犯、教唆犯和帮助犯,然后才能在此基础上进一步进行主犯从犯的划分,明显与司法实际不符。因为我国刑法中并未明文规定"正犯"概念,我国理论上介绍与引进德日正犯与共犯理论仅仅是近些年来的事[②],法官们不可能先认定正犯与共犯,再认定主犯与从犯。既然德日刑法理论对如何区分正犯与共犯长期争论不休,特别是对组织犯、共谋犯到底是正犯还是共犯长期缺乏一致认识,那么在我国司法实践中也不大可能首先区分正犯与共犯,然后划分主犯与从犯。

这种观点的主要问题在于,将正犯与共犯的区分视作定性与定罪,而将主犯与从犯的划分视作处罚与量刑,从而认为应当坚持先定罪再量刑的

---

① 参见王志远:《共犯制度模式比较研究——以解读我国共犯制度模式为线索》,载《刑法论丛》第15卷。不过,论者的观点并不彻底,仍然承认存在单一制,认为挪威、丹麦、瑞典等国的刑法典采取的是单一制,理由是它们在刑法总则中仅规定有关某一犯罪的刑罚应当适用于以教唆、劝诱或者行动方式促成犯罪行为者,仅规定了对共犯减轻或免除处罚的条件,而对共谋、帮助、教唆等共犯的定义及处罚原则却没有规定,反而是在刑法分则某些具体条文下面规定处罚共犯。问题是,总则中区分了正犯与共谋、帮助、教唆,甚至还规定了对共犯减轻或免除处罚的条件,不正是对正犯与共犯进行区分吗? 对于需要处罚共犯的犯罪,是在刑法总则中规定还是在刑法分则中规定能有本质区别吗?

② 参见刘明祥:《主犯正犯化质疑》,载《法学研究》2013年第5期。

定罪量刑逻辑。但实际上,主犯与从犯的划分,以及正犯与共犯的区分,是两个各自独立的、互不决定的定性过程,不能将这两者之间的关系与定罪和量刑之间的关系混为一谈。因为,对参与人在共同犯罪中所起作用大小的认定,首先是一种事实认定,这种事实认定本身并不是对主犯与从犯进行划分,其次才是在认定事实的基础上,进一步根据刑法规定,将在共同犯罪中起主要作用者认定为主犯、起次要作用者认定为从犯。对主犯与从犯的划分,本身是一个首先运用证据认定事实,然后适用法律进行定性分析的完整过程。这一过程和划分正犯与共犯是事实认定及适用法律的完整过程一样,也是独立的、完整的,既不决定于正犯与共犯的划分,也完全可以在正犯与共犯的划分之前进行,司法实践中也经常不作正犯与共犯划分而直接对各参与人适用主犯与从犯的规定,故其本身也是一种定性,只有根据刑法规定的处罚原则对参与人裁量刑罚才能叫作量刑。虽然正犯与共犯的划分对主犯与从犯的划分起到重要作用,但并非能起决定作用,反而从德日刑法正犯与共犯划分标准的客观实质化及正犯主犯化的发展趋势来看,作用大小对正犯与共犯的划分具有重要影响。对参与人在共同犯罪中所起作用大小的认定,取决于许多因素,共犯形态只是因素之一,只是一种比较重要的因素而已。我国司法实践能长期在缺乏正犯与共犯理论指导的情况下,正确划分主犯与从犯,以及德日刑法理论和实践中越来越明显的客观实质化、正犯主犯化趋势[1],足以证明在许多情况下,是先对各参与人在共同犯罪中所起作用大小进行认定,然后才根据作用大小来对各参与人的共犯形态进行认定,从而日益"强调了实行行为的规范性与类型性","根据规范性的特征,实行行为并不见得必须亲手实施,只要对犯罪具有支配关系的,就应当属于正犯"[2]。

换言之,双层区分制颠倒了作用分类法与分工分类法之间的主次关系,是不符合实际的。对此,有学者指出,我国刑法对参与人的分类,是以惩办与宽大相结合的刑事政策为根据的,其核心思想是对各参与人区别对待,为此不得不把重点放在参与人的社会危害性大小上,故理所当然地要

---

[1] 参见刘艳红:《论正犯理论的客观实质化》,载《中国法学》2011年第4期。

[2] 参见陈兴良:《教义刑法学》(第3版),中国人民大学出版社2017年版,第663页。不过,规范性与类型性似乎是相互排斥的概念,因为强调规范性的结果,是可能将亲自实施刑法分则规定的构成要件行为的人认定为共犯,而将并未亲自实施刑法分则规定的构成要件行为的人认定为正犯,这正好与其类型性相反,即原本实施的是实行行为的行为类型却被认定为共犯,原本实施的是教唆、帮助、组织或共谋的行为类型却被认定为正犯。可见,实质客观说所强调的只是规范性而不是类型性。

以作用分类为主而以分工分类为辅。① 另有学者提出，从形式层面看，我国刑法在共犯分类标准上采用作用分类法将共犯区分为主犯、从犯与胁从犯；与此同时，另在较为隐蔽的层面依据分工分类法对共犯进行第二次分类，即实行犯、组织犯、教唆犯、帮助犯；立法者在共犯分类问题上综合考虑分工分类与作用分类的优势，采二维视角对共犯在显性与隐性层面进行规定。② 虽然这种观点将分工分类视为第二次分类与实际情形不符，但其认识到作用分类为主而分工分类为辅，则可能是正确的。

第三，简单地将正犯与共犯的划分视为定罪，也是错误的。因为，正犯与共犯的划分，是为了认定参与形态，不是为了认定犯罪性质，参与形态也无法决定犯罪性质，在参与形态之上，仍得认定参与人构成何种犯罪。在大多数情况下，犯罪性质的确定取决于参与人主观上犯罪故意的性质，与共犯形态没有必然联系，两者是处于不同层次的问题。虽然对各参与人所触犯的罪名的确定，还与在犯罪本质问题上采取犯罪共同说或行为共同说有较大关系，但是对各行为人罪名的确定，仍取决于其主观上持何种犯罪故意。例如，甲花钱雇请乙去帮他砍掉情敌的一只手，乙告知丙实情，向丙借一把轻便利斧，第二天，乙用该斧头砍死了被害人。此例中，根据部分犯罪共同说或行为共同说，虽然三人之间具有共同犯罪关系，但三人所犯罪名不同，甲构成故意伤害（致死）罪的教唆犯，乙构成故意杀人罪的实行犯，丙构成故意伤害（致死）罪的帮助犯，各人最终是依其犯罪故意的性质来定罪，而不是依各自的共犯形态来定罪。又如，甲、乙共同拳打脚踢丙导致丙当场死亡，但甲只想教训丙而没想到会导致丙死亡，乙却一心想把丙打死。根据部分犯罪共同说或行为共同说，虽然甲、乙之间具有共同犯罪关系，并且甲、乙都是实行犯，但是甲只构成故意伤害（致死）罪，乙则构成故意杀人罪，不可能因为两人都是实行犯而对两人定相同的罪名。如果根据完全犯罪共同说，则可能认为以上两例均不成立共同犯罪，对各行为人应分别定罪量刑。尽管如此，对各行为人罪名的确定，仍然取决于其主观上持何种犯罪故意。因此，可以不认定正犯与共犯形态而直接对各参与人分别定罪量刑，但却不可以仅认定正犯与共犯形态而不认定犯罪性质。对于定罪而言，正犯与共犯的认定并非必要，不能将正犯与共犯的划分和定罪混为一谈。

第四，因为我国刑法规定了教唆犯、组织犯、帮助犯而认为我国刑法采

① 参见高铭暄主编：《刑法学原理》（第 2 卷），中国人民大学出版社 2005 年版，第 459 页。
② 参见张伟：《我国犯罪参与体系与双层次共犯评价理论》，载《刑法论丛》2013 年第 4 卷。

取了区分制,与单一制与区分制的划分标准不符。如前所述,区分制与单一制的唯一划分标准,是刑法是否为帮助犯特别规定了从宽处罚原则,而不是刑法中是否规定了共犯或者理论上对共犯采取哪种学说。例如,在采用功能性单一正犯概念的国家及地区,其刑法中大都规定了组织犯、教唆犯、帮助犯,甚至共谋犯、雇佣犯形态。至于单一制是否会导致共犯的未遂也受惩罚从而扩大处罚范围、不认定正犯与共犯是否违背罪刑法定原则和刑法客观主义等理论上的争议,与刑法实际上采取了哪一种共犯参与体系,是两个不同的问题,在概括刑法实际上属于何种立法例时,应当以实际的立法规定为标准,而不能以自认为正确的理论为依据。

第五,是否处罚教唆未遂或帮助未遂,即是否处罚失败的教唆(被教唆人拒绝接受教唆)或无效的教唆(被教唆人接受了教唆但未实施任何犯罪行为),是否处罚被帮助者没有着手实行犯罪场合的帮助行为,是共犯从属性说与共犯独立性说所争议的问题,立法上如何选择则是刑事政策问题,两者都与立法例是单一制或区分制没有必然联系。例如,公认采单一制体系的巴西,刑法中也规定处罚教唆犯必须以正犯着手实行犯罪为前提,其第 29 条规定:"以任何方式共同加功于犯罪的人,根据他们的责任大小,按照法律对该罪规定的刑罚追究刑事责任。"第 31 条规定:"对于策划、共谋、教唆或者帮助行为,除非另有例外规定,否则在犯罪的实施尚未达到未遂程度的情况下,不追究刑事责任。"这里所谓"犯罪的实施"显然是指正犯犯罪的实施,不可能是指"策划、共谋、教唆、帮助"本身尚处于预备阶段,并没有像我国《刑法》第 29 条第 2 款那样规定独立教唆犯。

综上,尽管我国刑法中共犯参与体系的确有可能是区分制,但至少双层区分制说的理论根据并不充分,加上可能难以回应单一制说对区分制说的批评,如要论证我国刑法采取的是区分制,还得另找更加充足的理由。

第三节 我国的单一制说及其评析

由于认识到我国刑法的共犯规定与德日等国的共犯规定具有重大区别,特别是出于有效惩治网络共同犯罪的现实需要,近年来,不断有学者提倡单一制说。

一、单一制说及其理由

虽然区分制说的影响较大,但也有许多著名学者赞成单一制说,例如黄荣坚教授[①]、刘明祥教授、江溯教授[②]等。刘明祥教授对区分制说作了全面而系统的批驳,其中许多批驳是非常有道理的。他认为,我国刑法并未采取区分正犯与共犯的二元参与体系,而是采取不区分正犯与共犯的单一正犯体系,理由主要有[③]:

第一,区分制的最大特点是把正犯摆在定罪与处罚的核心位置,把共犯放在从属或依附位置。一是在定罪时要适用共犯从属性原则,共犯的成立必须至少以正犯着手实行犯罪为必要;二是在量刑时要以正犯的刑罚为基准,对正犯的处罚最重,对教唆犯的处罚比正犯要轻,对帮助犯的处罚最轻,所以区分正犯与共犯对犯罪认定和刑罚裁量均具有重要意义。但我国刑法则不具备这一特点,一是定罪时不适用共犯从属性原则,即使被教唆的人没有犯被教唆的罪,对教唆犯也要定罪处罚;二是在量刑时不以正犯为中心,而是根据参与人在共同犯罪中所起作用大小分别作为主犯或从犯处罚,从而经常出现把实行犯作为从犯而把教唆犯作为主犯的现象,至于参与形式是正犯还是共犯,对参与者个人的定罪和处罚均不具有决定作用。

第二,如果采取区分制,就不可能不对正犯和帮助犯的定罪和处罚作出明确规定,既然正犯处于定罪和处罚的核心位置,既然帮助犯最有必要区别对待,刑法就不可能不作规定,而我国刑法既未规定正犯又未规定帮助犯。《刑法》第 27 条中所谓"在共同犯罪中起辅助作用"并非帮助犯的规定,因为除了帮助犯能起辅助作用之外,实行犯和教唆犯也能仅起辅助作用。反而,有的帮助犯也能起主要作用,应认定为主犯。比如,在共同犯罪中起组织、策划作用的组织者,由于其行为既不属于教唆行为又不属于实行行为,只能归类为帮助行为,这种帮助犯显然并非仅起辅助作用,不可能作为从犯予以从宽处罚。

第三,我国刑法对共犯的规定完全符合单一制的特征。一是所有参与人构成犯罪的条件都是完全相同的,只要有共同故意和共同行为即可,这与区分制所设定的共犯与正犯的成立条件完全不同具有重大区别。二是无论实施何种行为,只要该行为与侵害结果之间具有因果关系或为法益侵害创造条件,就可能与他人构成共同犯罪,因而定罪量刑时没必要区分正犯与共犯,这与区分制在定罪阶段就必须严格区分正犯与共犯完全不同。

---

① 参见黄荣坚:《基础刑法学(下)》(第 4 版),元照出版社有限公司 2012 年版,第 763 页以下。

② 参见江溯:《犯罪参与体系研究——以单一正犯体系为视角》,中国人民公安大学出版社 2010 年版,第 256 页。

③ 参见刘明祥:《论中国特色的犯罪参与体系》,载《中国法学》2013 年第 6 期。

三是我国刑法对各参与人的定罪与量刑是独立的,不以其他参与人构成犯罪为前提,这与区分制一般适用共犯从属性原则明显不同。四是我国刑法对各参与人适用的法定刑完全相同,并非以正犯的法定刑作为处刑基准,这与区分制大多是以正犯的法定刑为处刑基准也不相同。五是我国刑法对各参与人量定刑罚时,所依据的是各参与人参与的程度和性质,以及在共同犯罪中所起作用的大小,而不像区分制那样正犯处罚重而共犯处罚轻。

第四,虽然我国刑法中规定了教唆犯,但是不能以此作为否定单一制的理由,因为刑法对教唆犯及其处罚原则作专门规定并非采取区分制的法律根据。例如,《意大利刑法典》和《奥地利刑法典》是采取单一制的典型,但两法典都规定了教唆犯。虽然我国刑法中规定了教唆犯,但其对教唆犯所规定的处罚原则,仍然是根据其在共同犯罪中所起作用大小,分别按主犯或从犯论处,而不像区分制那样"适用正犯之刑"。至于认为刑法分则规定的是正犯行为而不包括教唆、帮助等共犯行为,则仍然是用区分制观念来解释我国刑法分则的规定,与我国立法实际不符。

第五,双层区分制中的"区分制"与作为犯罪参与体系的"区分制",两者的含义完全不同,不宜把两种性质不同的"区分制"混为一谈。因为区分制是就正犯与共犯相区分而言的,是从参与形式上将参与人划分为正犯与共犯,并视正犯为犯罪的核心角色,视共犯为犯罪的依附者,共犯的定罪和处罚要从属于正犯、轻于正犯,其宗旨在于对不同参与者区别对待。但是,在我国刑法中,主犯既可能是实行犯也可能是教唆犯或帮助犯,从犯既可能是帮助犯也可能是教唆犯或实行犯,主犯与从犯的区分和德日等国正犯与共犯的区分具有实质差异,说明我国刑法采取的不是区分制。

二、对单一制说的评析

笔者认为,刘教授对区分制说的批驳是比较中肯、符合实际的,其单一制的观点也比较符合我国刑法处罚主犯与从犯的立法和司法实际,能给人以极大的启发,也代表着大多数持单一制说者的观点,特别是研究网络共同犯罪的学者,几乎都赞同我国刑法至少对网络共犯行为采取的是不区分正犯与共犯而同等处罚的单一制。不过,认为我国采取的是单一制,似乎同样具有进一步思考的余地。

首先,有意忽略正犯与共犯的划分并不符合实际。虽然我国刑法没有明文规定正犯和帮助犯的概念及处罚原则,但是作为不同的犯罪形态,教唆犯、帮助犯与实行犯的区别是客观存在的、不以人的认识和意志为转移的,这些概念在刑法规定共犯之前,就已经存在于社会观念和现实生活当中,立法只是如实反映、确认这些不同形态而已。① 共犯对于正犯总是具有某种性质或程度的依附性的,这种概念上的从属性是共犯的本质所然,实在无可避免。② 既然刑法明文规定了教唆犯及其处罚原则,就说明刑法是承认实行犯、教唆犯、帮助犯等不同概念及其之间的区别的。之所以没有明文规定正犯和帮助犯,更可能是因为认为没有必要规定,而不意味着刑法否定实行犯、帮助犯等犯罪形态的存在,正如刑法对盗窃罪、诈骗罪、抢夺罪等常见财产犯罪没有明文规定非法占有目的一样。换言之,教唆犯概念是以实行犯概念的存在为前提的,没有实行犯概念,就没有作为共犯的教唆犯概念,像组织犯、实行犯、帮助犯等,在条文中已经内含了,只是没有明确规定其概念而已。③ 并且,刑法分则中所规定的,几乎都是实行犯,不能因为刑法总则中没有明文表述实行犯而否定实行犯的普遍存在。

实际上,在进行主犯与从犯的认定时,不得不考虑共犯形态因素,因为对于没有亲自实施构成要件行为者,要认定其是否构成犯罪,首先必然是考虑了其没有亲自实施构成要件行为这一事实,然后才考虑其是否属于教唆犯、帮助犯、共谋犯或组织犯,而不可能在对这些形态毫无考虑的情况下,直接认定其构成犯罪,只是不需要具体认定属于何种共犯而已。这与我国刑法不需要首先认定正犯与共犯而可直接认定主犯与从犯之观点并不矛盾,因为这两种认定是两个各自独立的、互不决定的认定事实和适用法律的完整过程,何况实际情况是需要区分正犯与共犯形态,只是不需要准确地认定到底是哪一种形态而已。在进行主犯与从犯的划分时,正犯与共犯形态是其中很重要的考虑因素。一般情况下,组织犯、教唆犯、实行犯会划归主犯而帮助犯会划归从犯,只有在例外情况下,才可能将教唆犯、实行犯划归从犯或将帮助犯划归主犯,不可能脱离正犯与共犯的划分而单纯考虑主犯与从犯的划分。甚至在有些情形下,主犯与从犯的认定取决于正犯与共犯的划分。例如,甲发明了一把能够打开保险柜的万能钥匙,租借给乙使用了一次,丙听说后,也向甲租借该钥匙一次,丁也向甲租借该钥匙一次。如果没有该把钥匙,乙、丙、丁等人是无论如何都打不开保险柜的,因此可以说,甲在共同犯罪中起了关键作用、主要作用;但是,由于在社会

---

① 参见[日]小野清一郎:《犯罪构成要件理论》,王泰译,中国人民公安大学出版社2004年版,第148页。

② 参见韩忠谟:《刑法原理》,北京大学出版社2009年版,第253页。

③ 参见马克昌主编:《犯罪通论》,武汉大学出版社1999年版,第540页。

观念里,甲毕竟没有亲自实施盗窃行为,由此至多只能认定为从犯而不能认定为主犯,这就是帮助犯角色在起决定作用。

其次,认为正犯与共犯在我国有着完全相同的成立条件,都是只要有共同故意和共同行为就可成立犯罪,是将共同犯罪的认定条件和正犯与共犯的成立条件混为一谈。实际上,实行犯、教唆犯、帮助犯、组织犯、共谋犯的成立条件,除了犯罪故意包含一些相同的内容之外,如都认识到犯罪结果可能发生并且希望或者放任其发生,其他构成要素可以说完全不同。教唆犯是实施足以导致被教唆者产生犯罪故意的教唆行为,实行犯是实施刑法分则规定的构成要件行为,帮助犯是为实行犯的实行提供物理性或心理性的帮助,组织犯是在共同犯罪中实施组织、领导、策划、指挥行为,共谋犯是在实行犯着手实行犯罪之前参与犯罪谋议。将这些客观上完全不同的行为类型统一概括为共犯行为,本身并不算错,但进而认为不同共犯的成立条件完全相同就值得进一步考虑。不同共犯的成立条件各不相同,正如正犯与共犯的参与形态不同一样,是一个客观存在的事实,有着社会观念和现实生活的基础,是先于法律的、存在论性质的事实,与刑法中有无明确详细的规定无关,更与是在总则中规定还是在分则中规定无关。

再次,认为我国不存在以正犯的法定刑作为处刑基准而对共犯从宽处罚的看法似乎欠妥。因为,在1997年《刑法》取消对主犯应当从重处罚的规定之后,认定主犯的唯一作用,是对主犯按照刑法分则规定的法定刑处罚,以便与对从犯按照同一法定刑从轻、减轻或免除处罚,以及对胁从犯按照同一法定刑减轻或者免除处罚相区别,而刑法分则对具体犯罪罪状和法定刑的规定,是以单独实行犯的犯罪既遂为模式的,因此实际上,主犯的处罚原则就是按照刑法分则为单独的实行犯所规定的法定刑处罚,从犯的处罚原则则是以单独的实行犯的法定刑为基准予以从轻、减轻或者免除处罚,胁从犯的处罚原则也是以单独的实行犯的法定刑为基准予以减轻或者免除处罚。例如,对故意杀人罪的教唆犯、帮助犯、组织犯,都是按照《刑法》第232条定罪处罚的,并非只是实行犯才按照该条定罪处罚。这与德日刑法规定对教唆犯要"按照正犯之刑处罚"而对帮助犯要"比照正犯之刑减轻处罚"并无差异,因为所谓"按照正犯之刑处罚"同样是指按照刑法分则为单独实行犯所规定的法定刑处罚[①],不是指按照具体案件中正犯所实际判处的刑罚处罚;所谓"比照正犯之刑减轻处罚",也是指比照刑法分则

---

① 参见[日]山口厚:《刑法总论》(第2版),付立庆译,中国人民大学出版社2011年版,第94页。

为单独实行犯所规定的法定刑减轻处罚。① 比如,在日本,对故意杀人罪的帮助犯,要按照《日本刑法典》第 199 条的法定刑减轻处罚,这与我国刑法并无本质差异。换言之,由于刑法分则规定具体犯罪的罪状和法定刑是以单独实行犯的既遂为模式的,所以无论是主犯还是正犯,无论是从犯还是帮助犯,都是以这一单独实行犯的既遂的法定刑为量刑基准的,只是对从犯、帮助犯、胁从犯可以或应当按照这一法定刑从轻、减轻或者免除处罚而已。

最后,认为我国采取单一制的理论依据不足。因为,在公认的单一制刑法中,要么并不区分正犯与共犯,比如意大利刑法,要么虽然区分正犯与共犯但却规定对各参与人统一适用正犯的法定刑,比如大多数单一制国家及地区的刑法,均没有将参与人划分成主犯与从犯并对从犯特别规定减轻处罚原则,均没有作用分类法的存在。而我国刑法对参与人既按作用分类法区分主犯、从犯、胁从犯并对从犯、胁从犯特别规定从宽(从轻、减轻或者免除处罚)处罚原则,又按分工分类法区分教唆犯、帮助犯、组织犯和实行犯,这与单一制刑法明显不同。正因为如此,有学者认为我国共犯参与体系既不是典型的二元参与体系,又不是典型的一元参与体系,而是介于二元体系与一元体系之间的一类独特的犯罪参与体系。② 至于共犯的成立是否必须以正犯着手实行犯罪为前提,则是一个刑事立法政策的问题③,与立法例是单一制还是区分制没有必然联系。例如,在采取单一制的巴西,其教唆犯、帮助犯、组织犯等共犯的成立,也规定为以实行犯着手实行犯罪为前提④,同样采纳了共犯从属性说。并且,即使能够根据《刑法》第29 条第 2 款认为我国刑法对教唆犯采取了共犯独立性说,也难以由此得出我国刑法对帮助犯也采取了共犯独立性说的结论,因为在通常情况下,帮助行为的社会危害性要远远小于教唆行为的社会危害性,通过惩罚来预防犯罪的必要性也远远比不上教唆犯。既然刑法仅明文规定处罚教唆未

① 参见[日]西田典之:《共犯理论的展开》,江溯、李世阳译,中国法制出版社 2017 年版,第 28 页。

② 参见张伟:《我国犯罪参与体系与双层次共犯评价理论》,载《刑法论丛》2013 年第 4 卷。

③ 参见[日]小野清一郎:《犯罪构成要件理论》,王泰译,中国人民公安大学出版社 2004 年版,第 164 页。

④ 《巴西刑法典》第 31 条规定:"对于策划、共谋、教唆或者帮助行为,除非另有例外规定,否则在犯罪的实施尚未达到未遂程度的情况下,不追究刑事责任。"参见《巴西刑法典》,陈志军译,中国人民公安大学出版社 2009 年版,第 13 页。译者认为,该条将实行犯达到未遂以上程度作为对共犯人追究刑事责任的原则,反映出巴西在共犯从属性与独立性之争议上,倾向于共犯从属性理论。

遂而未明文规定处罚帮助未遂,说明帮助未遂的社会危害性尚未达到值得动用刑罚予以惩罚的程度,因此可以从相反角度解释为帮助犯的成立仍得采取共犯从属性说,仍要以实行犯着手实行犯罪为前提,没有理由要求教唆犯和帮助犯在实行从属性问题上保持一致,因为是否采取共犯从属性说主要是一个刑事政策如何选择的问题。至于认为刑法分则对具体犯罪的规定同时包含了对该罪的教唆犯、帮助犯的规定,也明显不符合实际,因为从立法技术来讲,只有先规定实行行为的行为类型,才能以之为参照标准来认定该实行行为的教唆行为和帮助行为,而不可能在同一条款中同时规定实行行为、教唆行为和帮助行为,不可能从刑法对实行行为的规定中解读出教唆行为和帮助行为。例如,不可能从《刑法》第263条"以暴力、胁迫或者其他方法抢劫公私财物的,处三年以上十年以下有期徒刑,并处罚金"这一规定中解释出"教唆他人以暴力、胁迫或者其他方法抢劫公私财物"和"帮助他人以暴力、胁迫或者其他方法抢劫公私财物"。对教唆犯和帮助犯的理解只能是结合刑法总则和刑法分则的规定,这一点无论单一制还是区分制都一样。

综上,刘教授认为我国共犯参与体系采取了单一制的理由并不充足,并且忽略了单一制并不对帮助犯特别规定减轻处罚原则,而我国刑法对从犯、胁从犯特别规定了从宽处罚原则等立法实际。

第四节　独特的中国共犯参与体系

由于各国刑法的共犯规定未必相同,用于概括其他国家及地区立法实际的概念,未必能够直接适用于我国,因而仍需仔细分析。

一、中国共犯参与体系既非区分制又非单一制

钱教授的双层区分制和刘教授的单一制的相同不足在于,在已经认识到我国共犯参与体系与单一制和区分制均具有重大区别的情况下,还屈尊在单一制与区分制之间进行削足适履的选择,以至于无奈地得出许多不符合实际的结论,这也是大多数学者容易陷入的误区。既然我国的共犯参与体系与单一制和区分制都具有重大区别,说明理论上将共犯参与体系划分为单一制和区分制有可能是不全面的,可能无法包括我国的共犯参与体系,因此应当考虑如何划分更加符合实际。

虽然单一制和区分制在理论根基和具体规定方面存在不少区别,但两

者有一个共同特点,就是它们的分工定性与处罚原则是统一的、不可分离的,确定了分工定性,即确定了处罚原则,分工定性的目的是确定处罚原则。在单一制中,这体现为原则上不区分正犯与共犯而是统一规定对所有参与人均按照其责任大小分别处罚,实际上仍是把各参与人都按照刑法分则规定的实行犯的罪状和法定刑定罪处罚;而在区分制中,则体现为必须将各参与人分别认定为正犯或何种共犯,再按照其责任大小分别处罚,但单一制与区分制在按照刑法分则规定的罪名定罪以及按照各参与人的责任大小量刑方面,并无多大区别。

而在我国,刑法对参与人的分类,既不像单一制那样不对帮助犯特别规定减轻处罚原则,也不像区分制那样仅仅采取分工分类法,而是同时采用作用分类法与分工分类法,既主要根据作用大小区分主犯、从犯与胁从犯,又根据分工不同确定正犯与共犯,并且两种分类法是分离的、并列的,既互不决定而并行不悖,又相互影响而相辅相成。主犯与从犯的认定,本身也是对参与人角色的一种定性,“起主要作用者是核心角色、起次要作用者是边缘角色”与“核心角色起主要作用、边缘角色起次要作用”可谓同一硬币的正反两面,是对同一问题的不同描述,因此不能简单地将作用分类等同于量刑。所谓“分工分类是定性,作用分类是量刑”的观点,是以“分工分类是定罪、作用分类是量刑”的错误观念为前提的,忽略了两种分类法并行不悖的实际,忽略了作用分类本身也是根据证据认定事实和根据法律确定性质这一完整过程的实际,从而对两种分类之间的关系作了错误理解。并且在我国,分工分类并不占主要地位而仅处于补充地位,实践中完全可以不划分正犯与共犯而直接认定主犯与从犯,从而具体案件中的主犯与从犯都可能是实行犯、共谋犯、教唆犯或帮助犯,只有犯罪集团的组织犯才是法定的主犯,体现出分工定性与处罚原则相分离的特点。

综上,其他国家及地区的单一制与区分制概念,无法用来概括我国的共犯参与体系。

二、中国刑法和区分制刑法认定共同犯罪的重心不同

在共同犯罪的认定方面,我国刑法与德日等区分制刑法也存在重大差异。

在我国,共同犯罪认定的重心在于认定各行为人之间是否具有犯意联络,能否成立《刑法》第25条所规定的共同故意犯罪。如果各行为人之间具有犯意联络,能够成立共同故意犯罪,则无论行为人是实行犯、教唆犯、帮助犯还是共谋犯,均可按其在共同犯罪中所起的作用,将其认定为主犯

（人）和从犯（人），以对主犯和从犯分别适用不同的处罚原则；反之，如果各行为人之间不具有犯意联络，则不能认定为共同故意犯罪，从而对未亲自实施构成要件行为的共犯人，不能依共同犯罪的规定处罚。例如，对片面帮助犯就无法以帮助犯处罚，因为他既未亲自实施刑法分则规定的构成要件行为，又未与实行者成立共同故意犯罪，不属于《刑法》第 25 条和第 27 条所规定的共同故意犯罪中的帮助犯；对于"被教唆者没有犯被教唆的罪"时的教唆未遂犯，则是由《刑法》第 29 条第 2 款明文规定其处罚才有了处罚依据，否则也无法处罚。并且，即使帮助者与实行者双方对帮助之情心知肚明，只要没有就共同实施犯罪进行明示或默示的商议，一般也难以认定为有犯意联络。比如，甲偶然得知乙昨晚踩好了点，准备今晚带工具到丙家盗窃，遂先到丙家将丙家的门锁破坏，乙到现场后，当然知道是有人为了帮助他才将门锁破坏的；甲为了报复乙，就暗中跟踪乙的妻子，偷拍到乙妻与他人通奸后，匿名将视频寄给乙，乙发现视频后勃然大怒，乙当然知道寄视频者的目的可能是让他教训他妻子以报复他或报复他妻子，但他本人对其妻与人通奸之事相当愤怒，因而还是将其妻殴打至重伤；甲、乙、丙、丁是同一个村庄的村民，甲知道丙以绑架所得经济来源为生且正在寻找绑架目标，遂在丙经过其旁边时，与乙闲谈说丁家最近买彩票中了 500 万，丁儿子小学放学后是自己回家，如果绑架丁儿子让丁赎回，肯定能赚一大笔钱，丙遂绑架了丁的儿子，虽然丙知道甲是为了向他提供绑架信息才故意与乙闲谈并让他听到的，但不宜认为丙与甲具有犯意联络。

相反，在德日等国，由于刑法明文规定了教唆犯、帮助犯和正犯的概念和处罚原则，并且既未规定仅仅处罚共同故意犯罪中的共犯，又未规定主犯与从犯，因而刑法中认定共同犯罪的重点，就在于认定各行为人到底属于正犯、教唆犯、帮助犯中的哪一种形态，认定了共犯形态即同时确定了处罚原则，否则就无法对行为人适用相应条款予以处罚。特别是对于刑法中没有规定的组织犯和共谋犯，也必须认定到底属于教唆犯、帮助犯或正犯中的哪一类，才能予以处罚，否则就无法处罚，因为组织犯和共谋犯并未亲自实施刑法分则规定的构成要件行为，不能直接按相应犯罪处罚。至于各行为人之间是否具有犯意联络、能否成立共同故意犯罪，反而并不重要。例如，德日刑法理论和实践普遍承认片面帮助犯的单独可罚性，即使帮助者与实行者之间没有犯意联络，即使实行者不知被帮助之情，对片面帮助者也可单独按帮助犯进行处罚。

以上区别可用我国与德日等国均未明文规定的共谋犯为例进行说明。甲和乙共谋到被害人家抢劫，两人走到被害人家楼下时，甲突发腹痛，只好打的前往医院就医,乙独自一人进入被害人家抢劫。此例中,在德日等国,必须首先认定甲属于正犯、教唆犯或帮助犯中的哪一种,才能对甲定罪量刑。由于甲既未实施教唆行为,又未实施抢劫罪的构成要件行为,并且将其视为帮助犯似乎也与实际情况不符,因为他主观上具有亲自实行的犯罪故意,客观上与乙共同商议了犯罪计划并且前往了犯罪现场附近,只是由于突发腹痛而不得不放弃而已,在作用方面,与正犯更加接近,因而实务中的法官首先提出共同意思主体说,认为甲和乙由于共谋犯罪而成为一个异体同心的共同意思主体,一人实施的行为即全体实施的行为,因此对未亲自实施构成要件行为的甲,也可认定为正犯。从此,立足于共同意思主体说之上的共谋共同正犯理论,在理论界引起了极大争议。而在我国,根本没必要认定甲到底属于何种共犯,只需要认定甲和乙之间能够成立共同犯罪,就可根据其在共同犯罪中所起的作用大小,分别认定为主犯(人)或从犯(人)。由于甲毕竟未实施抢劫罪的构成要件行为,一般应认定为从犯,但是不排除在其他共谋犯罪场合,未实施构成要件行为者也可能起到更重要作用。比如,若所提出的犯罪计划或计谋对实行者实施并完成犯罪起到关键作用,则共谋者也可能被认定为主犯。

综上,我国刑法和德日等国刑法认定共同犯罪的重心明显不同。

三、分工定性与处罚原则相分离

单一制、区分制及我国刑法的共犯参与体系具有一个共同的特点,就是都承认正犯和共犯的区分,即使是采用形式性统一正犯概念的国家及地区,也是以承认正犯与共犯具有天然区别为前提的。正是因为认识到正犯与共犯形态不同,为了同等处罚,才需要明文规定对共犯都按正犯论处,实际上,不过是指对共犯也要按刑法分则为正犯规定的法定刑处罚而已。因此,应当以都承认正犯与共犯有区别这一共识为基础,思考共犯参与体系的分类问题。由于各国区分正犯与共犯的目的是决定对正犯与共犯如何处罚,是为正犯与共犯确定处罚原则,所以可以根据分工定性与处罚原则是否统一为划分标准,将各国共犯参与体系划分成两类:一类是其他国家及地区的统一制,包括区分制和单一制,它们的分工定性与处罚原则是统一的,确定了分工定性,即确定了处罚原则,反之亦然;另一类是我国的分离制,其分工定性与处罚原则是分离的,其中,实行犯、教唆犯、帮助犯、组织犯、共谋犯是根据共犯形态不同对参与人所作的分工定性,主犯、从犯、胁从犯主要是根据参与人在共同犯罪所起作用大小不同所作的作用定性①,并根据作用定性来适用处罚原则,分工定性与处罚原则之间并无一一对应关系,体现出分工定性与处罚原则相分离的显著特征。不过,结合本书第二章对正犯与共犯区分标准实质化的分析来看,虽然区分制从形式上看是分工定性与处罚原则相统一,但由于分工分类的实质标准是作用分类,是根据重要作用来将未亲自实施构成要件行为的组织犯和共谋犯认定为正犯,反过来可能将亲自实施构成要件行为的实行犯认定为帮助犯,导致区分制实质上也是根据作用大小来决定处罚原则的,分工分类仅是形式,作用分类才是实质,只是由于德日刑法学者更重视罪刑法定原则的形式侧面,才导致他们不愿意承认分工分类形式背后的作用决定本质而已。

这种统一制与分离制的区别,会集中体现在理论探讨和司法实践中。在德日等只规定了正犯、教唆犯和帮助犯,并且处罚原则取决于这三种共犯形态的国家,即使现实生活中确实存在组织犯、共谋犯等不同的共犯形态,在其刑法理论和司法实践中,也不得不将这些不同的共犯形态认定为法定的正犯、教唆犯、帮助犯中的某一类,而不得如实认定为组织犯或共谋犯。围绕着共谋犯所形成的共谋共同正犯的理论和实践,可以说是这种窘迫现状的集中体现,而根据各共犯人在共同犯罪中所起作用大小来认定正犯与共犯,则可以说是为了解决组织犯等主要犯罪人的罪责而不得不采取的理论变通。而在我国,由于分工定性与处罚原则是分离的,将共谋者如实认定为共谋犯,将组织者如实认定为组织犯,并不会影响对这些共犯人罪责大小的认定及主犯与从犯的划分,因此完全没有必要将组织者或共谋者认定为正犯或教唆犯、帮助犯。

因此,我国刑法的共犯规定采取的是分工定性与处罚原则相分离的体系,其他国家及地区刑法中的区分制和单一制概括不了我国的共犯参与

---

① 之所以说"主要是",是因为我国刑法中作用分类法不仅采用作用大小这一标准,还同时采用了其他标准。原则上,在共同犯罪中起主要作用的是主犯,在共同犯罪中起次要作用的是从犯;但是,对组织、领导犯罪集团进行犯罪活动的人,直接规定为主犯,因为这类人通常都是起主要作用的,为了防止有些法院以这类人没有着手实行犯罪为由将其认定为从犯,刑法直接规定为主犯;对在共同犯罪中起辅助作用的人,直接规定为从犯,因为辅助作用基本上都只是次要作用,为防止有些法院将辅助作用认定为主要作用,有必要将其直接规定为从犯。虽然《刑法》第28条没有明确其为胁从犯,但是从其"应当减轻或者免除处罚"的处罚原则比从犯"应当从轻、减轻处罚或者免除处罚"的处罚原则更为宽松来看,只能理解为胁从犯而不能理解为胁迫犯。因为,如果在共同犯罪中起了主要作用,即使被胁迫参与犯罪,也不应当比从犯的处罚原则更宽松;胁从犯的处罚原则之所以比从犯更宽松,是因为行为人既在共同犯罪中仅起次要作用,又是被人胁迫才参加犯罪,其主观上违反规范的意图比主动自愿参加犯罪的人更弱,从刑法的意志自由假设来看,有必要从宽处罚。

体系。

四、分工分类法与作用分类法的辩证统一

既然在我国的分离制中,同时采用了分工分类法与作用分类法,则两者之间具有什么关系? 为什么需要同时采用两种分类法而不能仅采取其中一种分类法? 笔者认为,除了区分制和单一制各有缺陷需要避免之外,两种分类法之间具有相辅相成的辩证统一关系,也是我们需要采取分离制的重要原因。

首先,分工分类法是适用作用分类法时必须考虑的重要因素。虽然在我国的分离制中,法院可以在不首先认定正犯与共犯的具体种类的情况下,直接根据各参与人在共同犯罪中所起作用大小,对各参与人判处适当的刑罚,甚至可以连主犯与从犯都不划分,直接对各参与人根据其责任大小分别判处刑罚(因为责任大小主要是一个事实认定问题,是先于定性问题的),从而体现出单一制的特点,但毫无疑问的是,法院在对各参与人定罪量刑时,事实上必然要考虑他们的角色分工,并根据角色分工来初步判定他们的责任大小。尤其是在我国刑法中明文规定了教唆犯的情况下,法院更是不得不考虑没有亲自实施构成要件行为的人是否教唆犯,以及如果不是教唆犯,则他是共谋犯、组织犯还是帮助犯。正如有学者所言,在司法实践中,当司法机关在认定各参与人行为的社会危害程度时,一般首先考虑参与人是实行犯、教唆犯、帮助犯还是组织犯,然后才考虑他们在共同犯罪中所起作用的大小,再分别认定各参与人是主犯、从犯还是胁从犯。[①] 在通常情况下,实行犯是直接实施构成要件行为导致结果发生者,其行为与结果之间有直接的因果关系,其责任最重,要认定为主犯;帮助犯仅是为实行犯实行犯罪提供某种帮助,要通过实行犯的行为才能对法益侵害产生影响,其责任最轻,要认定为从犯;而教唆犯,受我国传统"造意犯为首"等法制观念的影响[②],由于没有他的教唆和支持就不会有实行犯实行犯罪,一般也容易认定为在共同犯罪中起主要作用。作用分类法与分工分类法的结果,是高度统一的、同向变化的,在这个意义上讲,在通常情况下,主犯=正犯和教唆犯,从犯=帮助犯,这也是一些学者主张用区分制来改造我国共犯参与体系的重要原因。如果主犯与正犯和教唆犯、从犯与帮助

---

① 参见马克昌主编:《犯罪通论》,武汉大学出版社 1999 年版,第 541 页。

② 例如,《唐律疏议》第 42 条规定:"诸共犯罪者,以造意为首。随从者减一等。"此一规定被《宋刑统》《大明律》《大清律》沿用。

犯在任何时候都没有这种一一对应关系,则提出所谓主犯正犯化、从犯帮助犯化、实质客观化等理论,就毫无合理之处。因此,虽然将主犯等同于正犯和教唆犯,以及将从犯等同于帮助犯,是明显违背分类逻辑的错误观念,但这也在一定程度上说明,正犯与共犯的划分,事实上对作用的认定具有重要影响,是在适用作用分类法时必须考虑的重要因素。至于是否在判决书中表述区分了正犯与共犯,以及是否可以在共犯形态不明时直接定罪量刑,则与事实上是否必须考虑正犯与共犯的区分是两回事。

其次,分工分类法可以弥补作用分类法标准模糊的缺陷。我国的作用分类法主要是根据各参与人在共同犯罪中所起的作用大小来划分主犯与从犯的,但是对认定作用大小的标准,却无法作出详细的规定。正如许玉秀教授所言,传统的单一正犯概念没办法提出任何具体的认定正犯范围的标准,其所谓对实现构成要件有因果贡献,实际上仅是表述了因果关系条件说,因而难免具有条件说的那些缺陷,比如标准不明确、导致处罚范围扩张、有害罪刑法定原则、有害裁判公平等,这些缺陷作用分类法都无法避免。虽然区分正犯与共犯可能因为类型固定、分界僵化而导致处罚漏洞,但这种问题在单一正犯体系中也可能发生,因为单一正犯体系所主张的对结果有因果贡献、具有不法内涵和罪责内涵两个判断标准,同时也是区分主要行为人、次要行为人与非行为人的标准。如果这些标准很具体、很明确,就同样会由于分界僵化或分界不清而导致处罚漏洞,因此任何概念分类都难以避免一个难题:如果标准不具体、不明确、不固定,就等于将一切判断都委诸法官的姿意,必然有害刑法的保障功能;如果分类标准固定、具体、明确,又难免造成处罚漏洞。[①] 因此,应当两种分类法并用,以分工分类法来弥补作用分类法标准模糊的缺陷。事实上,我国刑法正是这样做的。根据《刑法》第 26 条的规定,所谓主犯,是指在共同犯罪中起主要作用的人,但是,犯罪集团中的组织犯,即组织、领导犯罪集团进行犯罪活动的人,则是当然的主犯,因为可想而知,这类人当然是起主要作用的,不可能仅起次要作用。根据《刑法》第 27 条,所谓从犯,是指在共同犯罪中起次要作用的人,但是,那些仅起辅助作用的人,则是当然的从犯,因为可想而知,既然仅起辅助作用,当然是次要作用而不可能是主要作用。这说明,《刑法》第 26 条和第 27 条在根据作用大小规定主犯与从犯的同时,还另行规定了两种可以直接认定起主要作用和次要作用的情形,以避免法官将组织犯认定为从犯,或者将仅起辅助作用者认定为主犯,目的正是要以分工分

① 参见许玉秀:《当代刑法思潮》,中国法制出版社 2005 年版,第 565 页。

类法来弥补作用分类法分类标准模糊的缺陷。至于胁从犯,并非单纯根据作用分类法所作的分类,而是根据作用分类法与意志自由程度所作的分类。根据《刑法》第 28 条,胁从犯是被胁迫参加犯罪的人,似乎仅强调意志自由受限,但是,由于其处罚原则是"应当减轻或者免除处罚",比从犯的从宽幅度更大,所以通说认为胁从犯是既被人胁迫参加犯罪又在共同犯罪中仅起次要作用的人,实际上是对《刑法》第 28 条作了限制解释,以排除被胁迫参加犯罪但是在共同犯罪中起主要作用的胁主犯,其重点在于"从犯"而非"胁迫",是用意志自由受限标准来补充作用大小标准。

再次,分工分类法有助于使共犯的定罪处罚更加符合罪刑法定原则。虽然区分制面临着正犯与共犯区分认定困难、有时候需要根据作用大小来认定正犯与共犯从而违背分类初衷等缺陷,但德日刑法仍然坚持采用区分制,主要是因为贯彻罪刑法定原则的需要。在区分制看来,单一制舍弃从构成要件行为角度来定位正犯,既与植根在构成要件行为基础上的刑事处罚原则相抵触,又与社会上一般人对行为类型的理解方式不相符,如一般人很难将出借工具的行为理解为盗窃行为,还会不当扩大处罚范围,如会将单纯的教唆行为或帮助行为当成可罚的犯罪未遂行为、对帮助犯无法从轻或者减轻处罚、对欠缺身份者无法与有身份者区别对待等[1],因而在坚持法治国原则方面,单一制不如区分制。由于一切有权力的人都容易滥用权力,如果法官的自由裁量权过大,就不可避免地会产生恣意裁判的问题,因此需要为法官行使权力作出种种限制。根据实际参与形态将参与人区分为正犯与各种共犯,能够保证法官在大多数情况下对被告人的定罪量刑符合罪刑相适应原则,因为在大多数情况下,的确是正犯的责任大而共犯的责任小,根据形式客观说即可正确地区分正犯与共犯,没有必要适用实质客观说或主观说,从而能够在大多数情况下避免法官恣意裁判所导致的刑罚不公平问题。至于在少数情况下存在根据形式客观说可能导致刑罚不公平问题,则又事实上赋予法官根据实质客观说或主观说进行修正的权力,所以总体来说是比较合理的。因此,在以作用分类法为主、以分工分类法为辅的我国刑法中,有意识地运用分工分类法的优势来避免法官裁判时的恣意,是具有重要意义的,能够使主犯与从犯的认定及处罚更加符合罪刑法定原则。当然,除了正犯与共犯的区分之外,另外制定认定作用大小的其他标准,也是很有必要的,这需要进一步深入研究。

最后,分工分类法的缺点在于过于僵硬,经常面临帮助犯与共同正犯

---

[1]　参见林山田:《刑法通论(下册)》(增订 10 版),北京大学出版社 2012 年版,第 6 页。

难以区分、教唆犯与间接正犯难以区分等疑难问题,特别是在那些没有规定组织犯和共谋犯的国家及地区,不得不面临着将组织者和共谋者等没有亲自实施构成要件行为的人划归为正犯、教唆犯或帮助犯何者合适的难题,并且,为了使量刑符合罪刑相适应原则,有时候不得不将亲自实施构成要件行为的人认定为从犯,以对其减轻处罚。例如,在著名的"浴缸案"中,妹妹应姐姐的要求将姐姐刚出生的私生子直接溺死在浴缸里,德国法院判决妹妹构成姐姐杀婴罪的帮助犯而非谋杀罪的正犯,理由是妹妹对杀人结果不感兴趣,根本不想将犯罪作为"自己的"行为;在"史达辛斯基案"(Staschinskyfall)中,一名苏联间谍按照上级国安局(KGB)的指令潜入德国暗杀了两名流亡政治家,为了避免被告人受到过于严苛的刑罚制裁,德国联邦最高法院判决该名间谍只是上级所实施犯罪的帮助犯,理由是被告人行为并非出于"正犯意思"。这种将实行犯认定为帮助犯的例子,虽然名义上是考虑各参与人是否把犯罪当作"自己的"犯罪来实施,但实质上所考虑的,仍是由参与人在共同犯罪中所起作用大小所决定的应受刑罚处罚程度,以至于"不是参与者的角色决定可能判处的刑罚,而是希望判处的刑罚决定参与者的角色","有根据参与人应该受到的处罚来确定谁实施了犯罪这种危险",导致"根本谈不上法律对刑罚的确定性"。[①] 其重要原因是《德国刑法典》第 211 条对谋杀罪规定了绝对确定的无期徒刑,导致法官为了不对被告人判处无期徒刑而不得不将亲自实施构成要件行为的被告人解释为帮助犯。如果这种案例发生在我国,则没必要大费周折,可以一方面根据被告人的实际行为形态考虑其是实行犯,另一方面根据罪刑相适应原则将其认定为从犯予以从宽处罚,两种分类法并行不悖、相辅相成,加之我国刑法对故意杀人罪规定了从有期徒刑三年至死刑的巨大幅度,所以能较好地与社会通常观念相符合,从而没必要将实行犯认定为帮助犯。

综上,我国刑法的共犯规定是以作用分类为主、以分工分类为辅,两者之间具有既相互分离又相辅相成的辩证统一关系,两者结合使用,能较好地结合两者的优点而克服两者的缺陷,因而是一种非常合理的共犯参与体系。

[①] 参见[德]施特拉腾韦特、[德]库伦:《刑法总论 I——犯罪论》,杨萌译,法律出版社 2006 年版,第 289—290 页。

第二章　德日刑法正犯与共犯的区分困境及其解决出路

【本章导读】　由于刑法中只规定了正犯、教唆犯、帮助犯而未规定组织犯和共谋犯,以及基于以能否解释间接正犯的正犯性作为检验学说合理性的标准、过于重视分工分类而忽视作用分类等原因,德日刑法体系中正犯与共犯的区分面临重重困境,各种区分学说均不够完善,存在将作用大小作为区分的实质标准、以分工分类之名行作用分类之实、与区分制的理论根基相矛盾、违背构成要件理论、无法满足罪刑相适应原则的要求等问题。应当正视理论和司法中的困境,增设组织犯和共谋犯,为正犯和共犯规定更加灵活的处罚原则,引进作用分类法来弥补分工分类法的不足,严格坚持形式客观说,以有效解决各种困境。

在德日等对共犯参与体系采取区分制的国家,刑法中只规定了正犯、教唆犯和帮助犯等共犯形态及处罚原则,导致在对各参与人量刑之前,首先必须认定其属于正犯或何种共犯,否则无法确定处罚原则,甚至由于无法适用共犯从属性说而无法定罪。如果单纯根据参与人所实施的行为形态来认定正犯、教唆犯和帮助犯,则也比较容易区分,但由于德日刑法中没有规定组织犯、共谋犯,对于共同犯罪中的组织者、共谋者应当划归哪一类,就成了一大疑难问题。不同形态的参与人在共同犯罪中所起的作用可能与通常情形下相反,导致按原来的形态如实认定将不符合罪刑相适应原则,因而需要调整认定,从而使问题变得更加复杂。种种原因,导致区分制在区分正犯与共犯时面临重重困境。区分标准的通说由形式客观说逐渐转变为各种实质客观说,如重要作用说和犯罪事实支配理论,导致建立在形式客观说与限制的正犯概念基础上的共犯从属性理论、共犯处罚根据论面临倒塌崩溃的危险,如何协调这些理论之间的关系,使共犯理论体系内部保持协调一致,不得不成为学界深思的问题。在借鉴德日刑法理论时,对于其理论中的困境应当有所认识,以便在分析和构建我国共犯理论时进行参考。

第一节　德日刑法正犯与共犯区分标准的常见学说评析

德国刑法中正犯与共犯的区分,渊源于 1810 年《法国刑法典》(第 59 条、第 60 条),经由 1851 年《普鲁士刑法典》(第 34 条、第 35 条)传到 1871 年《德国刑法典》(第 47—49 条)。[①] 在该法典中,正犯与共犯并不处于同一层次,在正犯(直接正犯、共同正犯和间接正犯)与共犯(教唆犯、帮助犯)之间,有着严格的分界线,正犯是自己实施或者将他人作为工具实施犯罪,共犯是参与他人实施的犯罪,共犯是以正犯实施犯罪为前提条件的,因为参与正犯的犯罪才被处罚,体现出对正犯的从属性。尽管立法规定很明确,但是应根据哪种标准来区分正犯与共犯,却是理论上长期争议的问题,最初争论的是共同正犯与帮助犯的区分问题,后来又扩大至间接正犯与教唆犯的关系问题。[②] 区分的学说,可概括为以因果关系理论为立论基础和以构成要件理论为立论基础两大类。

一、以因果关系理论为立论基础的区分学说及其评析

以因果关系理论为立论基础的学说,包括主观说与早期的客观说(实质说)。

主观说以条件说为基础,认为由于各共犯行为均是犯罪结果发生的等价的条件,所以无法从客观方面区分正犯与共犯,因而应从主观方面加以区分。其中,意思说(或故意说)认为,以实施自己的行为的意思(正犯者意思)实施行为者为正犯,以加功于他人的行为的意思(共犯者意思)实施行为者为共犯;目的说(或利益说)认为,为自己的目的或利益而实施行为者为正犯,为他人的目的或利益而实施行为者为共犯;限制的主观说认为,应当在考虑参与者对结果的利益的基础上,同时考虑参与行为的范围、犯罪行为支配或者对犯罪行为支配的意志,以进行整体的评判。[③] 德国判例基本上都采主观说,其结果是,一方面,没有亲自实施构成要件该当行为的

---

① 参见[德]克劳斯·罗克辛:《德国刑法学总论(第 2 卷)——犯罪行为的特别表现形式》,王世洲等译,法律出版社 2013 年版,第 8 页。

② 参见[德]耶赛克、[德]魏根特:《德国刑法教科书(下)》,徐久生译,中国法制出版社 2017 年版,第 873—874 页。

③ 参见[德]乌尔斯·金德霍伊泽尔:《刑法总论教科书》(第 6 版),蔡桂生译,北京大学出版社 2015 年版,第 400 页。

人,也可以成为共同正犯或间接正犯。例如,在谋杀案件中,只为保障行为人的安全而未共同实施杀人行为的人,可构成共同正犯;只要具有行为人意志,则教唆具有完全责任能力的孕妇堕胎之人,是正犯而不仅仅是教唆犯;造成他人被非法拘禁的人,是剥夺自由罪的正犯;以行为人意志,抢劫银行时在大厅望风的人,构成共同正犯。另一方面,即使亲自实施构成要件该当行为的人,也可能认定为从犯。例如,应非婚生母亲的要求且为该非婚生母亲的利益而杀死其新生儿之人,是帮助犯而不是正犯;受外国谍报机构委托而亲自杀人的行为人,被认定为谋杀罪的帮助犯;虽然亲自实施了杀人行为,但行为人不是为了自己的利益,只是为了不被其同伴视为胆小鬼,被认定为帮助犯;驾驶员应他人要求而将被撞倒并卡在汽车上的被害人从行驶中的汽车上抛下,导致被害人死亡的,驾驶员只构成帮助犯。①

　　早期的客观说以原因说为基础,认为应将导致结果发生的各参与行为区分为原因与条件,对结果赋予原因者为正犯,对结果仅赋予条件者为共犯②,包括必要性说、同时性说、优势说等多种理论。其中,必要性说认为,对于犯罪的实现不可或缺的加功者是正犯,其他人是共犯;所谓不可或缺,是指若离开了加功行为,犯罪事实就无从发生。此说最大问题在于判断"不可或缺"的标准不明确。③ 同时性说认为,同时参与犯罪实行的人是正犯,在犯罪实行前后参与的人是共犯。此说一是排除了事中帮助犯的存在,二是无法解释共谋共同正犯和间接正犯。④ 优势说认为,不能根据固定的标准或通常确定的特征来划分正犯与共犯,而应根据具体案情区分优势地位和从属关系,对犯罪事实与正犯具有同等优势者是共同正犯,仅具有从属关系者是共犯,但此说的问题也在于认定优势或从属的标准并不明确。⑤

　　以上各说的不妥之处在于:(1)作为其理论基础的条件说和原因说,本身缺乏妥当性。⑥ 目前对于因果关系,多数学者赞同相当因果关系说或

---

① 参见[德]耶赛克、[德]魏根特:《德国刑法教科书(下)》,徐久生译,中国法制出版社2017年版,第879—880页。

② 参见陈子平:《刑法总论》(2008年增修版),中国人民大学出版社2009年版,第314—315页。

③ 参见[韩]金日秀、[韩]徐辅鹤:《韩国刑法总论》(第11版),郑军男译,武汉大学出版社2008年版,第540页。

④ 参见[韩]李在祥:《韩国刑法总论》,[韩]韩相敦译,中国人民大学出版社2005年版,第373页。

⑤ 参见刘艳红:《论正犯理论的客观实质化》,载《中国法学》2011年第4期。

⑥ 参见[日]大塚仁:《刑法概说(总论)》(第3版),冯军译,中国人民大学出版社2009年版,第274页。

客观归责理论,况且,正犯与共犯的区分,应当以构成要件理论为基础,不应当以因果关系理论为基础,因为正犯与共犯的区别是犯罪参与形态上的区别,不是因果关系上的区别。(2)如果将"正犯者意思"或者"为自己的利益"作为正犯的积极要件,则在所有人都是为了他人而参与犯罪的场合,就会得出没有正犯的结论。例如,明明没有受妹妹之托,姐姐却自以为是地为妹妹着想,自行将妹妹刚刚分娩下来的私生子杀死;纯粹出于利他动机而试图实施自杀式炸弹袭击,尽管是唯一参与者,也只能成立从犯①;盗窃犯为了妻子和儿女过上优裕的生活而盗窃的,也将不是正犯。(3)在早期客观说中,如何区分原因与条件是一大疑难问题。② 并且,将自然科学上判断必要性、同时性、优势性等物理原因力的标准,原封不动地照搬到刑法上的因果关系中去,混淆了自然事实与价值判断、规范判断之间的关系,行为的社会意义不是仅由因果关系决定的,还必须考虑行为的目的等因素。③

二、以构成要件理论为立论基础的区分学说及其评析

以构成要件理论为立论基础的区分学说包括形式客观说和各种实质客观说。

形式客观说严格以构成要件对行为的描述为准,不考虑参与人在整个犯罪过程中所发挥作用的重要性如何,只将那些完全实现构成要件该当行为的人看作正犯,而其他任何对犯罪的实现起到因果作用的人只被看作共犯。这种观点是符合立法者愿望的,因为立法者就是想通过对犯罪类型的具体描述让人们懂得正犯的含义,但是却无法解释间接正犯的正犯性,因为间接正犯并未亲自着手实施构成要件行为。例如,父亲让不懂事的5岁儿子到伯母家去转交一块有毒的夹心巧克力糖给伯母吃,父亲既未亲自实施杀人行为,也未教唆他人实施故意杀人行为,但显然不能不予处罚。对共同正犯的解释也有困难,因为它至多只能将那些至少实施了一部分构成要件行为的共犯包括在内。例如,依据共同的犯罪计划,甲大声尖叫吸引开伯母的注意,乙将毒药倒进伯母的咖啡杯里,甲是投毒谋杀的共同正犯而不是单纯的帮助犯,但如果依形式客观说就难以解释。④ 此外,根据形

① 参见[日]松原芳博:《刑法总论的重要问题》,王昭武译,中国政法大学出版社2014年版,第280页。
② 参见马克昌:《比较刑法学原理》,武汉大学出版社2012年版,第190页。
③ 参见[韩]李在祥:《韩国刑法总论》,[韩]韩相敦译,中国人民大学出版社2005年版,第373页。
④ 参见[德]耶赛克、[德]魏根特:《德国刑法教科书(下)》,徐久生译,中国法制出版社2017年版,第876—877页。

式客观说也难以将在幕后起操纵作用的组织者认定为正犯,难以将参与共谋而未参与实行但在共同犯罪中起支配作用或重要作用者认定为正犯,因而无法对组织犯和共谋犯的可罚程度作出恰当评价。"并且,最重要的是,不得不说难以实现根据参与者的作用之重要性来处罚,即难以实现具体的妥当性。例如,不得不将计划、命令犯罪的黑帮老大也认定为共犯,而即使是对于实现犯罪而言不可或缺的行为,也只能根据其是否是构成要件行为而区别共犯与正犯,这是不合理的。这样,形式的客观说自从 20 世纪 30 年代之后就逐渐失去支持者,而在考虑行为人之主观层面的基础上,更加实质性、规范性地把握构成要件该当行为的立场,即行为支配说成为支配性学说。该学说自从罗克辛(Roxin)集大成以来,一直占据着通说性地位。"①

为了弥补形式客观说的不足,产生了各种实质客观说:

(1) 规范的障碍说认为,应当对实行行为作实质化理解,凡是具有侵害法益的具体危险的行为,都应当认定为正犯,反之则为共犯。就间接正犯而言,应根据被引诱者能否成为"规范的障碍"来判断这种危险的有无。如果被引诱者具有规范意识,能够自己决定是否实施行为,则引诱者不能成为间接正犯;反之,如果被引诱者不能成为规范的障碍,则由于能够认定引诱行为存在引发结果的切实性和自动性,所以能将引诱行为视为实行行为。不过,由于规范的障碍与侵害法益的危险程度之间并无直接关系、"规范的障碍"的实质含义并不清楚、不能以被引诱者有无有责性来决定引诱者有无正犯性等原因,规范的障碍说其实不妥。② 并且,如下文所述,区分间接正犯与教唆犯,是间接正犯的定义问题,取决于如何定义间接正犯,而不是正犯与狭义共犯的区分问题。

(2) 犯罪支配论(又称行为支配论)认为,对犯罪的实现有支配内涵者为正犯,无此内涵者为共犯,具体又有多种学说。Welzel 的目的的犯罪支配论认为,对犯罪事实具有目的的支配者为正犯,此外的参与者为共犯;所谓目的的支配,是指行为人以目的意识来操纵、惹起并支配构成要件结果的发生。Maurach 的客观化的犯罪支配论认为,凡是能依自己的意思,以自己的举动来达成、放弃或中止构成要件的实现者为正犯,此外的参与者为共犯。Roxin 的犯罪支配论认为,正犯是共同犯罪中的核心人物、关键

---

① 参见〔日〕西田典之:《共犯理论的展开》,江溯、李世阳译,中国法制出版社 2017 年版,第 94 页。

② 参见〔日〕松原芳博:《刑法总论的重要问题》,王昭武译,中国政法大学出版社 2014 年版,第 281—282 页。

角色,共犯则是边缘人物、不重要角色,正犯包括以行为支配为内容的支配犯、以特别义务的侵害为内容的义务犯、以己手性为内容的己手犯三种,只有支配犯才以行为支配为正犯性的基础。行为支配亦分为三种:第一种是直接正犯的行为支配,指行为人依自己所实施的行为来支配犯罪行为;第二种是间接正犯的意思支配,指行为人依幕后的优越的意思来支配被利用者实施犯罪;第三种是共同正犯的功能性支配,指各行为人依实行阶段的分工合作来共同支配犯罪行为。① Roxin 的犯罪支配论的缺陷在于,其实际上只能用来描述三类正犯的不同特征,无法用来区分正犯与共犯,并且有循环论证之嫌,即首先将犯罪划分为支配犯、义务犯、己手犯三种类型,并认为只有支配犯才需要以行为支配为基础,再根据支配犯的不同类型来总结间接正犯、直接正犯、共同正犯的正犯特征,而对于如何区分共同犯罪中的正犯与共犯,则仅以含糊的核心人物、关键角色、边缘人物、不重要角色一笔带过,对如何认定核心角色、关键角色或边缘人物则语焉不详,实际上并未提出任何区分标准。Roxin 教授本人也认为,无法从"核心人物"这一标准推演出具体区分正犯与共犯的方法,这种标准主要是一种价值评价概念,只能根据犯罪人的真实情况一步一步详细说明与具体明确。② 其他几种支配理论虽然提出了目的的支配、客观化的支配等区分标准,但均具有"支配"的定义和认定标准过于抽象、规范、多义而欠缺具体性、明确性,无法充分说明附加性共同正犯和择一性共同正犯的正犯性等弊端。

(3) 共同意思主体说内部又可分为三种观点。最早的观点是为了解决共谋行为的正犯性而提出来的,试图运用民法的合伙理论来解释共谋行为的正犯性,认为两个以上异心别体的个人通过共谋实施犯罪而形成一种超个人的共同意思主体,其中任何成员的行为都是共同意思主体的行为,其行为的效果应归属于全体成员,因而全体成员均是共谋共同正犯。③ 其后的观点认为,共犯是作为特殊社会心理现象的共同意思主体的活动,是各参与人为了实现共同的犯罪目的而结合成异体同心的共同意思主体,其中任何人的行为均是全体成员的行为,因此应根据各成员在犯罪实现中的角色来区分正犯与共犯,主要、重要角色为正犯,次要、附属角色则为共犯。最新的观点则认为,虽然正犯是共同犯罪中的主要地位者、扮演重要角色

---

① 参见陈子平:《刑法总论》(2008 年增修版),中国人民大学出版社 2009 年版,第 315—317 页。
② 参见[德]克劳斯·罗克辛:《德国刑法学总论(第 2 卷)——犯罪行为的特别表现形式》,王世洲等译,法律出版社 2013 年版,第 11 页。
③ 参见[日]西田典之:《日本刑法总论》,刘明祥、王昭武译,中国人民大学出版社 2007 年版,第 286 页。

者,但这种地位和角色的认定,取决于其是否分担了实行行为,未分担实行行为者无法成为正犯,但是分担实行行为仅是正犯的必要条件而非充分条件,所以分担了实行行为者未必皆属于正犯;共犯是指在共同犯罪中居附属地位者、扮演轻微角色者。① 其中,第一种观点有赞成团体责任而违背个人责任原则之嫌,并且不区分正犯与共犯,导致与功能性统一正犯概念难以区分;第二种观点仍有承认团体责任而违背个人责任原则之嫌,并且可能将实施了部分构成要件行为者认定为共犯,从而违背德日刑法将共同正犯规定为正犯的立法规定,其纯粹根据角色主次来区分正犯与共犯,实际上是用作用分类代替分工分类;第三种观点会将参与共谋但未参与实施构成要件行为者一律解释为共犯,从而脱离了共同意思主体说的原本意旨而倾向于折中立场,已经不能为共谋行为提供正犯性说明,只能用来说明共犯为何应对他人的行为承担罪责,成为一种共犯的处罚根据论。

（4）重要作用说认为,应当根据实质性观点来考虑正犯和共犯的区别,对结果的发生起重要或必要作用者为正犯,起次要作用者为共犯。② 刘艳红教授赞成此说,认为该说至少具有以下优点:一是其判断标准是参与人是否对犯罪结果的发生起到客观外在可见的作用,重视被实现的犯罪事实,能克服必要性说依赖主观揣测的缺点;二是其综合整个犯罪过程以及各行为人在犯罪实现中的贡献大小,能克服同时性说无法包括间接正犯等不具有同时性的正犯的缺点;三是其在判断重要作用时,是以实行行为为基准,从实质意义上来考虑各参与人对犯罪实现的客观参与的重要程度,能克服优势说不易操作且无法把握的缺陷。并且,在实质客观说中,重要作用说是日本的通说,而作为德国主流学说的犯罪支配说,其实也是一种实质客观说。③ 但是,根据作用大小来区分正犯与共犯,显然是与根据是否实施构成要件该当行为来区分正犯与共犯的立法本意背道而驰的,并且是将分工分类与作用分类混为一谈,是以分工分类之名行作用分类之实。

综上可见,虽然德日刑法学者绞尽脑汁试图区分正犯与共犯,但实际上效果并不理想。其中,最符合立法本意的形式客观说,由于无法解决组织犯、共谋犯、间接正犯等问题,不得不让位于主观说和实质客观说,从而导致将作用分类当作分工分类的实质标准,以分工分类之名行作用分类之

---

① 参见陈子平:《刑法总论》(2008 年增修版),中国人民大学出版社 2009 年版,第 317—318 页。
② 参见郑泽善:《正犯与共犯之区别》,载《时代法学》2014 年第 5 期。
③ 参见刘艳红:《论正犯理论的客观实质化》,载《中国法学》2011 年第 4 期。

实。诚如有学者所言,虽然相关理论"可谓汗牛充栋",但也"仅能解决参与形态认定的部分问题",如对于特别犯(Sonderdelikte)、过失犯、不作为犯的参与形态问题,以及对于如何确定行为人背后之人的参与角色等问题,均无法有效解决。[①]

第二节　德日刑法区分正犯与共犯所面临的困境

由于德日等国的典型区分制刑法中只规定了正犯、教唆犯和帮助犯三种共犯参与形态,而对于现实生活中客观存在的组织犯、共谋犯等形态未作规定,并且对能否根据作用大小适用不同处罚原则也未作规定,导致德日刑法关于正犯与共犯的区分学说,面临重重困境。

一、区分标准实质化违背分类标准逻辑

除形式客观说之外的其他区分理论,都将分工分类法实质化为作用分类法,将重要作用作为认定正犯的实质标准,这既违背分类标准逻辑,又违背罪刑法定原则。在区分制立法例中,只规定共犯形态以及对帮助犯应当减轻处罚而未规定主从犯,导致在适用过程中,为了符合罪刑相适应原则而必然出现以所需量刑来决定分工角色的问题。为了给在共同犯罪中起主要作用者更严厉的惩罚,可能需要将某种共犯(比如组织犯、共谋犯)认定为正犯,处以正犯之刑;反之,为了给在共同犯罪中起次要作用者更轻缓的刑罚,可能需要将实施构成要件该当行为者认定为帮助犯,以便适用正犯之刑减轻处罚。

这一理论与实务现状逐渐取得中外刑法学者的共识。如有学者认为,为了实现处罚的合理性,在正犯和共犯的判断上,德日刑法学界以及实务界不得不对正犯和共犯的判断实行实质解释,从而不得不突破实行行为的传统边界。换言之,即使没有参与实行构成要件行为,也可能由于对共同犯罪事实具有支配力或者在共同犯罪中起了重要作用,而被认定为正犯;反之,即使直接参与实行了构成要件行为,也可能由于对共同犯罪事实缺乏支配力或者对结果发生所起作用较小,而被认定为帮助犯。这样一来,正犯这种原本按照形式分工标准所划分和确定的参与类型,实际上就成为

---

① 参见柯耀程:《变动中的刑法思想》,元照出版公司 2001 年版,第 252 页。

按照实质作用标准所确定的主犯范畴。① 还有学者认为,德国和日本对正犯与共犯的区分,采取的是实质的客观说或者犯罪事实支配理论,不再采取形式客观说,导致所谓正犯也可谓主犯。因此,在我国,也可以反过来认为,我国刑法所规定的主犯就是正犯,从犯与胁从犯就是帮助犯。② 甚至还有学者认为,就共同犯罪中的教唆行为或帮助行为而言,根据重要作用说,当其对结果的发生起重要作用时,行为人就是正犯,反之则为共犯;根据犯罪事实支配理论,当其对其他犯罪参与者的行为形成功能性支配时,行为人就是正犯,反之则为共犯。③ 另有学者认为,各种实质客观说实际上都是重要作用说,因为功能支配论通过重大贡献、重要任务来判断是否做到功能性支配,从而彻底将行为对犯罪完成的作用大小这一客观实质标准作为正犯与共犯的划分标准。④ 日本也有学者认为,实际上,正犯与共犯的区别所判断的,是谁应该对犯罪结果承担首先责任问题,即谁是主犯或者说谁是核心人物问题,所谓支配不过是发挥重要作用的情况之一而已。在这一点上,中国刑法也将作用大小作为区分主犯与从犯的标准。在这个意义上讲,完全可能把中国的主犯和日本的共同正犯作为同一个概念来探讨。⑤ 这种正犯主犯化、帮助犯从犯化的区分实践,导致其区分标准越来越离谱,导致正犯与共犯的界限越来越模糊,这种纯粹根据合理处罚的需要来划分的做法,已经违背了正犯与共犯相区分的基本理念。⑥

可见,为了符合罪刑相适应原则,实现处罚的妥当性,作为正犯与共犯区分理论有力学说的犯罪事实支配理论和重要作用说,均不得不舍弃构成要件行为标准,屈从于在共同犯罪中所起作用大小标准,从而忽略构成要件行为与教唆、帮助、组织、共谋等共犯行为之间在行为类型方面天然存在的界限,既背离刑法严格区分正犯与共犯等不同共犯形态以贯彻罪刑法定原则的本意,又用实质上的作用分类法取代形式上的分工分类法,从而将作用分类法与分工分类法混为一谈。

二、区分标准实质化与区分制的理论根基相矛盾

区分制的理论根基是构成要件理论和限制的正犯概念,认为只有直接

① 参见钱叶六:《双层区分制下正犯与共犯的区分》,载《法学研究》2012 年第 1 期。
② 参见张明楷:《刑法学》(第 5 版),法律出版社 2016 年版,第 450 页。
③ 参见阎二鹏:《共犯行为正犯化及其反思》,载《国家检察官学院学报》2013 年第 3 期。
④ 参见刘艳红:《论正犯理论的客观实质化》,载《中国法学》2011 年第 4 期。
⑤ 参见金光旭:《日本刑法中的实行行为》,载《中外法学》2008 年第 2 期。
⑥ 参见刘明祥:《论中国特色的犯罪参与体系》,载《中国法学》2013 年第 6 期。

实施刑法分则规定的构成要件行为才能侵害法益,才能构成正犯,教唆和帮助等共犯行为则不能直接侵犯法益,必须通过正犯的行为才能侵犯法益,共犯对正犯具有实行从属性,刑法本来只应当处罚实施构成要件行为的正犯,但却将处罚范围扩张到共犯,所以共犯规定是刑罚扩张事由。因此,通说认为,共犯的成立得以正犯着手实行犯罪为前提,只有正犯着手实行犯罪之后,共犯的可罚性才能达到值得动用刑罚予以惩罚的程度。①

但是,在区分标准实质化之后,由于未亲自实施构成要件行为者可能因起重要作用而被认定为正犯,而亲自实施构成要件行为者则可能因所起作用不重要反而被认定为帮助犯,则共犯从属性原则还如何适用? 这种实际上亲自实施了构成要件行为的帮助犯是应当从属于实际上组织他、教唆他或与他共谋犯罪的正犯还是应当从属于他本身? 教唆者、组织者、共谋者等正犯的成立,是否仍应当以因起不重要作用而被认定为帮助犯的实行者着手实施构成要件行为为前提? 能否因其自己实施的组织、教唆或共谋行为而被处罚? 虽然这些问题将由于实行者着手实行了犯罪而不突出,但是我们在逻辑上却不能无视这些问题。

例如,某国企董事长甲花两千万雇请乙等十人,要求他们在国庆节当日在某市人民广场实施大规模杀人活动,款先付一半,成事后再付另一半,乙等人因此购买了大量炸药、雷管等物,但未等到国庆节即被公安机关查获。此例中,如果因认为甲在共同犯罪中起重要作用而将其认定为正犯,则对甲能否直接定罪量刑? 对甲定罪量刑是否违背共犯从属性原则? 甲的实行行为是否已经着手? 甲是预备犯还是未遂犯?

换言之,按共犯从属性说的本来含义,是无法对正犯与共犯的区分采取各种实质客观说的,否则完全可能出现"实行者从属于教唆者或帮助者"的逻辑混乱状况。正如有学者所言,之所以要严格区分正犯与共犯,是因为在限制的正犯概念看来,确保构成要件的类型性与定型性是实现罪刑法定原则的前提,而这种类型性与定型性在很大程度上是对符合构成要件的行为的要求。换言之,实行行为本身的类型性和定型性是法治国的基本要求,实行行为与非实行行为之间具有很明确的界限,分别对应于构成要件行为和构成要件行为之外的行为。但是,实质客观说对正犯与共犯的区分标准,却使区分制下基本构成要件与修正构成要件这一体制性架构被颠覆,使实行行为的定型性与类型性难以得到保障,从而彻底混淆构成要件

---

① 参见[日]大谷实:《刑法讲义总论》(新版第 2 版),黎宏译,中国人民大学出版社 2008 年版,第 366—372 页。

观念。①

各种实质客观说还将导致同一种犯罪具有两种以上实行行为的理论混乱,即在单独直接犯罪中,实行行为是指刑法分则所规定的构成要件行为,而在共同犯罪中,实行行为则可能是指刑法分则所规定的构成要件行为之外的教唆、帮助、组织、共谋等共犯行为,并且实行行为在间接正犯和共同正犯中的含义还得重新考虑,导致以构成要件行为为中心建立起来的限制的正犯理论完全无法维持。

推而广之,一旦对正犯与共犯的区分舍弃形式客观说而采取各种实质客观说,则构成要件的定型性、既未遂理论,以及严格建立在形式客观说与限制的正犯概念基础上的共犯处罚根据论,均无法维持甚至面临倒塌崩溃的危险,其所引起的理论混乱的弊端,要远远大于实质化所带来的好处。

但是,如果区分标准不予实质化,则又面临着无法有效惩罚组织者、共谋者等在共同犯罪中起重要作用者等现实问题,也难以解释间接正犯的正犯性,难以对在共同犯罪中起次要作用的实行者给予减轻处罚。在刑法对谋杀罪仅规定绝对确定的无期徒刑的《德国刑法典》(第 211 条)中,其处罚的不妥当性显而易见。因而,德日刑法理论和实践不得不在区分制的外衣下,根据各参与人在共同犯罪中所起作用大小来区分正犯与共犯,从而导致区分制名存实亡。

综上可见,除了在司法实践中认定正犯和狭义共犯时需要采用实质客观说之外,在其他共同犯罪理论中,比如共犯的实行从属性、共犯的处罚根据、中性帮助行为、片面共犯、限制的正犯概念等,仍然是以形式客观说为论述前提的。这是因为,实质客观说的存在价值,主要是满足罪刑相适应原则的需要,以便将在共同犯罪中起重要作用的人认定为正犯施加较重的刑罚;反之,如果在共同犯罪中仅起次要作用,则即使是亲自实施了构成要件行为的实行者,也可以被认定为帮助犯以便施加较轻的刑罚。可见,实质客观说在形式上是违背罪刑法定原则的,因为各国刑法典均是根据形式客观说来区分正犯与共犯的,例外是有一些采取单一正犯概念的国家及地区在刑法典中完全不区分正犯与共犯。除了正犯与共犯区分理论之外,其他的共同犯罪理论,实际上均无法采用根据实质客观说划分出来的正犯与共犯作为论述前提,因为,如果认为实施帮助行为者可以成为正犯,而实施实行行为者可以成为帮助犯的话,则所谓帮助犯的成立必须以正犯着手实行犯罪为前提的实行从属性说、帮助犯必须通过正犯的实行行为才能间接

---

① 参见阎二鹏:《共犯行为正犯化及其反思》,载《国家检察官学院学报》2013 年第 3 期。

地惹起法益侵害的共犯处罚根据论、帮助犯只是暗中为正犯的实行提供某种帮助的片面帮助犯等理论,均会陷入逻辑上的自我混乱。例如,假如法官将在共同犯罪中起次要作用的实行犯甲认定为帮助犯,则谈论这种帮助犯甲的行为构成犯罪是否必须以甲或其同伙的实行行为的着手为前提就难以想象,谈论甲这种帮助犯的处罚根据问题也完全多此一举,因为他亲自参与实施直接侵犯法益的行为;反之,假如法官将在共同犯罪中起重要作用的组织犯或教唆犯乙认定为正犯,则自然也无法以乙为对象来探讨上述共同犯罪理论问题,因为乙已经是正犯了。

三、主观说存在与实质客观说相同的缺陷

区分标准中的主观说虽然表面上与实质客观说不同,但是在根据参与人在共同犯罪中所起作用大小而将实行者认定为共犯、将非实行者认定为正犯的结论上,却与实质客观说如出一辙。例如,在"浴缸案"中,妹妹应姐姐的要求将姐姐刚出生的私生子直接溺死在浴缸里,德国法院判决妹妹构成姐姐杀婴罪的帮助犯而非谋杀罪的实行犯,理由是妹妹对杀人结果不感兴趣,根本不想将犯罪作为"自己的"行为;在"史达辛斯基案"(Staschinskyfall)中,一名苏联间谍按照上级国安局(KGB)的指令暗杀了两名生活在西德的流亡政治家,为了避免被告人受到过于严苛的刑罚制裁,德国联邦最高法院判决该名间谍只是上级所实施的犯罪的帮助犯,因为被告的行为并非出于所谓"正犯意思"。这种将明显的实行者认定为帮助犯而将幕后的教唆者或组织者当作正犯的例子,虽然名义上是各参与人是否把犯罪当作"自己的"犯罪来实施,但实质上所考虑的,仍是由参与人在共同犯罪中所起作用大小所决定的应受刑罚处罚程度,以至于"不是参与者的角色决定可能判处的刑罚,而是希望判处的刑罚决定参与者的角色","有根据参与人应该受到的处罚来确定谁实施了犯罪这种危险",导致"根本谈不上法律对刑罚的确定性"。[①]

日本刑法判例也经常采用主观说。例如,雇主 A 违反《粮食管理法》让雇工 B 用卡车运送粮食,判例认定 A 是实行犯,尽管没有明确指出,但实际认定 B 构成帮助犯;在 B 等人抢劫运钞车时,A 负责驾车将 B 等人带离现场,并领取了一定报酬,判例认为,虽然 A 的作用不但不轻微反而是不可或缺的,但是并不能认定 A 具有利用 B 等人的行为而自己也实施强

---

① 参见[德]施特拉腾韦特、[德]库伦:《刑法总论 I——犯罪论》,杨萌译,法律出版社 2006 年版,第 289—290 页。

盗的意思,因而认定 A 构成帮助犯。据日本学者分析,判例之所以采取主观说,是因为从刑事政策或量刑角度考虑,对于整体评价上罪责较轻者,应当在前一阶段即共犯形式阶段就认定为帮助犯;就共犯的处罚而言,决定性的因素是能否作为共犯进行处罚,至于是共同正犯还是帮助犯,在某一层面上只是如何量刑的问题。① 可见,在该学者看来,分工分类实际上也只是量刑问题或者只是为了解决量刑问题,而不是我国刑法通说所谓定性或定罪问题。

四、分工分类法难以满足罪刑相适应原则的要求

区分制仅区分正犯与共犯而不区分主犯与从犯,难以满足罪刑相适应原则的要求,无法实现处罚的妥当性。与单独犯罪由犯罪者一人承担责任不同,共同犯罪是由数人共同实施犯罪,各人在共同犯罪中所起的作用、对引发犯罪结果的贡献、主观恶性、人身危险性等各方面必然有所差异,导致各人责任大小必然不同,需要根据责任大小分别判处刑罚。而区分制仅仅规定对正犯要按刑法分则规定的犯罪及其法定刑处罚,对教唆犯要按正犯的法定刑处罚,对帮助犯要比照正犯的法定刑减轻处罚,并且理论上认为教唆犯和帮助犯是比正犯的可罚性更轻的行为类型,这种僵硬的规定无法满足教唆犯或帮助犯在共同犯罪中起主要作用,或实行犯在共同犯罪中起次要作用等特殊情况下罪刑相适应原则的要求,无法对这些特殊情况下的参与人判处适当的刑罚。

"形式客观说的优点可以说是在于正犯与共犯的区分是明确的、有利于法的安定性这一点上,但是,该说不能为利用他人的间接正犯的正犯性提供充分的基础,并且,最重要的是,不得不说难以实现根据参与者的作用之重要性来处罚,即难以实现具体的妥当性。"因此,理论上不得不"在考虑行为人之主观层面的基础上,更加实质性、规范性地把握构成要件该当行为"②,从而日益"强调实行行为的规范性与类型性","根据规范性的特征,实行行为并不见得必须亲手实施,只要对犯罪具有支配关系的,就应当属于正犯"③。实际上是不得不根据作用分类法,根据各参与人所起作用大小,将非实行者认定为正犯或者将实行者认定为帮助犯,从而导致两种分

---

① 参见[日]西田典之:《日本刑法总论》,刘明祥、王昭武译,中国人民大学出版社 2007 年版,第 290—291 页。

② 参见[日]西田典之:《共犯理论的展开》,江溯、李世阳译,中国法制出版社 2017 年版,第 94 页。

③ 参见陈兴良:《教义刑法学》,中国人民大学出版社 2010 年版,第 633 页。

类法彻底混淆。换言之,由于实际上对量刑起决定作用的因素是各参与人在共同犯罪中所起作用大小而不是他的分工角色,所以在分工分类法的实际适用过程中,不得不将作用分类作为最重要因素来考虑。在我国,有根据作用大小划分主犯与从犯的作用分类规定,从而能够满足罪刑相适应原则的要求,而在德日刑法中却无类似规定,因而难以满足罪刑相适应原则的要求。

五、正犯与共犯的区分难以适用于非典型形态

诚如 Kienapfel 教授所言,由于区分制必须区分正犯与共犯,而在法理上探讨各种区分标准又极端抽象,使得正犯、共同正犯、教唆犯、帮助犯等概念像"被磨光的法理概念水晶球",被架构成一个法理的阶层共犯体系,但这种体系完全无法解决一些非典型的正犯、教唆犯和帮助犯形态。如果对上述"史达辛斯基案"(Staschinskyfall)适用单一的正犯概念,不区分正犯与共犯,仅在量刑时依其不法内涵与罪责内涵分别科以适当的刑罚,则可直接因为被告人的不法内涵和罪责内涵较小而判处较轻的刑罚,从而没有必要将其认定为帮助犯,这是比较圆满的解决方式。此外,在教唆者不知被教唆者为精神病患者而唆使其实施杀人行为的例子中,对于教唆者能否以教唆既遂论处,在德国刑法学说上一直争议很大,因为教唆者没有正犯意思,不能论以间接正犯,又因为被教唆者不构成犯罪,无法根据共犯从属性说对教唆者论以教唆既遂,但如果采取单一的正犯概念,不适用共犯从属说,则可以对教唆者直接依其不法内涵与罪责内涵大小判处适当的刑罚,不是非要用到区分制这种"概念的水晶球"不可。①

这种观点是有道理的。由于德日刑法的共犯规定仅有分工分类而没有作用分类,导致在对各参与人量刑之前,不得不首先认定其属于何种正犯或共犯;而由于正犯与共犯的处罚原则不同,这种认定必须尽可能准确适当,否则将对量刑造成不当影响;由于在认定时不得不考虑认定之后能否对参与人判处适当的刑罚,因而不得不将作用分类作为区分正犯与共犯的实质标准,导致区分理论越来越繁琐但却难以解决问题;特别是在共犯的共犯场合,要对参与人的共犯形态进行准确认定将更加困难。例如,现实生活中完全可能出现以下情况:组织犯的组织犯、组织犯的教唆犯、组织犯的帮助犯、教唆犯的组织犯、教唆犯的教唆犯、教唆犯的帮助犯、帮助

---

① 参见许玉秀:《当代刑法思潮》,中国法制出版社 2005 年版,第 554—555 页。

犯的组织犯、帮助犯的教唆犯、帮助犯的帮助犯[①]、共谋犯的组织犯、共谋犯的教唆犯、共谋犯的帮助犯,组织犯的共谋犯、教唆犯的共谋犯、帮助犯的共谋犯。要将这些形态认定为德日刑法规定的正犯、教唆犯、帮助犯三类之一,显然并不容易,但如果不予认定,则又可能放纵在共同犯罪中起重要作用的人。又如,有学者认为,传统共犯理论区分实行、组织、教唆和帮助行为的做法在网络平台下几乎不可行,因为网络环境使共同犯罪内部"物理"结构产生变动,四种行为的界限和危害性都产生异化。一是组织行为实施和认定的异化,组织行为很容易实施,甚至只需在网上发布一个信息即可,此时行为又符合教唆犯特征,导致组织犯和教唆犯难以区分;二是教唆行为和帮助行为的界限日益模糊,因为教唆行为不仅限于言语教唆,提供木马程序等行为举动也能使人产生犯罪意图,同时起到帮助作用,导致教唆与帮助难以区分;三是帮助行为有向实行行为转化的倾向,如在伪造证件犯罪中,原本属于帮助行为的非法侵入官方网站篡改查询比对数据,已经成为伪造证件犯罪必不可少的步骤,这一技术侵入和篡改行为的性质,已经由单纯的帮助行为转化为完成伪造证件不可缺少的实行行为,网络帮助行为逐渐代替实行行为占据共同犯罪的中心位置。随分工异化发生的是作用异化,一是组织犯的从犯化,如发帖呼吁、号召实施和公布实施方案等行为虽然客观上起到组织作用,但是对发帖行为按组织犯论处会导致量刑过重;二是帮助犯的主犯化,(多个)网络帮助行为的社会危害性可能远远超过(单个)实行行为的社会危害性,如对他人侵入行为实施技术帮助、公开传播犯罪工具等。[②] 虽然这种观点值得商榷,比如认为在网上发帖也能构成组织犯就明显不妥,但也说明区分正犯、教唆犯、帮助犯和组织犯有时确实比较困难。如果在单一制国家及地区和我国,则可以在综合考虑参与人的罪责大小之后,直接决定应否处罚及如何处罚,没有必要认定其到底属于何种共犯,并且在我国还可以对从犯从轻、减轻或免除处罚。

综上,除了各种区分学说各自所存在的缺陷之外,它们还存在着一些由德日刑法规定所导致的共同问题,其区分正犯与共犯的理论和实务面临着重重困境。

---

① 参见田森:《共犯的共犯》,武汉大学 2010 年博士学位论文,第 27—29 页。

② 参见于志刚:《论共同犯罪的网络异化》,载《人民论坛》2010 年第 29 期。

第三节　德日刑法区分正犯与共犯陷入困境的主要原因

从理论和判例日益推动正犯与共犯区分标准实质化的现象来看,应当说,德日学者是认识到区分制的不足的,那么为什么到现在还不修改刑法呢? 估计是由于法律文化传统和思维习惯等因素的限制,本书无力探讨这种深层次的问题,仅根据现有立法和理论现象,对导致区分正犯与共犯陷入困境的原因进行分析。笔者认为,目前导致区分正犯与共犯陷入困境的主要原因有以下几点:

一、立法中规定的共犯形态极不完整

德日刑法体系中对共犯形态的规定极不完整,缺少组织犯、共谋犯等极其必要的规定。作为现实生活中客观存在的行为类型,组织犯和共谋犯的行为形态,与教唆犯、帮助犯和实行犯都明显不同。从分工分类法的角度来看,完全应当将它们规定为独立的共犯形态,而不是不作规定,因为不作规定的后果,无疑是只能将它们划到正犯、教唆犯或帮助犯三者中去,但是无论划归何处,都不符合实际。正因为如此,许多国家及地区的刑法典中都明文规定了组织犯和共谋犯。例如,阿尔巴尼亚、白俄罗斯、巴西、俄罗斯、哈萨克斯坦、捷克、塔吉克斯坦等国刑法中均规定了组织犯的详细定义,阿尔巴尼亚、埃及、巴西、不丹、菲律宾、斐济群岛、芬兰、捷克、喀麦隆、尼日利亚、斯洛伐克、塔吉克斯坦、汤加、瓦努阿图、智利等国刑法中都规定了共谋或共谋犯,虽然这些国家未必采取区分制。

二、以说明间接正犯的正犯性的能力作为衡量学说合理性的标准

导致区分学说陷入困境的重要原因之一,还在于目前学说均将能否解释间接正犯的正犯性作为检验学说优劣的重要标准,甚至有专为解释间接正犯而提出的规范的障碍说和意思支配理论。甚至有学者认为,限制的正犯概念和扩张的正犯概念,也是围绕着间接正犯是正犯还是共犯而发展起来的学说。[①]

实际上,不应在正犯与共犯的区分标准中探讨间接正犯的正犯性问

---

① 参见[日]大谷实:《刑法讲义总论》(新版第2版),黎宏译,中国人民大学出版社2008年版,第362页。

题。间接正犯并非共同犯罪中的正犯,而是单独犯罪中的正犯,是为了弥补极端从属性说可能导致处罚漏洞而提出的一个概念,其本身只存在一个认定标准的问题,而不存在与同一共同犯罪中的教唆犯、帮助犯如何区分的问题。作为正犯与共犯区分标准的讨论,只宜讨论能将同一共同犯罪中的正犯、教唆犯、帮助犯区分开来的合理标准,而不宜同时讨论间接正犯的认定标准,正如不宜同时探讨单独正犯的认定标准一样。换言之,间接正犯是与单独直接正犯、共同正犯相对的概念,是单独犯罪中的概念,只存在如何认定的问题,不存在与同一共同犯罪中的教唆犯、帮助犯、共同正犯如何区分的问题,像利用无责任能力者实施犯罪、利用有故意无目的的工具实施犯罪等到底是教唆犯还是间接正犯,属于间接正犯的认定标准问题,取决于如何定义间接正犯。

例如,在成年人甲教唆依法不负刑事责任的未成年人乙盗窃他人财物的例子中,如果对要素从属性采用极端从属性说,则在正犯乙的行为具有构成要件符合性、违法性而不具备有责性时,会认为共犯甲的行为不可罚,但由于被害人的财物已经被乙盗窃走,不处罚甲是不合理的,为了弥补这一处罚漏洞,不得不提出间接正犯这一概念来单独处罚甲的教唆行为;反之,如果采用限制从属性说,认为只要正犯的行为具有构成要件符合性和违法性就可以处罚共犯,则可以直接将甲认定为教唆犯,而不需要将甲认定为间接正犯。[①] 显然,此例中并不存在间接正犯与教唆犯如何区分的问题,仅存在对间接正犯如何定义的问题。虽然如何定义取决于对要素从属性采取哪一种观点,但显然不可能将极端从属性说或限制从属性说作为正犯与共犯的区分学说。

同理,Roxin 认为犯罪有义务犯、己手犯、支配犯三种类型,其中只有支配犯需要以行为支配性作为正犯特征,而支配犯亦有直接正犯、间接正犯、共同正犯三种类型,不同类型的正犯特征各不相同[②],显然不可能将这些不同特征作为正犯与共犯的区分标准。

并且,间接正犯与直接正犯(包括单独正犯和共同正犯)的认定标准明显不同,间接正犯中的正犯并未亲自实施构成要件行为,而直接正犯中的正犯则应亲自实施构成要件行为。只有在某些特殊情况下,为了符合罪刑相适应原则,才需要采取实质客观说或主观说,将没有亲自实施构成要件行为者认定为正犯或共同正犯。由于一般来讲,在一人教唆或者利用他人

---

① 参见马克昌:《比较刑法原理——外国刑法学总论》,武汉大学出版社 2012 年版,第 602 页。
② 参见陈子平:《刑法总论》(2008 年增修版),中国人民大学出版社 2009 年版,第 316—317 页。

去实行犯罪的场合,认定了间接正犯就得否定共同犯罪,反之,认定了共同犯罪就得否定间接正犯,因此教唆者或利用者是成立间接正犯还是成立教唆犯,与共同犯罪的认定是一个问题的两个方面,说明间接正犯的认定与共同犯罪的认定是处于同一层次的问题。

正犯与教唆犯、帮助犯的区分,则是在认定各参与人成立共同犯罪之后,对各参与人在同一共同犯罪中的角色分工所作的认定。正犯与共犯的认定与间接正犯的认定显然不是同一层次的问题。间接正犯是指利用他人作为犯罪工具去实施犯罪的人,单独正犯是指在单独犯罪中实施刑法分则规定的构成要件行为的人,共同正犯是指在共同犯罪中与其他实行犯分担实行行为的人。根据是否亲自单独实施构成要件行为来区分三者,并不困难,根本不需要在正犯与共犯的区分理论中探讨间接正犯的正犯性问题。

因此,批评限制的正犯概念和形式客观说无法解释间接正犯的正犯性是一个长期的误解,因为这两说的提出本来就不是用来解释间接正犯的。限制的正犯概念是为了解释共同犯罪中的实行犯、教唆犯和帮助犯,形式客观说是为了区分共同犯罪中的实行犯、教唆犯、帮助犯,两者本来就不应用来解释间接正犯的正犯性。同理,行为支配论者用所谓意思支配来解释间接正犯也是不必要的,因为没必要利用间接正犯的这一特征来区分间接正犯与教唆犯或帮助犯。至于 Roxin 所谓行为支配、意思支配和功能支配,本身只能用于描述直接正犯、间接正犯和共同正犯的不同特征,无法用来区分共同犯罪中的正犯与教唆犯、帮助犯。

三、不承认作用分类法导致区分标准无法满足罪刑相适应原则的要求

德日刑法正犯与共犯的区分陷入困境的重要原因之一,是过于重视分工分类法而不承认作用分类法的存在,导致无法满足罪刑相适应原则的要求。正如有学者所言,实质客观说之所以需要将一些共犯认定为正犯,主要是因为合理量刑的需要,对于那些共同犯罪中的核心人物及其他起主要作用者,只有作为正犯进行处罚,才能实现合理量刑的目标。[①] 与单独犯罪中一般无须首先考虑量刑问题不同,在共同犯罪中,不得不优先考虑各参与人在共同犯罪中所起作用大小的问题,而不能优先考虑各参与人在共同犯罪中的角色分工,因为对参与人追究刑事责任的目的,是根据各人责任大小,判处符合罪刑相适应原则的刑罚,至于各人的角色分工,则与其责

---

① 参见阎二鹏:《共犯行为正犯化及其反思》,载《国家检察官学院学报》2013 年第 3 期。

任大小没有必然联系。虽然在通常情况下,角色分工与作用大小是同向变化的,实行犯作用大而教唆犯、帮助犯作用小,角色分工对作用大小有很大影响,但是实践中经常出现角色分工与作用大小反向变化的情况,此时教唆犯甚至帮助犯所起的作用更大而实行犯所起的作用较小,导致教唆犯或帮助犯的责任更大而实行犯的责任更小,只有优先考虑各人的作用大小,才能对其判处适当的刑罚。

例如,在所谓正犯后正犯情形中,完全可能出现教唆犯或帮助犯在共同犯罪中起支配作用、主要作用而正犯的作用反而较次要的情况。甲知道乙急于追杀仇人丙,但乙不知丙藏身何处,便趁丙正在某酒店喝酒之机,故意邀请乙到该酒店喝酒,导致乙发现丙而立即枪杀了丙。甲虽然是乙故意杀人罪的暗中帮助犯,但同时也是掌控大局的、借乙之手杀害丙的正犯;乙虽然是其故意杀人罪的正犯,但同时也是居于被支配地位的、甲杀人犯罪的工具。在情报机构杀人的例子中,下命令的人可以借助组织权力结构,无条件地操纵整个犯罪过程,至于下手实施杀人的小组成员,反而只不过是权力机器运作下随时可以被替换的部分零件而已。倘若该成员拒绝接受指示,或者执行任务失败,随时会由其他组织成员取代其地位,继续执行组织所交代的任务。因此,按三分法,该情报机构中命令他人杀人、使他人产生犯罪决意与行动的人,当然也是教唆犯,但他却是可以完全操纵整个犯罪过程的人,而下手杀人的正犯,反而只是一个随时可以被替换的部分零件,通说所谓正犯与共犯之间的支配力优位关系,于此完全易位。①

因此,在两种分类法同向变化时,以分工分类法优先问题不大,但在两种分类法反向变化时,则只有以作用分类法优先,才能符合罪刑相适应原则。但是,德日刑法中只规定了分工分类的角色,未规定作用分类的角色,导致理论上不承认作用分类法,而是只将其视作量刑问题,但实际上,为了保证对各参与人的量刑适当合理,不得不根据参与人在共同犯罪中所起作用大小来区分正犯与共犯,从而导致分类标准混淆。

四、用重要作用作为区分标准导致分工分类与作用分类彻底混淆

由于受传统文化和思维惯性的影响,德日学者过于强调罪刑法定原则对构成要件明确性的要求,因而对内涵比较模糊的作用分类法内心比较排斥。虽然刑法历经多次修改,并且理论和实务中有可能根据实质作用、重要作用认定正犯,因而实际上是以分工分类之名行作用分类之实,但是立

① 参见黄荣坚:《基础刑法学(下)》(第 4 版),元照出版社有限公司 2012 年版,第 793—794 页。

法中仍然过于强调形式化和明确化而不愿意正视现实,仍只规定正犯、教唆犯和帮助犯等界限比较明确的共犯类型,而没有规定组织犯、共谋犯等界限比较模糊的共犯形态,也没有规定对各参与人应按其作用大小区分主从犯。因为一旦明确规定,则如何界定组织犯和共谋犯,如何确定各人作用大小,均必须规定比较明确的标准,否则其界限又将模糊不清,从而增加法官恣意判断的可能性。正如 Roxin 所言,区分共犯形态是法治国原则的要求,并非只要有因果关系就能符合构成要件,而是必须有特定的侵害方式才能符合构成要件,否则,如果认为因果关系疏远的加功行为也能和构成要件行为等价,就会模糊构成要件的界限,从而扩大法定刑的适用弹性、降低法律效果的明确性,导致刑罚裁量不是由法律决定而是由法官决定的行为人刑法,故单一制明显违背法治国原则。①

正如有学者所言,参与类型的作用在于为犯罪的界限提供划定标准,以在众多危害社会的行为类型中挑选出一部分使其接受刑罚处罚;参与程度的作用在于确定各行为人在法益侵害实现过程所起作用大小,以便对各行为人合理判处刑罚,而实质客观说则混淆了参与类型与参与程度的功能定位。在实质客观说之下,参与类型既要承担划定处罚范围的任务,还要承担使其与量刑轻重相对应的任务,导致两者的功能定位彻底混淆,导致建构犯罪参与论的意义落空,导致构成要件定型性的观念无法坚持,并且也违背事物的本然属性。行为是否直接该当构成要件与行为在法益侵害实现过程中所起作用大小,本来就没有必然对应关系,实行犯对犯罪结果的发生所起的作用并非一定比教唆犯、帮助犯更大,帮助犯对犯罪结果的发生所起的作用并非一定比正犯要小,因此实质客观说为求量刑合理性而舍弃构成要件定型性、类型性的路径并不可取。②

在德国刑法修订过程中,也曾考虑过采纳单一正犯体系,但是经过深入讨论之后,还是觉得该体系的问题太多,因此没有采纳。③ 这种思维习惯是定性优先甚至定性唯一的表现,但由于定性的目的是合理地量刑,因而在定性时不得不考虑其后的量刑,从而不得不根据量刑的需要来决定定性,导致分工分类与作用分类彻底混淆,陷入难以挣脱的理论困境。由于分工分类法不过是将作用分类提前纳入到分工分类中去考虑,是将作用分类当作分工分类的实质标准,所以根本无助于解决正犯与共犯区分标准含

① 参见许玉秀:《当代刑法思潮》,中国法制出版社 2005 年版,第 556 页。
② 参见阎二鹏:《共犯行为正犯化及其反思》,载《国家检察官学院学报》2013 年第 3 期。
③ 参见林山田:《刑法通论》(增订 10 版)(下册),北京大学出版社 2012 年版,第 6 页。

糊的问题,试图通过构成要件行为来限制作用分类法标准含糊缺陷的目的也无法实现。

综上,德日刑法区分正犯与共犯陷入困境,既有立法本身的原因,又有理论不当的原因,而将作用分类当作正犯与共犯区分的实质标准,则是使实质客观说彻底陷入理论困境的主要原因。

第四节　德日刑法正犯与共犯区分困境的解决出路

如前所述,德日刑法区分正犯与共犯所面临的困境,既有立法方面的原因,又有理论方面的原因,为了缓解这种困境,有必要采取以下措施:

一、增设组织犯和共谋犯

既然导致区分标准陷入困境的主要原因是共犯形态规定不完整,则解决办法就是应实事求是,正视理论和实务困境,在刑法中增设组织犯、共谋犯等常见共犯形态,并明文规定其处罚原则。对此,可以借鉴其他国家及地区的做法,在刑法中详细规定组织犯、共谋犯的概念和处罚原则。例如,《白俄罗斯刑法典》第16条第4款规定:"在犯罪已被实施的情况下组织或者指挥该犯罪之实施的人,或者组建有组织集团或犯罪组织或者领导该集团或组织的人,是组织犯。"[1]《俄罗斯联邦刑法典》第33条规定:"组织或领导实施犯罪的行为人,以及组织或领导有组织犯罪团伙或犯罪集团(犯罪团体)的行为人,应当认定为组织犯。"[2]《菲律宾刑法典》第8条规定:"1. 犯罪共谋和犯罪教唆只有在法律特别规定应处刑罚时才具有可罚性。2. 犯罪共谋,是指两个或者更多的人就实施重罪犯罪行为达成协议,并决定实施该协议。3. 犯罪教唆,是指已经决定实施某一重罪的人,建议其他的人去实行该罪。"[3]《智利刑法典》第8条规定:"1. 共谋或者提议实施重罪或者轻罪的,只有在法律对之特别规定了刑罚的情况下才能追究刑事责任。2. 当两人或者两人以上就实行重罪或者轻罪达成一致时,存在共谋。3. 提议他人实行重罪或者轻罪,当该他人决意实施时,提议被实现。4. 共谋或者提议实施重罪或者轻罪之人,在着手实行犯罪和对犯罪人启动司法程序

---

① 参见《白俄罗斯共和国刑法典》,陈志军译,中国政法大学出版社2016年版,第12页。
② 参见《俄罗斯联邦刑事法典》,赵路译,中国人民公安大学出版社2009年版,第18页。
③ 参见《菲律宾刑法典》,陈志军译,中国人民公安大学出版社2007年版,第3页。

之前,如果向政府当局告发其计划和情节而放弃实行的,免除一切刑罚。"①相关国家及地区的刑法还规定对组织犯应当从重处罚,对共谋犯应当根据其责任大小从轻或者减轻处罚。例如,根据《巴伐利亚刑法典》第127条,即使共谋犯对于决定共同犯罪具有影响力,如果其在事前或事后所起的作用比较小,则对其的处罚也可减轻至与帮助犯相同。② 至于处罚的基准,即使没有明文规定,当然也是以刑法分则为具体犯罪所规定的罪名和法定刑为基准的。

二、修改帮助犯和正犯的处罚原则

在刑法中增设了组织犯、共谋犯等独立的共犯类型之后,剩下的问题就主要是帮助犯在共同犯罪中起主要作用时应如何处罚,以及实行犯在共同犯罪中起次要作用时应如何处罚的问题。前者之所以成为问题,是因为德日刑法体系对帮助犯的处罚原则采取的是必减制。对此,可将帮助犯的处罚原则从"应当减轻处罚"修改为"可以按其责任大小从轻或者减轻处罚",至于能否规定"可以免除处罚"或"应当从轻、减轻或者免除处罚",则需要进一步研究;至于对片面帮助犯应否处罚,则可维持现状。后者之所以成为问题,是因为德日刑法体系对正犯没有可以从宽处罚的规定。对此,有必要为正犯增加从宽处罚的规定。对于在共同犯罪中起次要作用的实行犯,仍应根据形式客观说认定为正犯而不能根据实质客观说认定为帮助犯。对此,可以在刑法中增加规定"对于正犯和共同正犯,如果其在共同犯罪中仅起次要作用,可以按其责任大小从轻或者减轻处罚"。这样修改,既考虑了帮助犯与实行犯的实际作用和责任大小,又考虑了帮助犯与实行犯的不同行为形态,应当是比较妥当的。

三、在刑法中明文规定作用分类法

既然参与人的刑罚取决于其个人的责任大小,既然参与人个人责任大小取决于其在共同犯罪中所起作用大小,则与其像实质客观说那样根据实际作用大小来区分认定参与形态,不如直接引进作用分类法,从而像中国刑法那样采取分工分类法与作用分类法相结合的并行不悖的分离制,以彻底避免根据作用大小来区分认定正犯与共犯所引起的各种理论混乱。对

---

① 参见《智利刑法典》,陈志军译,中国政法大学出版社 2015 年版,第 3 页。
② 参见[德]冯·费尔巴哈:《德国刑法教科书》(第 14 版),徐久生译,中国方正出版社 2010 年版,第 54 页。

此,有相反观点认为:"既然单一正犯概念发展到后来也采用区分不同正犯的做法,又何如直接采用区分制共犯体系? 否则,勉强维系着单一的正犯体系却贯彻着区分制的内容又有何意义?"①实际上,如果套用这一句式结构,则正确的说法应当是:"既然区分制实际上是采用(重要)作用分类法来区分正犯与共犯,又何如直接采用作用分类法与分工分类法并行不悖的分离制? 否则,勉强维系着区分制的正犯体系却贯彻着分离制的内容又有何意义?"这样,即使在个别场合下正犯与共犯或共犯与共犯难以区分,也不影响直接根据各参与人责任大小对其判处符合罪刑相适应原则的刑罚。

在立法上采取以上三点改进措施之后,理论上顺理成章的,就是回归构成要件理论本位,回归正犯与共犯概念的本义,严格根据形式客观说来区分正犯与共犯。详言之,应严格按照以下定义来区分认定正犯与共犯:组织犯是组织、领导、策划、指挥他人实施构成要件行为的人,教唆犯是教唆他人实施构成要件行为的人,正犯是亲自实施构成要件行为的人,帮助犯是为他人实施构成要件行为提供物理性或心理性帮助的人,共谋犯是与他人共谋实施构成要件行为但未参与实施的人,共同正犯是与他人共同实施构成要件行为的人,间接正犯是利用他人作为犯罪工具去实施构成要件行为的人。所谓构成要件行为,是指刑法分则为具体犯罪所规定的定型性的构成要件行为,不包括各种共犯行为。由于刑法为各类正犯和共犯均规定了较为宽广灵活的处罚原则,即使严格按照形式客观说来认定正犯与共犯,也不至于发生违背罪刑相适应原则的问题,从而既没有必要将实行者认定为帮助犯,也没有必要将教唆者、帮助者、组织者、共谋者认定为正犯。

综上,德日刑法正犯与共犯区分困境的解决,主要还是应实事求是,正视理论与实务的困境,正视罪刑法定原则和罪刑相适应原则的贯彻,在刑法中增设组织犯和共谋犯,并为不同参与形态配置处罚幅度更加宽广灵活的处罚原则,从而扩大法官的自由裁量权,以便法官根据各参与人责任大小对其判处符合罪刑相适应原则的刑罚。这也反过来证明,我国刑法对共同犯罪的规定是相当科学、非常合理的,虽然也有不少缺点,但总体而言仍然比德日刑法的共犯规定更加可取。在"洋为中用"的时代大潮中,对于本国刑法中的精华部分应当坚持,对于其他国家及地区刑法中的缺陷部分应当清醒认识,那些认为我国刑法应当摒弃主从犯的分类而完全修改为正犯与共犯的分类的观点,是盲目的、不可取的。

---

① 　参见刘艳红:《论正犯理论的客观实质化》,载《中国法学》2011 年第 4 期。

第三章　中国刑法中的共犯独立性

【本章导读】　狭义共犯包括教唆犯、帮助犯、组织犯和共谋犯。在坚持"共犯的成立是否必须以正犯着手实行犯罪为前提"这一基本含义的情况下，共犯从属性说在德日刑法中实际上很难贯彻到底，而我国《刑法》第29条对教唆犯的规定亦只体现了共犯独立性。虽然刑法未作明文规定，但是从在预备阶段即可成立共同犯罪来看，我国刑法中的组织犯、帮助犯、共谋犯均只能体现出共犯独立性，处罚这些共犯形态不以正犯着手实行犯罪为前提。

对于正犯与共犯，虽然我国刑法中只明文规定了教唆犯及其处罚原则，但是多数学者仍然认为，我国刑法中隐含规定了正犯、帮助犯以及组织犯。《刑法》第27条中所谓"在共同犯罪中起辅助作用"的规定，就是关于帮助犯的规定；[①]第26条中关于"组织、领导犯罪集团进行犯罪活动的……"规定，则是关于组织犯的规定[②]。既然刑法规定了教唆犯、帮助犯、组织犯，自然也就规定了与这些概念相对的正犯。[③]本书赞同通说观点。

受德日刑法理论的影响，我国刑法学者也很早就探讨共犯的成立是否必须以正犯着手实行犯罪为前提的问题。由于种种原因，学界对此问题长期难以达成一致意见，存在共犯从属性说、共犯独立性说、共犯二重性说等多种观点。虽然这些观点都有其合理之处，都能给人从各角度、多方面思考问题以极大的启发意义，但总的来说，均具有少许值得进一步思考的地方。

---

① 参见高铭暄主编：《刑法专论》（第2版），高等教育出版社2006年版，第344页；马克昌主编：《犯罪通论》，武汉大学出版社1999年版，第549页；陈兴良：《共同犯罪论》（第2版），中国人民大学出版社2006年版，第196页。

② 参见赵辉：《组织犯及其相关问题研究》，法律出版社2007年版，第9页。

③ 参见张开骏：《共犯从属性研究》，法律出版社2015年版，第58页。

　　在维持共犯从属性或独立性是指"共犯的成立是否必须以正犯着手实行犯罪为前提"这一基本内涵不变的基础上,考察正犯与各种共犯之间的关系,不得不认为,我国刑法中的共犯对于正犯并不具有实行从属性,即使正犯并未着手实行犯罪,亦可追究共犯的刑事责任,共犯独立性说是符合立法实际和司法实践的。

第一节　应坚持共犯从属说与独立性说的基本含义

　　法理学家博登海默认为,精确的概念是解决法律问题所必不可少的工具,如果没有严格限定的专门概念,我们就不能理性地和清楚地思考法律问题,也无法将我们对法律的思考转变成明确的语言,并以他人可以理解的方式把我们的思考传达给他人。① 既然学术界对我国刑法中的共犯对于正犯是否具有实行从属性或独立性争议较大,则首先必须准确界定共犯从属性和独立性的基本含义,否则,如果大家对这些概念的基本含义没有最基本的约定,则不同观点之间就可能没有真正的交集而只是在自说自话,无法达到对话交流以达成共识、解决法律问题的法学研究目的。

　　对于共犯从属性和独立性的概念界定,其实面临着两个问题:第一,这两个概念中的共犯的含义是什么,主要是指共犯是否包括共同正犯;第二,这两个概念中的从属性和独立性的含义是什么。

一、共犯的含义

　　在共犯的含义是什么这个问题上,实际上也存在两个问题。

　　第一,共犯是否包括共同正犯? 对此,主要有肯定说和否定说两种观点。肯定说认为,这里的共犯,既包括教唆犯和帮助犯,也包括共同正犯,因为,如果没有其他正犯,也就没有共同正犯,共同正犯也从属于其他正犯者的行为,如毕克迈耶、麦兹格等人持此观点;否定说认为,虽然各共同正犯的行为之间也存在相互补充关系,但却不存在狭义的共犯从属于正犯意义上的从属关系,因此,共犯的从属性仅指狭义的共犯从属于正犯的关系。②

---

① ［美］E.博登海默:《法理学:法律哲学与法律方法》,邓正来译,中国政法大学出版社 1999 年版,第 486 页。
② 参见马克昌:《比较刑法原理——外国刑法学总论》,武汉大学出版社 2012 年版,第 600 页。

本书认为,从共犯从属性说与共犯独立性说的争议焦点在于"共犯对正犯有无实行从属性"来看,认为共同正犯相互之间具有从属性或独立性的实际意义不大,因为各共同正犯本身均已经着手实行了一部分实行行为,不存在认定其成立犯罪是否必须以其他正犯着手实行犯罪为前提的问题。所谓"如果没有其他正犯就没有共同正犯"之理由,已经脱离了共犯从属性说与独立性说的争议焦点,与两说争议中的从属性,即共犯是否从属于正犯着手实行而成立,不是同一个概念,是不同意义上的从属性,是一种概念关系意义上的互补性。

至于各共同正犯仅实施了一部分实行行为、未单独实施全部实行行为能否成立犯罪或者成立犯罪既遂,则是共同正犯的处罚根据问题,或者对共同正犯能否适用部分实行全部责任原则的问题,两者均不属于共同正犯对其他正犯是否具有实行从属性的问题。

如果脱离开"共犯对正犯有无实行从属性"这一基本共识,则可认为必要共犯,包括对向犯、多众犯(众合犯、集合犯、集团犯)、会合犯等,其单独正犯也必须从属于其他正犯,即使其他正犯的行为未被刑法规定为犯罪亦然,因为必要共犯是构成要件预定必须由两个或多个主体共同实施行为才能成立的犯罪,其中任何一个人要构成犯罪,都必须以其他人共同实施行为为前提。例如,小野清一郎认为,在受贿罪和行贿罪等对向性必要共犯中,在内乱罪、骚扰罪、赌博罪等集合性必要共犯中,由于构成要件中预想了数人的行为,只有一个人的行为无法实现构成要件,所以"仍然可以看到共犯的从属性",甚至在两人以上的犯罪有特殊关系的场合,比如藏匿犯人罪、湮灭证据罪、赃物罪与其原来的犯罪之间,也有人认为"有一定的从属性";之所以刑法总则中的共犯、必要共犯和事后从犯在一定意义上都被当作共犯来考虑,就是因为各方都在事实上有关联,并且在犯罪构成上,一方在某种意义上是从属于他方的。[①] 显然,这些意义上的从属性均不是狭义共犯对正犯的实行从属性意义上的从属性。

正因为所需探讨问题的语境和需要不同,所以德日刑法通说才在三种不同含义上使用共犯这一概念:最广义的共犯,包括任意共犯和必要共犯;广义共犯,仅指任意共犯中的教唆犯、帮助犯和共同正犯;狭义共犯,仅指任意共犯中的教唆犯和帮助犯。[②]

---

① 参见[日]小野清一郎:《犯罪构成要件理论》,王泰译,中国人民公安大学出版社2004年版,第145—148页。

② 参见[日]野村稔:《刑法总论》,全理其、何力译,法律出版社2000年版,第379—380页。

反对观点则认为,通说将共同正犯和教唆犯、帮助犯合称为广义的共犯并不妥当,足以混淆区分正犯与共犯的意义与目的,因为正犯是直接或间接实现不法构成要件的人,共犯则是教唆或帮助他人实现不法构成要件的人,正犯在整个犯罪过程中居于犯罪支配地位而共犯则处于从属地位,在逻辑上不应当将正犯与共犯合称为广义的共犯,共犯就是共犯,无广义与狭义之分,共同正犯也不是共犯而是正犯,但可将正犯和共犯统称为参与犯。①

还有学者认为,教唆犯是广义正犯的一种形态,是为了实现自己的犯罪而把成为规范障碍的某种意义上违法的他人行为当作自己的行为,从而实现该犯罪构成要件的人,任何人都只是对自己的行为及其结果承担责任。② 在该学者看来,共同正犯和教唆犯都属于正犯,只有帮助犯才属于狭义共犯。虽然其将教唆犯看作正犯的一种不符合限制的正犯概念,但教唆犯往往的确是利用正犯的行为以实现自己的犯罪的人。例如,在买凶杀人案中,正犯通常是为了金钱而为教唆犯去杀人的,而教唆犯之所以花巨资雇请他人杀人,是为了达到自己杀害被害人的目的,这种主次关系也是主观说根据行为人的意图来区分正犯与共犯的原因之一。并且,既然教唆、利用无责任能力者实施犯罪时可以将教唆者称为间接正犯,则教唆、利用有责任能力者实施犯罪时当然也可以将教唆者称为正犯,因此这种观点也不能说完全没有道理。

第二,狭义共犯是仅指教唆犯、帮助犯,还是也包含其他形式的共犯形态? 对此问题,学术界尚未展开探讨。在德日等刑法中只明文规定教唆犯和帮助犯两种共犯形态的国家,无疑只能认为狭义共犯仅指教唆犯、帮助犯,即使现实生活中存在组织犯、共谋犯等其他共犯形态,在认定时也必须将其认定为正犯、教唆犯或帮助犯中的某一种,而无法如实认定为组织犯或共谋犯,否则,既无成文法依据,又无法确定处罚原则。但是,在刑法中明文规定了组织犯、共谋犯甚至雇佣犯等共犯形态的国家,如《斯洛伐克刑法典》第 19 条规定了正犯,第 20 条规定了共同正犯,第 21 条规定了组织犯、教唆犯、雇佣犯、帮助犯,则同样存在一个这些共犯成立犯罪是否必须以正犯着手实行犯罪为前提的问题,也需要探讨这些共犯对正犯是否具有从属性或独立性,因此应包括在共犯的外延范围内。

因此,共犯从属性说与独立性说中所指的共犯,是指除了共同正犯之

---

① 参见林山田:《刑法通论(下册)》(增订 10 版),北京大学出版社 2012 年版,第 2 页。
② 参见[日]野村稔:《刑法总论》,全理其、何力译,法律出版社 2000 年版,第 382 页以下。

外的所有共犯形态,既包括德日刑法学者公认的教唆犯、帮助犯,也包括尚未引起德日刑法学者重视的组织犯、共谋犯、雇佣犯等其他共犯形态。如果囿于德日刑法语境,认为狭义的共犯只包括教唆犯和帮助犯,是不符合世界各国立法实际的。

二、共犯从属性与独立性的含义

所谓共犯从属性与独立性,学界已经有基本共识,是指共犯的成立是否必须以正犯着手实行犯罪为前提的问题。[①] 例如,陈子平教授认为,对于共犯的成立是否必须至少以正犯着手实行犯罪为前提的问题,向来有共犯从属性说与共犯独立性说的对立,目前日本和德国所有学说及见解都采纳共犯从属性说。其中,共犯独立性说的思想基础是近代学派的主观主义,认为共犯行为本身已具备完整的违法性和犯罪性甚至可罚性,共犯行为本身已完全表征共犯者具有反社会危险性格(主观恶性),无论有无正犯的实行行为都不影响共犯行为的违法犯和犯罪性,因此共犯的成立并不以正犯着手实行为必要,完全不需要从属于正犯行为,正犯行为仅属于共犯行为的客观处罚条件或因果关系历程而已;共犯从属性说的思想基础则是古典学派的客观主义,认为共犯的成立至少必须以正犯着手实行犯罪为必要,认为共犯行为对法益侵害只有潜在的抽象的危险性,因此共犯行为本身并无违法性和犯罪性,或者至多仅有部分违法性和犯罪性,共犯行为的完整的违法性和犯罪性必须依据已具有显在的现实危险性的正犯的实行行为而来,因此共犯的成立必须从属或附丽于正犯行为才行。[②]

大谷实教授认为,共犯从属性说是客观主义刑法理论的立场,在该说看来,共犯是以正犯着手实行为条件而从属地成立的,正犯至少必须实施了符合基本构成要件的行为,共犯才能成立,所以称为共犯从属性说。换言之,原则上,仅实施教唆或帮助行为还不构成犯罪,还必须被教唆者和被帮助者实施了犯罪。相反,共犯独立性说是主观主义刑法理论的立场,该说认为,只要实施了教唆或帮助行为就能成立共犯,不需要考虑被教唆人和被帮助人是否实施了犯罪,共犯不以正犯着手实行行为为成立条件,而

---

① 通说之所以只提"成立"不提"处罚",只是为了表达简洁。实际上,只提"处罚"不提"成立"将更加准确,因为无论是否处罚,教唆犯、帮助犯都是成立的,只要符合教唆犯或帮助犯的修正的构成要件就能够成立,只是能否处罚尚需取决于实行者是否着手实行犯罪而已,而"处罚"则以"成立"为前提,提到"处罚",当然表明已经"成立"。本书只是遵从通说的用法使用"成立"一词,尽管该词不太准确。

② 参见陈子平:《刑法总论》(2008年增修版),中国人民大学出版社2009年版,第341—342页。

是独立于正犯而成立,所以又被称为共犯独立性说。在该说看来,正犯和共犯的处罚根据都是行为人性格的反社会性,而教唆行为和帮助行为与正犯行为一样是行为人反社会性格的表现,所以被教唆人和被帮助人是否实施了犯罪,对于共犯的成立与否并不重要。①

大塚仁教授指出,两说的对立显著地表现在教唆犯和帮助犯的未遂的成立范围上。在共犯从属性说看来,只有基于教唆者的教唆行为或帮助者的帮助行为,被教唆者、被帮助者着手了犯罪的实行并终于未遂时,才可考虑教唆犯和帮助犯的未遂,而在共犯独立性说看来,既然教唆者实施了教唆行为或帮助者实施了帮助行为,即使被教唆者立即拒绝教唆或帮助,被教唆者、被帮助者完全没有着手实行,教唆犯、帮助犯也成立未遂,在处罚未遂罪的犯罪中就是可罚的。②

李在祥教授认为,共犯从属性说主张共犯的成立至少以正犯违法着手实行为前提条件,对正犯具有成立上的从属性,因而即使可能存在未遂犯的共犯,也不可能存在共犯的未遂,进而应当严格区分共犯与间接正犯。此说的理论根基是客观主义犯罪论,认为共犯是预定正犯的概念,犯罪实行行为由正犯实施,共犯只不过是参与实施,因而共犯从属于正犯的行为,仅在正犯成立时成立。由于共犯的本质在于参与他人实现构成要件,而且实现犯罪构成要件才能形成不法,因而共犯的处罚根据在于引起或促进正犯的行为而成为正犯行为的原因,即共犯的不法不是独立的而是从正犯的不法中产生的,所以共犯的不法只能从属于正犯的不法。共犯独立性说主张共犯是独立的犯罪而不是从属于正犯而成立的犯罪,共犯的成立独立于正犯的成立,如即使被教唆人尚未着手,其教唆行为也应当以未遂论处,因而不仅是未遂的共犯,共犯的未遂也应当以未遂犯论处,而且被教唆人是否是责任能力人对教唆人并不产生任何影响,因而就不必区分教唆犯与间接正犯。此说的理论根据是主观主义犯罪论,认为犯罪是反社会性格的标志,只要有反社会性标志犯罪就成立,故教唆犯与从犯因教唆或帮助行为使其具有反社会性标志时,无论正犯成立与否都可以成立,因而共犯只不过是利用他人的行为实行自己的犯罪的单独正犯。③

由于从法教义学角度来看,任何人都不可能无视以往的法律学说、原

---

① 参见[日]大谷实:《刑法讲义总论》(新版第2版),黎宏译,中国人民大学出版社2008年版,第367页。
② 参见[日]大塚仁:《刑法概说(总论)》(第3版),中国人民大学出版社2009年版,第280页。
③ 参见[韩]李在祥:《韩国刑法总论》,[韩]韩相敦译,中国人民大学出版社2005年版,第378页。

理而独自提出一套纯属"私见"的法学理论,而是都必然与以往的和当下接受的法学范式进行对话①,因此,尽可能全面参考不同学者对这些概念内涵的描述,有助于我们归纳、总结这些概念的基本含义。由于常见的德国刑法学教材、日本刑法学教材以及中国学者撰写的外国刑法学教材和相关论文里,基本上都赞同共犯从属性或独立性是指"共犯的成立是否必须以正犯着手实行犯罪为前提"这一基本内涵,因此本书也就不对这一基本内涵的合理性进行探讨,而是将之作为本书进行分析论证之基础。不进行探讨的原因,一是若不承认一个公认的内涵,学术探讨将无法进行。正如亚里士多德所言,每一个论断都是三段论推论的结果,但最初的论断却无法从其他论断中推出,因而对最初的论断只能视为公理,这种公理是人类依据直觉而产生的判断,因此若无特别充足的理由以及更加可取的解决方案,还是维持现有概念内涵不变更加稳妥。目前我国学者所主张的共犯二重性说,基本上都是建立在各自独创的从属性及独立性概念之上,因而实际上犯了偷换概念或转移论题的逻辑错误。二是即使有特别充足的理由和更加可取的解决方案,从而得以确立一种新的内涵,这种新的内涵能否得到学界大多数学者的认同,也面临着许多不确定因素,并且需要漫长的时间。

有学者将共犯从属性与独立性之争称为实行从属性问题。例如,西田典之教授认为,在A教唆B去杀C但遭到B的拒绝,或者B虽然决意实施杀害行为但并未实施杀害行为时,能否将A作为杀人教唆的未遂来处罚,就体现实行从属性说和实行独立性说的差异。前者认为,只有当B产生杀人决意并且着手实行之时,才可以将A作为杀人未遂的教唆犯予以处罚;后者认为,只要A一实施教唆行为(在说"杀了他"之时),教唆犯A的反社会性、犯罪危险性便体现于外部,因而在此时点即可将其作为杀人教唆的未遂而予以处罚。②

与实行从属性相关的另外两个概念是要素从属性和罪名从属性。

要素从属性是指在承认共犯的成立必须至少以正犯着手实行为前提以外,是否还需要正犯的行为具备构成要件符合性、违法性、有责性、客观处罚条件或影响刑罚加减的特定身份要素的问题。其中,最小从属性说认为,共犯的成立只需要正犯的实行行为符合构成要件即可;限制从属性说

---

① 参见舒国滢:《法哲学沉思录》,北京大学出版社2010年版,第40页。

② 参见[日]西田典之:《日本刑法总论》(第2版),王昭武、刘明祥译,法律出版社2013年版,第348—349页。

认为,共犯的成立需要正犯的实行行为符合构成要件并且是违法的;极端从属性说认为,共犯的成立需要正犯的实行行为具有构成要件符合性、违法性和有责性;最极端从属性说(夸张从属性)认为,共犯的成立仅在正犯确实能被追究刑事责任时才行,换言之,共犯的成立不仅需要正犯的实行行为具有构成要件符合性、违法性和有责性,而且需要正犯符合特定犯罪中的客观处罚条件或特定身份要素,确实能被追究刑事责任。

所谓罪名从属性,是指共犯的罪名是否必须从属于正犯的罪名的问题,即共犯是必须从属于正犯的罪名还是仅须从属于正犯的行为和因果关系的问题。对此,早期的犯罪共同说认为共犯的罪名必须与正犯的罪名保持一致,但后来的部分犯罪共同说和行为共同说均认为共犯的罪名可以与正犯的罪名不同,只需要从属于正犯的行为即可。

可见,要素从属性与罪名从属性,基本上是共犯从属性说内部的问题,和共犯从属性说与独立性说的对立没有关系。因此,有学者将共犯从属性与独立性称为实行从属性的有无问题,将实行从属性内部的不同观点称为从属性的程度问题。

德国的毕克迈耶、迈耶尔(M. E. Mayer)、贝林格、麦兹格、李斯特,日本的泷川幸臣、小野清一郎等人均赞成共犯从属性说,认为共犯本身不单独具有可罚性,其可罚性是从属于正犯的可罚性而成立的,故共犯要成立犯罪,必须以正犯着手实行犯罪为前提,这是一种违法连带说的观点[1];牧野英一、木村龟二等人则赞成共犯独立性说,认为共犯的可罚性是固有的、独立的,与正犯的可罚性没有关系,共犯从属性说既没有理论根据,又没有实定法根据,从而持违法性相对独立说的观点[2]。产生这种争议,既与各人对犯罪性和可罚性的看法有关,又与各人对刑罚的目的或根据的理解有关。

客观主义刑法观倾向于认为,刑罚惩罚的对象是犯罪行为,刑罚的根据是报应,是为了惩罚犯罪而对犯罪人予以刑罚处罚,犯罪则是侵害法益的行为,只有正犯实施的实行行为才能侵害法益,教唆行为和帮助行为本身不能侵害法益,只有通过正犯的实行行为才能间接地侵害法益,所以只有在正犯着手实行犯罪因而具有侵害法益的具体危险性之后,共犯的可罚性才能达到应受刑罚处罚的程度,故共犯的可罚性来源于正犯实行行为的可罚性。

---

① 参见马克昌:《比较刑法原理——外国刑法学总论》,武汉大学出版社 2012 年版,第 600 页。
② 参见[日]木村龟二:《刑法总论》,有斐阁 1959 年版,第 390 页以下。

主观主义刑法观则倾向于认为,刑罚惩罚的是具有危险性格的行为人,处罚犯罪者的目的是预防犯罪,而实施犯罪行为则是行为人的危险性格的表征,由于教唆行为、帮助行为本身就是教唆犯、帮助犯的危险性格的表征,所以只要实施了教唆行为、帮助行为,就可以处罚教唆犯和帮助犯,其可罚性来源于其本身,因而教唆行为和帮助行为本身也是一种实行行为。

不过,笔者认为,是否有必要在概念上将教唆行为、帮助行为视作实行行为的一种,并不是共犯从属性说与独立性说的主要区别,而仅仅是语言形式上的不同。不将教唆行为、帮助行为视为一种实行行为,而将其视为符合修正的构成要件的行为,并不影响认为这两种行为本身具有可罚性,因为完全可以从特殊预防和一般预防的角度来解释为什么对共犯的未遂可单独进行处罚。

第二节　我国关于共犯实行从属性的学说及其评析

关于我国刑法中共犯对正犯是否具有实行从属性的问题,由于受制于作为通说的客观主义刑法观和共犯从属性说以及实在法条文规定的双重限制,在我国学者之间形成了五花八门的学说。

一、共犯从属性说及其评析

早在十几年前,张明楷教授就在详细考察共犯从属性说与独立性说的理论前提及主要理由的基础上,指出我国刑法学者所主张的共犯二重性说是一种违背基本逻辑的不可思议的学说,并得出我国的共犯规定"既非独立性、也非从属性、更非二重性"的结论。[①] 不过,张教授后来改变了其观点,明确认为我国刑法的共犯规定采取的是共犯从属性说,其重要理由之一,是《刑法》第 29 条第 2 款中的"被教唆的人没有犯被教唆的罪",应当限制解释为"被教唆的人没有犯被教唆的既遂罪"或"被教唆的人没有犯罪既遂"。[②] 虽然从文义上理解,张教授的观点可以被解释为包括被教唆者的犯罪处于预备阶段的情形,因为预备犯同样不属于既遂罪或犯罪既遂,并非只有未遂犯才不属于既遂罪或犯罪既遂,但这样理解显然不符合张教授

---

① 参见张明楷:《刑法基本立场》,中国法制出版社 2002 年版,第 294 页以下。
② 参见张明楷:《刑法学》(第 5 版),法律出版社 2016 年版,第 412 页以下。

的本意,必须对其观点再次进行限制解释以理解为"被教唆的人已经着手实行被教唆的罪但没有达到既遂程度"。

换言之,如果被教唆者因教唆而产生犯罪决意,并为实施犯罪准备了大量工具、制造了充分的条件,仅仅由于意志以外的原因而未能着手实行犯罪的,由于其行为仅处于犯罪预备阶段,尚未进入到可能既遂或者说有既遂的具体危险性阶段,按张教授的观点,教唆犯是不成立犯罪的,不能被追究刑事责任;至于被教唆者及其邀请来共同犯罪的同伙能否被追究刑事责任,或者在被教唆者及其同伙被以故意杀人、强奸、抢劫、绑架、放火、爆炸、贩卖毒品、投放危险物质等严重犯罪的预备犯追究刑事责任时,司法机关有无可能对教唆犯不闻不问,未见张教授有何观点。

对于张教授的限制解释观点,陈兴良教授引用了立法机关的解释来反驳,认为对我国刑法中正犯与共犯之间关系的探讨不是纯粹应然意义上的法理探讨,而是一种刑法教义学的分析,这种分析必须以实体的法律规定为依据,而立法机关对教唆未遂是采取通说观点的。[1] 因为立法机关明确认为"被教唆的人没有犯被教唆的罪"包括两种情况:一是教唆犯的教唆没有使被教唆者产生犯意进而实施犯罪,被教唆者既没有实施教唆犯所教唆的犯罪,也没有实施其他犯罪,教唆行为没有造成犯罪结果;二是被教唆者没有犯教唆犯所教唆的罪,但是犯了其他罪;这两种情况都要构成教唆犯,应当承担刑事责任。[2] 这一观点也得到一些司法机关的认同。例如,在覃某甲、覃某乙共同教唆覃某丙故意伤害一案中,虽然覃某丙假意接受教唆实为诈骗钱财,但法院仍然认为,根据《刑法》第 29 条,无论被教唆者是否实际产生犯罪意图、是否实行被教唆的犯罪,对教唆他人犯罪的人,都应依法定罪处罚,虽然教唆者由于被教唆者没有着手实行伤害行为而属于教唆未遂,虽然教唆者与被教唆者不构成共犯关系,但对两教唆者仍应以教唆他人实施的故意伤害犯罪定罪处罚。[3] 这说明,法院并未局限于共犯从属性说的观点,而是根据预防犯罪的需要,认为即使被教唆者拒绝接受教唆,对教唆犯也有单独处罚的必要,处罚教唆犯不需要以被教唆者着手实行犯罪为前提,从而在理论上采用了共犯独立性说,而在形式上也适用了《刑法》第 29 条第 2 款的规定。这一做法,在广西著名的连环教唆杀人案中也得到充分的体现,虽然杀人任务被转包四次,并且最后的被教唆者

① 参见陈兴良:《教义刑法学》,中国人民大学出版社 2010 年版,第 650 页。
② 参见全国人大常委会法制工作委员会刑法室编:《中华人民共和国刑法条文说明、立法理由及相关规定》,北京大学出版社 2009 年版,第 42 页。
③ 参见广西壮族自治区贵港市中级人民法院(2016)桂 08 刑申 2 号驳回申诉通知书。

接受教唆之后并未着手实行犯罪,但法院仍然认定各教唆犯都构成故意杀人罪。① 虽然没有明确是教唆犯或独立教唆犯,更没有明确是教唆未遂,但毫无疑问是作为独立教唆犯来处罚的,不以被教唆者着手实行杀人行为为必要。

周光权教授也曾经认为,《刑法》第 29 条第 2 款体现了共犯独立性说,但这种更加重视犯罪行为人而不是符合刑法分则规定的构成要件行为的立法理念值得商榷。② 换言之,周教授也认为对第 29 条第 2 款不能作限制解释,认为我国刑法对正犯与共犯之间关系的规定采取的是共犯独立性说。但是,周教授同时认为,刑法通说在教唆未遂问题上采取共犯独立性说,并认为教唆未遂包括被教唆者拒绝接受教唆(教唆失败)、被教唆者尚未着手实行犯罪(无效的教唆)、被教唆者虽已着手实行犯罪但未得逞、被教唆者实施的犯罪与所教唆的犯罪无关等 4 种情形是不妥当的,应当坚持共犯从属性说,将第 29 条第 2 款限制解释为"被教唆者接受教唆并且已经着手实行,但没有达到犯罪既遂状态的情形"。③ 不过,周教授后来也改变了其观点,明确主张对第 29 条第 2 款进行限制解释。④

对于周教授的观点,刘明祥教授表示坚决反对,认为第 29 条第 2 款中的"被教唆的人没有犯被教唆的罪"应严格按其字面含义解释为"被教唆的人没有按教唆犯的意思实施犯罪",而不能根据共犯从属性说解释为"被教唆的人已经着手实行犯罪但没有既遂",主要理由为:一是我国刑法对正犯与共犯采取的是单一制而非区分制,没有采取共犯从属性说作为解释根据的法律基础⑤;二是即便认为我国刑法采取的是区分制和共犯从属性说,也不能否认其作出了处罚教唆未遂之例外规定,正如德国刑法学界赞成共犯从属性说,但《德国刑法典》第 30 条关于重罪教唆未遂的处罚规定却采取了共犯独立性说一样;三是我国刑法将许多教唆行为、帮助行为单独规定为犯罪,也表明我国刑法不是采取区分制,没有采取共犯从属性说;四是教唆他人犯重罪(比如大规模恐怖杀人犯罪)的,即使他人拒绝接受教唆,也具有侵害法益的严重危险性,也应当予以处罚。但是,刘教授特意声明,他不是根据共犯独立性说来解释第 29 条第 2 款的,而是根据罪刑法定原则所要

---

① 参见欧阳杰:《南宁市中院对覃佑辉等人犯故意杀人罪抗诉案终审宣判》,http://nnzy. chinacourt. gov. cn/article/detail/2019/10/id/4562340. shtml,访问日期:2019 年 11 月 8 日。

② 参见周光权:《刑法总论》(第 2 版),中国人民大学出版社 2011 年版,第 228 页。

③ 参见周光权:《刑法总论》(第 2 版),中国人民大学出版社 2011 年版,第 234 页。

④ 参见周光权:《"被教唆的人没有犯被教唆的罪"之理解》,载《法学研究》2013 年第 4 期。

⑤ 当然,这是一种误解。例如,巴西是典型的单一制,但根据其刑法第 31 条,教唆犯的成立必须以正犯着手实行犯罪为前提。

求的严格解释规则得出这一结论的,试图来表明自己并不愿意反对大多数人。①

与刘教授相似,江溯教授也主张超越共犯从属性说与独立性说之争来解释第 29 条第 2 款,认为完全可以用教唆行为的可罚性起点来解释,但其结论与刘教授有所不同,认为由于教唆行为本身不具有侵害法益的现实危险性,由于第 29 条第 2 款是用未遂犯的处罚原则来处罚教唆未遂行为,所以仍应当以正犯着手实行犯罪作为教唆行为可罚性的起点。② 不过,虽然两位教授认为可以撇开学说之争来解释第 29 条第 2 款,但是在结论上,仍然无法回避共犯对正犯有无实行从属性的问题,即刘教授的结论体现的是共犯独立性说,江教授的结论体现的是共犯从属性说。因此,如果仍用德日刑法理论来解释我国《刑法》第 29 条第 2 款,就仍然存在是赞成共犯从属性说还是独立性说的问题,只有在完全摒弃德日刑法理论时,才可能不考虑共犯的实行从属性问题。

另有学者为了坚持共犯从属性说,认为刘明祥教授对《德国刑法典》第 30 条之例证存在误解,认为该条是关于"独立的具有可罚性的预备行为"的规定,并不是说要将教唆者认定为犯罪未遂,只是规定在量刑时应依照犯罪未遂论处并减轻处罚而已。因此,虽然德国刑法规定处罚重罪的教唆未遂,但并非将其当作犯罪未遂,而是当作预备行为,所以该条规定与实行从属性说没有冲突。据此,该学者认为,我国《刑法》第 29 条第 2 款只是表明对教唆未遂行为应予处罚并规定了相应刑罚幅度,但其从未示意要将教唆未遂行为认定为犯罪未遂,因此与实行从属性说并不存在冲突。③

不过,此学者的观点并不符合德国刑法的规定实际,因为《德国刑法典》第 30 条规定的是:"1.命令或教唆他人实施重罪而未遂的,依该重罪的未遂论处,依第 49 条第 1 款减轻处罚。可相应地适用第 23 条第 3 款的规定。2.示意他人犯罪,或接受他人的犯罪请求,或与他人约定实施重罪,或教唆他人实施重罪的,其处罚适用前款规定。"④从中根本得不出对教唆犯应按预备犯定性但却按未遂犯的法定刑处罚的结论,因为所谓"依该重罪的未遂论处",当然是指按所教唆的重罪的未遂而非预备来定性和适用处

---

① 参见刘明祥:《再释"被教唆的人没有犯被教唆的罪"》,载《法学》2014 年第 12 期。
② 参见江溯:《超越共犯独立性与共犯从属性之争》,载《苏州大学学报(法学版)》2014 年第 2 期。
③ 参见秦雪娜:《共犯的实行从属性说在我国的困境与出路》,载《法学家》2015 年第 4 期。
④ 参见《德国刑法典》,徐久生、庄敬华译,中国方正出版社 2004 年版,第 12 页。

罚原则。① 况且,从共犯从属性说与独立性说的争议焦点在于共犯对正犯有无实行从属性之基本共识来看,既然在教唆未遂时对教唆犯可单独以预备犯论处,既然教唆犯成立犯罪不需要以正犯着手实行犯罪为前提,则明显属于共犯独立性说的观点,不可能不与共犯从属性说发生冲突。虽然在理论上可以认为在被教唆者拒绝教唆时,教唆犯的行为至多仅处于所教唆的罪的预备阶段,因而对教唆犯按预备犯论处比按未遂犯论处更加合理,但是这仍然是在被教唆者没有着手实行犯罪的情况下单独处罚教唆犯,因而仍属于共犯独立性说。此作者一方面认为重罪的教唆未遂具有可罚性,认为坚持共犯从属性说也不会导致无法处罚重罪的教唆未遂,不会放纵犯罪,另一方面又认为我国《刑法》第 29 条第 2 款是关于教唆者的预备犯的规定,从而不得不有意偏离共犯从属性说与独立性说的基本含义。正如该作者自己所言:"当实行从属性说处于中国法律环境中作为中国问题时,应当仅指共犯成立犯罪未遂应以正犯着手为必要。"这实际上是将共犯从属性说中的"共犯成立犯罪"限制解释为"共犯成立犯罪未遂",以便为其"共犯也可以成立犯罪预备"之观点扫清路障,即在正犯没有着手实行而仅成立预备犯时,共犯也可成立预备犯,而不是不成立犯罪。

同样是为了坚持共犯从属性说,有的学者对《刑法》第 29 条整个作了全新解释,认为《刑法》第 29 条规定了两种含义的教唆犯,其第 1 款规定的是狭义的教唆犯,这种教唆犯只具有从属性,而第 2 款规定的是以教唆的方式实施的间接正犯的未遂,这种广义的教唆犯仅具有独立性。其主要理由为:一是无论如何理解,都必须承认第 29 条第 2 款仅指明了独立性;二是为了使狭义教唆犯具有从属性之正确立场在我国刑法中得到贯彻,必须对第 29 条第 2 款的含义重新进行解释。② 换言之,在该学者看来,为了贯彻共犯从属性说之正确立场,必须将第 29 条第 2 款解释为刑法对间接正犯之未遂的规定,而不是通说所谓对教唆犯的规定。显然,这种为了坚持自以为正确的理论立场而将第 29 条第 2 款中明文规定的"被教唆的人""被教唆的罪""教唆犯"解释为间接正犯中"被利用的人""被利用的罪""间

---

① 如果怀疑此法典的中文译本翻译有误,则不防看看德国司法部授权翻译的英文版本中的表述:"Section 30(Conspiracy):(1) A person who attempts to induce another to commit a felony or abet another to commit a felony shall be liable according to the provisions governing attempted felonies. The sentence shall be mitigated pursuant to section 49(1). Section 23(3) shall apply mutatis mutandis.(2) A person who declares his willingness or who accepts the offer of another or who agrees with another to commit or abet the commission of a felony shall be liable under the same terms."

② 参见何庆仁:《我国刑法中教唆犯的两种涵义》,载《法学研究》2004 年第 5 期。

接正犯"的做法,明显违背了罪刑法定原则所要求的严格解释规则。

二、共犯二重性说及其评析

由于不认同可以对《刑法》第 29 条第 2 款进行限制解释,又由于认为应坚持客观主义刑法观和共犯从属性说,许多学者不得不赞同独具中国特色的共犯二重性说。尽管具体内容有所不同,但几乎都存在偷换概念或转移论题的逻辑缺陷,几乎都偏离了两说的争议焦点在于"共犯对正犯有无实行从属性"这一基本内涵。

其中,伍柳村教授认为,我国刑法中的教唆犯对实行犯具有从属性和相对的独立性,从属性是因为教唆犯的犯罪意图必须通过被教唆者的犯罪决意和犯罪行为才能发生危害结果、达到犯罪目的,相对的独立性是因为教唆行为使教唆犯与被教唆者之间产生了人与人之间的社会关系,显示出教唆他人犯罪的教唆行为本身具有严重的社会危害性,因此无论被教唆者是否着手实行犯罪,教唆行为本身都应该认定为犯罪。[①] 这种观点被马克昌教授称为抽象的两重性说。

被马克昌教授称为具体的两重性说的一种观点认为,在具体案件中,当教唆者与被教唆者成立共同犯罪时,应依所教唆之罪来处罚,其既未遂亦从属于被教唆之罪的既未遂,体现的是教唆犯对实行犯的从属性;但是,当被教唆者没有着手实行犯罪时,其与教唆者无法成立共同犯罪,仅要对教唆者单独定罪,这表明教唆犯具有独立性。马教授赞同具体的两重性说,但认为教唆犯成立犯罪的前提应当是被教唆者实施了犯罪预备行为,而不是被教唆者着手实行了犯罪。其中,1979 年《刑法》第 26 条第 1 款体现的是教唆犯对实行犯在定罪时的从属性和在处罚时的独立性,该条第 2 款体现的是教唆犯完全的独立性。[②] 换言之,马教授将共犯从属性与独立性的基本内涵变更成了"共犯的成立是否必须以正犯开始实施犯罪预备行为为前提",以此来肯定共犯成立预备犯的可能性。

陈兴良教授对二重性说亦有其独特见解,他指出,在被教唆者没有犯被教唆的罪时,如果认为对教唆犯应以犯罪预备论处,就是共犯从属性说的观点,因为此说认为教唆行为在本质上只是一种预备行为;如果认为对教唆犯应以犯罪既遂论处,就是共犯独立性说的观点,因为此说认为教唆行为本身就是一种实行行为,教唆行为实施完毕即为既遂;如果认为对教

---

① 参见伍柳村:《试论教唆犯的二重性》,载《法学研究》1982 年第 1 期。
② 参见马克昌:《论教唆犯》,载《法律学习与研究》1987 年第 3 期。

唆犯应以犯罪未遂论处,则是二重性说的观点。① 陈教授同样对二重性作了具有中国特色的理解。

还有学者对共犯从属性和独立性的含义作了全新解释,认为各参与人之间"互为条件且相互独立"的共同犯罪行为决定了共犯是独立性与从属性的有机统一体;其中,独立性是指每一个人都利用了其他人的行为,使其他人的行为成为自己行为的组成部分,其应对该行为整体所引起的危害结果独立承担刑事责任;从属性是指每一个人的行为都与其他人的行为之间存在相互利用、相互补充的关系,导致在确定每个人的刑事责任时,不得不考虑其他人的行为,体现出各参与人的行为及刑事责任之间的相互依存性。② 这已经完全不属于德日刑法学所谓共犯从属性说与独立性说了,只是借用了德日刑法学中的名称而已。

对于上述二重性说,有学者评论为,从"从属性之有无"的本然含义出发,目前的共犯二重性说本质上都是共犯独立性说,因为目前持共犯二重性说者均一致认为教唆行为本身具有严重的社会危害性,无论被教唆者是否着手实行被教唆的行为,教唆者都构成可罚的教唆未遂,这其实就是共犯独立性说的观点。③ 这种观点虽有一定道理,但却忽略了共犯二重性说者的真实意思,忽略了共犯二重性说者对《刑法》第29条第1款的一致解释,因而不符合实际。实际是,目前共犯二重性说者的本意均是赞成共犯从属性说,因而均能从本来并未指明共犯从属性的第29条第1款中解释出共犯从属性来,只是囿于第29条第2款的明文规定,才不得不勉强认为该款是例外地体现了共犯独立性,但其实他们内心里并不真的赞同这种体现共犯独立性的立法。

三、共犯独立性说及其评析

虽然对通说心存怀疑,但是敢于公开承认自己赞成共犯独立性说的学者尚不多见,似乎是否支持刑法客观主义与共犯从属性说是一个立场站队的问题。即使是通篇赞成共犯独立性说、批评共犯从属性说的著名学者,也仅以《论我国刑法不采取共犯从属性说及利弊》作为文章标题。④ 但也有个别学者公开提倡共犯独立性说。例如,余淦才教授认为,对于1979年《刑法》第26条第2款中的教唆犯不具有从属性,大概没有人会有异议,而

---

① 参见陈兴良:《教义刑法学》,中国人民大学出版社2010年版,第649页。
② 参见陈世伟:《论共犯的二重性》,中国检察出版社2008年版,第59页。
③ 参见钱叶六:《共犯的实行从属性之提倡》,载《法学》2012年第11期。
④ 参见刘明祥:《论我国刑法不采取共犯从属性说及利弊》,载《中国法学》2015年第2期。

该条第 1 款的文字表述,也仅表明对共同犯罪中的教唆犯应当如何处罚,丝毫没有表明教唆犯要从属于被教唆犯才能成立,"不可能也不应该从这一规定中得出教唆犯从属于实行犯的结论"。[1] 这种观点是完全符合罪刑法定原则所要求的严格解释规则的,是符合立法实际的。

陆诗忠教授亦认为,目前支持教唆犯从属性说的理由并不充分,且该说既不符合刑法保护法益的基本立场,又未能合理限定教唆犯的处罚范围,与《刑法》第 29 条的实际规定亦相违背。不过,在应然层面上,刑法规定处罚所有的教唆未遂也不妥当,应当只规定处罚严重犯罪的教唆未遂。[2] 这种观点兼顾立法实际和立法前瞻,是很有创见的。不过,由于在我国有《刑法》第 13 条之但书规定,由于司法工作人员具有较大的自由裁量权,因而在现行立法条件下,司法工作人员完全可以根据教唆未遂行为的社会危害性,结合社会治安形势,兼顾打击犯罪和预防犯罪的需要,合理地限定教唆未遂的处罚范围。反之,如果预先在立法中区分重罪与轻罪以对其教唆未遂区别对待,一则这种区分相当困难,容易造成立法资源浪费和法条虚置;二则不容易兼顾轻罪的教唆未遂的处罚需要,难以在立法的稳定性与易变的社会现实之间达成均衡。

综上,虽然观点学说繁多,但是能同时兼顾立法规定与刑法立场的学说并不多见,并且几乎都将论述重点放在教唆犯的从属性或独立性上,针对同为狭义共犯的帮助犯、组织犯、共谋犯的从属性或独立性问题,目前的探讨非常少见。

第三节　中国刑法对教唆犯的规定仅体现了共犯独立性

多数学者认为,根据法益侵害说立场,在共犯的成立是否需要以正犯着手实行犯罪为前提的问题上,应当坚持共犯从属性说。然而,我国刑法对教唆犯的规定,却只体现了共犯独立性说,而未体现共犯从属性说。

一、能否对《刑法》第 29 条第 2 款进行限制解释

在坚持共犯从属性和独立性的基本含义时,如要坚持其中某一学说,

---

[1] 参见余淦才:《试论教唆犯的刑事责任》,载《安徽大学学报(哲学社会科学版)》1983 年第 2 期。

[2] 参见陆诗忠:《"教唆犯从属性说"之批判》,载《东方法学》2015 年第 3 期。

还必须回答对《刑法》第 29 条第 2 款能否进行限制解释的问题。对该款持共犯独立性说者认为,对该款进行限制解释没有充分依据,从严惩严重犯罪的教唆未遂出发,也不宜进行限制解释,而对该款持共犯从属性说者,则可能认为对该款应进行限制解释。由于限制解释在刑法中有时也有必要,特别是对那些词语含义的外延明显过宽以致违背立法规范目的的条款,限制解释是经常被允许的解释,这就涉及限制解释在何种情况下能被允许或不能被允许,为什么能被允许或不能被允许的问题。

笔者认为,虽然对第 29 条第 2 款进行限制解释属于对被告人有利的解释,因而不违背消极的罪刑法定原则,但是基于如下理由,仍不应允许限制解释:

第一,在我国并无采纳共犯从属性说的充足理由。如前所述,主张进行限制解释的理由,主要是贯彻共犯从属性说,但是在我国并无采纳共犯从属性说的充足理由。(1)根据我国的立法和司法传统,多数学者和司法实务工作者仍然认为教唆未遂行为具有严重的社会危害性,应当受到刑罚惩罚,尤其是教唆他人实施特别严重的犯罪的(比如大规模恐怖袭击犯罪),更会激起社会民众的恐慌,从而要求严惩犯罪分子,特别是在被教唆者被作为预备犯追究刑事责任的情况下,没有理由对教唆犯不予追究刑事责任。例如,在覃某甲、覃某乙共同教唆覃某丙故意伤害一案中,广西高院认为,覃某甲与覃某乙共同教唆覃某丙找人故意伤害黄某,尽管覃某丙未能按教唆要求实行被教唆的罪,但两人教唆他人犯罪的行为已经成立,其行为具有较为严重的社会危害性,应单独以故意伤害罪(教唆未遂)追究刑事责任。① 可见,法院采纳的也是共犯独立性说。至于对教唆犯是按预备犯论处还是按未遂犯论处更加合理,则可进一步研究。例如,《韩国刑法典》第 31 条规定:"2. 被教唆者承诺实行犯罪,但未着手实行的,对教唆者和被教唆者均以阴谋犯或者预备犯相应处罚。3. 被教唆者未承诺实行犯罪的,对教唆者的处罚也适用前款的有关规定。"这是明文规定对教唆未遂按预备犯论处。(2)即使在通说为共犯从属性说的日本,共犯从属性说实际上也难以坚持到底。例如,日本刑法没有在刑法总则中一般性地规定处罚犯罪的预备和阴谋,只是在分则条文中规定处罚一些重大犯罪的预备和阴谋。② 其中,预备是为了实行某犯罪而实施准备,阴谋是数人为了实行

---

① 参见广西壮族自治区高级人民法院(2016)桂刑申 49 号、(2017)桂刑申 57 号驳回申诉通知书。

② 例如,第 78 条内乱预备和阴谋、第 88 条外患预备和阴谋、第 93 条私战预备和阴谋、第 113 条放火预备、第 153 条伪造通货预备、第 201 条杀人预备、第 228 条第 3 款绑架预备、第 237 条强盗预备等。其中,第 93 条私战预备和阴谋,有学者认为是实行行为。

某犯罪而进行谋议,两者本身都不是实行行为,教唆他人实施这些预备罪或阴谋罪的,是否成立教唆犯,存在肯定说、否定说和折中说三种观点。大塚仁教授的教材里列举了持肯定说者 12 人,持否定说和折中说者各 1 人,他本人持否定说①;山口厚教授的教材里列举了持肯定说者 5 人,持否定说者 3 人,他本人持肯定说②;野村稔教授的教材里列举了持肯定说者 4 人,持否定说者 2 人,他本人持肯定说③。以上数据足以说明多数学者主张肯定说。虽然持肯定说的理由主要是在犯罪发展实现的各个阶段都能成立共同犯罪,预备→未遂→既遂之阶段类型与单独正犯→共同正犯→教唆犯→从犯之参与类型并行不悖④,但是在被教唆者的犯罪尚处于预备阶段时肯定教唆者成立共犯以追究刑事责任,无疑是没有坚持“教唆犯的成立必须以正犯着手实行犯罪为前提”这一共犯从属性说。(3)《德国刑法典》第 30 条明文规定处罚重罪的教唆未遂,说明其立法至少在重罪的教唆未遂问题上采取的是共犯独立性说。(4)处罚教唆未遂的主要原因是预防犯罪,因为即使被教唆者拒绝教唆或者接受教唆但犯罪处于预备阶段即被迫停止,只要教唆犯尚未受到应有惩罚,其人身危险性就将继续存在,就仍有可能继续教唆他人犯罪甚至亲自去实行犯罪,因此对教唆者一律不予处罚明显不妥。(5)持限制解释论者无法说明限制解释的正当性、必要性、合理性,以及限制解释的限度和适用情形等更根本、更基础的问题,因而说服力有限。(6)目前德日刑法区分正犯与共犯的主流理论是实质客观说中的重要作用说或犯罪事实支配说等⑤,根据这些学说,经常出现将亲自实施刑法分则规定的构成要件行为的实行者认定为帮助犯,而将没有亲自实施构成要件行为的非实行者(比如组织者、共谋者、教唆者)认定为正犯的情况。⑥ 在这种情况下,到底是帮助犯从属于正犯,还是正犯从属于帮助犯?是应认定帮助犯的着手实行,还是应认定正犯的着手实行? 这完全超出了共犯从属性理论所能适用的范围。

第二,在没有充足理由的情况下,进行限制解释会破坏法的安定性。与正义性、合目的性等法律理念同等重要的是法的安定性。法的安定性要

① 参见[日]大塚仁:《刑法概说(总论)》(第 3 版),中国人民大学出版社 2009 年版,第 311 页。
② 参见[日]山口厚:《刑法总论》(第 2 版),付立庆译,中国人民大学出版社 2011 年版,第 312 页。
③ 参见[日]野村稔:《刑法总论》,全理其、何力译,法律出版社 2000 年版,第 377 页以下。
④ 参见[日]松原芳博:《刑法总论的重要问题》,王昭武译,中国政法大学出版社 2014 年版,第 360 页。
⑤ 参见刘艳红:《论正犯理论的客观实质化》,载《中国法学》2011 年第 4 期。
⑥ 参见阎二鹏:《共犯行为正犯化及其反思》,载《国家检察官学院学报》2013 年第 3 期。

求法律形式和法律概念的稳定性,要求法律能够得到大家的一致遵守,从而保证法律的有效性,使法律成为真正的法律而不是形同虚设。① 显然,如果没有充足理由,就不宜进行限制解释,而应严格按照法律词语的文字含义进行解释。因为词语的文字含义是绝大多数人都能认识到的,即使主张对词语进行限制解释或扩张解释,其前提仍然是正确认识到了词语的文字含义,否则就只是对词语的文字含义存在误解而不是在正确理解的基础上进行限制或扩张,所以只要并且只有严格按照词语的文字含义进行解释和适用,就能并且才能保证法律规范得到一致遵守和适用,从而保证法律规范在事实上的有效性,实现法的安定性理念。反之,如果允许限制解释,则容易出现面对案情相同或相似的案件,有的法官按词语的文字含义解释,有的法官在文字含义的基础上进行限制解释,有的法官限制解释的力度更大,有的法官限制解释的力度更小,导致相同或相似的案件得不到相同或相似的判决,从而既破坏法律的权威性、有效性,又违背法律面前人人平等的法的正义理念。

由于随意解释容易导致恣意判断,有学者甚至认为法官没有解释法律的权力。例如,贝卡利亚认为,没有什么比允许法官解释法律、探询法律的精神更危险的事了,每个人都有自己的观点,并且在不同时期会从不同角度去看待事物,加之许多不确定因素会影响解释结论,导致公民的命运常常掌握于法官们形式上合法实质上谬误的解释,导致同罪异罚成为必然,所以,"当一部法典业已厘定,就应逐字遵守,法官唯一的使命就是判定公民的行为是否符合成文法律"②。

第三,限制解释不符合立法意图和规范目的。其一,从立法修改经过来看,立法意图是要严惩教唆未遂的。从 1979 年《刑法》第 26 条第 2 款到 1997 年《刑法》第 29 条第 2 款,再从第一个刑法修正案到第十一个刑法修正案,历时 40 年,其间一直有人呼吁修改教唆未遂的内容,但这内容一直得以保留,说明立法意图是要严惩教唆未遂的,即使被教唆者拒绝教唆,对教唆犯仍应施以刑罚。其二,从规范目的来看,即便在实践中对教唆未遂并非一概予以处罚,为了预防严重犯罪的发生,仍有必要保留严惩教唆未遂的条款。由于犯罪现象异常复杂,由于犯罪心理难以琢磨,由于社会变化日新月异,在没有经过充分的实证检验的情况下,如果贸然废除教唆未遂条款,可能导致需要打击时将无法可依,因此与其贸然废除,不如备而不

---

① 参见〔德〕拉德布鲁赫:《法哲学》,王朴译,法律出版社 2013 年版,第 88 页以下。

② 参见〔意〕贝卡里亚:《论犯罪与刑罚》,黄风译,中国大百科全书出版社 1993 年版,第 13 页。

用,前者过于绝对而无回旋余地,后者则授权司法机关灵活把握,以有效应对风险社会中预防犯罪和打击犯罪的需要。事实上,《刑法》第 29 条第 2 款并非经常适用,更非可以在轻罪中适用,是否适用,取决于司法机关对具体教唆未遂行为的社会危害性的综合判断,对于情节显著轻微并且危害不大者,是不会启动刑事责任追究程序的。其三,从立法机关所作的权威解释来看,立法机关是赞同处罚教唆未遂的,因为立法机关明确认为教唆未遂包括被教唆者拒绝教唆、教唆没有起到任何效果、被教唆者犯了其他犯罪而没有犯被教唆的罪等情况。① 当然,决定是否处罚时,要充分考虑《刑法》第 13 条中但书的适用。

第四,目前论文中比较流行的观点,许多无法用来反对或赞同对《刑法》第 29 条第 2 款进行限制解释。(1)我国的共犯参与体制是单一制还是区分制,并不是反对或赞同限制解释的有力理由,因为其与反对或赞同限制解释没有必然联系。在公认采取单一正犯体系的巴西,其刑法典第 31 条明显采取了共犯从属性说,因为其规定组织、共谋、帮助、教唆犯的成立,均必须以实行犯着手实行犯罪为前提,否则不予追究刑事责任。② 在实行犯尚未着手实行犯罪之前能否处罚教唆犯、帮助犯等狭义共犯,实际上是一个刑事立法政策的选择问题③,"共犯的成立与处罚,是否以正犯的行为必须已达着手实行的行为阶段为必要,系属刑事立法政策上的考虑与抉择"④。虽然选择何种政策会受到立法者价值观念和刑法理论的影响,但我们显然既不能根据立法者的实际选择来赞同共犯独立性说,又不能根据共犯独立性说来解释明显是采取共犯从属性说的法条,或者相反,因为两者之间并不具有必然的联系。(2)教唆未遂是否具有严重的社会危害性,也不是反对或赞同限制解释的有力理由。对于教唆未遂是否具有严重的社会危害性,主要是一个基于不同立场或偏见的价值判断问题,无论哪方都能找出许多表面上看似很有说服力但实际上都无法说服对方的理由。例如,赞同共犯从属性说者会认为,教唆未遂行为本身不可能发动一个自然的因果流程,不可能实际地侵犯法益,只有被教唆者着手实行犯罪之后,

① 参见全国人大常委会法制工作委员会刑法室编:《中华人民共和国刑法条文说明、立法理由及相关规定》,北京大学出版社 2009 年版,第 42 页。
② 《巴西刑法典》第 31 条规定:"对于策划、共谋、教唆或者帮助行为,除非另有例外规定,否则在犯罪的实施尚未达到未遂程度的情况下,不追究刑事责任。"参见《巴西刑法典》,陈志军译,中国人民公安大学出版社 2009 年版,第 7 页和第 13 页。
③ 参见[日]小野清一郎:《犯罪构成要件理论》,王泰译,中国人民公安大学出版社 2004 年版,第 164 页。
④ 参见林山田:《刑法通论(下册)》(增订 10 版),北京大学出版社 2012 年版,第 74 页。

教唆行为的可罚性才能达到应受刑罚处罚的程度,而赞同共犯独立性说者则会认为,教唆行为尤其是教唆他人犯严重犯罪的教唆行为,本身就具有严重的社会危害性,因此无论被教唆者是否拒绝教唆,只要实施了教唆行为就应当受到刑罚处罚。换言之,这本来就是从各自立场或偏见出发来寻找理由反驳对方的,自然就难以说服对方。

第五,从司法实践情况来看,不时有案例对教唆未遂追究刑事责任。在俞某教唆抢劫一案中,另案处理的朱某、丁某在被告人俞某的授意下,共同购买仿真手枪、铁棒、砍刀等作案工具,于 2011 年 5 月 4 日携带作案工具前往被害人家准备入户抢劫,发现被害人家里有人以后,因为胆怯而犹豫不决,就在楼下商量放弃抢劫,但是在准备离去时被公安机关抓获。法院认为,被告人俞某教唆他人入户抢劫,已经构成抢劫罪,但由于被教唆者在着手实行之前自动放弃犯罪,被告人俞某属于因意志以外的原因而未导致犯罪结果发生的教唆未遂,鉴于俞某有自首表现,加之被教唆人中止犯罪,未造成损害后果,对被告人俞某可以免除处罚,故判处被告人俞某犯抢劫罪,免予刑事处罚。① 此例中,被教唆者接受教唆,但是在抢劫预备阶段即中止犯罪,尚未着手实行犯罪,而法院认定教唆者成立教唆未遂,正是适用了《刑法》第 29 条第 2 款的规定,体现的是共犯独立性说。在霍某教唆故意伤害一案中,被告人霍某与被害人安某因为恋爱产生感情纠纷,霍某为报复安某,雇佣被告人王某对安某实施殴打。因未找到安某,被告人王某伙同被告满某于 2014 年 3 月 27 日 4 时许将安某停放于某小区的灰色马自达轿车放火烧毁,经价格认证中心评估,被烧毁轿车价值127892.00 元。案发后,被告人霍某交纳赔偿款 8 万元,被告人王某交纳赔偿款 5 万元,取得了安某对烧车行为的刑事谅解。法院认为,被告人霍某雇佣被告人王某故意伤害被害人安某,其行为构成故意伤害罪,是教唆未遂,但其并未教唆王某、满某实施故意毁坏财物行为,因而无须对两人故意毁坏财物行为承担责任,只对其教唆的犯罪负刑事责任,被教唆人实行的过限行为应由其自行负责;因被教唆人王某、满某未按教唆人霍某的指使实施故意伤害行为,王某、满某不构成故意伤害罪,故可以对教唆人霍某从轻或减轻处罚;被告人王某、满某故意毁坏他人财物,数额巨大,其行为已构成故意毁坏财物罪,且系共同犯罪,王某起主要作用系主犯,而满某起次要作用系从犯,应当从轻、减轻处罚或者免除处罚;遂判决被告人霍某犯故意伤害罪(教唆未遂),判处拘役三个月,判决被告人王某犯故意毁坏财

① 参见绍兴市上虞区人民法院(2014)绍虞刑初字第 99 号刑事判决书。

物罪,判处有期徒刑四年,判决被告人满某犯故意毁坏财物罪,判处有期徒刑二年。[1] 此例中,被教唆者接受教唆欲行伤害,但由于未能找到被害人而尚未着手实行伤害行为,因而起意放火将被害人的车烧毁,但法院却处罚了处于预备阶段的故意伤害罪的教唆行为,况且按中国的司法惯例,即使是实行犯着手实施伤害行为但没有造成轻伤以上后果的,通常也不处罚,这判决更加鲜明地体现了共犯独立性说。

综上,在没有充足理由的情况下,不宜赞同对《刑法》第 29 条第 2 款进行限制解释,只能严格按其词语的文字含义进行解释,据此只能解释为体现了独立性。

二、《刑法》第 29 条对教唆犯采取了共犯独立性说

由于在世界各国的立法规定和刑法理论里,犯罪的含义,都是包含预备犯、未遂犯、中止犯、既遂犯等不同内涵的,犯罪是指犯刑法典规定的各种罪,因此对《刑法》第 29 条第 2 款中的"没有犯被教唆的罪",应当解释为"没有犯被教唆的各种罪,包括预备犯、未遂犯、中止犯、既遂犯",从而即使被教唆者没有犯预备罪(处于预备阶段之前,如被教唆者拒绝教唆、教唆意图尚未有效传达到被教唆者等),没有犯未遂罪(处于预备阶段,尚未着手实行犯罪),也符合"没有犯被教唆的罪"的基本含义。因此,正如通说所言,《刑法》第 29 条第 2 款对教唆未遂的规定明显采纳了共犯独立性说,我们不应根据各种理由并不充分的限制解释观点来否认这一立法实际。至于司法实践中是否一律处罚教唆未遂,则属于另一层次和阶段的问题,不应与此问题混为一谈。

问题在于,通说认为《刑法》第 29 条第 1 款对教唆犯采取了共犯从属性说,这一观点是否正确? 这其实是一种因为妥协或立场而形成的误解,因为该条第 1 款并未就教唆犯对正犯的实行从属性问题进行任何提示。所谓"应当按照他在共同犯罪中所起的作用处罚"其实是一句没有任何具体含义的废话,因为不仅是对教唆犯,就是对共同正犯、帮助犯、组织犯、共谋犯,无疑也是"应当按照他在共同犯罪中所起的作用处罚"的,不可能不考虑他在共同犯罪中所发挥作用的情况随意处罚。换言之,对共同犯罪中的任何行为人,都应当按照他在共同犯罪中所起作用来决定其处罚,否则违背罪责刑相适应原则,违背公平正义理念。因此,"应当按照他在共同犯罪中所起的作用处罚"至多仅能隐含教唆者可以和被教唆者成立共同犯罪的含义,无法隐含教唆者要成立教唆犯必须以被教唆者着手实行犯罪为前

---

[1]　参见内蒙古阿拉善左旗人民法院(2014)阿左刑二初字第 57 号刑事判决书。

提的含义,两者并非同一个概念,因为在预备阶段也可成立共同犯罪,并非只有在未遂阶段才能成立共同犯罪。反而,由于认定共同犯罪只需要认定各行为人共同故意实施犯罪即可,由于教唆者和被教唆者在预备阶段也可成立共同犯罪,所以可将该款解释为要求处罚处于预备阶段的教唆犯。例如,在李甲教唆李乙故意杀人一案中,李甲因建造大觉寺的事被和尚郑某刁难,遂跟李乙说郑某"强奸女人 27 人、用钱 60 万收买延吉市宗教局"等虚伪事实,教唆、劝说李乙杀死郑某以清理门户,李乙遂于 2003 年 7 月持菜刀来到郑某所在的西山法堂,对郑某说"今天我来杀你,死之前你得知道你为什么死",问郑某有无强奸女人、用钱行贿等事,郑某否认,李乙因怀疑李甲说谎而自动中止杀人行为。2013 年 1 月 18 日,李乙到延吉市公安局投案自首;2013 年 4 月 12 日,李甲被延吉市公安局抓获归案。法院认为,李甲教唆李乙杀害他人,其行为已构成故意杀人罪,因意志以外的原因而未得逞,是犯罪未遂,可予从轻或减轻处罚;在共同犯罪中,李甲是主犯,李乙是从犯;李乙在犯罪过程中自动放弃犯罪行为且未造成损害,是犯罪中止,又有自首情节,并且是限定责任能力者,可免予刑事处罚;法院遂以李甲犯故意杀人罪,判处有期徒刑四年,以李乙犯故意杀人罪,判处免予刑事处罚。[①] 此案中,被教唆者李乙在着手实行杀人行为之前,自动中止了犯罪,属于预备阶段的中止犯,法院仍然认定李甲构成故意杀人罪的教唆犯而不是不成立犯罪,并且是未遂犯而非预备犯,符合共犯独立性说的结论,而法院认定李甲和李乙属于共同犯罪并且李甲是主犯、未遂犯,李乙是从犯、预备犯,足以说明《刑法》第 29 条第 1 款仅仅是规定对教唆犯要按照他在共同犯罪中所起的作用处罚而已,不能从中得出教唆犯对被教唆者具有实行从属性的结论。

教唆者可以和被教唆者成立共同犯罪这一含义本身也没有实际意义,因为从来没有人会否认这一点,甚至第 29 条第 2 款也能隐含这种含义,即两个以上教唆者共同对他人实施教唆行为但他人拒绝接受教唆或假意接受教唆但没有犯被教唆的罪时,在这两个以上的教唆者之间成立共同犯罪,对每一教唆者都要按照他在共同犯罪中所起作用分别处罚,显然也无法从这种含义中得出教唆者对被教唆者具有实行从属性的结论。例如,在覃某甲、覃某乙共同教唆覃某丙故意伤害黄某一案中,被告人覃某甲多次对被告人覃某乙说要教训被害人黄某(要打断黄某的手),两人找到被告人覃某丙,三人共同商量由覃某丙负责找人教训黄某,后覃某丙谎称找到了

---

① 参见吉林省延边朝鲜族自治州中级人民法院(2014)延中刑终字第 90 号刑事判决书。

帮手,先后从覃某甲处要到人民币 12 万元(其中 10 万元由覃某乙转交),并告知黄某其是别人雇请来杀他的杀手,从黄某处要到人民币 22 万元。对于此案,法院认为,覃某甲雇请他人故意伤害他人,覃某乙明知覃某甲雇请他人犯罪而予以帮助,其行为均已构成故意伤害罪(教唆未遂),且系共同犯罪,覃某甲是主犯,覃某乙是从犯,由于覃某丙没有犯被教唆的故意伤害罪,对于教唆犯覃某甲、覃某乙可以依法从轻或减轻处罚,遂判决覃某甲犯故意伤害罪(教唆未遂),判处其有期徒刑二年六个月,判决覃某乙犯故意伤害罪(教唆未遂),判处其有期徒刑七个月;另判决覃某丙犯诈骗罪,判处有期徒刑三年,并处罚金人民币二千元,犯敲诈勒索罪,判处有期徒刑三年,并处罚金人民币三千元,数罪并罚,决定执行有期徒刑四年,并处罚金人民币五千元。[①] 此例中,被教唆者覃某丙无意接受教唆,只是想趁机诈骗教唆犯覃某甲的钱财,与覃某甲、覃某乙之间无共同的犯罪故意和共同的犯罪行为,无法与覃某甲、覃某乙成立共同犯罪,属于"被教唆的人没有犯被教唆的罪"的情形,而覃某乙帮助覃某甲对他人实施教唆,与覃某甲成立共同犯罪,属于《刑法》第 29 条第 2 款中隐含的共同犯罪,并且被法院区分了主犯、从犯。如果真想从"在共同犯罪中"推导出教唆犯对正犯有无实行从属性的结论,恐怕只能得出相反的结论,即当被教唆者为了实行被教唆的罪而准备工具、制造条件,但由于意志以外的原因而未能着手实行时,教唆者和被教唆者仍然可以成立共同犯罪,说明教唆犯的成立并不以正犯着手实行犯罪为前提,因而仍属于共犯独立性说的结论。

《刑法》第 29 条第 1 款中真正具有一点实际含义的是其后段的规定,因为它规定对教唆不满 18 周岁者犯罪的教唆犯要从重处罚,虽然这种从重也仅仅具有宣示意义(表明立法者对这种行为更加否定,至于法官在量刑时是否真正从重或从重了多少,事实上难以证明,因而仅仅是宣示而已),但毕竟体现了立法者的倾向。由于仅仅是第 1 款的后段,而不是另外一款或另外一条,这里所谓"教唆不满十八周岁的人犯罪",应仅指教唆者能够与被教唆者成立共同犯罪的情形,但仍然无法从该后段中得出教唆犯对正犯是否具有从属性的结论,甚至亦能从中得出倾向于共犯独立性说的结论:之所以教唆未成年人犯罪要从重处罚,是因为教唆犯的主观恶性更重、人身危险性更大,并且更容易制造出一个犯罪人,因而这种教唆行为具有更加严重的社会危害性。

综上,《刑法》第 29 条第 1 款并未对教唆犯的成立应否从属于正犯的

---

① 参见广西壮族自治区贵港市中级人民法院(2015)贵刑一终字第 3 号刑事裁定书。

着手实行作出任何提示或规定,仅仅是提示性地规定对教唆犯也要按照他在共同犯罪中所起作用大小处罚,以及教唆未成年人犯罪要从重处罚而已。由于该条第2款明示采取共犯独立性说,在被教唆者没有犯被教唆的罪时(包括被教唆者拒绝接受教唆、教唆意图尚未传达到被教唆者、被教唆者领会错误而犯了其他罪等),也可单独处罚教唆犯,因此综合来看,《刑法》第29条在教唆犯的实行从属性问题上,采取的是共犯独立性说,没有理由认为第1款采取的是共犯从属性说而第2款采取的是共犯独立性说。至于应不应当采取这一学说,则是仁者见仁、智者见智的问题,不应根据自己的价值偏好或者为了体现立场正确而随意曲解刑法本身的规定。

第四节　中国刑法中的其他共犯体现了共犯独立性

由于我国的共犯参与体系是作用分类法与分工分类法并行不悖的分离制,并且以作用分类为主,以分工分类为辅,侧重于体现罪责刑相适应原则的作用定性,而不重视体现罪刑法定原则的分工定性,因而我国刑法实际上对帮助犯、共谋犯、组织犯等狭义共犯应否从属于正犯而成立的问题未作规定。

一、中国刑法中的帮助犯体现了共犯独立性

虽然《刑法》第27条第1款的从犯规定中隐含有帮助犯,虽然该款将帮助犯的成立范围明文限制在共同故意犯罪中,从而排除了帮助犯单独成立犯罪的可能性,如不仔细检视,很容易理解为帮助犯对正犯具有实行从属性,但是从共犯从属性的基本含义——共犯的成立是否必须以正犯着手实行犯罪为必要来看,仍然不能得出这一结论。第27条第1款仅仅是表明帮助犯可以与并且必须与正犯成立共同故意犯罪才能受到处罚,不能单独受到处罚,但是并未明文规定在何种犯罪阶段才能成立共同犯罪,并未明文排除在预备阶段成立共同犯罪的可能性,而一旦承认帮助犯和正犯可以在犯罪预备阶段成立共犯,就不得不否定共犯从属性说。这是因为,共同犯罪的成立,与共犯对正犯有无实行从属性,是两个不同的问题,是否通过共犯从属性理论来限制共同犯罪中帮助犯的处罚范围,也是一个刑事立法政策的选择问题,不是一个理论争议的问题。

在刑法本身没有明示帮助犯的成立必须以正犯着手实行犯罪为必要的情况下,认为帮助犯对正犯具有实行从属性就只是一种理论选择,未必

符合刑法规定的规范目的。在刑法条文的文字含义包含了帮助犯与实行犯可以在预备阶段成立共同犯罪的情况下，如果没有充分的理由，就不宜进行限制解释，否则会严重破坏法的安定性。

至于司法机关在追究被帮助者预备犯的刑事责任时，是否一并追究帮助者预备犯的刑事责任，完全可以由司法机关根据具体帮助行为的社会危害程度综合判断，不宜一刀切地认为对帮助者不能追究刑事责任。例如，甲起意贩毒，但由于没有启动资金，多方借贷未果，求助于乙，乙遂借给甲足够资金，使甲顺利前往边境地区寻找到卖家联系好贩毒事宜，但在前往交钱收货途中被警察逮获。此例中，如果没有乙的钱，甲是不可能前往边境寻找毒贩的，很难说乙在共同犯罪中所起的作用就比甲小多少而不能被追究刑事责任。又如，甲欲在国庆节夜晚到人民广场实施恐怖袭击活动，但苦于没有得力工具，乙得知后，给甲提供了大量雷管炸药，由于公安机关秘密侦查措施得力，甲在携带雷管炸药前往人民广场途中被拘捕。虽然甲先产生犯意并且决意实行犯罪，但乙在共同犯罪中仍起主要作用，若无乙的雷管炸药，甲的犯意很可能仅停留于空想阶段，故乙比甲更应当受到刑罚处罚。因此，虽然刑法没有明文规定，但从处罚的必要性和合理性来看，在实行从属性问题上，共犯独立性说仍然比共犯从属性说更加可取。只要不附加客观主义、主观主义等太多的价值倾向，仅仅从合理限定帮助犯的处罚范围角度思考问题，就更容易在帮助犯的成立问题上赞同共犯独立性说。

二、中国刑法中的组织犯了体现共犯独立性

虽然《刑法》第 26 条中规定对组织犯要按照其所参与的或者组织、指挥的全部犯罪处罚，对组织、领导犯罪集团的首要分子要按照集团所犯的全部罪行处罚，但这一规定也仅仅是规定组织犯可与实行犯成立共同犯罪，并未规定组织犯对于实行犯是否具有实行从属性，甚至这一规定的实际意义也相当有限。任何共犯人，当然都是要按照其所参与实施的全部罪行处罚的，不可能只按照其所参与实施的部分罪行处罚，由于犯罪集团其他成员是在首要分子的组织、领导、指挥下实施犯罪的，对于犯罪集团所犯的全部罪行，首要分子当然要负责任。因此，这一规定也仅是注意规定，除了重申"要处罚"之外，并无其他实际意义。

因此，考虑组织犯对实行犯有无实行从属性，仍可根据实行犯的犯罪仅止于预备阶段时能否处罚组织犯来检验，而答案显然是肯定的，组织犯是整个犯罪的组织者、策划者、领导者、指挥者，其在共同犯罪中所起的作

用、行为的社会危害性、行为人的主观恶性和人身危险性，均明显重于实行者，即便不处罚实行者，对组织犯也可单独处罚。从这种意义上讲，组织犯的共犯独立性，要远远强于其他共犯形态。因此，组织犯的成立不以正犯着手实行犯罪为必要，正犯的犯罪处于预备阶段的，无论是否处罚正犯，均可以处罚组织犯。《刑法》第120条组织、领导恐怖活动组织罪，第224条之一组织、领导传销活动罪，第294条组织、领导黑社会性质组织罪，都是将相应犯罪的组织行为独立规定成罪，组织者成立犯罪不以被组织者着手实行犯罪为必要，所体现的都是独立性。

三、中国刑法中的共谋犯体现了共犯独立性

虽然我国刑法中完全没有规定共谋犯，但参与犯罪共谋而未参与犯罪实行的犯罪现象确实存在，参与犯罪共谋而实行者的犯罪仅止于预备阶段的现象也确实存在，在刑法依法追究实行者预备犯的刑事责任时，一般也可以同时追究共谋者预备犯的刑事责任，甚至不排除单独追究共谋者刑事责任的可能性。例如，甲、乙、丙共谋绑架杀害丁，甲提供了完成犯罪所必需的关键信息，并出谋策划了整个犯罪计划，商定由乙、丙按照计划实施，但乙、丙前往预定犯罪地点途中被警察抓获。此例中，无论是否处罚乙和丙，都可能单独处罚甲，因为甲在共同犯罪中明显起主要作用。因此，在共谋犯的成立是否必须以正犯着手实行为前提的问题上，答案同样是否定的，共谋犯可以在预备阶段与实行犯成立共同犯罪，没必要以正犯着手实行为前提，体现出共犯独立性特点。

综上，虽然我国刑法没有明文规定帮助犯、组织犯、共谋犯的成立是否必须以实行犯着手实行犯罪为必要，但是从严重犯罪在预备阶段即可成立共同犯罪，甚至共犯在共同犯罪中还可能起更大作用来看，理论上只宜承认共犯独立性说而不宜承认共犯从属性说。

四、不应赋予共犯从属性和独立性过多的意义

近年来，我国刑法学界热衷于学习德日刑法理论，导致德日刑法理论的通说有成为我国刑法理论的通说的倾向。但是，有通说就有少数说，是通说还是少数说更加符合我国刑法的立法和司法实际，是一个值得深思的问题。就共犯从属性与独立性理论而言，虽然德日刑法的通说为共犯从属性说，但是这种通说并非能够贯彻到底，在预备罪和阴谋罪的共犯、预备罪的中止等问题上，明显体现出共犯独立性说的观点。这种现象体现在我国刑法中也是一样的，只要一涉及预备犯的共犯问题，就不得不放弃共犯从

属性说而承认共犯独立性说,因为处罚预备犯的共犯不可能以预备犯着手实行犯罪为前提。在我国刑法一般性地规定处罚所有犯罪的预备犯的情况下,对无法与正犯成立共同犯罪的狭义共犯,完全可以作为预备犯进行处罚,至于实践中应否处罚、能否处罚,应取决于具体行为的社会危害性是否达到了应当被追究刑事责任的程度以及其他各种因素。至于应否在刑法中删除教唆未遂的处罚规定,则是一个刑事立法政策问题。① 从刑事政策考虑,有法条备而不用,比一律放弃处罚要好得多。

我国多数学者在共犯从属性与独立性问题上显现出矛盾摇摆的心态。一方面,为了体现立场正确而不得不赞同共犯从属性说;另一方面,又感到对无法与正犯成立共同犯罪的狭义共犯不以预备犯论处将放纵犯罪,并且有违《刑法》第 29 条第 2 款的明文规定,因而不得不勉强赞同共犯独立性说,从而赞成所谓二重性说,为此不得不修改共犯从属性和独立性的基本含义,发展出各种具有中国特色的概念,比如"定性时的从属性""处罚时的独立性""主观上的独立性""客观上的独立性""共犯具有单独的定罪量刑标准就是独立性""共犯的成立以正犯成立预备犯为前提""自己利用他人行为的独立性""共犯相互利用对方行为的从属性"等,而这些都已经偏离了共犯从属性说与独立性说的基本含义,犯了偷换概念或转移论题的逻辑错误。

实际上,根据本国立法实际和司法传统及社会认知观念承认共犯也可以成立预备犯,承认共犯的成立及处罚不需要以正犯着手实行犯罪为前提,并不意味着赞同主观主义刑法观,并不意味着必须认为共犯行为也是一种实行行为,并不意味着只能认为共犯行为的违法性来源于共犯行为本身(因为处罚共犯也可能是出于预防犯罪和防卫社会的目的),更不意味着在共犯参与体系上只能赞成不区分正犯与共犯的单一制而不能承认存在论意义上的实行犯与狭义共犯。从行为类型来讲,教唆、帮助、共谋、组织等狭义共犯行为,在行为类型上明显与诸如杀人、盗窃、抢劫等实行行为的类型性不同,在社会观念中几乎没有人会混淆共犯行为与实行行为之间的区别;从行为本质来讲,各种狭义共犯行为本来就属于一种为了实行某种犯罪而实施的预备行为,对于社会危害性严重者,本来就可以按预备犯追究刑事责任,无论其是否与正犯成立共同犯罪;从处罚情形来讲,单独处罚共犯正是与承认共犯与正犯相区分、共犯不是正犯的区分制共犯观念相一致,而不是采纳处罚时不区分正犯与共犯的单一制。处罚共犯人与完全偏

---

① 参见林山田:《刑法通论(下册)》(增订 10 版),北京大学出版社 2012 年版,第 74 页。

向主观主义、刑法扩张等顾忌完全无关,仅仅是出于预防犯罪及防卫社会等需要,对某些性质严重的共犯行为予以处罚,因而可以认为是刑法客观主义的例外和必要补充。例如,对于涉黑犯罪、恐怖活动犯罪、危害国家安全犯罪以及其他严重暴力犯罪的组织犯、共谋犯、教唆犯,即使正犯尚未着手实行犯罪,从而尚未有人实际地侵害法益,出于预防犯罪和防卫社会的需要,也有必要予以处罚。

综上,在共犯的成立与处罚是否必须以正犯着手实行犯罪为前提的问题上,由于各国刑法客观上都是可能处罚预备犯的,都可能将教唆者、帮助者与被教唆者、被帮助者作为预备阶段的共同犯罪予以处罚,因而不得不承认处罚共犯并非一定要以正犯着手实行犯罪为前提。但是,这并不意味着要一并接受共犯独立性说刚被提出来时的那些主观主义理论前提,而是可以在脱离主观主义与客观主义争论的情况下,根据各国刑法的立法和司法实际,实事求是地承认共犯的成立及处罚不必以正犯着手实行犯罪为前提。因此,应坚持共犯从属性说与独立性说的基本含义,但没有必要赋予这种概念过多过杂的含义。

第四章　共犯的处罚根据

【**本章导读**】　目前的共犯处罚根据论,都无法完全说明各种特殊情形下共犯的处罚根据问题,既与共犯及正犯的区分标准理论和共同犯罪本质理论的发展现状不协调,又只能适用于共犯既遂而无法说明共犯未遂的处罚根据。作为通说的因果共犯论只根据因果关系来说明共犯的处罚根据,忽略了刑事归责的其他因素。共犯处罚根据应当是多元的、综合性的,既要考虑共犯行为的构成要件符合性、违法性等形式依据,又要考虑刑罚预防犯罪目的、刑罚处罚的必要性和合理性等更加实质的归责要素。

在限制的正犯概念看来,正犯与狭义共犯是不同的广义共犯形态,前者能直接侵害法益,后者只有通过前者实施的符合构成要件的行为才能间接地侵害法益。根据刑法的法益保护立场,刑法本来只应当处罚正犯,但各国刑法普遍将处罚范围扩大至狭义共犯,因此刑法中处罚共犯的规定是刑罚扩张事由。从形式客观说来看,正犯是亲自直接实施构成要件行为的人,教唆犯是教唆他人使其产生犯罪决意并实施构成要件行为的人,帮助犯是为正犯实施构成要件行为提供物理的或心理的帮助的人。教唆和帮助行为并不直接侵害法益,导致为什么可以处罚教唆犯和帮助犯,即处罚教唆犯和帮助犯的正当性何在,就成了共犯理论中不得不解决的基本问题。共犯处罚根据论就是建立在限制的正犯观念与形式客观说基础之上的,试图找出为什么可以处罚教唆犯和帮助犯的实质根据的学说。显然,共犯处罚根据论是基于客观主义刑法立场所特有的问题,如果基于主观主义刑法立场,则会很自然地认为,处罚教唆犯和帮助犯,都只是出于特殊预防和一般预防的需要,是出于社会防卫的需要而处罚这些具有危险性格的人。

然而,随着正犯与共犯的区分标准由重视实际行为形态的形式客观说转变为重视共犯人在共同犯罪中所起作用大小的实质客观说(比如重要作用说和犯罪事实支配理论),正犯与共犯的认定标准发生了很大转变,未亲自实施构成要件行为者可被认定为正犯,亲自实施构成要件行为者也可以被认定为帮助犯,导致共犯处罚根据论的理论前提已经动摇。是发展共犯处罚根据论以适应共犯与正犯区分标准理论,还是将共犯与正犯区分标准理论回归到传统的形式客观说,就成了刑法学的一个艰难选择。除此之外,目前的共犯处罚根据论实际上是在前构成要件的行为共同说的意义上使用"共同犯罪"概念的[①],存在着与共同犯罪本质理论的发展不协调的问题,从而也需要对两种理论重新进行探讨。如何协调各种共犯理论之间的关系以消除共犯理论体系内部的矛盾,就成了刑法学中一个无法回避的问题。但是,无论选择何种路径,都必须首先认清共犯处罚根据论的本来面目,才能在此基础上进行取舍抉择。因此,本章拟对共犯处罚根据论问题进行探讨。

第一节　责任共犯论及其评析

犯罪是符合构成要件的、违法的、有责的行为,同样,共犯也是符合共犯的修正的构成要件的、违法的、有责的行为,因而早期的共犯处罚根据论是责任共犯论,认为共犯要构成犯罪,其前提条件是正犯要构成犯罪。

一、责任共犯论的主要观点

关于共犯的处罚根据(Strafgrund),德国早期有力的观点是责任共犯论(Schuld-teilnahmetheorie),认为处罚共犯的理由是共犯把正犯引诱入责任(罪责)和刑罚之中,使正犯堕落,所谓"正犯是实行杀人者,教唆犯则是制造杀人犯者"。正犯因侵害刑法分则所保护的法益而受处罚,共犯则因侵害正犯而受处罚,两者在犯罪性质(违法性)上具有实质的不同,这是一种将刑法与伦理视为一体的见解。由于此说认为共犯的处罚根据在于共犯使正犯堕落到罪责与刑罚之中,因此在实行从属性方面,要求正犯的行为至少具有构成要件符合性、违法性和有责性,从而倾向于极端从属性说的观点。[②]

---

① 前构成要件的行为共同说认为,共同犯罪是指数人共同实施了前构成要件的、前法律的行为。在"行为"方面不要求共同实施特定的犯罪,只要前构成要件的、前法律的行为具有共同性就可以成立共同犯罪;在"意思联络"方面也不要求数人必须具有共同实现犯罪的意思联络,只要对实施前构成要件的、前法律的行为具有意思联络就可以成立共同犯罪。

② 参见陈子平:《刑法总论》,中国人民大学出版社 2009 年版,第 338 页。

有学者认为,由于责任共犯论是从共犯制造出负有刑事责任的正犯而不是从共犯行为本身侵害法益的角度来寻求共犯的处罚根据,因而其理论基础是一种可罚性借用说,认为共犯的犯罪性和可罚性是从承担完全刑事责任的正犯中借用过来的。[1] 这恐怕是一种误解。因为,既然责任共犯论认为共犯的处罚根据在于共犯诱使正犯堕落,侵害了正犯,就说明责任共犯论也是认为共犯有其独立的犯罪性和可罚性。实际上,可罚性借用说的理论基础是法益侵害说和因果关系中断理论,认为只有直接侵害法益的行为才应受到刑罚处罚,而从意思自由论的角度来看,只有基于自己的意思实施实行行为的正犯,才是法益侵害的原因,共犯者与法益侵害之间的因果关系则因具有自由意思的正犯的介入而被切断,因此共犯者不是因其自己的行为而受处罚,而是因正犯的实行行为而受处罚,是借用了正犯的可罚性才可罚。[2] 可见,可罚性借用说仍然认为犯罪的本质是侵害法益,只是其一方面认为共犯因其行为与法益侵害之间的因果关系因正犯行为的介入导致中断而无法处罚,另一方面又受制于根据刑法规定共犯应受处罚之现实,才不得不认为处罚共犯是因为共犯借用了正犯的犯罪性和可罚性。显然,既然此说认为共犯本来无法处罚,不具有可罚性,则其实际上并未说明处罚共犯的实质根据何在,所谓借用只是一种形式的说法,因此严格说来不是一种共犯处罚根据学说。

二、对责任共犯论的简要评析

责任共犯论受到的批评主要有:(1)其所采纳的极端从属性说已经不符合德日刑法的立法规定和司法实践,如《德国刑法典》第 26 条对教唆犯、第 27 条对帮助犯、第 29 条对共犯处罚的规定采取的是限制从属性说,教唆犯和帮助犯的成立,只需要正犯的行为是符合构成要件的违法行为即可,其罪责不受正犯罪责的影响,而德日刑法理论和实践对从属性的程度问题大多赞同限制从属性说。(2)即使该说成立,也只能说明教唆犯的处罚根据,而无法说明帮助犯的处罚根据,因为帮助犯场合的正犯早有犯罪决意,帮助犯并未诱使正犯产生犯罪意图,甚至在正犯主动寻求他人帮助的情况下,是正犯诱使帮助犯堕落,而不是相反。(3)此说偏离了法益保护说的刑法基本立场,完全从伦理规范违反的角度来说明共犯的处罚根据,

---

[1]　参见[日]西田典之:《日本刑法总论》(第 2 版),刘明祥、王昭武译,中国人民大学出版社 2013 年版,第 276 页。

[2]　参见[日]松原芳博:《刑法总论的重要问题》,王昭武译,中国政法大学出版社 2014 年版,第 307 页。

是全体主义的思想,与现代刑法重视个人主义和自由主义的立场相违背。① (4)此说认为共犯的处罚必须以正犯受到处罚为前提,导致共犯的刑责完全取决于正犯的刑责,违背了现代刑法的个人责任原则。(5)此说认为共犯的责任不在于侵害了具体的法益而在于侵害了正犯,认为教唆犯侵害的对象是被教唆者的自由、名誉、社会地位等概括性利益,实际上是将教唆行为视为一种独立的堕落罪而不是其所教唆的犯罪,这是过度父权主义(paternalism)的表现。② (6)此说无法说明没有正犯的共犯中共犯的处罚根据。例如,在教唆、帮助他人自杀或自伤场合,无论自杀或自伤是既遂还是未遂,自杀或自伤者均不可罚,根据此说,共犯也应当不可罚,但许多国家或地区都规定处罚自杀或自伤的教唆犯、帮助犯,比如《日本刑法典》第202条、第203条,《意大利刑法典》第579条、第580条等。又如,张三企图杀害李四,便怂恿李四去杀害王五,同时告知王五说李四会去杀他,叫王五做好防备。果然,在李四举枪瞄准王五准备射击时,王五先下手为强,一枪打死了李四。在这种利用正当防卫杀害他人的例子中,王五枪杀李四的行为符合故意杀人罪的构成要件但不具有违法性,成立正当防卫。根据此说,张三亦不应处罚,但实际上,难以认为张三不应受处罚,因而通常会将张三作为间接正犯来处罚。不过,有学者认为,由于李四是否会听从张三的怂恿去杀害王五,以及王五是否会采纳张三的建议对李四实行正当防卫,都存在很大的不确定性,故不能认定张三支配了李四的死亡,无法成立间接正犯,张三只能成立教唆犯,因为他教唆了李四去对王五实施不法侵害。③ 这种观点值得进一步思考,因为,既然张三明知李四的行为会止于未遂,并且其目的是希望王五杀死李四,说明张三不具有希望或放任王五被李四杀死的犯罪故意,属于未遂的教唆情形,一般认为不可罚,而在李四尚未着手实施杀人行为反而先被王五杀死的情况下,根据论者所坚持的共犯从属性观点,张三教唆李四去杀王五的行为并不可罚,这样,认为张三教唆李四成立教唆犯就毫无意义,但由于张三实际上设计利用王五之手杀死了李四,不处罚张三是违背情理的。(7)此说无法解释没有共犯的正犯场合不处罚共犯的理由。例如,在甲教唆乙杀害或重伤甲的场合,作为实施杀害或重伤行为的乙无疑要作为正犯受到处罚,根据此说,甲也应受处罚,但各国刑法均不认为甲本人应受处罚,因为甲有处分其生命权或健康权的

① 参见陈子平:《刑法总论》,中国人民大学出版社2009年版,第338页。
② 参见[日]松原芳博:《刑法总论的重要问题》,王昭武译,中国政法大学出版社2014年版,第307页。
③ 参见张明楷:《刑法学(上)》(第5版),法律出版社2016年版,第403页。

自由,或者甲不可能侵害自己的生命或健康法益,或者甲的自杀或自伤行为根据刑事政策无法处罚。(8)此说无法解释对向犯之共犯不可罚的依据。例如,在购买淫秽物品与贩卖淫秽物品之间,存在着购买者教唆对方贩卖淫秽物品给他的情形,并且购买行为总是贩卖行为之完成所必不可少的帮助行为,根据此说应处罚购买者,但各国刑法普遍认为不能将购买者作为贩卖者的共犯来处罚。(9)此说无法解释未遂的教唆不可罚的依据。所谓未遂的教唆,是指教唆者一开始就意图使被教唆者的犯罪终了于未遂阶段而进行教唆的情形。[①] 例如,在甲递给乙一把空枪教唆乙朝丙开枪射击的例子中,乙主观上具有杀害丙的故意,客观上实施了朝丙开枪的行为,应当作为故意杀人罪的未遂进行处罚,但甲主观上并没有杀害丙的犯罪故意,不能构成故意杀人罪。(10)此说无法说明某些正犯认识错误情形下共犯不可罚的理由。例如,在甲教唆乙盗窃他人摩托车而乙盗窃到了甲的摩托车一例中,乙无疑要作为盗窃罪的正犯受到处罚,但甲的教唆行为却不可罚,因为甲不可能侵犯他本人的所有权。(11)此说无法说明本犯教唆他人藏匿本犯或隐灭本犯的犯罪证据时本犯不可罚的依据。现在多数学者主张从期待不可能性来解释不处罚本犯的理由。

第二节　不法共犯论及其评析

正如韦尔策尔(Welzel)所言,区分不法与责任是最近几代刑法学者所取得的最为重要的教义学进步,许乃曼(Schunemann)也认为这种区分属于刑法教义学中的典范,耶赛克(Jescheck)和魏根特(Weigend)也认为不法与责任的区分是“犯罪论的核心”。据学者考证,不法和责任的划分,最早来源于李斯特(Liszt)、拉德布鲁赫(Radbruch)以及贝林(Beling)的自然主义犯罪观。这种犯罪观认为,应当从纯客观的角度,将不法理解为行为人表现在外部世界的违反法秩序的命令或禁止规范的任意性举止,而行为与行为人之间的主观联系,则应当属于责任的范畴,从而形成区分客观不法与主观责任的划分。[②] 受其影响,在共犯处罚根据问题上,不再要求处罚共犯必须以正犯构成犯罪应负刑事责任为前提,只要求正犯着手实行了

---

① 参见陈子平:《刑法总论》,中国人民大学出版社 2009 年版,第 389 页。

② 参见[德]米夏埃尔·帕夫利克:《最近几代人所取得的最为重要的教义学进步? ——评刑法中不法与责任的区分》,陈璇译,载《刑事法评论》2014 年第 2 卷。

符合构成要件并且具有违法性的行为即可,从而形成不法共犯论。

一、不法共犯论的主要观点

不法共犯论(违法共犯论)认为,共犯引起了正犯的故意,导致正犯实施了具有违法性的犯罪行为,或者由其援助行为促进了正犯的具有违法性的行为,也被称为(犯意)引起说(Verursachungstheorie)或者(犯行)促进说(Forderungstheorie)。① 根据此说,共犯的成立只要求正犯实施了符合构成要件的违法行为即可,在从属性程度问题上采取的是限制从属性说,与德国刑法规定保持一致,因而一度取代责任共犯论成为曾经的通说。

有学者认为,教唆犯的不法内涵在于使一个正常的法社会成员陷入不法,处于与法律相敌对的事实状态,因此侵害了正犯的"社会完整性"。教唆犯所侵害的法益,不是他所教唆的具体犯罪的法益,而是被教唆者的"人格之尊重与自由发展",因为他违反对被教唆者的人格所应有的尊重义务,侵犯被教唆者的人格自由发展,干扰被教唆者的良心安宁,危及被教唆者所享有的社会尊重。②

有学者认为,此说基本上以目的行为论和人的不法论为理论前提,主张共犯的处罚根据在于共犯因诱使正犯实行犯罪行为而惹起正犯的反社会状态,扰乱了社会和平,侵害了社会的完整性(社会完整性侵害说),或者在于共犯惹起正犯的行为反价值(行为反价值惹起说)。以教唆杀人为例,正犯违反的是"勿杀人"的禁止规范,共犯违反的是"勿教唆他人杀人"的禁止规范,两者所违反的规范内容完全不同,可谓基于一元的行为反价值立场。其缺陷在于:一则,社会完整性侵害说以过于抽象、暧昧、不明确的"社会统合"概念作为处罚教唆犯所保护的法益,这有待商榷,并且"社会统合解体"或"社会完整性之侵害"并非教唆犯所特有,一般单独犯也有这一特征;二则,行为反价值惹起说仅以一元的行为反价值作为不法内涵,忽视了结果反价值的地位,也值得商榷,从既遂犯的处罚重于未遂犯的处罚来看,法益侵害的发生(结果反价值)具有增加共犯的不法内容的作用,因此共犯的不法并非仅以惹起正犯的行为反价值为已足。③

有学者认为,此说维持堕落说的构想,同时为了与限制从属性说保持

---

① 参见[日]大塚仁:《刑法概说(总论)》(第3版),冯军译,中国人民大学出版社2009年版,第285页。

② 参见许泽天:《共犯之处罚基础与从属性》,载《罪与刑——林山田教授六十岁生日祝贺论文集》,台湾五南图书出版公司1998年版,第65页。

③ 参见陈子平:《刑法总论》,中国人民大学出版社2009年版,第338—339页。

一致,主张共犯的处罚根据在于共犯诱使正犯实施不法行为,使正犯卷入与社会对立的状态中。这种对堕落说的修正,使得共犯的保护法益更加暧昧。① 这里所谓堕落说,是指责任共犯论。

二、对不法共犯论的简要评析

虽然理论前提不完全相同,但由于不法共犯论主要是对责任共犯论的修正,是将"共犯诱使正犯陷入责任与刑罚之中"修正为"共犯诱使正犯陷入违法行为之中",所以责任共犯论的缺陷,不法共犯论基本上都同样具有。例如,同样难以适当地说明没有正犯的共犯中共犯的处罚依据、没有共犯的正犯中不处罚共犯的依据、未遂的教唆中共犯不可罚的依据、正犯认识错误情形下共犯不可罚的依据、对向犯之共犯不可罚的依据等。例如,根据日本《禁止未成年人饮酒法》第1条第3款的规定,销售者明知购买者是未成年人而卖酒给对方的,要构成犯罪。如果未成年人明确告诉店主他未成年并强烈要求卖酒给他,店主还卖给他,则店主无疑要构成犯罪。按照责任共犯论与违法共犯论的观点,未成年人也应当构成该罪的教唆犯,但这结论并不妥当,因为未成年人属于保护的客体或者对象而不能成为犯罪的主体,之所以规定不得卖酒给未成年人,完全是为了保护未成年人的身心健康,这是常识性的结论。又如,自己切掉自己手指的自残行为在现行法上并无可罚性,某暴力团成员因担心自己动手很痛,请求外科医生帮他实施麻醉之后切掉他的手指,外科医师是否构成伤害罪?虽然理论上有争议,但判例一贯认为,在诸如暴力团成员断指谢罪等有违公序良俗的场合,其同意归于无效,切断其手指的外科医师仍构成伤害罪。如果按照责任共犯论与违法共犯论的观点,则请求外科医师切断其手指的暴力团成员也应当构成伤害罪的教唆犯,具有可罚性,但这种结论无论如何难言正确。② 为了使结论合理,不得不从共犯处罚根据之外寻找理由或者干脆承认各种例外之存在,从而显示出该说在应对具体问题时捉襟见肘的窘境。③ 此外,不法共犯论同样过于重视行为无价值,过于重视行为对全体秩序、社会伦理秩序的破坏而违背法益保护的基本立场;同样认为教唆犯所侵害的法益不是所教唆的罪的法益,而是被教唆者个人的法益;同样过

① 参见[日]松原芳博:《刑法总论的重要问题》,王昭武译,中国政法大学出版社2014年版,第308页。
② 参见[日]西田典之:《日本刑法总论》(第2版),王昭武、刘明祥译,法律出版社2013年版,第302页。
③ 参见[日]山口厚:《刑法总论》(补订版),有斐阁2005年版,第255页。

于重视违法的连带性，从而违背个人责任原则等。虽然此说和责任共犯论的提出在当时是符合德国刑法学者的哲学背景的，但是在今天，很多学者都不赞同。

第三节　因果共犯论及其评析

随着法益侵害说的地位日益巩固，学者们纷纷认为应当从法益侵害角度来考虑共犯的处罚根据问题，形成所谓因果共犯论，目前已成为通说。与可罚性借用说认为共犯行为与法益侵害之间的因果关系会因为具有自由意志的正犯行为的介入而中断不同，因果共犯论认为，虽然共犯行为不能直接侵害法益，但却可以通过正犯行为间接地侵害法益，因而仍然存在因果关系。虽然也有反对观点认为，帮助犯的成立无须帮助行为与法益侵害之间具有因果关系，并且帮助行为与法益侵害结果在事实上也不一定具有因果关系，但是为了维护理论体系的统一性，通说坚持认为帮助行为与法益侵害之间也具有因果关系，不过这种因果关系不是通常的行为与结果之间"没有前者就没有后者""前者引起后者"的条件关系，而是只要帮助行为能够在客观上或心理上促进正犯行为的实施，从而促进正犯实施法益侵害行为即可。[①] 这样，就将共犯的处罚根据一律引向因果共犯论，认为共犯的处罚根据在于共犯能通过正犯的行为间接地侵害法益。

因果共犯论的理论前提主要有二：一是根据行为主义和个人责任原则，共犯也必须是因其行为导致了法益侵害而受处罚，因此要从共犯行为惹起了法益侵害结果来说明其处罚根据；二是从法益保护立场来看，共犯行为所侵害的法益，不是正犯的人格尊严或社会完整性等抽象法益，而是正犯被教唆或帮助的具体犯罪中的法益。与责任共犯论和不法共犯论认为共犯本身违反了法规范不同，因果共犯论并不认为共犯本身违反了构成要件所规定的法规范，而是认为当正犯违反法规范时，共犯起到了参与作用。[②] 由于对共犯违法性的来源的理解不同，因果共犯论内部又主要有纯粹惹起说、修正惹起说和混合惹起说三种观点。

---

① 参见陈子平：《刑法总论》，中国人民大学出版社 2009 年版，第 410 页。
② 参见[德]耶赛克、[德]魏根特：《德国刑法教科书（下）》，徐久生译，中国法制出版社 2017 年版，第 929 页。

一、纯粹惹起说及其评析

此说又称独立性志向惹起说,是将惹起说与共犯的成立条件结合起来的一种观点,其将作为共犯处罚根据的法益侵害的间接惹起理解为共犯通过正犯惹起了违法的法益侵害结果(构成要件该当事实),以共犯行为自身的违法性为基础来考虑共犯的违法性,从而认为共犯的成立不一定要求正犯行为具有构成要件符合性,当然更不要求正犯行为具有违法性和有责性[1];认为共犯与正犯一样,都是通过自己的行为来侵害法益的,两者在侵害法益的行为结构方面并无本质的不同,仅具有量的大小和直接间接的差异。根据该说,正犯行为仅仅是共犯侵害法益过程中的一个因果环节,共犯行为的违法性完全独立于正犯行为的违法性之外,共犯的处罚根据在于共犯本人实施了符合修正的构成要件的违法行为,无论正犯的行为是否违法,都不影响对共犯行为的违法性的判断;反之,如果共犯行为没有侵害法益,则无论正犯是否构成犯罪,共犯都不构成犯罪。这样,此说就能比较圆满地解释没有正犯的共犯和没有共犯的正犯中,共犯的可罚性和不可罚性问题。例如,甲教唆乙伤害甲,对于乙而言,是伤害他人的身体,构成故意伤害罪;对于甲而言,则是伤害自己的身体,欠缺刑法保护的法益,不符合故意伤害罪的构成要件。反之,甲教唆乙伤害乙,对于乙而言,是伤害自己的身体,欠缺刑法所保护的法益,不符合故意伤害罪的构成要件;对于甲而言,则是教唆他人伤害他人身体,构成故意伤害罪的教唆犯。由于此说认为共犯本身具有完全独立的违法性,因而有最小限度从属性说的倾向[2],甚至被认为与共犯独立性说立场相符,是一种最彻底的共犯通过正犯行为惹起法益侵害结果的惹起说,因而叫作纯粹惹起说。

由于此说认为共犯的处罚根据在于惹起了违法的法益侵害结果(违法的构成要件),因此根据此说也容易说明责任共犯论和不法共犯论所难以说明的那些欠缺法益侵害情形下的可罚性问题。(1)未遂的教唆不可罚,是因为教唆犯主观上不可能存在"使犯罪结束于未遂的故意",就像正犯不可能具有"使犯罪终于未遂的故意"一样;(2)对向犯之共犯不可罚,是因为共犯不可能侵害自己的法益;(3)犯人教唆他人藏匿自己时不可罚,是因为犯人没有惹起以藏匿他人为要件的藏匿犯人罪的构成要件结果;(4)犯人教唆他人为其隐灭证据时不可罚,是因为犯人没有惹起他人的刑事证据被

---

[1] 参见张明楷:《外国刑法纲要》(第3版),法律出版社2020年版,第269页。

[2] 参见陈子平:《刑法总论》,中国人民大学出版社2009年版,第339页。

隐灭这一证据隐灭罪的构成要件结果;(5)某些认识错误场合教唆犯不可罚,如甲误把自己的财物当成别人的财物教唆乙去盗窃,甲不成立教唆犯,因为甲没有侵害他人的财产法益,没有惹起他人财物失窃的后果。(6)被害人嘱托杀人的教唆不可罚,因为被惹起的是他自己的死亡,不是作为嘱托杀人罪的构成要件结果的他人的死亡。①

纯粹惹起说的倡导者吕德森(Lüderssen)认为,虽然共犯对正犯具有事实上的依存性,共犯行为并不是实行行为,共犯也需要借助正犯的实行行为来完成犯罪,但这种事实上的依存性并不意味着在价值判断方面共犯不能有独立性。从个人责任原则出发,必须认为共犯不仅在责任方面,而且在违法性和构成要件符合性方面,都有其独立的、特别的、自身的价值判断标准,因此共犯的违法性(在价值判断方面)是独立的,并不依附于正犯行为的违法性。②

虽然吕德森的上述观点在大多数情况下是正确的,但其区分事实依附与价值独立的做法,并不总是能成功的,最突出的问题就是无法说明身份犯的共犯的可罚性问题。在这种问题中,无身份者教唆或帮助有身份者实行身份犯罪时,无身份者由于不具有特定身份,不可能单独符合身份犯的构成要件,因为教唆、帮助行为不可能使无身份者取得构成身份犯罪所必需的身份要素,进而其教唆、帮助行为不可能单独具有违法性,但各国刑法理论和司法实践普遍认为这种教唆、帮助行为具有可罚性,说明无身份者的教唆、帮助行为的可罚性并非来源于这种教唆、帮助行为本身,而是来源于有身份者的实行行为,从而在违法性的有无这种价值判断方面不得不依赖于有身份者的实行行为。对此,纯粹惹起说的支持者提出了两种解决方案,一种是认为身份犯的共犯是通常的共犯理论所不能解释说明的特别规则(施米德霍伊泽),另一种是认为无身份者的处罚根据在于"使有身份者实施身份犯"这一共犯构成要件(吕德森),但是无论如何,仅仅是物理性的惹起结果并不足以对身份犯的共犯的违法性的来源作出说明。③

纯粹惹起说由于倾向于最小限度从属性说甚至根本不要求从属性,因而与作为德日刑法通说的限制从属性说不符。认为教唆、帮助他人实施不符合构成要件的行为也能单独成立教唆犯、帮助犯,这除了违反《日本刑法

---

① 参见[日]松宫孝明:《刑法总论讲义》,钱叶六译,中国人民大学出版社 2013 年版,第 241 页。

② 参见[日]高桥则夫:《共犯体系和共犯理论》,冯军、毛乃纯译,中国人民大学出版社 2010 年版,第 117 页。

③ 参见[日]松宫孝明:《刑法总论讲义》,钱叶六译,中国人民大学出版社 2013 年版,第 241—242 页。

典》第 61 条第 1 款"教唆他人使之实行犯罪的"、第 62 条第 1 款"帮助正犯的"，以及《德国刑法典》第 26 条第 1 款"故意教唆（唆使）他人使之故意实施违法行为者"、第 27 条第 1 款"故意对于他人故意实施之违法行为予以帮助者"的明文规定之外，还会导致共犯的成立范围不明确，有损刑法的保障机能。① 正如有学者所言："纯粹惹起说是通过共犯处罚这种迂回途径，而超出了构成要件这一框架所限定的处罚范围。从罪刑法定主义的视点来看，还是应该采取构成要件性惹起说。"②其原因，诚如罗克辛教授所言，结果仅仅是不法的组成部分，绝不是一种单纯的值得刑事惩罚性的条件，为了防止刑事处罚的扩张，应当把共犯结合到实行犯的构成要件行为上来，把共犯的不法与实行犯的不法结合在一起，而不仅仅是一种对结果的要求。③ 换言之，由于此说认为共犯的违法性完全独立于正犯，故只要共犯行为与某种构成要件结果之间具有因果关系，即使正犯的行为不具有构成要件符合性或虽然符合构成要件但具有违法性阻却事由，共犯也能单独成立犯罪，从而其结论将与共犯独立性说几乎完全一致，进而被人认为"是与历来的共犯独立性说相同的立场"④。例如，根据此说，教唆或帮助他人实施正当防卫或紧急避险行为，也将由于侵害法益而成立教唆犯或帮助犯，这被认为明显扩大了共犯的处罚范围。⑤ 虽然有学者认为这种情形下教唆者、帮助者并未侵害法益，但这明显不是纯粹惹起说的立场而是违法连带说的立场，因为不法侵害并非针对教唆者、帮助者，对教唆者、帮助者而言并不存在作为正当防卫前提的不法侵害，其教唆、帮助防卫者对不法侵害者实施防卫行为仍是侵害了不法侵害者的法益，之所以认为不违法，仍是由于防卫者的防卫行为不违法。又如，在《日本刑法典》第 134 条中，护士不是泄露秘密罪的主体，如护士 B 偶然听到医生与病人的对话而知悉了病人的秘密，护士 A 教唆护士 B 泄露该秘密，则根据该说，由于 A 的教唆行为引起了病人的秘密被泄露的法益侵害结果，A 的行为应属可罚，但

---

① 参见［日］松原芳博：《刑法总论的重要问题》，王昭武译，中国政法大学出版社 2014 年版，第 309 页。

② 参见［日］西田典之：《日本刑法总论》（第 2 版），王昭武、刘明祥译，法律出版社 2013 年版，第 304 页。

③ 参见［德］克劳斯·罗克辛：《德国刑法学总论（第 2 卷）——犯罪行为的特别表现形式》，王世洲等译，法律出版社 2013 年版，第 101 页。

④ 参见［韩］金日秀、［韩］徐辅鹤：《韩国刑法总论》（第 11 版），郑军男译，武汉大学出版社 2008 年版，第 608 页。

⑤ 参见黎宏：《刑法总论问题思考》（第 2 版），中国人民大学出版社 2016 年版，第 448 页。

这明显不妥,因为即使 A 是正犯而亲自泄露秘密,其行为也不可罚。①

二、修正惹起说及其评析

修正惹起说又称从属性志向惹起说或从属的引起说,此说以共犯从属性说中限制从属性说为前提,主张共犯的处罚根据在于共犯参与了正犯的法益侵害,通过正犯的实行行为惹起了正犯的符合构成要件的违法的事态,故共犯对正犯的构成要件该当性、违法性具有从属性,共犯的违法性并非由共犯行为本身所产生,而是从正犯行为的违法性中导出来的,完全从属于正犯的违法性(曾根威彦、平野龙一、西田典之、内藤谦等),因而肯定违法的连带性而否定人的违法相对性,从而既否定没有正犯的共犯(若没有正犯的不法,则也没有共犯的不法),又否定没有共犯的正犯,或者说肯定若正犯有违法性则共犯必有违法性(若存在正犯不法,则共犯亦存在不法)。② 前者例如,张三教唆李四自杀,由于李四的自杀既不符合"杀害他人"的构成要件,也不具有"侵害他人生命权"的违法性,所以张三教唆李四自杀并未惹起违法的事态,不具有可罚性,但这种结论与各国刑法普遍处罚教唆他人自杀的司法实践不符,也不利于他人生命权的保护。实际上,刑法处罚教唆自杀,还可能具有不放纵犯罪的考虑,因为在许多案件中,由于死无对证,被害人到底是自杀的还是由被告人杀死的,难以查证,只好以教唆自杀对被告人从轻处罚。后者例如,张三教唆李四杀害张三,根据该说,由于李四的行为符合故意杀害他人的构成要件,具有违法性,构成故意杀人罪,所以张三的教唆行为惹起了违法事态,构成故意杀人罪的教唆犯,尽管张三自杀本来不构成犯罪,尽管刑法不处罚自杀未遂行为。但是,如果根据修正惹起说处罚张三,实质上不是因为张三的教唆惹起了法益侵害,毕竟侵害的是张三自己的生命权,而是因为张三的教唆导致李四变成故意杀人罪罪犯,最终会走向责任共犯论或不法共犯论,从而与因果共犯论的初衷相违背。③

简言之,修正惹起说的基本观点是,在共犯行为与某种构成要件结果之间存在因果关系的基础上,只有正犯行为符合构成要件并且违法,共犯行为才具有违法性,共犯的不法必须以正犯的不法的存在为前提;只要正

---

① 参见[日]西田典之:《日本刑法总论》(第 2 版),王昭武、刘明祥译,法律出版社 2013 年版,第303 页。

② 参见陈子平:《刑法总论》,中国人民大学出版社 2009 年版,第 340 页。

③ 参见[日]松原芳博:《刑法总论的重要问题》,王昭武译,中国政法大学出版社 2014 年版,第310 页。

犯行为符合构成要件并且具有违法性,则共犯行为也具有违法性,正犯的不法必然连带导出共犯的不法。其所受到的批评主要有:(1)过于强调共犯违法的连带性,忽视了共犯本身所具有的不法。例如,在操纵、利用他人的正当行为以达到自己犯罪目的之场合,他人的行为是正当的、不具有违法性,但共犯行为明显具有可罚性,如按此说却无法处罚。(2)忽略了作为不法的重要组成部分的法益侵害,忽略了对共犯是否存在法益侵害的考虑,在正犯侵害法益而共犯没有侵害法益的场合,处罚共犯将违背法益保护原则。(3)无法解释未遂的教唆和陷害教唆的不可罚性。根据该说,未遂的教唆和陷害教唆中的正犯行为均具有构成要件符合性和违法性,共犯行为也应连带地具有违法性,但这结论难以令人赞同。(4)无法解释对向犯之共犯的不可罚性,因为在对向犯场合,共犯行为总是对方行为的教唆或帮助行为,根据此说,理应处罚共犯。(5)此说一概否定没有正犯的共犯与没有共犯的正犯,明显违背人们的处罚感情,前者如教唆他人自杀,教唆犯应当处罚,后者如嘱托他人杀害自己未遂,自杀未遂者明显不可罚,但根据此说,只能得出相反的结论。

为了解决此类不合理问题,修正惹起说者提出了种种解决方案。有学者认为,根据从属性原则,未遂的教唆和陷害教唆场合已经构成教唆犯,因为教唆者已经有意识地促成了犯罪的实现(未遂或既遂),只是基于刑事政策的原因才对此等行为不予处罚,如在密探小心地排除了受构成要件保护的法益的实体危害,在没有将出售的毒品继续交给毒品消费者时,不处罚。① 虽然从刑事政策方面找原因不能算错,但毕竟没有从共犯的处罚根据本身来说明这两种情形中共犯不可罚的依据,实际上是回避了问题。还有学者认为,违法的连带性不是指积极肯定"如果正犯的行为违法,那么共犯就能成立",而是消极否定"如果正犯的行为不违法,那么共犯就不成立"。② 但这样理解,就修改了通说关于修正惹起说的定义,不能以这种概念来说明修正惹起说的正确性。

另有学者认为,在 X 按照 A 的请求对 A 实施重大伤害的场合,教唆犯 A 的行为之所以不可罚,是因为 A 同时也是被害人,导致其行为的违法性没有达到可罚的程度,而不是因为 A 的行为没有违法性。在因果性地引起 A 的重伤这一法益侵害结果方面,A 的教唆行为和 X 的正犯行为之间

---

① 参见[德]耶赛克、[德]魏根特:《德国刑法教科书(下)》,徐久生译,中国法制出版社 2017 年版,第 932 页。

② 参见[日]崛内捷三:《共犯的处罚根据》,载《法学教室》第 125 号,第 53 页,转引自黎宏:《刑法总论问题思考》(第 2 版),中国人民大学出版社 2016 年版,第 450 页。

并没有本质上的差别,从被害法益的角度来看,不能说 X 的正犯行为违法而 A 的教唆行为合法。因此,在正犯 X 的行为具有可罚的违法性的情况下,既是被害人又是赋予原因的共犯人的 A 的行为很难说是合法的。① 这种观点的问题在于,认为 A 的教唆行为不具有可罚的违法性的依据并不明确,事实上仍是因为 A 是法益主体、是被害人,处罚 A 并不恰当而得出 A 不可罚的结论的。既然如此,认为教唆犯·被害人 A 与正犯 X 一样,在侵害 A 的身体法益方面没有本质区别,就明显不恰当。应当认为,A 不可罚是因为 A 的教唆行为不可能侵犯 A 自己的法益,对 A 的教唆行为而言,欠缺受到刑法保护的法益,或者,可以认为处罚自杀者 A 很不人道,因而缺乏处罚的必要性和合理性,处罚 A 也起不到预防他人自杀的效果。该学者还认为,在 A 教唆 X 杀害自己而未遂的例子中,尽管正犯 X 的杀人行为是违法的,并且只要认为 X 的行为是可罚的违法行为,就不能认为给这种行为提供原因的 A 的行为完全合法,但 A 的行为的违法性应被阻却,因为 A 同时是杀人行为的被害人,根据被害人承诺的原理,A 具有决定自己利益的自由,因此 A 的教唆行为的可罚的违法性就被否定,违法的连带性也被否定。② 但是,被害人承诺的适用对象是对被害人实施侵害的人,没必要适用于被害人本人,与其作上述解释,不如直接承认被害人教唆或帮助他人杀害他自己本身就是自由处分自己的生命法益,根本没必要首先认为其行为具有违法性,再用自己承诺来阻却这种违法性。

对此,有学者认为,将对违法行为的教唆理解为合法是非常乖戾的,既然认为受嘱托杀人违法,就不能认为嘱托他人杀人合法,而应认为,由于嘱托者是被害人,侵害的是其自己的利益,存在自己决定的因素,因而总体上降低了教唆行为的违法性程度,导致不值得处罚。③ 这种观点也值得商榷。其一,X 重伤 A 之所以违法,是因为刑法禁止任何人重伤他人身体,而 A 请求 X 重伤 A 之所以不违法,是因为刑法并不惩罚任何人自伤;上述观点将这种关系曲解为"合法地教唆他人违法",有故意无视问题的实质之嫌;至于为了自圆其说而坚称自杀、自伤本来都是违法行为,则有强词夺理之嫌,因为将一种不可能承担任何刑事、民事或行政法律责任的行为称为违法行为是违背常识的。其二,既认为嘱托者所侵害的是自己的利益,并且是自己决定侵害自己的利益,又认为嘱托者侵害自己利益的行为也具有

① 参见[日]曾根威彦:《刑法学基础》,黎宏译,法律出版社 2005 年版,第 137—139 页。
② 参见[日]曾根威彦:《刑法的重要问题(总论)》,成文堂 1994 年版,第 294 页,转引自黎宏:《刑法总论问题思考》(第 2 版),中国人民大学出版社 2016 年版,第 450 页。
③ 参见钱叶六:《共犯违法连带性说的合理性及其应用》,载《清华法学》2014 年第 3 期。

违法性,则利益到底是自己的还是他人的,对自己的利益如何谈得上侵害,没有讲清楚。其三,即便其逻辑成立,即便自己决定侵害自己的利益能够使违法性程度降低,为何就一定是降低到不可罚的程度,而不能仅仅降低到从轻或减轻处罚的程度?认为违法性程度只能降低到不可罚程度,显然没有充分的依据。

有学者认为,修正惹起说存在"倒为因果"的论证方法错误,因为该说一方面认为处罚教唆犯是因为教唆犯导致正犯实施了侵害法益行为,是教唆犯引起了正犯的不法,所以教唆犯是正犯不法之"因",另一方面又认为教唆犯的不法是从正犯的不法所导出的,教唆犯的不法要从属于正犯的不法,所以教唆犯是正犯不法之"果",这在论理上明显属于"倒为因果"。[①] 这种观点要么忽略了事实与价值之间的区别,要么是故意将事实和价值上的两种因果关系混为一谈。在事实方面,的确是先有教唆行为,再有正犯行为,是教唆行为促使被教唆者产生了犯罪决意进而实施犯罪、侵害法益,教唆是因,正犯侵害法益是果,这是从事实角度而论的客观存在的因果关系;但是在价值评价方面,由于"侵害法益意义上的不法"产生于符合构成要件的事实,如果没有正犯的实行行为,就不可能导致法益侵害,就不可能被评价为不法,故教唆行为单独不可能产生不法,只能从属于正犯行为的不法,正犯的不法是因,共犯的不法是果,这是从价值评价角度而论的论理上的因果关系。除了欠缺保护法益事由等少数例外情形之外,正犯的不法必然连带导出共犯的不法,共犯的不法也必须以正犯的不法为存在的前提,在这一点上,修正惹起说并不存在多大问题,其问题仅在于拒不承认共犯在欠缺保护法益时能阻却违法性而已。黎宏教授也从违法性的本质在于法益侵害的角度,认为只要将违法性的本质界定为法益侵害性,就应当认为共犯的违法性只能从正犯的法益侵害性中引导出来,难以想象共犯会具有和正犯不同的独自的违法性[②],虽然其将违法性的本质界定为单一的法益侵害因素并不妥当。因此,虽然修正惹起说存在种种弊端,如只承认法益侵害意义上的不法而排斥主观恶性意义上的不法、无视共犯本身欠缺保护法益等例外情形的存在等,但是并不存在论者所谓"倒为因果"的逻辑论证错误,是论者自己将两种不同的因果关系混为一谈。实际上,在逻辑学上,只存在"倒因为果""倒果为因"的说法,而没有"倒为因果"的说法,论者用词不够严谨。

---

① 参见秦雪娜:《共犯处罚根据的全新定位》,载《环球法律评论》2015 年第 5 期。
② 参见黎宏:《刑法总论问题思考》(第 2 版),中国人民大学出版社 2016 年版,第 449 页。

该学者还批判说修正惹起说关于违法连带的观点完全站不住脚,认为违法性是价值判断和规范评价,存在因人而异的可能性,并不必然从属于他人,因必然侵害法益而处罚共犯也"并不能说明共犯的法益侵害性取决于正犯"。[①] 这种观点仍是误解。违法性的价值判断不可能是凭空产生的,所谓违法,是指符合构成要件的某种事实的违法,不是指没有任何事实依据的凭空想象的违法,若脱离具体事实,就不可能对客观上不存在的事实进行违法与否的评价判断,因此违法性的评价与事实密不可分。正因为如此,共犯的"法益侵害意义上"的违法,必然取决于正犯的实行行为,共犯行为是不可能单独、直接导致法益侵害的,必须通过正犯的行为才能间接地导致法益侵害。从这个意义来讲,说共犯的不法从属于或由来于正犯的不法,并没有什么原则性错误,至多仅存在表达不准确的问题。更准确的说法,是共犯的不法来源于共犯行为和正犯行为的整体,来源于对这种行为整体事实的评价判断,而不是来源于正犯的不法,因为正犯的不法本来也是对正犯行为事实的评价,不能认为共犯的不法来源于正犯的不法这种评价,否则就是认为共犯的不法来源于对正犯事实的评价而不是对共犯行为与正犯行为的整体事实的评价,从而违背个人责任原则。

三、混合惹起说及其评析

此说又称从属的法益侵害说,为罗克辛等人所主张。此说扬弃了前两说的片面性,认为共犯的不法是从正犯的不法行为中(从属的惹起说)以及从共犯独立的法益侵害中(纯粹的惹起说)推导出来的,进而认为所有可罚的共犯都既从属于正犯,同时又内含独立的法益侵害性。[②] 例如,萨姆森(Somson)认为,虽然共犯也和正犯一样惹起了符合构成要件的结果,但由于共犯是通过正犯的符合构成要件的、违法的行为惹起了结果,因而共犯的违法性来源于正犯行为的违法性,正犯行为的违法性是共犯处罚的必要条件(这一点与修正惹起说相同)。即使如此,如果正犯惹起的结果对于共犯而言不属于符合构成要件的违法的结果,则也应否定共犯的成立(这一点与纯粹惹起说相同)。这样,在张三教唆李四杀害张三的例子中,对于张三来讲,教唆杀害本人并非符合构成要件的违法行为,所以张三不成立教唆犯,仅李四单独成立故意杀人罪。[③] 这是因为,按照个人责任原则,共犯

---

① 参见秦雪娜:《共犯处罚根据的全新定位》,载《环球法律评论》2015 年第 5 期。

② 参见[韩]金日秀、[韩]徐辅鹤:《韩国刑法总论》(第 11 版),郑军男译,武汉大学出版社 2008 年版,第 608 页。

③ 参见[日]松宫孝明:《刑法总论讲义》,钱叶六译,中国人民大学出版社 2013 年版,第 242 页。

也是因其自己的行为而受到处罚,只有被侵犯的法益对共犯而言也是受到刑法保护的利益时,对共犯的处罚才可能得以正当化,并且也符合刑法采取限制从属性说的共犯规定。① 因此,混合惹起说是结合了修正惹起说的违法性的连带性与纯粹惹起说的法益侵害的独立性的一种学说,在判断共犯能否成立时,首先考虑是否存在正犯实施的符合构成要件的不法行为,其次考虑是否存在对于共犯而言受到刑法保护的法益,如果欠缺保护法益,则否定共犯行为的不法性,这也是从属的法益侵害说之名称的由来。

混合惹起说是目前德日刑法学界的通说。例如,罗克辛(Roxin)认为,共犯的不法有两个来源,一个是其独立的不依赖于实行犯的不法,另一个是从实行犯的不法中引导出来的。② 山口厚教授认为,从共犯的二次责任性出发,应当采纳混合惹起说。一方面,共犯的不法主要来源于正犯,当正犯行为具有构成要件符合性和违法性时,可以肯定共犯行为也符合修正的构成要件,一般也可推定其具有违法性;另一方面,如果共犯本身具有违法性阻却事由或者责任阻却事由,则共犯的违法性或责任就被阻却,这与犯罪的一般成立要件是一样的。③ 陈子平教授认为,折中惹起说是介于纯粹惹起说和修正惹起说之间的见解,主张共犯的处罚根据在于共犯通过正犯的实行行为间接地侵害构成要件所保护的法益,共犯的违法性也由法益侵害的固有要素和从正犯行为的违法性中所导出的从属要素组成(大越义久、高桥则夫、前田雅英),从而部分否定部分肯定人的违法相对性。也就是说,一方面,否定没有正犯的共犯,认为没有正犯的不法就不会有共犯的不法,共犯的不法是从正犯的不法中导出的从属于正犯的不法,必须以正犯的不法为前提;另一方面,肯定没有共犯的正犯,认为即使存在正犯的不法也未必存在共犯的不法,因为共犯可能没有侵害他人的法益,因而倾向于人的不法二元论,即结果无价值和行为无价值的二元论。④ 这种观点不仅能够说明违法身份具有加减作用的情形,而且容易解释德国刑法对无身份的共犯减轻处罚的规定,还能解释为什么行贿罪的法定刑会比受贿罪的更低。⑤ 西田典之教授认为,共犯的处罚根据在于共犯通过正犯的行为惹

---

① 参见[日]松原芳博:《刑法总论的重要问题》,王昭武译,中国政法大学出版社 2014 年版,第 310 页。

② 参见[德]克劳斯·罗克辛:《德国刑法学总论(第 2 卷)——犯罪行为的特别表现形式》,王世洲等译,法律出版社 2013 年版,第 100 页。

③ 参见[日]山口厚:《刑法总论》(第 2 版),付立庆译,中国人民大学出版社 2011 年版,第 302 页。

④ 参见陈子平:《刑法总论》,中国人民大学出版社 2009 年版,第 340 页。

⑤ 参见[日]松宫孝明:《刑法总论讲义》,钱叶六译,中国人民大学出版社 2013 年版,第 242 页。

起了符合构成要件的违法的事实,不能认为只要通过正犯行为惹起了法益侵害即可。因此,确切地说,某个参与者的行为满足了构成要件,这才是共犯的处罚根据。①

有学者似乎对纯粹惹起说和混合惹起说有所误解,他认为,这两说均认为教唆行为和帮助行为本身就是一种实行行为,因而其违法性多多少少地来自这种实行行为自身,而不是完全来自于正犯的违法性。因此,即使被教唆者或被帮助者完全没有实施任何行为,对教唆者和帮助者也可以单独作为共犯进行处罚。但是,根据客观主义刑法立场,应当认为,只有对法益具有侵害或者威胁的现实危险性的行为,才可能是实行行为,对于教唆犯和帮助犯能否成立,也只能从其是否对法益具有侵害或者威胁的具体的、现实的危险来考虑。② 这种观点似乎不妥。纯粹惹起说与混合惹起说的理论前提,仍然是限制的正犯概念而非扩张的正犯概念,仍然是共犯从属性说而非共犯独立性说,因此不可能认为教唆行为和帮助行为也是一种实行行为。正是因为严格区分共犯行为与正犯行为,才能认为共犯行为是通过正犯行为来间接地侵害法益的,才有因果共犯论的观点。既认为共犯的违法性"不是完全地"而是部分地来源于正犯的违法性,又认为即使正犯"完全没有实施任何行为"(包括没有实施预备行为,因而此时共犯的违法性不可能来源于正犯)也可以处罚共犯,并且不是作为单独犯来处罚而是作为共犯来处罚,也明显自相矛盾,因而这不可能是纯粹惹起说和混合惹起说的观点。实际上,纯粹惹起说与混合惹起说之所以认为共犯行为有其相对独立的违法性而不完全从属于正犯,一是因为考虑到共犯与正犯各自均可能有自己的违法性阻却事由或欠缺保护法益事由,共犯与正犯的违法性并不总能保持一致;二是因为考虑到人们的处罚感情,不得不承认共犯的违法性具有相对的或完全的独立性。不过,纯粹惹起说和混合惹起说的确存在将不同意义上的违法性混为一谈的弊端,从而给攻击者以口实。一方面,承认共犯的"法益侵害意义上的违法性"只能通过正犯的实行行为而产生,在这一点上,应当承认共犯的不法对正犯的不法具有从属性,纯粹惹起说否认这种从属性是不符合实际的,也与该说认为共犯行为必须通过正犯行为来侵害法益的认识不符;另一方面,又在正犯或共犯各自是否具有违法性阻却事由或欠缺保护法益事由上,认为共犯的不法与正犯的不法并

---

① 参见[日]西田典之:《日本刑法总论》(第2版),王昭武、刘明祥译,法律出版社2013年版,第303—304页。
② 参见黎宏:《刑法总论问题思考》(第2版),中国人民大学出版社2016年版,第451页。

不总能保持一致,因而不得不承认共犯的不法具有完全的或相对的独
立性。

有学者认为,混合惹起说在论理上是自相矛盾的学说,因为该说既认
为共犯的违法性是从正犯的违法性中导出的,又认为共犯的违法性是其自
身固有的,则其违法性到底是从正犯的违法性中导出的还是其自身固有
的,显然自相矛盾;并且,"违法的独立性"和"违法的从属性"是一对相反的
概念,两者不可能相容,可是混合惹起说却企图强硬地将二者调和到一起,
这只能使其既无法摆脱修正惹起说的缺陷,又不得不悄悄地运用纯粹惹起
说来解决具体问题,导致其无法成为共犯处罚根据论的独立学说。[①] 另有
学者认为,根据混合惹起说,共犯的违法性的一半是以正犯行为为基础的,
另一半是以共犯行为自身的违法性为基础的,但此说却无法说清楚这二者
之间的关系。如果强调前者,就会导致共犯违法的普遍性和连带性;如果
强调后者,则会导致共犯违法的相对性和个别性。这导致在二者发生冲突
时应当以何者优先,就成为问题。[②] 以上观点均是对混合惹起说的重大误
解。混合惹起说所谓共犯的不法的一部分来源于正犯的不法,是指共犯在
法益侵害意义上的不法只能来源于正犯的不法,因为共犯只有通过正犯的
实行行为才能间接地侵害法益;所谓共犯的不法的一部分来源于共犯行为
固有的不法,是指如果共犯欠缺保护法益事由,则共犯之前推定具有的不
法将被否定,因此根本不存在上述学者所批判的问题。诚如张明楷教授所
言,处罚共犯的根据在于,共犯通过正犯的实行行为间接地侵害了法益,诱
使或促成正犯直接造成了法益侵害(违法的连带性),但也存在共犯行为并
不侵犯他人法益的情形。因此,共犯的违法性来源于共犯行为本身的违法
性和正犯行为的违法性,前者是指共犯的行为是违法的、不具有违法性阻
却事由,不是指共犯行为本身具有行为无价值,这是有限度地承认共犯违
法的相对性,如果正犯所侵犯的法益并不是教唆者或帮助者所能侵犯的法
益,则只有正犯行为构成犯罪,教唆行为和帮助行为都不构成犯罪;后者是
指在正犯实施了符合构成要件的违法行为时,只要共犯自身没有违法性阻
却事由,就应当认为共犯行为也具有违法性。[③] 又如罗克辛教授所言,所
谓共犯不法的独立性,仅仅是指实行犯所侵害的法益也是参加人自己所侵
害的法益,即所谓独立是指共犯在法益侵害方面的独立,是指共犯行为有

[①] 参见秦雪娜:《共犯处罚根据的全新定位》,载《环球法律评论》2015 年第 5 期。

[②] 参见黎宏:《刑法总论问题思考》(第 2 版),中国人民大学出版社 2016 年版,第 449 页。

[③] 参见张明楷:《刑法学(上)》(第 5 版),法律出版社 2016 年版,第 407 页。

无导致对共犯而言能够成立的法益侵害。① 虽然张教授将"共犯欠缺保护法益事由"(如 A 教唆 B 杀害 A,A 教唆 B 盗窃但 B 盗窃来 A 的财物,对 A 而言,欠缺保护法益,A 不成立教唆犯)表述为"共犯具有违法性阻却事由"不妥当,因为违法性阻却事由通常是指正当防卫、紧急避险、被害人承诺等事由,但张教授对混合惹起说的理解和论述则是正确的。

第四节　目前共犯处罚根据论面临的共同问题

以上各种共犯处罚根据论,都或多或少存在难以自圆其说的弊端,也都难以完全说明各种特殊情况下共犯的处罚根据。这是因为,一方面,各种共犯处罚根据论都要追求一个统一的理论根据;另一方面,犯罪形态千差万别,导致为这些不同犯罪形态寻找一种共通适用的理论根据,事实上难以办到。例如,身份犯和非身份犯在是否要求特殊主体要素方面完全相反,而自杀与他杀在刑事政策方面的待遇完全不一样。因此,虽然学者们极其努力,仍然难以找到一种容易为大家都接受、赞同的观点。大体而言,各种共犯处罚根据论都存在以下问题:

一、无法完全说明各种特殊情形下的共犯处罚根据

以下根据目前大多数学者对某一特殊情形下正犯或共犯可罚与否的观点,以表格来说明各种观点能否说明不同特殊情况下共犯的处罚根据:

不同学说 特殊情形的可罚与否	责任 共犯论	不法 共犯论	修正 惹起说	混合 惹起说	纯粹 惹起说
(1)无正犯的共犯:A 教唆 B 自杀。共犯 A 可罚,正犯 B 不可罚。	否	否	否	否	能
(2)无正犯的共犯:A 欲杀 C,怂恿 C 去杀 B 并告知 B 防备,在 C 举枪瞄准 B 时,B 先开枪打死 C。共犯 A 可罚,正犯 B 不可罚。	否	否	否	否	能

① 参见[德]克劳斯·罗克辛:《德国刑法学总论(第 2 卷)——犯罪行为的特别表现形式》,王世洲等译,法律出版社 2013 年版,第 101 页。

不同学说 特殊情形的可罚与否	责任 共犯论	不法 共犯论	修正 惹起说	混合 惹起说	纯粹 惹起说
(3) 共犯教唆他人实施正当行为：A 教唆 B 对不法侵害者实行正当防卫。A、B 均无罪。	能	能	能	能	否
(4) 无共犯的正犯：A 教唆 B 杀害 A。共犯 A 不可罚，正犯 B 可罚。	否	否	否	能	能
(5) 无共犯的正犯：A 教唆 B 盗窃他人的财物，B 盗窃到 A 的财物。共犯 A 不可罚，正犯 B 可罚。	否	否	否	能	能
(6) 未遂的教唆：A 明知 C 身穿防弹衣而让 B 射杀 C，B 杀 C 未遂。共犯 A 不可罚，正犯 B 可罚。	否	否	否	否	能
(7) 陷害教唆：警察 A 为了抓捕毒贩 B，让线人 C 向 B 购买毒品。共犯 A 不可罚，正犯 B 可罚。	否	否	否	否	能
(8) 对向犯的共犯：A 哀求 B 卖毒品给他吸食，B 购进毒品卖给 A。共犯 A 不可罚，正犯 B 可罚。	否	否	否	能	能
(9) 本犯教唆共犯藏匿本犯、为本犯隐灭证据：A 教唆 B 藏匿 A，或为 A 隐灭证据。 本犯 A 不可罚，正犯 B 可罚。	否	否	否	能	能
(10) 共犯教唆本犯藏匿、隐灭证据：A 教唆本犯 B 藏匿、隐灭证据。共犯 A 可罚，本犯 B 不可罚。	否	否	否	否	能
(11) 身份犯的共犯：无身份者 A 教唆有身份者 B 实施身份犯罪。尽管 A 无身份，A、B 均可罚。	能	能	能	能	否

不同学说 特殊情形的可罚与否	责任 共犯论	不法 共犯论	修正 惹起说	混合 惹起说	纯粹 惹起说
(12) 身份犯的共犯：有身份者 A 教唆无身份者 B 实施身份犯的行为。公务员 A 教唆非公务员 B 为其收受行贿者的财物，A 为正犯、B 为帮助犯。因为 A 仍得承诺或者实际利用职务之便为行贿者谋取利益，仍为正犯，A、B 均可罚。	否	否	能	能	否
(13) 身份犯的共犯：无身份者 A 教唆无身份者 B 实施身份犯的行为。护士 B 听到医师与患者的对话而知悉了患者的秘密，护士 A 教唆护士 B 泄露该秘密，A、B 均不具有医师身份。A、B 均不可罚。	能	能	能	能	否
(14) 共犯认识错误：共犯误以为正犯具有犯罪故意。A 与 B 通奸，A 误以为 B 想杀死其夫，向 B 提供毒药，但 B 误以为是治病用药而给其夫服用致其死亡。A 是故意杀人罪的帮助犯，B 是过失致人死亡罪的正犯，均可罚。	否	否	否	否	能
(15) 幕后者利用不知情的正犯实施义务犯：A 乘坐 B 驾驶的出租车，途中疑似撞到某物，B 让 A 下车查看。A 明知撞倒了 C，为赶时间而告知 B 无事，B 驾车离开，致 C 因救治不及时死亡。A 构成指使肇事者逃逸的交通肇事罪（因逃逸致人死亡），B 先构成交通肇事罪，后因过失（B 应自己下车查看）未履行救助伤者义务构成过失致人死亡罪。	否	否	否	否	能

续　表

不同学说 特殊情形的可罚与否	责任 共犯论	不法 共犯论	修正 惹起说	混合 惹起说	纯粹 惹起说
（16）幕后者利用不知情的正犯实施亲手犯：A 明知 B 与 C 是失散多年的兄妹，仍促成 B 与 C 结婚。B、C 是过失，A 是血亲相奸的教唆犯。	否	否	否	否	能

从以上表格来看，就解决特殊情况下共犯的处罚根据问题的能力排序，依次是纯粹惹起说(12)、混合惹起说(8)、修正惹起说(4)、不法共犯论(3)和责任共犯论(3)。相对而言，纯粹惹起说解决特殊问题的能力最强，混合惹起说次之，其他各说相差不大；如果剔除"身份犯的共犯"这一最特殊情况，则纯粹惹起说几乎无可挑剔。究其原因，是因为根据个人责任原则，在判断共犯行为有无违法性时，不得不着重考虑共犯本人的因素，如是否存在就共犯而言不受刑法保护的法益、共犯本人有无犯罪故意、共犯行为是否值得动用刑罚予以处罚等。因此，虽然共犯在法益侵害意义上的不法依赖于正犯的实行行为，但是最终仍得就共犯行为本身有无违法性进行单独判断，而这种判断又受制于刑罚惩罚的必要性，所以共犯的不法既依赖于正犯的实行行为，又有其独立的不法内涵。尽管如此，纯粹惹起说也无法完全说明各种特殊情形下的共犯处罚根据。

二、与正犯和共犯区分标准理论的发展不协调

以上各说，无论是责任共犯论的共犯使正犯堕落、不法共犯论的共犯侵害正犯的社会完整性，还是各种因果共犯论的共犯通过正犯的实行行为间接地侵害法益，都是建立在早期的区分正犯与共犯的形式客观说的基础上。根据形式客观说，的确是只有亲自实施构成要件行为的人才能称为正犯，才能直接侵害法益，除此之外的人均为共犯，均只能通过实行者间接侵害法益，无论其在共同犯罪中所起的作用如何，但这样一来，那些在共同犯罪中起了重要作用的人，有可能无法认定为正犯。比如，有组织犯罪的组织者、领导者、指挥者，以及参与犯罪共谋但未能参与犯罪实行者，由于没有直接、亲自实施构成要件行为，只能被认定为比正犯更轻的教唆犯或帮助犯，从而违背人们的法感觉。于是，学者们纷纷转向更加重视各行为人在共同犯罪中所起作用大小的各种实质客观说，如重要作用说或犯罪事支配理论等,导致并未亲自实施构成要件行为的人也可能被认定为正犯,而亲自实施构成要件行为的人也可能被认定为帮助犯①,从而导致建立在区分正犯与共犯的形式客观说基础上的共犯处罚根据论,其发展现状显然与正犯和共犯区分理论的发展不协调,根本无法说明亲自实施了构成要件行为的共犯如何通过没有亲自实施构成要件行为的正犯的实行行为去造成法益侵害。换言之,对于那些未亲自实施构成要件行为却被认定为正犯的组织犯、教唆犯、共谋犯,无须特意考虑他们的处罚根据问题,而是应当重视他们在共同犯罪中起到重要作用的认定问题。因此,从因果关系只是刑事归责的基础因素而不是全部因素的角度来看,唯因果关系理论是瞻的做法可能需要改变。

三、与共同犯罪本质理论的发展不协调

除了与共犯和正犯区分理论的发展不协调之外,目前的共犯处罚根据论还与共同犯罪本质理论的发展不协调。共同犯罪本质理论早已从早期的完全的犯罪共同说或前构成要件的行为共同说,发展到目前的部分犯罪共同说或构成要件的行为共同说,而目前共犯处罚根据论,仍是以前构成要件的行为共同说为探讨前提的。当然,这样做也许仍有必要。

完全的犯罪共同说认为,共同犯罪是指几个人共同故意实施同一种犯罪,各行为人必须具有性质完全相同的犯罪故意才能构成共同犯罪,否则,如果各行为人的犯罪故意性质不同,则各自成立犯罪而不构成共同犯罪。比如,如果一人是杀人故意,一人是伤害故意,即使他们同时对被害人实施伤害行为导致被害人死亡,也不构成共同犯罪,只能根据各自的故意种类和行为性质分别处理,但同一种犯罪的直接故意和间接故意仍能成立共同犯罪。② 部分犯罪共同说认为,只要各行为人所触犯的罪名在构成要件上能够相互重合一部分,就可构成共同犯罪,不要求各行为人具有同一种犯罪故意,也不要求各行为人触犯同一种罪名,只是存在一个各行为人共同构成哪一犯罪的问题。③ 前构成要件的行为共同说认为,只要各行为人共同实施了作为犯罪评价对象的前构成要件的行为,即可构成共同犯罪,因

① 参见张明楷:《刑法学》(第5版),法律出版社2016年版,第450页;钱叶六:《双层区分制下正犯与共犯的区分》,载《法学研究》2012年第1期;金光旭:《日本刑法中的实行行为》,载《中外法学》2008年第2期;刘艳红:《论正犯理论的客观实质化》,载《中国法学》2011年第4期;刘明祥:《论中国特色的犯罪参与体系》,载《中国法学》2013年第6期等。
② 参见高铭暄、马克昌主编:《刑法学》(第7版),北京大学出版社、高等教育出版社2016年版,第167页。
③ 参见陈家林:《共同正犯研究》,武汉大学出版社2004年版,第65页和第72页。

为任何犯罪都是行为人犯罪意思的实现方式,共同犯罪也不过是各行为人利用他人的行为来实现自己的犯意而已,至于他人的行为是否符合构成要件,是否与自己所触犯的罪名相同,均不重要,共同犯罪只是一种事实上的共同关系。① 构成要件的行为共同说认为,既然是共同犯罪,当然要考虑各行为人的行为是否符合犯罪构成要件,因此,共同行为必须是符合各自犯罪构成要件的重要部分的行为,不能将不符合构成要件的行为共同理解为共犯。②

　　以上学说中,部分犯罪共同说和构成要件的行为共同说都认为,各行为人所触犯的罪名必须在构成要件的主要部分上相互重合(意即相同),才能构成共同犯罪,并且由于共同犯罪是指两人以上共同故意实施犯罪,因此只有两个故意行为之间才能成立共同犯罪,故意行为和过失行为、过失行为与过失行为之间,即使存在共同导致侵害结果发生的关系,也不能成立共同犯罪。共犯处罚根据论提出的初衷,是为了解决不能直接侵害法益的教唆犯、帮助犯为何能够处罚的问题,其论述的前提,是在教唆犯、帮助犯与正犯之间能够成立共同犯罪,否则就只是教唆者、帮助者能否受到刑罚处罚因而能否单独成立犯罪的问题,而不是作为共犯的教唆犯、帮助犯的处罚根据问题。但是,从前述各种共犯处罚根据论之间相互用来批判对方的特殊共犯情形来看,大多数都不是教唆犯、帮助犯的处罚根据问题,而仅仅是教唆者、帮助者的处罚根据问题。比如,所谓"没有共犯的正犯""没有正犯的共犯""对向犯的共犯""利用不知情的正犯实施义务犯或亲手犯""未遂的教唆""本犯教唆他人藏匿本犯、为本犯隐灭证据""他人教唆本犯藏匿、隐灭证据"等,都是在双方并不成立共同犯罪的情况下,探讨其中一方的可罚或不可罚的根据的,因而已经超出了共犯处罚根据论的初衷。如果要维持现行共犯处罚根据论中的任何一种,则在共同犯罪本质方面势必采取前构成要件的行为共同说,认为只要各方行为共同导致法益侵害结果发生就能成立共同犯罪(即使仅其中一方能够受到刑罚处罚),认为故意行为和过失行为也能成立共同犯罪,但这既与共同犯罪本质理论的发展不符,也难以解释我国刑法的现行规定。例如,我国《刑法》第 25 条明文规定,共同犯罪是指两人以上共同故意犯罪,明确排除了故意行为与过失行为成立共同犯罪以及一方单独成立犯罪的情形。当然,也可以认为,共犯处罚根据论中的共犯并非严格意义上的共犯,而是仅指教唆或者帮助他人

① 参见[日]野村稔:《刑法总论》,全理其、何力译,法律出版社 2001 年版,第 388—389 页。
② 参见黎宏:《刑法总论问题思考》,中国人民大学出版社 2007 年版,第 468—480 页。

犯罪的人,不要求与正犯成立共同犯罪,但这样一来,共犯处罚根据论就名不副实了,因为它实际上所指的是教唆者、帮助者的处罚根据,而不是教唆犯、帮助犯的处罚根据。

四、无法说明共犯未遂时的共犯处罚根据

虽然在探讨时会涉及未遂的教唆等共犯不可罚的情况,但是总体而言,目前的共犯处罚根据论都只能说明犯罪既遂场合共犯的处罚根据问题,无法说明共犯未遂时的处罚根据问题。[①] 作为通说的因果共犯论,无论是混合惹起说,还是纯粹惹起说和修正惹起说,都是以共犯通过正犯的实行行为间接地侵害法益为前提来论述共犯的处罚根据的,那么在正犯没有侵害法益,特别是正犯没有着手实行犯罪时,能否处罚共犯及处罚共犯的依据何在,就得另外说明,这无疑是没有形成统一的理论体系。虽然德日刑法通说会通过限制从属性理论来说明共犯未遂的成立条件,但该理论毕竟并非共犯处罚根据论。换言之,目前的共犯处罚根据论都是不周延的,无法说明共犯未遂时的处罚根据问题。

目前的共犯处罚根据论,根本无法说明我国刑法中共犯的处罚根据问题。正因为如此,我国老一辈刑法学家才不得不在以上理论之外,另寻理论说明我国刑法中共犯的处罚根据。例如,马克昌教授认为,应当根据主客观相统一原则来分析共犯的处罚根据问题。主观方面,教唆犯希望或者放任其教唆行为能使被教唆者产生犯罪决意,帮助犯则希望或放任其帮助行为能够促进正犯实施犯罪,并且两者均希望或者放任犯罪结果发生,均具有人身危险性;客观方面,两者教唆或帮助正犯,共同引起正犯的犯罪事实或犯罪结果,具有社会危害性。因此,应当处罚。[②] 以上观点明确否定仅仅从因果关系角度立论的共犯处罚根据论。

虽然有学者试图将我国《刑法》第 29 条第 2 款的规定解释为"被教唆的人已经着手实行犯罪"之后的教唆未遂情形,但是这种限制解释并无充分的依据,因而通说仍然认为教唆未遂也包括被教唆者着手实行犯罪之前的情形。在被教唆者拒绝接受教唆、被教唆者虽然接受教唆但尚未着手实行犯罪等情形下,处罚教唆犯既不可能是因为教唆行为本身能够侵害法益,也不可能是因为教唆犯能够通过正犯的实行行为间接侵害法益,因此不能从教唆行为与法益侵害之间的因果关系方面寻找教唆犯的处罚根据,

---

① 参见[日]曾根威彦:《刑法学基础》,黎宏译,法律出版社 2005 年版,第 139 页。

② 参见马克昌:《比较刑法原理——外国刑法学总论》,武汉大学出版社 2012 年版,第 643 页。

强调因果关系的因果共犯论根本无从适用。

虽然有学者将处罚被教唆者着手实行犯罪之前的教唆未遂的理论基础解释为共犯独立性说,解释为强调教唆者的主观恶性,解释为刑法主观主义和社会防卫主义,解释为教唆行为的行为无价值甚至教唆者的心理无价值,解释为教唆犯具有制造犯罪或犯罪者的恶性心态,解释为保护社会伦理因而将刑法与伦理道德混为一谈①,但是这种观点并不必然正确。我们完全可以站在法益保护说的立场,从刑罚目的的角度来解释这种停留于犯罪预备阶段的教唆未遂的处罚根据问题,即处罚教唆未遂的依据仍然在于法益保护,只不过是通过特殊预防和一般预防来防止犯罪进而保护法益而已。换言之,完全没有必要固守过于早期的学说来解释现代刑法的规定,完全没有必要认为处罚教唆未遂就必然得以刑法主观主义为理论前提,而是可以根据刑罚目的理论来重新解释。实际上,不仅我国《刑法》第29条规定处罚预备阶段的教唆未遂,而且《德国刑法典》第30条(仅规定处罚重罪的教唆未遂)和《韩国刑法典》第31条也都规定处罚预备阶段的教唆未遂,而这两国刑法理论毫无疑问是将共犯从属性说作为教唆犯成立条件的通说的。因此,不能认为处罚预备阶段的教唆未遂的立法的理论前提就必然是刑法主观主义。

第五节　多元化的共犯处罚根据论

如上所述,责任共犯论、不法共犯论、因果共犯论之所以陷入各种困境,与各说试图用单一因素来解释共犯的处罚根据有莫大关系。因此,为了摆脱困境,应当尝试另外一种解释路径。

一、共犯的处罚根据应是多元的而非一元的

不可否认的是,现代刑法侧重于客观主义和法益保护,强调个人责任原则和法益侵害原则,但是,就既遂犯而言,毋宁说这是刑罚处罚的必要条件,而不是刑罚处罚的充分条件。在决定应否对犯罪人适用刑罚时,除了考虑这些立场和原则之外,还得考虑许许多多的其他因素,特别是刑事政策因素和人们的处罚感情,考虑刑罚预防犯罪的目的以及刑罚处罚的必要性和合理性。就未遂犯或预备犯而言,既然根本不存在因果关系,当然更

———————

① 参见陈子平:《刑法总论》,中国人民大学出版社2009年版,第341页。

加不能以因果关系作为归责的唯一因素。

所谓共犯的处罚根据问题,实质上是为什么可以对共犯适用刑罚的问题,而要回答"为什么可以适用刑罚"这种问题,当然得考虑刑罚的目的等多种因素,绝不可能仅仅考虑共犯行为与法益侵害结果之间的因果关系。因果关系只是共犯的成立条件之一,仅仅考虑因果关系不可能说明共犯的处罚根据。虽然因果关系是刑事归责的基础因素,但却不是唯一因素。就既遂犯而言,即使具备因果关系,仍得满足其他各种归责条件,才可以对行为人进行归责;就未遂犯或预备犯而言,由于两者中本来就不存在结果和因果关系,自然无法将因果关系作为归责因素。归责问题不仅仅是共犯的构成要件符合性、违法性、有责性的判断问题,而且必须考虑对犯罪人适用刑罚的必要性和合理性,必须具有更加实质性的理由。因此,共犯的处罚根据问题只能是一个综合性的问题,不可能仅仅在共犯的构成要件符合性和违法性这一狭小的理论范围内解决。

前述各种共犯处罚根据论之所以均无法完全说明各种特殊情形下的共犯处罚依据,就是因为只考虑共犯的构成要件符合性和违法性,而没有跳出这一狭小理论范围进行更加实质性的思考,存在将共犯的处罚根据与共犯的成立条件混为一谈的弊端,因而一旦遇到超出这一狭小理论范围的特殊共犯情形,就无法说明共犯的处罚根据。仅考虑法益侵害结果的纯粹惹起说之所以无法说明无身份者教唆或帮助有身份者实行身份犯时的可罚性,机械固守"若正犯违法则共犯必也违法"的修正惹起说之所以无法说明请求他人杀害自己的教唆犯的不可罚性,以及强调违法的连带性和法益侵害欠缺的独立性的混合惹起说之所以无法说明教唆他人杀害伤害自己行为的可罚性,原因莫不如此。考虑共犯使正犯陷入不法与罪责的责任共犯论、考虑共犯使正犯陷入不法的不法共犯论,虽然考虑到了比共犯的单一成立条件更多的因素,但是仍然局限于共犯的成立条件范围之内,因而仍然无法说明共犯的处罚根据问题。

因此,虽然提出共犯处罚根据问题的初衷是为了说明不直接侵害法益的共犯为什么可以处罚的问题,但是在考虑这一问题时,既要考虑立足于因果关系基础之上的共犯的构成要件符合性和违法性,也要考虑其他各种刑事归责因素。为了形成一个统一的、完整的理论体系,既要考虑共犯既遂时的处罚根据,又要考虑共犯未遂时的处罚根据;既要考虑通常情形下的共犯处罚根据,又要着重分析特殊情形下的共犯处罚根据。因此,共犯的处罚根据应是多元的、综合性的,既要考虑共犯的构成要件符合性、违法性和有责性等成立犯罪的形式依据,又要考虑刑罚目的以及处罚的必要性和合理性等实质依据,两者都是处罚共犯的必要条件。

　　之所以不提刑罚的报应根据,是因为对于许多未遂乃至预备阶段的犯罪,由于行为尚未侵害法益,处罚行为人缺乏报应的基础,作为一个统一的理论体系,不宜将这种仅仅在既遂场合才能有的报应根据作为共犯的处罚根据之一。以停留于犯罪预备阶段的教唆未遂的处罚根据为例①,处罚这种教唆犯,显然不是因为其教唆行为能直接或间接地侵害法益。在被教唆者拒绝接受教唆时,教唆行为不可能直接或间接地侵害法益;在被教唆者接受教唆但最终停留于预备阶段时,教唆行为也不可能直接或间接地侵害法益。因此,能够直接或间接地侵害法益,只是刑法规定处罚教唆行为的立法理由,而不是具体案件中对教唆犯适用刑罚的理由,并且在这种场合也完全缺乏报应的根据。但是,虽然本次犯罪以失败告终,却无法排除教唆者再次实施教唆行为的可能性,而再次实施教唆行为就有可能导致犯罪既遂。为了预防教唆犯再次实施教唆行为,为了让其他公民知道实施教唆行为也要受到刑罚处罚从而不实施教唆行为,完全有必要对教唆未遂行为进行处罚,只有通过处罚,才能预防犯罪及犯罪所造成的法益侵害。反之,如果固守共犯从属性理论,对处于预备阶段的教唆行为不予处罚,就会给教唆者及社会上其他公民一种教唆他人犯罪可以不受处罚的不良印象,不利于防止他们实施教唆行为,从而不利于刑法法益的保护。

二、几种特殊情形下的共犯处罚根据

　　在无身份者教唆或帮助有身份者实施身份犯罪的场合,无身份者的处罚依据,虽然也有其行为间接地侵害法益的因素,但由于无身份者不可能由此取得作为身份犯构成要件要素的特定身份,其行为始终不可能符合身份犯的构成要件,因而无法由其行为本身产生违法性,其违法性只能由来于身份犯的实行行为。实际上,之所以可认为无身份者的行为的违法性由来于身份犯的实行行为,仍是因为有特殊预防和一般预防的必要,仍是为了预防无身份者再次实施或者预防社会上其他公民仿效实施这种教唆或帮助行为,从而预防法益侵害。

　　在请求他人杀害自己的例子中,作为被害人的教唆犯不可罚的依据,当然有自己无法侵害自己的法益,以及欠缺受刑法保护的法益因而不符合

---

① 虽然有学者根据共犯从属性说来否认这种教唆未遂的可罚性,但是我国《刑法》第29条及《韩国刑法典》第31条均明文规定要处罚,《德国刑法典》第30条也规定重罪的教唆未遂要处罚,说明否定说并不符合现行刑法规定。

构成要件的因素,但是更主要的,恐怕是缺乏处罚的必要性和合理性。否则,如果出于预防犯罪的需要,则对请求他人杀害自己而未遂者,也可能根据修正惹起说进行处罚,因为在该说看来,虽然教唆者同时是被害人,但他教唆他人实施违法行为,他人所侵害的法益就是教唆者侵害的法益,所以教唆行为也具有违法性,只是通常情况下不处罚而已。换言之,按该说逻辑,如果认为需要处罚,还是可以处罚的。

在教唆自杀和帮助自杀的例子中,虽然自杀者不构成犯罪,虽然自杀不是一种符合故意杀人罪的构成要件的具有违法性的行为,但是这并不意味着不可以单独处罚教唆者和帮助者。从法益保护立场来看,教唆者和帮助者所侵害的法益,并非其本人的生命法益,而仍然是他人(自杀者)的法益,教唆行为和帮助行为本身已经符合教唆杀人和帮助杀人这种故意杀人罪的修正的构成要件,如果没有违法性阻却事由,就可直接推定具有违法性。虽然在这种场合存在被害人承诺的因素,但是无论是刑法理论还是司法实践,都不会承认放弃生命的承诺的有效性,因此自杀者的承诺无法成为教唆者和帮助者的违法性阻却事由,根据预防犯罪的刑罚目的,仍有必要处罚教唆者和帮助者。对此,有观点认为,此种情形下的教唆者和帮助者不构成犯罪,因为自杀是一种不适用合法与违法评价的法外空间,自杀行为不具有构成要件符合性和违法性,因而根据共犯从属性说,教唆者和帮助者均不能构成犯罪。[①] 这种观点仅考虑了其自己的共犯从属性理论而忽略了刑罚预防犯罪的目的,忽略了处罚教唆者和帮助者的必要性和合理性,有根据自己的理论来裁剪现实之嫌,因而不符合世界各国普遍处罚教唆自杀者和帮助自杀者的司法实际。并且,正如大塚仁教授所言,在刑法上,一个行为要么是合法行为,要么是违法行为,不存在既不合法又不违法的所谓放任行为。[②]

在幕后者利用不知情的正犯实施义务犯的情况下,如甲乘坐乙驾驶的出租车,途中疑似撞到了人,乙让甲下车查看,甲明知撞倒了丙,为赶时间而告知乙无事,乙即驾车离开,致丙因得不到及时抢救而死亡的例子中,甲明知司机交通肇事,明知司机肇事之后有救助伤者的作为义务,却指使肇事司机逃逸,根据我国交通肇事罪司法解释的规定,构成交通肇事罪的共

---

① 周光权:《教唆、帮助自杀行为的定性——"法外空间说"的展开》,载《中外法学》2014 年第 5 期。
② 〔日〕大塚仁:《刑法概说(总论)》,冯军译,中国人民大学出版社 2009 年版,第 346 页。

犯,应按交通肇事(因逃逸致人死亡)论处,法定刑为七年至十五年有期徒刑①;而乙作为司机,在怀疑撞到人之后,应当亲自下车查看,不能让甲代替他下车查看,更不能轻信甲关于没有撞到人的说法,因此乙先构成交通肇事罪,后因过失而未履行救助伤者义务,未能防止伤者死亡,又构成过失致人死亡罪,应以交通肇事罪的基本犯和过失致人死亡罪数罪并罚。在考虑甲、乙的处罚根据问题时,既要考虑甲、乙各自的构成要件符合性、违法性,又要考虑刑罚预防犯罪的目的。在这种既遂场合还可考虑报应的根据,如果不是因为甲故意隐瞒真相,指使乙逃逸,乙有可能履行救助伤者义务,伤者很可能不会死亡,故甲的行为与伤者死亡之间有因果关系,甲主观上也有放任伤者死亡的犯罪故意,理应受到处罚,否则极不利于预防犯罪。可能面临的质疑是,甲不是司机,对伤者没有救助义务,因此甲应当无罪。但是,对于作为义务的来源,应当实质性地考虑。当乙委托甲下车查看时,甲既然接受乙的委托,就应当如实向乙告知真相,而不能隐瞒撞伤丙的事实。此时,理应得到乙的救助的伤者,能否得到救助,能否挽救生命,完全处于甲的掌控之中,甲的行为完全掌控了伤者的生死,甲对伤者处于保证人地位,产生了保证人义务,因此不能认为甲接受乙的委托之后对伤者仍然没有救助义务。换言之,在甲欺骗乙之后,由于甲完全独立地掌控了伤者的生死,甲对伤者就产生了救助义务,拒不履行这种义务未能防止伤者死亡的,本来应当构成不作为的故意杀人罪,只是由于交通肇事罪司法解释的明文规定,才可按交通肇事罪定罪处罚而已。可能面临的质疑还有,在此例中,甲是交通肇事罪的共犯(实为拒不履行救助义务的故意杀人罪),乙是过失未履行救助义务的过失致人死亡罪,两者并不成立共同犯罪,谈何共犯的处罚根据? 如前所述,在"共犯的处罚根据"这一议题下所探讨的共犯,很多都不能够与正犯成立共同犯罪,如没有共犯的正犯、没有正犯的共犯、对向犯之共犯等,故这一议题中的"共同犯罪",是在前构成要件的行为共同说的意义上使用的,是指一种由两人以上的行为共同导致法益侵害结果发生的犯罪现象,而不是指两人以上一定能够成立现行刑法典中规定的共同犯罪。在此例中,客观上,甲指使乙逃逸的行为,与乙逃逸的行为,共同导致了伤者丙的死亡,甲与乙是否构成《刑法》第 25 条规定的共同犯罪并不影响这种客观不法事态的存在,正如理论上并不排斥共同过失

---

① 最高人民法院 2000 年 11 月 15 日《关于审理交通肇事刑事案件具体应用法律若干问题的解释》第 5 条第 2 款规定:"交通肇事后,单位主管人员、机动车辆所有人、承包人或者乘车人指使肇事人逃逸,致使被害人因得不到救助而死亡的,以交通肇事罪的共犯论处。"

犯罪现象的存在一样。至于甲应当构成教唆犯还是间接正犯,倒是可以进一步研究,因为既可以将"指使"理解为一种教唆,也可以将"指使"理解为间接利用乙之过失达到自己赶时间回家的目的。

在共犯误以为正犯具有犯罪故意场合,如甲与乙通奸,因某件事情,使甲误以为乙想杀死其夫而向乙提供毒药,但乙误以为是治病用药而给其夫服用致其夫死亡的例子中,甲主观上仅具有帮助乙杀夫的犯罪故意,不具有利用乙之手杀死乙夫的故意,故甲仅构成故意杀人罪的帮助犯;乙在甲并未告知其是毒药还是治病用药的情况下,将奸夫给的毒药当成治病用药,主观上存在重大过失,是过失致人死亡罪的正犯。虽然甲与乙不成立《刑法》第25条规定的共同犯罪,但甲的提供毒药行为间接地导致了乙夫的死亡,处罚甲仍具有充分的理论依据。并且,对甲按帮助犯处罚,比按间接正犯或无罪论处都更恰当,因为甲在这种前构成要件的行为共同说意义上的共同犯罪中,仅仅起到帮助作用,主观上也仅具有帮助的故意而无利用乙之手杀死他人的犯罪故意。

综上,目前的共犯处罚根据论都无法完全说明各种特殊情形下共犯的处罚根据,只有综合考虑法益侵害、刑罚目的、处罚的必要性和合理性等多种因素,才能说明各种情形下共犯的处罚根据。

第五章　帮助行为正犯化研究

【**本章导读**】　帮助行为正犯化是指刑法分则为某类帮助行为单独设置罪状和法定刑的立法现象,应根据研究目的来确定此类罪名的范围,对此类罪名不宜再分为帮助行为正犯化与帮助行为的量刑规则,此类罪名的成立,也不再以被帮助的正犯着手实行犯罪为前提。判断此类罪名的修正形态的可罚性时,不应过于重视形式上的构成要件符合性,而应实质地考虑其帮助行为之本质和社会危害性,对不值得处罚者,可根据《刑法》第13条但书条款出罪。

　　在自然的、社会观念的意义上,犯罪行为有实行行为、帮助行为、教唆行为、组织行为等不同行为形态。各国刑法一般在刑法分则中将实行行为规定为独立犯罪,规定该罪名通常的、基本的构成要件,并以实行行为为中心,在刑法总则中规定相应帮助行为、教唆行为或组织行为的概念和处罚原则。但是,由于种种原因,各国刑法也可能在刑法分则中,将某些犯罪行为的帮助行为、教唆行为或组织行为规定为独立犯罪,形成共犯行为正犯化立法现象。其中,帮助行为正犯化现象更为常见,我国刑法中也规定了许多帮助行为正犯化罪名。其立法意义,一是可以对帮助行为单独定罪处罚,不需要以被帮助者着手实行符合构成要件的行为为前提,从而有利于及时有效地打击犯罪;二是可以避开某些理论争议,为司法实践单独处罚具有处罚必要性和合理性的帮助行为扫清障碍,从而实现立法便利化。然而,在帮助行为正犯化之后,帮助行为正犯化概念的内涵和外延、对帮助行为进行处罚是否仍然必须以正犯着手实行犯罪为前提、帮助行为同时触犯正犯化罪名与正犯罪名(帮助犯)时能否从一重罪论处等,随之成为理论上和司法实践中争议较大的疑难问题。

第一节　帮助行为正犯化的概念和类型

由于帮助行为正犯化是将在社会观念上属于其他犯罪构成要件行为的帮助行为独立规定为犯罪，并且帮助行为与实行行为的概念具有一定相对性，完全可能出现某一行为类型既是 A 行为类型的帮助行为，又是 B 行为类型的实行行为的现象，因而帮助行为正犯化的概念和类型问题，并非一个不证自明的问题。甚至，由于对帮助行为正犯化本身的社会危害性存在较大疑问，即便是刑法分则明文规定的犯罪，有些学者也不愿意承认它是独立的犯罪，而仅仅愿意将它视作为某类帮助行为确立量刑规则，从而使理论复杂化。

一、帮助行为正犯化的概念

"帮助行为正犯化"是我国学者提出的一个概念，国外教材和论文中鲜有对这一概念的简介或论述。对该概念，我国学者的看法不尽相同。

有学者认为："共犯行为正犯化是指原本并非刑法分则正条明确指向的行为类型，被直接当作实行行为独立对待，不再考虑原来的实行行为是否构成犯罪，甚至不再套用于原来的实行行为的构成要素。"不过，该作者同时认为，司法解释中的共犯行为正犯化包括三种模式，分别是共犯从属的正犯必须达到构成犯罪所要求的罪量、共犯从属的正犯不是必须达到自身构成犯罪所要求的罪量、直接将共犯行为视为独立的实行行为。其中，第一种模式是指仅规定对帮助行为以共犯论、以共同犯罪论而未单独规定定罪量刑标准的情形，第二种模式是指既规定对帮助行为以共犯论、以共同犯罪论又同时规定定罪量刑标准的情形，第三种模式是指直接规定对帮助行为以某罪论处的情形，三者分别对应共犯对正犯的限制从属性说、共犯独立性说、独立的实行行为说。[①]

笔者认为，以上观点值得商榷：（1）忽略了帮助行为与实行行为之间的区别，将帮助行为正犯化与帮助行为共犯化混为一谈。所谓对帮助行为以共犯论、以共同犯罪论，既包括对共同犯罪中的帮助行为以共犯论的注意规定，因为对共同犯罪中的帮助行为本来就应当以共犯论，又包括对片面帮助行为以共犯论的拟制规定，因为片面帮助犯不属于共同犯罪中的帮

[①] 参见于志刚：《共犯行为正犯化的立法探索与理论梳理》，载《法律科学》2017 年第 3 期。

助犯,依据我国《刑法》第 25 条、第 27 条的规定,本来不能以共犯论,两者均属于共犯化而非正犯化。这些明文列举出来的共犯化行为,本来就属于其他犯罪的帮助行为,如果不是受共同故意犯罪的限制,则本来就应当按其他犯罪的帮助犯论处,并非司法解释能够将本来不构成犯罪的行为规定为构成犯罪,因此谈不上犯罪化或正犯化,而只是共犯化。并且,论者将以共犯论、以共同犯罪论理解为以正犯论的正犯化,明显违背了词语的基本含义。(2)论者根据司法解释是否为帮助行为单独规定了定罪量刑标准来认定帮助行为的实行从属性问题,似乎混淆了概念。帮助行为构成犯罪是否必须以正犯着手实行犯罪(最终可能成立既遂或未遂)为前提,是大陆法系刑法中共犯的实行从属性问题,而帮助行为构成犯罪是否必须以正犯达到定罪的数量标准为前提(最终仍可能成立既遂或未遂),是我国刑法定性与定量相结合的立法模式所可能导致的问题,两者明显是两个不同的问题。(3)共犯从属性说与共犯独立性说,是指共犯的成立是否必须以正犯着手实行犯罪为前提(包括既遂和未遂)。共犯从属性说的理论基础是共犯的不法部分地来源于正犯的不法,若正犯尚未着手实行犯罪,则共犯的不法尚未达到值得运用刑罚予以惩罚的程度,因而需要以正犯着手实行犯罪作为处罚共犯的时间起点;共犯独立性说则认为共犯的不法来源于其本身,共犯行为本身具有可罚性,不需要以正犯着手实行犯罪为处罚共犯的前提。实行从属性并不是论者所理解的共犯的成立与处罚是否必须以正犯的行为达到定罪量刑的数量标准为前提的问题,只有司法解释明文规定即使正犯没有着手实行犯罪也应处罚共犯,才能认为司法解释采纳了共犯独立性说;只有司法解释明文规定处罚共犯必须以正犯着手实行犯罪为前提,才能认为司法解释采纳了共犯从属性说。(4)在我国刑法没有明文规定帮助犯的成立必须以正犯着手实行为前提的情况下,帮助行为是否具有实行从属性更主要是一个理论解释问题。即使司法解释单独为帮助行为设立了定罪量刑标准,如果坚持共犯从属性说,也仍可以认为处罚达到定罪量刑数量标准的帮助行为仍然必须以正犯着手实行犯罪为前提。甚至,即使是对刑法分则中的帮助行为正犯化罪名,也有学者认为仍应以被帮助者着手实行犯罪为成立前提。反之,即使司法解释没有单独为帮助行为设立定罪量刑标准,如果赞成共犯独立性说,也依然可以认为对具有处罚的必要性与合理性的帮助行为可以单独按(片面)帮助犯处罚。事实上,司法解释为某类帮助行为明文规定定罪量刑标准,更可能只是出于限制处罚范围的考虑,从而仅规定处罚达到一定数量标准的帮助行为,没有必要赋予此类规定太多含义。(5)认为所谓第三种模式,即仅描述帮助行为方式并规定以某罪论处,是将帮助行为提升为独立的实行行为,也缺乏理论依据,因为这种规定并未为所描述的帮助行为设立独立的罪名和法定刑,对共犯中的帮助犯本来就应当按其所帮助的罪名和法定刑定罪量刑,只有为帮助行为另行规定罪状、罪名和法定刑,才可认为属于帮助行为正犯化罪名,司法解释制定者显然不可能明目张胆违背刑法规定去创设新罪名。

有学者认为,"帮助行为正犯化"这一概念也有广义与狭义之分,广义概念是指所有帮助行为的入罪化,是刑法分则直接将某种帮助行为规定为实行行为并配置独立的法定刑,包括共犯的正犯化与非共犯的正犯化,非共犯的正犯化又可包括事后帮助行为的入罪化、帮助违法行为的入罪化和中立帮助行为的入罪化;狭义概念仅指帮助犯的正犯化,指刑法分则为某些原本属于共同犯罪的帮助行为设置独立的罪名与法定刑,使之成为独立的正犯行为。① 有学者似乎赞成上述观点,认为帮助行为的入罪化,是指刑法分则将原来属于其他犯罪的帮助行为的行为予以犯罪化,使其独立成罪,成为新的犯罪的实行行为、提升后的实行行为,既包括狭义的帮助犯的正犯化,又包括广义的帮助行为的入罪化,后者又可分为不存在共犯形态、不存在正犯行为的帮助行为的入罪化。②

有学者则没区分广义与狭义概念,仅笼统地认为帮助犯的正犯化是指刑法分则直接将某种帮助行为规定为正犯行为并且配置独立的法定刑。③ 有学者则使用"共犯行为正犯化"这一概念,认为其是指将表面上属于其他犯罪行为的帮助犯,但实质上已经具有独立性的技术上的帮助犯等帮助行为,扩张解释为相关犯罪的实行行为,从而直接将其视为正犯,直接根据刑法分则相应犯罪构成要件进行评价和制裁,不再根据共同犯罪理论来评价和制裁。④

以上观点分歧主要涉及帮助行为正犯化的外延问题。例如,刑法中规定事后帮助行为的罪名、规定对卖淫吸毒等违法行为进行帮助的罪名、规定对考试作弊等违规行为进行帮助的罪名,是否属于帮助行为正犯化。对外延的理解不同,导致对概念内涵的界定不同,但均将帮助行为正犯化罪名限定在刑法分则的范围内,没有人认为司法解释中也规定了帮助行为正

---

① 参见刘春丽:《帮助行为的正犯化》,载《福建警察学院学报》2017年第1期。
② 参见于冲:《帮助行为正犯化的类型研究与入罪化思路》,载《政法论坛》2016年第4期。
③ 参见张明楷:《论〈刑法修正案(九)〉关于恐怖犯罪的规定》,载载《现代法学》2016年第1期。
④ 参见邵建儿:《从正犯化视角评价电信网络诈骗帮助行为》,载《检察日报》2017年8月21日第3版。

犯化,因而没有明显不妥。

二、帮助行为正犯化范围的确定标准

笔者认为,在界定帮助行为正犯化的内涵与外延时,应当充分考虑研究帮助行为正犯化的目的,根据研究的必要性来确定帮助行为正犯化的范围。由于其研究目的是解决帮助行为正犯化之后所涉及的定罪量刑疑难问题,一是指对正犯化之后的帮助行为是按其本身罪名定罪量刑还是仍然按被帮助行为所涉罪名定罪量刑的问题,二是指对帮助行为进行定罪量刑是否仍然必须以被帮助者着手实行犯罪为前提的问题,所以在界定帮助行为正犯化罪名时,应当围绕正犯罪名与帮助行为罪名的区分必要性进行。如果一个帮助行为在社会观念上已经高度独立,难以与正犯罪名发生混淆,则将其作为帮助行为正犯化进行研究就没有多大意义,否则反而会使简单问题复杂化,导致研究越多理论越乱。例如,《刑法》第111条为境外窃取、刺探、收买、非法提供国家秘密、情报罪,从1979年《刑法》立法至今,人们早已忘记该行为属于境外机构、组织、人员某种犯罪的帮助行为了,早已有了高度的独立性,处罚这种行为不可能需要以被帮助的境外主体利用我国秘密、情报着手实行其他犯罪为前提,因此,如将此罪作为帮助行为正犯化进行研究,就几乎毫无意义。只有对那些很容易与正犯罪名发生混淆的帮助行为罪名,为了正确认定罪与非罪,准确区分此罪与彼罪,才有必要作为帮助行为正犯化现象进行研究。

基于以上理由,对于以下在社会观念上已经高度独立的行为类型,即使可以刻意地将其视为其他犯罪的帮助行为,也没必要将其视为帮助行为正犯化罪名:

第一,对事后帮助行为,没有必要视为帮助行为正犯化罪名。这些罪名涉及的都是对上游犯罪的事后帮助行为,不会与上游犯罪成立共同犯罪,不涉及与上游犯罪相混淆的问题。例如,《刑法》第191条洗钱罪,第312条掩饰、隐瞒犯罪所得、犯罪所得收益罪,第310条及第362条窝藏、包庇罪,第349条包庇毒品犯罪分子罪及窝藏、转移、隐瞒毒品、毒赃罪,第306条辩护人、诉讼代理人毁灭、伪造证据、妨害作证罪,第307条妨害作证罪及帮助当事人毁灭、伪造证据罪,第417条帮助犯罪分子逃避处罚罪等。无论是理论上还是司法实践中,这些罪名都难以与被帮助者之前实施的上游犯罪发生混淆,早已具有高度独立性。

第二,已经高度独立化的中间行为,也没有必要视为帮助行为正犯化罪名。例如,各种运输特殊物品的犯罪,包括《刑法》第125条运输枪支、弹药、爆炸物罪及运输危险物质罪,第 171 条运输假币罪,第 344 条非法运输国家重点保护植物制品罪,第 345 条非法运输盗伐、滥伐的林木罪,第 347 条运输毒品罪,第 350 条非法运输制毒物品罪,第 352 条非法运输毒品原植物种子或者幼苗罪,第 321 条运送他人偷越国(边)境罪,第 341 条非法运输珍贵、濒危野生动物及珍贵、濒危野生动物制品罪等。虽然不排除有些运输行为是其他犯罪的帮助行为,但是无论是理论上还是司法实践中,将刑法明文规定的运输型犯罪误作其他犯罪的帮助犯进行研究和处罚的可能性都不大,完全没有必要作为帮助行为正犯化罪名进行研究。比如,很难将甲为毒贩乙运输毒品的行为作为乙贩卖毒品罪的帮助犯进行处罚,而是会很自然地对甲以运输毒品罪论处。又如,《刑法》第 240 条拐卖妇女、儿童罪中的接送、中转行为,虽然也可能属于其他人拐卖妇女、儿童行为的帮助行为,但却没有必要将其视为帮助行为正犯化罪名,反而,如果刻意地将这种接送、中转行为所构成的拐卖妇女、儿童罪当作其他拐卖妇女、儿童罪的帮助犯,会显得不够自然,有画蛇添足之嫌。

第三,已经高度独立化的预备性质的帮助行为罪名,也没有必要视为帮助行为正犯化罪名。例如,各种提供特殊物品或信息型的犯罪,包括《刑法》第 111 条为境外窃取、刺探、收买、非法提供国家秘密、情报罪,第 177 条之一窃取、收买、非法提供信用卡信息资料罪及(为他人提供伪造的信用卡或以虚假的身份证明骗领的信用卡的)妨碍信用卡管理罪,第 205 条虚开增值税专用发票及可以用于骗取出口退税、抵扣税款发票罪,第 229 条提供虚假证明文件罪,第 253 条之一侵犯公民个人信息罪,第 285 条第 3 款提供侵入、非法控制计算机信息系统的程序、工具罪,第 320 条提供伪造、变造的出入境证件罪及出售出入境证件罪,第 355 条非法提供麻醉药品、精神药品罪,第 375 条第 3 款非法提供武装部队专用标志罪,第 363 条为他人提供书号出版淫秽书刊罪等。这些犯罪所提供的物品或信息,均不是日常生活中合理合法使用的一般物品或信息,而是经常被其他人用来实施违法犯罪的特殊物品或信息,具有为他人着手实行犯罪准备工具、制造条件的预备行为属性,但由于这些罪名与被帮助行为所涉罪名产生混淆的可能性不大,没有必要作为帮助行为正犯化罪名进行研究。例如,虚开增值税专用发票罪包括为他人虚开、为自己虚开、让他人为自己虚开、介绍他人虚开等四种行为,虚开的发票可被人用于逃税或者骗取出口退税,但虚开类犯罪与逃税罪、骗取出口退税罪之间并不容易发生混淆,很少有司法机关会将此罪作为他人逃税罪、骗取出口退税罪的帮助犯进行考虑。

第四,被帮助的行为本身没有被规定为犯罪的,没有必要将帮助行为罪名视为帮助行为正犯化,因为不可能出现与被帮助行为所涉罪名发生混淆的问题,也不可能会有人以被帮助者没有着手实行犯罪来否认这些罪名的成立。例如,《刑法》第 354 条容留他人吸毒罪,第 359 条容留、介绍卖淫罪,第 284 条之一第 3 款非法出售、提供试题、答案罪,第 4 款代替考试罪等。在我国,自己吸毒、自己卖淫、自己考试作弊,都没有被规定为犯罪,但是引诱、容留、教唆、欺骗他人吸毒,引诱、容留、介绍他人卖淫,向考试作弊者提供试题或答案,代替他人考试或让他人代替自己考试,却被规定为犯罪,因而属于完全独立化的犯罪行为类型。之所以会出现这种共犯构成犯罪,正犯却不构成犯罪的规定,有学者解释,是因为引诱、容留他人吸毒,不仅会侵害吸毒者的身体健康,而且在药理作用之下,吸毒者极易实施其他违法犯罪行为,特别是会导致社会风气荒废;同样,引诱、容留卖淫行为不仅败坏社会风气,而且会侵害卖淫者的性的自主决定权。[①] 这种观点虽然未必正确,比如可能是卖淫者想找地方卖淫而提供场所者只是容留等,但立法者确实设立了此类罪名,那总是有其立法理由的。这类犯罪,或者由于语义本身的限制,在正犯尚未着手实行时,共犯行为根本不成立,如甲向乙提出,想和几个朋友到乙家里吸毒,乙碍于情面答应了,但甲和朋友携带毒品前往乙家时,被警察抓获,只能认为乙尚未容留他人吸毒,不构成犯罪,容留卖淫罪也是同理;或者由于行为本身高度独立,与被帮助行为无甚牵连,如甲将大学英语六级考试试卷在考试之前卖给准备参加考试的学生,单独构成非法出售试题罪,与购买试卷的考生是否作弊无甚牵连,不需要等待考生开始作弊才处罚甲;或者由于语义的限制而只能存在帮助行为一个行为,被帮助行为只是概念上存在而事实上并不存在,如甲进入硕士研究生入学考试的考场代替考生乙参加刑法学专业课的考试,虽然甲和乙都成立代替考试罪,但只有甲真正实施了代替乙参加考试的行为,而乙并未进入考场参加考试,连试卷都没见过,可能完全不知道试卷内容,但两人都是考试作弊,甲是代替乙考试而构成作弊,乙是让甲代替他考试而构成考试作弊,甲帮助他人考试与乙让他人帮助其考试,都是社会观念上的,并不存在构成要件意义上的实行行为和帮助行为之分,或者说,甲代替他人考试、乙让他人代替其考试,本身都是实行行为,因此完全谈不上帮助行为正犯化问题,为了避免误解,应当用替考作弊罪来概括比较合适。

第五,虽然描述了行为方式,但没有独立配置法定刑,依然规定按正犯

---

① 参见［日］大谷实:《刑事政策学》(新版),黎宏译,中国人民大学出版社 2009 年版,第 99—100 页。

罪名定罪量刑的,也不属于帮助行为正犯化,仍属于帮助行为共犯化规定。例如,《刑法》第244条第2款将明知他人实施强迫劳动行为而为他人招募、运送人员或提供其他协助的行为,第284条之一第2款将为组织考试作弊者提供作弊器材或其他帮助的行为,规定为"依照前款的规定处罚",并没有为这些行为配置独立的罪名和法定刑,因而不会产生罪名和法定刑适用方面的争议,没有必要将其视为帮助行为正犯化规定,将其视为帮助行为共犯化规定,认为立法的主要目的在于规定片面帮助行为的处罚,可能更加合理。同理,"两高"2010年《淫秽电子信息司法解释(二)》第3条至第6条将在互联网上建立主要用于传播淫秽电子信息的通讯群组;网站的建立者或直接负责的管理者明明知道他人制作、复制、出版、贩卖、传播的是淫秽电子信息,仍然放任或允许他人在其所有或管理的网站或网页上发布;互联网信息服务提供者或电信业务经营者明明知道是淫秽网站而为该网站提供网络存储空间、代收费、通讯传输通道、服务器托管、互联网接入等服务并收取服务费等行为,规定为按传播淫秽物品罪或传播淫秽物品牟利罪定罪处罚。由于这些行为本来就属于传播淫秽物品的帮助行为,在罪名和法定刑方面并无独立性,因此应当视为帮助行为共犯化规定而非帮助行为正犯化规定。对此,有学者认为,该司法解释第7条对同为帮助行为的明知是淫秽网站而以牟利为目的,通过投放广告等方式向其直接或者间接提供资金,或者提供费用结算服务,情节严重的行为规定为"以共犯论",而第3条至第6条却没有规定"以共犯论",说明最高司法机关是要将上述行为按照相关犯罪的实行行为加以评价和制裁的。[1] 笔者认为,这种观点的依据不足,因为这种区别更可能是由于司法解释制定者的疏忽而没有太多的含义。正如该学者自己所言,由于司法解释为这些帮助行为规定的定罪标准明显高于为实行行为规定的标准,很可能出现实行者构成犯罪而帮助者尚未达到定罪数量标准的情况。此时,按实行者的共犯能够对帮助者定罪,按司法解释的规定却无法对帮助犯进行定罪。不过,该学者一方面认为这种规定与司法解释将上述共犯行为视为实行行为的观念相违背,另一方面又认为对网络共犯行为认定为共犯而非直接认定为相关犯罪的实行犯不仅可以做到罪刑均衡,而且可以保证实行行为的类型性和定型性,符合罪刑法定原则的要求。[2] 其实,并不是司法解释将上述帮助行为视为实行行为,而是论者自以为司法解释将帮助行为视为实行行为。实际

---

① 参见阎二鹏:《共犯行为正犯化及其反思》,载《国家检察官学院学报》2013年第3期。
② 参见阎二鹏:《共犯行为正犯化及其反思》,载《国家检察官学院学报》2013年第3期。

上,将上述规定理解成,为了限制帮助犯的处罚范围而规定更高的定罪数量标准更符合情理,因为帮助行为的社会危害性通常要小于实行行为。即便真的想作为实行行为,也没必要视为共犯行为正犯化,一是限于罪刑法定原则,司法解释没有制定共犯行为正犯化罪名的权限;二是不会与实行者所触犯的罪名发生混淆。

排除了以上没有必要作为帮助行为正犯化进行研究的罪名,则刑法中所剩余的帮助行为罪名,主要剩下那些所谓中性帮助行为正犯化罪名,以及刑法同时规定了正犯和共犯正犯化时的罪名。

前者是指为他人实行犯罪提供资金或其他物质帮助的情形,主要包括:(1)第107条规定的资助危害国家安全犯罪活动罪,将境内外机构、组织或个人为实行分裂国家罪、背叛国家罪、煽动分裂国家罪、颠覆国家政权罪、武装叛乱或者武装暴乱罪、煽动颠覆国家政权罪的人提供资金或物质帮助的行为,规定为独立的犯罪;(2)第112条规定的资敌罪,将战时向敌人提供军用物资或武器装备的行为,规定为独立的犯罪;(3)第120条之一规定的帮助恐怖活动罪,将资助恐怖活动培训,资助恐怖活动组织或实施恐怖活动的人,为实施恐怖活动的人、恐怖活动组织或恐怖活动培训而招募、运送人员的行为,规定为独立的犯罪;(4)第285条第3款规定的提供侵入、非法控制计算机信息系统的程序、工具罪,将明知他人实施侵入、非法控制计算机信息系统的违法犯罪行为而为其提供程序、工具的行为,以及向他人提供专门用于侵入或非法控制计算机信息系统的程序或工具的行为,规定为独立的犯罪;(5)第287条之二规定的帮助信息网络犯罪活动罪,将明知他人正在或即将利用信息网络实施犯罪而为其提供支付结算、广告推广、网络存储等服务,或者提供通讯传输、服务器托管或互联网接入等帮助的行为,规定为独立的犯罪;(6)第290条第4款资助非法聚集罪,将资助他人非法聚集情节严重的行为,规定为独立的犯罪。处罚这些犯罪时,不需要查明帮助者与实行者之间具有犯意联络并成立共同犯罪,只需要查明帮助者实施了刑法明文规定的帮助行为即可。反之,如果没有被正犯化,则要么无法对片面帮助者按共同犯罪中的帮助犯处罚,要么只能按正犯的帮助犯处罚而没有自己独立的罪名和法定刑,且其处罚将受共犯从属性理论的限制。

后者是指刑法在规定某种正犯的同时,单独为其帮助犯规定罪状和法定刑,从而使特定帮助行为具有了独立的罪名、罪状和法定刑,主要包括:(1)第392条介绍贿赂罪,是在刑法规定的行贿罪和受贿罪之外,单独为向国家工作人员介绍贿赂的行为设置罪状和法定刑,但是,由于该罪的法定刑很轻,最高才为三年有期徒刑,远远低于行贿罪和受贿罪的法定刑,因而经常发生对介绍贿赂者应否按行贿罪或受贿罪的帮助犯论处的问题;(2)第358条第4款协助组织卖淫罪,是在刑法规定的组织卖淫罪之外,单独为替组织卖淫者招募、运送人员或提供其他协助的行为设置罪状和法定刑,同样,由于该罪的法定刑远远轻于组织卖淫罪的法定刑,因而经常发生对协助组织卖淫行为应否按组织卖淫罪的帮助犯论处的争议。在帮助者与正犯者之间具有犯意联络并成立共同犯罪之场合,帮助行为将同时触犯行贿罪或受贿罪(帮助犯)和介绍贿赂罪,或同时触犯组织卖淫罪(帮助犯)和协助组织卖淫罪,能否根据想象竞合犯原理,对该行为从一重罪论处,必然产生争议;反之,在帮助者与正犯者之间不具有犯意联络,从而不构成共同犯罪之场合,则帮助者仅触犯帮助行为正犯化罪名,直接依该罪名定罪量刑即可。

综上,所谓帮助行为正犯化,是指刑法分则将特定帮助行为类型设置成独立的犯罪,并为其配置独立的罪名、罪状和法定刑的立法现象。

第二节　帮助犯的量刑规则理论及其评析

帮助行为正犯化之后,帮助行为在形式上被提升为正犯行为,对该正犯进行教唆或帮助的,在形式上就没有理由不予处罚。然而,即便被提升为正犯,其帮助行为的本质依然不变,其法益侵害性并不会因为被提升为正犯而随之提高,从而导致对这种正犯的教唆和帮助,可能面临一个从原先不可罚被硬性提升为不得不处罚的问题。为了弥补这种缺陷,我国刑法学家张明楷教授和黎宏教授试图将一些帮助行为正犯化罪名解释为仅仅是刑法单独为帮助犯确立量刑规则,从而否定其属于帮助行为正犯化现象。

一、区分绝对正犯化、相对正犯化与量刑规则说的观点

张明楷教授认为,刑法分则中为帮助行为独立配置法定刑的现象,有可能仅仅是对帮助犯规定量刑规则,而不一定是帮助犯的正犯化。另外,帮助犯的正犯化也有绝对正犯化与相对正犯化之分。三者的区别主要是法律后果不同。帮助犯绝对正犯化的典型例子是帮助恐怖活动罪,绝对正犯化能产生三个法律后果:一是这种帮助犯的成立不再需要以被帮助的正犯着手实行犯罪为前提,即帮助犯对正犯不再具有实行从属性;二是对这

种帮助犯不能再按刑法总则关于从犯的规定从宽论处,即对帮助犯不能再适用从轻、减轻或者免除处罚的规定;三是对这种帮助犯实施教唆行为或帮助行为的,可以成立教唆犯和帮助犯。帮助犯相对正犯化的典型例子是协助组织卖淫罪,在这种情形中,原来的帮助犯是否已被正犯化,是否被提升为正犯,要视情形而定,要独立判断具体案件中的帮助行为是否值得科处刑罚,主要取决于具体帮助行为本身是否侵犯法益以及侵犯程度。帮助犯量刑规则的典型例子是帮助信息网络犯罪活动罪,是指帮助犯并没有被提升为正犯,仍然只是其他犯罪的帮助犯而不是另一种正犯,只是刑法分则为这种帮助犯规定了独立的法定刑而已。这种帮助犯的成立仍然要以正犯着手实行犯罪为前提,对这种帮助犯的教唆仅能成立帮助犯,对这种帮助犯的帮助则不可罚。[①]

对于这种三分法观点,刘艳红教授进行了批判,主要理由是:(1)刑法规定独立的法定刑是以行为独立成罪为前提的,既然刑法分则为某种帮助犯配置了法定刑,就说明它已经被正犯化了;(2)认为相关规定只是为帮助犯确立量刑规则,会使刑法总则规定的犯罪一般原理被刑法分则架空,会导致刑法总则中的共犯理论被架空,并导致刑法总则对刑法分则的指导意义最终丧失,甚至使刑法总则与刑法分则的区分难以存在;(3)把同属帮助行为单独入罪的刑法规定人为地分为三种情形既不符合刑法解释的体系规则,又违背正犯与共犯相区分的基本原理。[②] 于志刚教授也表示反对,主要理由是:(1)论者明显地呈现出厚此薄彼的随意解释样态,是"为了创新而进行随意分类归纳,肆意曲解",事实上,立法并未明确规定绝对可罚或相对可罚,而无论哪种犯罪,其可罚性都是相对的;(2)论者没有明确指出其所谓相对正犯化是否允许再次惩罚共犯;(3)上述区分不仅没有一致的理由,而且没有一致、合理的效应,实际上,帮助信息网络犯罪活动罪是一种完全独立的犯罪,其成立及停止形态均不依赖被帮助的犯罪。[③]

笔者认为,从具体论证过程来看,三分法的论证方法是有问题的,有循环论证之嫌。刘艳红教授对三分法的批判,却也无的放矢、过于空泛,只扣帽子而完全没有针对三分法的具体理由进行反驳,认为刑法总则规定了犯罪的一般原理和共犯理论也明显是混淆了刑法规定和刑法理论。于志刚教授的批判相对合理,张教授的解释的确有点随意,在刑法和司法解释为

---

① 参见张明楷:《论帮助信息网络犯罪活动罪》,载《政治与法律》2016 年第 2 期。
② 参见刘艳红:《网络犯罪帮助行为正犯化之批判》,载《法商研究》2016 年第 3 期。
③ 参见于志刚:《共犯行为正犯化的立法探索与理论梳理》,载《法律科学》2017 年第 3 期。

帮助信息网络犯罪活动行为设置了独立的罪名、罪状和法定刑的情况下，完全无视刑法规定，认为此罪条款只是为帮助行为规定量刑规则，已经不属于解释刑法规定了。事实上，《刑法》第287条之二第1款规定本罪的罪状和法定刑，第2款接着规定"单位犯前款罪的……"，第3款规定"有前两款行为，同时构成其他犯罪的，依照处罚较重的规定定罪处罚"。后两款的表述，显然是以第1款规定了独立犯罪为前提的。

在对三分法进行论证过程中，张教授是结合举例来进行的。其所举的例子包括，例一：甲明知乙要组织他人进行恐怖活动培训，或明知乙要组织他人实施恐怖活动，或明知乙要组建恐怖活动组织，却为乙招募人员或运送人员，并且乙也接收了甲招募或运送来的人员，但是还没有着手实施相关恐怖活动或进行恐怖活动培训即被公安机关查获。例二：接着例一，假设甲在实施上述活动之前并没有与乙通谋，而为乙招募人员或运送人员，但乙由于担心甲不可靠而未敢接收。① 例三：甲听说好友乙正在实施组织他人卖淫活动，为给好友一个惊喜，在没有告知乙的情况下，以一般人不能知悉的方式，包括私下向目标妇女发短信、发微信介绍宾馆服务工作等，为乙招募了五名妇女，这五名妇女还以为是去宾馆工作，但乙因甲招募来的妇女不够漂亮而没有接受。例四：甲得知好友乙正在实施组织他人卖淫活动，为给乙一个惊喜，在没有事先告知乙的情况下，在其微信朋友圈公开招募卖淫女六名，其他不特定人和多数人都可以知悉甲的招募企图，因而被招募的六名妇女也知道是去从事卖淫活动，但乙因对甲的公开招募方式不满而拒绝接收甲招募来的妇女，并且极力否认自己在从事组织卖淫活动，或者虽然接收但还尚未组织这些妇女卖淫即被公安机关查获。例五：甲明知乙正在准备实施网络诈骗犯罪，主动免费为乙提供互联网技术支持，但乙还没有实施网络诈骗犯罪即暴病身亡。例六：甲明知乙正在实施网络诈骗犯罪，主动为乙提供互联网技术支持并劝说乙使用他提供的更高效、更安全的技术，但乙因担心甲是否另有企图而不敢利用甲所提供的技术。②

对于上述举例，张教授认为，在例一和例二中，由于恐怖活动犯罪是一种性质极其严重的犯罪，一般预防与特别预防的必要性特别大，即使甲暗中为乙招募或运送的人员没有被乙接收，由于其行为产生了扩大恐怖组织规模及其恐怖活动的危险，对甲应当认定为未遂犯，因此帮助恐怖活动罪

---

① 参见张明楷：《论〈刑法修正案（九）〉关于恐怖犯罪的规定》，载《现代法学》2016年第1期。

② 参见张明楷：《论帮助信息网络犯罪活动罪》，载《政治与法律》2016年第2期。

是帮助犯绝对正犯化。在例三中,由于甲招募的人员没有从事卖淫活动,并且甲的秘密招募行为本身没有侵犯社会秩序等法益,对甲不应当以协助组织卖淫罪论处,此时,第358条第4款没有将帮助犯正犯化。在例四中,由于甲公开为乙招聘卖淫女的行为已经侵害社会管理秩序,值得科处刑罚,所以对甲应以协助组织卖淫罪论处,此时,第358条第4款又属于帮助犯正犯化。在例五中,由于乙没有实施任何不法侵害行为,尚未侵害法益,由于甲提供互联网技术的行为在未被使用之前也不可能侵犯法益,所以甲的行为尚不构成犯罪。在例六中,由于甲的行为对乙的骗取财物结果没有起到任何帮助或促进作用,由于成立帮助信息网络犯罪活动罪要求行为人客观上"为其犯罪提供互联网……技术支持"而甲提供的技术并未被使用,加之甲提供的技术在被使用之前不可能侵害法益,因此甲的行为也不构成犯罪。总之,由于帮助信息网络犯罪活动罪的成立,仍然必须至少以被帮助者着手实行了犯罪并且使用了帮助犯所提供的帮助为必要,所以第287条之二第1款并未设置独立的犯罪,只是为特定帮助犯规定量刑规则。① 同理,虽然第244条第2款和第284条之一第2款对强迫他人劳动或组织考试作弊的协助行为单独规定要"依照前款的规定处罚",但这只是为帮助犯确立量刑规则而非帮助犯正犯化,这种帮助犯的成立,仍然必须以正犯着手实行犯罪为前提,如果正犯并未着手实行犯罪,则帮助行为既未直接侵犯法益又未间接侵犯法益,不值得处罚。②

从其论述来看,对于三种情形的区分,张教授的标准其实只有一个,就是从实质上看,这种帮助行为是否值得处罚,而在决定是否值得处罚时,主要考虑三个因素:帮助行为本身能否侵害法益、正犯是否着手实行了犯罪、正犯是否利用了该帮助行为。如果帮助行为本身能够侵犯法益,值得处罚,那么相关规定属于帮助犯正犯化。例如,为恐怖组织、恐怖活动、恐怖培训招募或运送人员的,即使没有通谋,即使所招募或运送的人员被恐怖组织拒绝接收,帮助行为本身也具有扩大恐怖组织或恐怖活动的抽象危险,因而值得处罚;半公开地为组织卖淫的人招募卖淫妇女的,行为本身即妨害了社会管理秩序,值得处罚,但比较秘密地为组织卖淫的人招募卖淫妇女而被招募者不知真相的,则没有侵犯任何法益,不值得处罚。如果帮助行为本身不可能独立侵害法益,则其可罚性取决于正犯是否着手实行犯罪,甚至取决于正犯是否利用了该帮助行为,否则,即使被刑法明文规定为

---

① 参见张明楷:《论帮助信息网络犯罪活动罪》,载《政治与法律》2016年第2期。
② 参见张明楷:《论〈刑法修正案(九)〉关于恐怖犯罪的规定》,载《现代法学》2016年第1期。

犯罪,也只属于为帮助犯确立量刑规则而已。

但是,这有循环论证之嫌。一方面,是根据具体的帮助行为实质上是否可罚及可罚程度来区分绝对正犯化、相对正犯化与仅确立量刑规则;另一方面,又根据对三种情形的区分来决定对帮助犯的成立是否采取共犯从属性理论,是否处罚对帮助犯的教唆或帮助行为。这种根据具体行为实质上是否值得处罚来决定帮助犯的成立与否的做法,是否违反了先定性后量刑的一般逻辑顺序,值得进一步研究,但其至少存在如下问题:

第一,到底是应当根据法条规定的性质(是否帮助行为正犯化规定)来决定具体行为的处罚,还是应当根据具体行为的可罚性来决定法条规定的性质? 如果是后者,既然已经决定了具体行为应否处罚及如何处罚,则反过来认定法条规定的性质有何实际意义? 特别是在其所谓相对正犯化情形中,根据某一具体行为是否可罚来认定法条规定的行为性质可以说毫无意义,依然无法解决对该具体行为的教唆或帮助应否处罚的问题。至少就帮助行为而言,由于帮助行为的社会危害性往往小于正犯行为的社会危害性,不能因为被提升为正犯具有可罚性,就认为对该种正犯的帮助也具有可罚性。

第二,撇开法条规定的性质,先来判断具体行为是否值得处罚,并无可靠的判断依据。例如,同样是事前没有通谋而为正犯招募或运送人员但被正犯拒绝接收,为恐怖活动组织提供帮助的可罚性,未必比为其他犯罪提供帮助的可罚性高。如果说暗中为恐怖组织招募或运送人员具有扩大恐怖组织及恐怖活动的抽象危险,那么也可以说,将被害人招募并运送到黑砖窑、黑煤窑同样增加了被害人被黑心窑主强迫劳动甚至杀害伤害的危险。同理,将可以用于侵入他人网上银行账户的病毒软件公开发布到互联网上供人自由下载,客观上会增加他人实行犯罪的危险,会增加不特定多数被害人财产重大损失的危险。

第三,在其所谓相对正犯化情形中,同样是事前没有通谋而为正犯招募或运送人员但被正犯拒绝接收,断言半公开地招募卖淫女"已经侵害了社会管理秩序"而比较秘密地招募卖淫女则未侵害社会管理秩序,恐怕也不妥当。一则,即便是半公开地招募人员,由于被招募者并未实施卖淫行为,难以说已经侵害了社会管理秩序,充其量只是招募了一些愿意卖淫者而已;二则,如果被招募者不知道是招募去卖淫,则客观上难以称之为招募卖淫女,因而真正问题不是秘密地招募卖淫女不具有社会危害性,而是根本不能称之为招募卖淫女;三则,在事前未通谋而私自为组织卖淫者招募卖淫女但被拒绝接收场合,即使招募者主观上具有帮助他人招募卖淫女的意图,其行为在客观上也难以称为"为组织卖淫者招募卖淫女",既然如此,则无论被招募者是否知情,这种招募行为都不具有社会危害性,而这显然与第358条第4款是否属于帮助行为正犯化无关;四则,如果认为公开招募卖淫女会侵害社会管理秩序才可罚而秘密招募则不可罚,无异于认为第358条第4款协助组织卖淫罪的可罚性是来自于公开招募而非来源于协助组织卖淫,这也明显不妥。

第四,帮助行为在本质上属于为了他人实行犯罪而实施的预备行为,虽然有些帮助行为本身能够侵犯某种法益,但是帮助行为本身是不可能独立地侵犯实行犯所侵犯的法益的,认为有些帮助行为能独立地侵犯实行犯所侵犯的法益,是将帮助行为本身所能侵犯的法益与实行犯所侵犯的法益混为一谈。例如,为了杀人而购买枪支的,虽然购买枪支本身能侵犯法益,有危害公共安全的抽象危险,但是这种法益并非杀人行为所侵犯的他人生命法益,仅仅购买枪支而不着手实行杀人行为,是不可能侵犯他人生命法益的,不能将两种法益混为一谈。并且,本身不可能侵犯实行犯的法益的行为并非一律不可罚,有时候,刑法出于预防犯罪的目的,也可能规定处罚一些本身并不能够侵犯法益的行为。例如,《刑法》第29条第2款规定,如果被教唆的人没有犯被教唆的罪,对于教唆犯,可以从轻或者减轻处罚。在被教唆者拒绝接收教唆的情形下,单独处罚教唆犯,显然不是因为教唆犯能侵犯法益,而是出于预防犯罪的需要。就预备犯而言,仅仅有预备行为,同样不可能侵犯实行犯所针对的法益,预备行为与法益侵害结果之间的因果关系也无从谈起。例如,某女为了用领带勒死情人而购买了一根精美的领带,但因情人爽约而未能着手实行犯罪。就为了杀人而准备领带的行为本身而言,是不可能侵犯他人生命法益的,但我国刑法明文规定处罚预备犯,德日英美等许多国家都规定处罚故意杀人罪的预备犯,对于故意杀人、强奸、抢劫、绑架等严重犯罪的预备犯,许多国家及地区的刑法都规定要处罚。显然,处罚预备犯,也不是因为预备行为本身能够侵犯实行犯的法益,而是为了预防犯罪的需要。同理,尽管帮助行为本身不可能侵犯实行犯的法益,并且有可能与犯罪结果之间没有因果关系,但出于预防犯罪的需要,也可能有必要予以处罚。

第五,不可否认的是,虽然由于刑法为明知他人利用信息网络实施犯罪而为其提供特定帮助的行为单独规定了罪名、罪状和法定刑,从而使特定帮助行为正犯化,形式上具有正犯行为、实行行为特征,但是帮助行为毕竟只是帮助行为,在正犯没有着手实行犯罪的情况下,帮助行为本身不可能侵犯法益。即使正犯着手实行了犯罪,如果正犯并未利用帮助犯所提供的帮助,则帮助行为与正犯行为的法益侵害之间仍然没有因果关系,相当于帮助行为没有间接地侵害法益,根据共犯处罚根据论中的因果共犯论,似乎没有理由处罚帮助犯。但是,由于共犯的处罚根据并非只有帮助行为间接惹起法益侵害这一个因素,而是包含了预防犯罪的需要、人们的处罚感情、社会通常观念等多种因素,因果关系在犯罪构成中的地位虽然重要,但也从来不可能单独成为犯罪构成中的关键因素,因而在帮助行为没有直接或间接地侵害法益的情形下,对帮助犯能否处罚,不能仅仅考虑没有侵犯法益这一个因素,而必须对整个案情综合考虑,对实质上具有处罚的必要性者,仍然有必要予以处罚。否则,不仅是帮助信息网络犯罪活动罪将形同虚设,而且刑法中所有帮助行为正犯化罪名、预备行为正犯化罪名都将形同虚设,因为无论是帮助行为还是预备行为,都不可能单独地、直接地侵害法益,都必须通过正犯行为才能间接地侵害法益,才能认为与正犯行为的法益侵害之间存在因果关系。例如,《刑法》第 287 条之一非法利用信息网络罪,处罚利用信息网络发布各种违法犯罪信息的行为。甲在网络上发布诈骗信息,但尚未骗到钱即被警察抓获。如果因为甲发布诈骗信息的行为不可能侵害法益而认为不可罚,则明显违背第 287 条之一的明文规定;如果认为可罚,则又会出现诈骗行为不可罚而预备行为却可罚的现象。如果认为只有诈骗行为可罚,发布诈骗信息的行为才可罚,则会使第 287 条之一完全虚置,因为,如果诈骗行为可罚,则实行行为吸收预备行为,对甲只定诈骗罪即可,第 287 条之一无从适用;如果诈骗行为不可罚,则预备行为也不可罚,第 287 条之一同样无法适用。因此,不能因为预备行为不可能侵害法益而认为预备行为正犯化罪名不成立,这也正是刑法规定预备行为正犯化的目的所在。如果认为没有法益侵害就不可罚,将明显违背刑法规定帮助行为正犯化、预备行为正犯化的立法宗旨,正是因为认为即使欠缺因果关系和法益侵害也需要处罚,才需要在刑法中特意规定帮助行为正犯化与预备行为正犯化罪名。

综上,张教授将刑法中帮助行为正犯化的规定区分为三种情形,虽然很有创见,很有启发意义,但是将刑法明文规定的帮助行为正犯化罪名解释为量刑规则,似乎还有进一步思考的余地。

二、区分帮助行为正犯化与量刑规则说的观点

有学者虽然没有将帮助行为正犯化规定区分为绝对正犯化、相对正犯化和量刑规则,但是也认为应当区分帮助行为正犯化与帮助行为量刑规则。例如,黎宏教授认为,《刑法》第 287 条之二并非帮助行为正犯化规定,

仅仅是为网络帮助行为规定量刑规则,仅仅是为了规定量刑的下限。其理由,一是该条款并没有规定一个可以独立于被帮助者而成立的罪名,因为根据该条规定,要成立本罪,不仅要求网络帮助行为者明知他人利用信息网络实施犯罪,而且要求被帮助者客观上实施了信息网络犯罪。法条中"为其犯罪提供互联网接入……技术支持"的表述,足以表明在他人没有实施网络犯罪场合,为他人实施网络犯罪提供技术支持的帮助行为无从谈起。二是"独立法定刑并不是本条规定独立罪名的根据",因为正犯与帮助犯是有关广义共犯类型的区分,与有无独立法定刑无关。正如在资助危害国家安全犯罪活动罪中,成立本罪要以被资助者实施了危害国家安全罪为前提,但没有人否认该罪在本质上是危害国家安全罪的帮助犯。三是将本条规定理解为刑法总则共犯规定之外的量刑规则,并不会使总则中的共犯规定被虚置,因为它只是限制帮助犯的处罚幅度,避免适用免除处罚而已。①

有学者对量刑规则说进行了系统的批驳,主要理由是:一是该说忽视刑法分则之罪均为独立的犯罪构成,会导致没有构成要件的量刑规则,造成罪名虚置;二是该说会导致对连锁帮助犯的处罚比依独立犯罪说的处罚更重,造成罪刑失衡;三是该说所谓构成要件和量刑规则的区分标准不明确,会使同一法条兼具正犯构成要件和共犯量刑规则两种矛盾属性,有悖罪刑法定原则;四是在个案处理上,量刑规则说得出的结论在行为无价值论看来不牢固;五是依独立犯罪化说则没有以上疑问,且更有利于规范引导和法益保护。②

笔者认为,从黎教授的上述三点理由中推不出《刑法》第287条之二只是规定量刑规则的结论。其第一点理由不成立。从"为其犯罪提供互联网接入……技术支持"的表述中并不必然得出成立该罪必须以他人着手实行信息网络犯罪为前提的结论,因为这只是共犯从属性说的要求,而不是立法上对帮助行为正犯化罪名的要求。正是因为在通常情况下,处罚帮助犯要以正犯着手实行犯罪为前提,所以才需要在立法中特别规定帮助行为正犯化,以便在正犯没有着手实行犯罪的场合,可以单独处罚帮助犯。换言之,在帮助行为正犯化之后,处罚帮助行为不再需要以正犯着手实行犯罪为前提,只要为他人提供了互联网接入、服务器托管、网络存储、通讯传输

---

① 参见黎宏:《论"帮助信息网络犯罪活动罪"的性质及其适用》,载《法律适用》2017年第21期。
② 参见聂立泽、胡洋:《帮助信息网络犯罪活动的规范属性及司法适用》,载《法治论丛》2017年第1期。

等服务,即使被帮助者没有着手实行犯罪,对帮助者也可单独定罪处罚。例如,甲明知乙准备在暗网上开设贩卖毒品和枪支弹药等违禁品的网站而为乙提供互联网接入、服务器托管服务,即使乙的网站尚未建成使用,对甲也可单独定罪量刑。其第二点理由不成立,因为不能根据帮助行为的本质是否改变来否定帮助行为正犯化罪名。正是因为行为在本质上仍属于帮助行为,为了单独处罚这种帮助行为,才需要正犯化。黎教授的自相矛盾之处还在于,一方面认为帮助信息网络犯罪活动罪和资助危害国家安全犯罪活动罪一样,都属于帮助犯的成立需要以正犯着手实行犯罪为前提,都不否认帮助行为本质的犯罪;另一方面又认为第287条之二仅仅是为网络帮助行为确立量刑规则,而第107条则是为资助危害国家安全罪的帮助行为规定罪名。其第三点理由则与第287条之二的规定是否仅是量刑规则无关,因为,无论该条到底是正犯化规定还是量刑规则,对帮助信息网络犯罪活动进行处罚都只能适用该条,而不能再适用刑法总则中的共同犯罪规定。即使认为处罚帮助信息网络犯罪活动行为仍然必须以正犯着手实行犯罪为前提,也不是非得将第287条之二解释为量刑规则不可,因为这种行为本质上仍属于正犯行为的帮助行为,只能通过正犯行为间接地侵害法益,故可以通过被帮助者是否着手实施正犯行为来判断帮助行为是否达到值得动用刑罚予以处罚的程度。正如陈洪兵教授一方面反驳了量刑规则说的观点,另一方面也主张处罚帮助信息网络犯罪活动行为必须以正犯着手实行犯罪为前提。[①]

综上,黎教授赞同量刑规则说的理由似乎还有进一步思考的余地,无法说明将刑法和司法解释明文规定的独立罪名解释为量刑规则的依据何在。

第三节　帮助行为正犯化的实行从属性问题

大陆法系的共犯从属性说认为,正犯是直接侵害法益的人,共犯是间接侵害法益的人,共犯只有通过正犯的实行行为才能侵害法益,因而共犯的违法性事实来源于正犯的实行行为,共犯对正犯应当具有实行从属性,其成立与处罚应当以正犯着手实行犯罪为前提,否则,共犯的可罚性就尚

---

① 参见陈洪兵:《帮助信息网络犯罪活动罪的限缩解释适用》,载《辽宁大学学报(哲学社会科学版)》2018年第1期。

未达到值得处罚的程度,处罚共犯就缺乏法益保护方面的理论依据,可能是过度伦理主义和社会防卫论的产物,违背客观主义刑法理念。然而,帮助行为正犯化之后,帮助行为在形式上已经由原来的帮助行为提升为刑法分则所规定的构成要件行为,同其他构成要件行为一样,取得了实行行为资格。为了与被帮助的正犯相区分,下文将这种提升后的正犯简称为"准正犯"。那么,准正犯的成立及处罚,是否仍然得以相应正犯的着手实行为前提,就成了理论上争议非常激烈的一个问题。

一、帮助行为正犯化实行从属性的争议

帮助行为正犯化之后,是否意味着准正犯对正犯在实行从属性问题上放弃了从属性而采取了独立性,对准正犯进行处罚是否必须以正犯着手实行犯罪为前提,在理论上仍有较大争议。

第一种观点是共犯独立性说,认为准正犯本来就是具有独立性的实行行为,其处罚当然不需要以正犯着手实行犯罪为前提。例如,有学者认为,网络帮助行为的独立性已经常态性地突破了传统的从属地位,一是主观独立性,指帮助者主观上独立于实行者,与实行者之间经常没有犯意联络;二是客观独立性,指帮助行为客观上独立于实行行为之外,通过广泛传播的方式来实施,往往表现为一对多甚至多对多的帮助样态。一个或多个帮助者往往面向多个相同甚至不相同的犯罪行为甚至违法行为提供帮助,导致在主观责任方面,认定帮助者与实行者具有意思联络(共同故意)变得不可能;在客观违法方面,认定实行者构成犯罪在实体上或程序上变得困难;相应地,认定从属于正犯的帮助行为构成犯罪也变得困难。欲解决因网络帮助行为的危害性提升(超越)和独立性增强(突破)所导致的难题,"实质共犯论下的共犯独立性思路更为有效",应当根据实质共犯论,将其直接认定为侵害法益的实行行为,以此解决帮助行为的主犯认定和罪名独立认定问题,共犯行为正犯化是唯一出路。[①]

这种观点同时在多种意义上使用"独立性"这一概念。一是帮助者的主观恶性和帮助行为的社会危害性独立于实行者的主观恶性和实行行为的社会危害性;二是相对于共同犯意联络而言,单方明知的片面共犯在主观上具有独立性;三是网络帮助行为也是一种独立的实行行为,有独立的定罪量刑标准,其处罚不以正犯着手实行犯罪为前提;四是在程序上,对准正犯追究刑事责任不以能够查证正犯实施了犯罪为前提。虽然这种观点

---

① 参见于志刚:《共犯行为正犯化的立法探索与理论梳理》,载《法律科学》2017年第3期。

已经偏离了共犯独立性说的基本含义,容易导致概念内涵不清、外延不明,但其认为可以对准正犯单独定罪量刑则是正确的。既然刑法已经将某类帮助行为规定为独立的犯罪,说明刑法已经认可该类帮助行为本身具有严重的社会危害性,值得作为犯罪进行处罚,因为在立法理念上,刑法是不可能将不具有严重的社会危害性、不值得处罚的行为规定为犯罪的。虽然断言"帮助行为的危害性超越了实行行为的危害性"①未必客观,虽然可以质疑立法的不当,但是在解释上,却不能不以立法规定为准。

第二种观点是提升后的正犯说,认为帮助行为正犯化之后,帮助犯变成了准正犯,故其成立及处罚不再需要以正犯着手实行犯罪为前提,但这并不意味着采取了共犯独立性说。例如,有学者认为,在帮助行为正犯化之后,准正犯的成立不再需要以正犯实施符合构成要件的不法行为为前提,但这并不意味着帮助行为正犯化是采取共犯独立性说,而是由于原本的帮助行为已经被提升为正犯行为,故不需要存在另外的正犯即可成立准正犯,并且,既然成立的是准正犯,则对准正犯实施教唆或帮助的,也将成立教唆犯和帮助犯。②

这种观点认为准正犯的成立不需要以正犯着手实行犯罪为前提是正确的,但是认为帮助行为正犯化能自然回避实行从属性问题则未必妥当。即便被刑法规定为独立的犯罪,帮助行为在本质上仍然属于为他人实行犯罪提供某种帮助的行为,其帮助行为之本质特征并不会因为刑法是否将其规定为独立的犯罪而改变,因此仍然存在着认为处罚该种帮助行为是否必须以被帮助的正犯着手实行犯罪为前提的问题。如果认为不需要,说明采取的是共犯独立性说;如果认为需要,说明采取的是共犯从属性说。例如,在双方不具有犯意联络,不成立共同犯罪的情况下,明知他人正在或将要利用信息网络实施诈骗犯罪,为其犯罪提供广告推广、网络存储、支付结算等服务,或者提供通讯传输、服务器托管、互联网接入等技术帮助的行为,在本质上仍属于他人网络诈骗犯罪的片面帮助行为,即便在形式上可称之为实行行为,也无法改变其帮助行为的本质,也仍然面临着认为处罚这种帮助行为是否必须以他人着手实行网络诈骗犯罪为前提的问题。

第三种观点是区别说,认为刑法中帮助行为正犯化规定存在两种情形,一种是不遵循共犯从属性原则的,另一种是遵循共犯从属性原则的。

---

① 参见于志刚:《网络空间中犯罪帮助行为的制裁体系与完善思路》,载《中国法学》2016年第2期。
② 参见张明楷:《论〈刑法修正案(九)〉关于恐怖犯罪的规定》,载《现代法学》2016年第1期。

前者如引诱、容留、介绍卖淫罪,引诱、容留他人吸毒罪,正犯不构成犯罪,仅共犯单独构成犯罪,突破了共犯必须从属于正犯才能成立的基本原理,使帮助行为具有自己独立的违法性而不再从属于正犯,对帮助行为可以直接适用独立罪名定罪处罚,不需要在实体上与正犯进行责任捆绑;又如帮助恐怖活动罪,只要给特定的人提供帮助就能构成犯罪,不要求被帮助者一定实施恐怖活动犯罪,此类帮助行为正犯化实际上是针对具有严重社会危害性的特定的人的帮助,而不是针对特定行为的帮助,因而不需要遵循共犯从属性原则。后者如第107条资助危害国家安全犯罪活动罪,成立本罪,不仅要求帮助者实施了资助行为,而且要求被资助者实施或意图实施第102条至第105条危害国家安全罪,尽管本罪是典型的帮助行为正犯化罪名,但是成立本罪还是要遵循共犯从属性原则,只是在处罚上有其独立的法定刑而已。①

这种观点认为有些准正犯的成立仍然需要遵循共犯从属性原则,虽然能表明其坚持客观主义刑法观,但是其理由却难以站得住脚。一是过于随意,如认为对恐怖组织或恐怖个人提供资助就是对具有严重社会危害性的人的资助,因而不需要遵循共犯从属性原则,而对实施或意图实施危害国家安全犯罪的人提供资助,却不是对具有严重社会危害性的人的资助,因而仍需要遵循共犯从属性原则,这似乎没有什么道理。一般而言,危害国家安全罪比恐怖活动犯罪的性质更加严重,资助前者也比资助后者的性质更加严重,没有理由反过来对前者要求从属性而对后者不要求从属性。二是不符合共犯从属性的基本含义,因为论者认为,要成立资助危害国家安全犯罪活动罪,既要求帮助者向他人提供资助,又要求他人实施或意图实施危害国家安全罪,而"意图实施"显然是指主观上具有实施意图但客观上尚未实施,这与共犯从属性要求处罚共犯应以正犯着手实行为前提的基本含义不符。三是认为引诱、容留、介绍卖淫罪,引诱、容留他人吸毒罪成立犯罪不需要遵循共犯从属性原则,似乎也是误解,因为要构成这些犯罪,事实上不得不以他人实施了卖淫或吸毒行为为前提。尽管刑法不处罚卖淫或吸毒行为,但是在行为类型上,卖淫或吸毒无疑是这些犯罪所对应的正犯行为。在语义上,若他人尚未着手实施吸毒、卖淫行为,则对帮助者尚难以称得上"容留"。

第四种观点是排斥说,此说认为,准正犯要成立犯罪,必须以正犯行为不成立犯罪为前提。如有学者认为,"帮助网络犯罪活动罪是片面共犯在

---

① 参见黎宏:《论"帮助信息网络犯罪活动罪"的性质及其适用》,载《法律适用》2017年第21期。

立法上的反映",刑法之所以增设本罪,是因为帮助信息网络行为本身具有严重的社会危害性以及行为人具有主观罪过,是立法者将其独立于正犯行为而规定为罪名,这种立法不是对刑法总则共犯处罚规定的补充,而是为共犯帮助行为独立入罪新增的罪名,因此本罪的成立"是以正犯行为不构成犯罪为前提",本罪与实行行为之间不存在共犯关系,而是独立的个罪行为。[①]

这种观点明显不妥,因为根本不需要通过否定正犯构成犯罪来强调准正犯的独立性。在准正犯与正犯之间不具有犯意联络,不成立共同犯罪的场合,准正犯可以成立犯罪,正犯也可以成立犯罪,没有理由认为准正犯成立犯罪必须以正犯不成立犯罪为前提;在准正犯与正犯之间具有犯意联络,成立共同犯罪的场合,准正犯并非一概不能成立本罪,认为其同时触犯准正犯罪名和正犯罪名(帮助犯),将更加符合想象竞合犯原理,能发挥想象竞合犯的明示机能,实现对犯罪行为的全面评价,也有利于实现刑罚的特殊预防和一般预防目的。一概否定准正犯能与正犯成立共同犯罪,否定正犯可以成立犯罪,明显与客观实际不符合。

第五种观点是犯罪成立与处罚范围相分离说。此说认为,一方面,由于刑法分则是专门用于规定罪名和法定刑的,一个行为只要被刑法分则规定为犯罪,就属于符合基本构成要件的正犯行为,所以,如果某一帮助行为被刑法分则规定了罪状和法定刑,则该帮助行为就成为一种独立的正犯,不能再称为正犯行为的帮助犯,这种独立正犯的成立,也不再以正犯着手实行或完成犯罪为前提;另一方面,如果准正犯中包含了不值得处罚的帮助行为,则可以适用共犯从属性原理来合理控制处罚范围,从而只有在正犯着手实行犯罪之后,才能处罚准正犯,因为只有当正犯着手实行犯罪使法益受到具体的、紧迫的危险时,对帮助犯进行处罚才可能具有实质合理性。[②]

这种观点试图将准正犯的成立条件与处罚范围相分离,企图缓和帮助行为正犯化罪名所体现的共犯独立性与作为通说的共犯从属性说之间的矛盾,可谓用心良苦,然而其合理性却存在疑问。一则,何种情形下需要限制,何种情形下不需要限制,难免恣意判断;二则,以正犯行为的社会危害性来限制准正犯的处罚范围,也与论者赞成刑法赋予了准正犯独立的违法

[①] 参见赵运锋:《帮助信息网络犯罪活动罪的立法依据与法理分析》,载《上海政法学院学报》2017年第1期。

[②] 参见熊亚文、黄雅珠:《帮助信息网络犯罪活动罪的司法适用》,载《人民司法》2016年第31期。

性自相矛盾;三则,此说无异于认为任何帮助行为正犯化罪名,都只属于帮助犯的相对正犯化,即需要限制时就不是正犯化规定而仅是量刑规则,不需要限制时才是帮助行为正犯化规定,从而又与其主张帮助行为正犯化都是独立的罪名自相矛盾;四则,如果要限制准正犯的处罚范围,完全可以直接适用《刑法》第13条之但书规定,以情节显著轻微危害不大为由,不予追究刑事责任,没必要大费周折让司法机关去查明被帮助者是否着手实行了另外一个犯罪;五则,此说在正犯化罪名的实行从属性问题上有自相矛盾之嫌,既认为帮助犯的成立不需要以正犯着手实行犯罪为前提,又认为可以根据正犯是否着手实行犯罪来限制帮助犯的处罚范围,意味着首先承认共犯独立性,接着承认共犯从属性,试图用从属性来限制独立性,这最终体现的是从属性,相当于认为对一部分犯罪采取从属性而对另一部分犯罪采取独立性,甚至是对同一犯罪中的一部分行为采取从属性而对另一部分行为采取独立性。

二、帮助行为正犯化罪名的成立与处罚有其独立性

在帮助行为正犯化之后,成立这些罪名,是否还需要以其他犯罪的着手实行为前提?虽然这是一个由大陆法系刑法理论舶来的问题,但却日益引起我国刑法学者乃至司法实践的重视。在其他犯罪着手实行的事实难以查证属实时,对于犯罪事实已经查清的帮助犯,能否单独定罪处罚?根据共犯从属性说和共犯独立性说就可能得出相反的结论,从而对犯罪嫌疑人来讲就是一个涉及罪与非罪的重大问题,迫切需要在理论上澄清。

德日刑法理论在狭义共犯(指教唆犯、帮助犯)的成立及处罚是否必须以被教唆、被帮助的正犯着手实行犯罪为前提这个问题上,存在着共犯从属性说与共犯独立性说之争。其中,共犯从属性说认为,共犯的成立及处罚必须以正犯着手实行犯罪为前提,否则,共犯的行为就不能达到值得科处刑罚的程度,不能予以处罚;共犯独立性说则认为,共犯只要实施了共犯行为即具有刑事可罚性,应予处罚,其成立及处罚不应以正犯着手实行为前提。德日刑法通说是共犯从属性说,但就从属性的程度而言,该说内部又存在四种学说。其中,最小限度从属性说认为,只要正犯着手实行的行为具有构成要件符合性,共犯就可成立;限制从属性说认为,只要正犯着手实行的行为具有构成要件符合性和违法性,共犯就可成立,不要求正犯具有有责性;极端从属性说认为,只有正犯着手实行的行为具备构成要件符合性、违法性和有责性,共犯才能成立;最极端从属性说认为,共犯的成立必须以正犯能成立犯罪并受处罚为前提,一般要求正犯行为具有构成要件

符合性、违法性、有责性，在需要客观处罚条件的罪名中还需要具备客观处罚条件。这种实行从属性的有无及其程度的理论，已经逐渐为我国刑法学者所承继。

就帮助行为正犯化规定而言，赞成共犯从属性说的学者认为，虽然现行刑法规定的大部分帮助行为正犯化罪名已经独立化，但少数帮助行为正犯化罪名的成立，仍然必须至少以被帮助者着手实行犯罪为必要。比如，要成立帮助信息网络犯罪活动罪，仍然必须至少以被帮助者着手实施了具体的实行行为为前提。对网络帮助行为的法益侵害性质及其程度进行判断，仍然无法脱离被帮助的具体实行行为的法益侵害性质及其程度而单独进行，因此该帮助行为成立犯罪仍然要从属于原正犯实施的符合构成要件的违法的实行行为。可见，我国的共犯正犯化并未完全排除从属性，这种从属的共犯正犯化罪名在定罪上并没有突破限制从属性，仅是在量刑方面实现了独立化。[①] 认为在适用《刑法》第 287 条之二时，仍然必须坚持共犯从属性立场，在行为人为他人犯罪提供相关网络技术支持时，只有被帮助的正犯的实行行为具有法益侵害性并值得科处处罚，对帮助者才能以犯罪论处。[②] "以帮助信息网络犯罪活动罪为视域，网络犯罪帮助行为正犯化不应该被视为共犯从属性之突破，其从立法原意上、形式上及实质上均以被帮助者实行了网络犯罪为前提，其仍坚持共犯从属性之理论。网络犯罪帮助犯的成立，形式上增加'情节严重'之要求，实质上需以折衷说为基础结合危险分配理论、信赖利益原则、法益衡量等因素综合考量。"[③]可见，以上观点存在自相矛盾之嫌，既认为帮助信息网络犯罪活动罪是帮助行为正犯化罪名，是帮助行为被提升为实行行为，又认为该帮助行为还得从属于被帮助的实行行为才可能具有可罚性，则该帮助行为到底有没有被提升为独立的实行行为？是否一罪的实行行为仍然得从属于他罪的实行行为？

坚持共犯从属性说最彻底的观点，无疑是干脆不承认某个帮助行为正犯化罪名是独立罪名的量刑规则说，这是张明楷教授、黎宏教授所提倡的观点。他们认为，对某一条文是否已将帮助行为提升为了独立的实行行为、是否属于帮助行为正犯化罪名，不能仅仅考虑法条形式，而必须进行实

---

① 参见钟敏杰、邓毅丞：《共犯正犯化之正当性及其类型研究》，载《江西警察学院学报》2017 年第 4 期。

② 参见吴炜佳：《帮助信息网络犯罪活动罪司法适用状况研究》，载《哈尔滨师范大学社会科学学报》2018 年第 1 期。

③ 参见赵娟：《网络犯罪帮助行为正犯化相关问题研究》，载《四川警察学院学报》2017 年第 6 期。

质判断。就帮助信息网络犯罪活动罪而言,仅单纯的帮助行为不可能侵犯任何法益,只有通过正犯着手实行犯罪才能对法益造成侵犯。《刑法》第287条之二第1款也明确规定对帮助犯要客观上"为其犯罪提供互联网……技术支持"才能处罚,说明该条款只是为特定帮助犯规定了量刑规则而没有将这种帮助犯予以正犯化。因此,提供互联网技术支持以促进他人犯罪的行为仍然是帮助行为,这种帮助行为要成立犯罪,仍然至少以正犯实施了符合构成要件的不法行为为必要,而教唆他人实施上述帮助行为的,不属于对正犯的教唆犯,仅属于对帮助犯进行教唆的正犯的帮助犯。虽然对正犯实施了帮助行为但没有对正犯结果起到帮助作用的,则不应受处罚。[①] 还有学者认为,正犯与帮助犯是对广义共犯类型的区分,与有无独立的法定刑无关。虽然帮助犯在成立条件上要从属于正犯,但这并不影响帮助犯能有自己独立的法定刑,因为帮助犯也是一种犯罪,当然也可以具有自己独立的法定刑。换言之,是不是具有独立的法定刑,与行为性质到底是正犯还是帮助犯无关,而《刑法》第287条之二并没有规定一个可以独立于被帮助的他人而成立的罪名。[②] 这种说法有点奇怪,既然帮助犯和正犯一样都是犯罪,都有自己独立法定刑,那么,为什么只可以将有独立法定刑的正犯称为独立罪名,而不能同样将有自己独立法定刑的帮助犯称为独立罪名?

另有学者反对量刑规则说的提法,认为帮助信息网络犯罪活动罪是一个独立的罪名,但又认为,该罪名是实质帮助犯,客观上要求为他人犯罪提供帮助,其罪状自然要求该罪依附于他人的犯罪,只有当他人实施了侵害法益的行为之后,才能对帮助者进行处罚,这虽然体现出帮助犯对正犯的从属性,但这是由该罪的实质帮助犯性质决定的,不能以此否定该罪是独立的罪名。[③] 可见,该论者实际上仍是主张共犯从属性说,认为该罪的成立必须以被帮助者着手实行犯罪为前提。

采纳共犯独立性说的学者则认为,共犯行为正犯化是指原本并非刑法分则明确规定的行为类型,被刑法分则直接当作实行行为进行规定,这种行为能够独立构成犯罪,无须再考虑原来的实行行为是否构成犯罪,甚至无须再考虑原来的实行行为的构成要素。由于网络犯罪帮助行为正日益在共同犯罪中起主要作用,其社会危害性已经超过实行行为的社会危害

---

① 参见张明楷:《论帮助信息网络犯罪活动罪》,载《政治与法律》2016年第2期。

② 参见黎宏:《论"帮助信息网络犯罪活动罪"的性质及其适用》,载《法律适用》2017年第21期。

③ 参见孙运梁:《帮助信息网络犯罪活动罪的核心问题研究》,载《政法论坛》2019年第2期。

性,导致其独立性已经常态性地突破了其传统的从属地位,导致即使采纳形式共犯论中的极端从属性说,也无法为网络帮助行为的独立性提供解决方案,只有采用实质共犯论,直接将网络帮助行为认定为侵害法益的实行行为,才能解决帮助行为的主犯认定和罪名独立认定问题。网络帮助行为定罪量刑标准应当独立化,不应依赖于实行行为定罪量刑的情节要求,否则将导致帮助行为难以惩处,特别是在一帮多的情形下,几乎不可能一一查证属实各个实行行为的各个量刑情节。帮助信息网络犯罪活动罪是一个为了解决入罪难问题而设置的兜底型罪名,是在帮助犯与正犯之间是否具有犯意联络难以查证属实时,为了严厉打击产业链化、职业化的网络犯罪帮助行为而不得不设立的箩筐型罪名,是刑法为网络犯罪帮助行为设置的一个小小"口袋罪"。如果行为人明知他人可能或必然实施网络诈骗等犯罪而向他人提供互联网技术帮助,即使他人后来没有实施网络诈骗等犯罪,对帮助者也应当考虑以帮助信息网络犯罪活动罪论处,而不能认为这种帮助行为一概不可罚。[①]

还有学者认为,帮助行为正犯化罪名是反向证明了共犯从属性说的正确性,正是因为共犯对正犯具有从属性,所以才有必要通过单独的立法将某些帮助行为实行行为化,使其具有独立构成正犯的条件,使得脱离刑法总则的共犯规定来单独处罚原来的帮助犯变为可能。与刑法总则规定独立教唆犯的立法模式不同,刑法对帮助行为正犯化罪名采取由各个分则条文独立规定的模式,这种模式既不会破坏刑法总则共同犯罪的规定,又能够将帮助者的刑事责任纳入共犯框架体系内解决,这正是坚持了共犯的从属性;而由于非共犯的帮助犯本来就不属于共犯,所以对其独立作出规定就更不违背共犯从属性原理,因为它本来就不是一个共同犯罪的问题。简言之,由于有了刑法分则的特别规定,原本有实行从属性的帮助行为具备了实行行为性,其成立及处罚不再依赖于其他基本犯罪的实行行为。[②] 可见,在论者看来,刑法对于其他共犯仍是采取共犯从属性说的,但是对于帮助行为正犯化罪名,则由于已经实行行为化而可单独定罪量刑,不再依赖于其他犯罪的实行行为。可见,就帮助行为正犯化罪名是否应从属于其他犯罪而言,其结论与共犯独立性说相同。

笔者认为,以上各说争议的根源,主要起因于各自的价值观差异。持

---

① 参见于志刚:《共犯行为正犯化的立法探索与理论梳理》,载《法律科学》2017 年第 3 期。

② 参见陈毅坚、孟莉莉:《"共犯正犯化"立法模式正当性评析》,载《中山大学法律评论》(第八卷·第 2 辑)。

共犯从属性说者,坚持德日刑法传统共犯理论,认为任何帮助犯的成立都必须以被帮助的正犯着手实行犯罪为前提,否则该帮助行为就没有侵犯被帮助的犯罪的法益,也就没有侵犯任何法益,不能予以处罚,无论该帮助行为是否已经被刑法规定为独立的犯罪,甚至根本否定相关规定是为帮助行为设立了独立的犯罪。持共犯独立性说者则往往是出于严厉打击网络犯罪帮助行为的现实考虑,认为由于网络犯罪实行行为难以查证属实,若坚持帮助犯的成立必以实行犯着手实行犯罪为前提的传统理论,将会导致事实上对帮助行为难以打击,从而放纵社会危害性日益严重的产业化、链条化的网络犯罪帮助行为。至于两者形式解释与实质解释的差异,则是服务于各自价值观的表面差异,并非形成争议的主要原因。

　　实际上,从立法原意来看,立法者之所以增设帮助行为正犯化罪名,当然是为了将某些种类的帮助行为作为类型性的独立犯罪来规定,以适应从严打击网络犯罪帮助行为的需要,如果仍然强调新增罪名的成立必须以被帮助的其他犯罪的着手实行为前提,则立法的意义就大大降低了,似乎没有特意增设罪名的必要。量刑规则说完全无视《刑法》第 287 条之二第 1 款、第 2 款、第 3 款中"单位犯前款罪的""同时构成其他犯罪的""依照处罚较重的规定定罪处罚"中"罪"等词语的文义解释,其不当之处更加明显。并且,一方面认为该条规定的只是量刑规则而不是独立罪名,另一方面又使用帮助信息网络犯罪活动罪来指称该条规定的罪名,则该条到底有没有规定独立罪名? 例如,张教授认为,"立法机关正是以传统共同犯罪理论为根据增设帮助信息网络犯罪活动罪的……上述蔡某的行为符合帮助信息网络犯罪活动罪的成立条件"。[①] 黎教授认为,"在行为人的行为既构成本罪,同时又构成其他较重犯罪的帮助犯时,就要按照刑法总则第 27 条规定,对其'从轻、减轻处罚'"。[②] 这说明,张教授、黎教授是认为具体帮助行为是可以同时构成本罪和其他较重犯罪的帮助犯的,但是,如果按照量刑规则说的含义,由于该条规定的并不是独立罪名,只是为其他犯罪的帮助犯规定法定刑,则根本不应当承认具体帮助行为能够构成本罪,本罪也不存在所谓成立条件,只可以承认能够构成其他犯罪的帮助犯,或者说"符合本量刑规则的适用条件"。反之,如果两位教授认为该条设立的是独立罪名,只是该罪名仍必须以其他犯罪已经着手实行为成立的前提条件,则是主张该罪名从属于其他罪名,不应当将该罪名称为"量刑规则"。

---

① 参见张明楷:《论帮助信息网络犯罪活动罪》,载《政治与法律》2016 年第 2 期。
② 参见黎宏:《论"帮助信息网络犯罪活动罪"的性质及其适用》,载《法律适用》2017 年第 21 期。

在首先承认立法增设了新罪名这一共识的基础上,应当认为,既然是独立的罪名,当然有其自己所保护的法益。比如,许多学者认为帮助信息网络犯罪活动罪的保护法益是信息网络安全管理秩序[1],那么该罪名就跟刑法中其他四百多个罪名一样,都是各自独立的罪名,不存在依附于其他罪名的问题,探讨该罪名与其他罪名之间的独立性或从属性问题,就已经完全超出了共犯从属性说与共犯独立性说的适用论域,完全属于一个不适宜的问题。换言之,既然是独立的罪名,则在考虑其社会危害性与法益侵害性时,当然应当独立考虑而不得依附于其他罪名。比如,就帮助信息网络犯罪活动罪而言,对某一个帮助行为能否定罪量刑,应着重考虑该帮助行为本身的事实、性质、情节、后果、影响、是否破坏了信息网络安全管理秩序、是否达到了情节严重的定罪要求等,而不应当去考虑被帮助者是否着手实行了犯罪,不应当以另一犯罪是否着手实行来决定该罪的成立与否,因为此时所考虑的是一个独立的犯罪能否成立,而不是考虑其他犯罪的帮助犯能否成立,除非完全否定它是一个独立的罪名。实际上,德日刑法理论中也从来不存在讨论一个罪名从属于其他罪名的问题。

第四节　帮助行为正犯化的修正形态问题

帮助行为正犯化(下文简称"准正犯")之后,在形式上,原先的帮助行为变成了刑法分则所规定的构成要件行为,刑法总则中关于教唆、帮助、预备、未遂、中止等共犯形态和停止形态的规定,就有了适用于准正犯的余地,从而产生这些修正形态是否具有可罚性、是应当适用准正犯的罪名还是应当适用正犯的罪名等问题。

一、帮助行为正犯化修正形态的可罚性问题

毫无疑问的是,虽然被提升为正犯,但准正犯的行为在本质上仍然属于其他犯罪的帮助行为,其社会危害性或者说法益侵害性,或多或少地来源于其他犯罪。因而相对于正犯行为而言,准正犯行为的不法内涵和罪责内涵或多或少有所减少,尤其是在准正犯行为本身的可罚性不强的情况下,修正形态的可罚性将面临更大疑问,从而可能出现形式上符合准正犯

---

[1]　参见赵秉志主编:《中华人民共和国刑法修正案(九)理解与适用》,中国法制出版社 2016 年版,第 167 页。

的修正的构成要件,但实质上缺乏可罚性,不值得处罚的情形,需要根据《刑法》第13条但书规定排除刑事责任追究。准正犯修正形态的可罚性,显然与准正犯的行为类型有关,而准正犯本身的可罚性,又与正犯的可罚性密切相关,因而在考虑准正犯修正形态的可罚性时,不得不将其与准正犯和正犯的可罚性一并考虑,只有综合考虑各种因素,才能得出一个比较合理的符合实际的结论。例如,同样属于帮助行为正犯化罪名,一般而言,帮助恐怖活动罪的社会危害性要比帮助信息网络犯罪活动罪的大,两者修正形态的可罚性也不一样;同样是帮助信息网络犯罪活动罪,在正犯实行宣扬恐怖主义、极端主义及煽动实施恐怖活动罪场合,与正犯实行侵犯著作权罪场合,社会危害性显然不一样。大体而言,在考虑准正犯修正形态的可罚性时,应着重考虑以下因素:(1)帮助行为正犯化的罪名和法定刑。一般来讲,资助危害国家安全犯罪活动罪、资敌罪、帮助恐怖活动罪、帮助信息网络犯罪活动罪、资助非法聚集罪、介绍贿赂罪的社会危害性依次递减。(2)同一罪名内部,正犯行为的性质。例如,在帮助信息网络犯罪活动罪中,正犯的行为类型千差万别,有介绍卖淫的、贩卖毒品的、销售枪支的、买凶杀人的、宣扬邪教的、宣扬恐怖主义的、窃取国家秘密的等,社会危害性各不相同。(3)同一罪名内部,帮助行为的类型。例如,在帮助恐怖活动罪中,为恐怖活动组织、实施恐怖活动的个人或为恐怖活动培训提供巨额资助的,比为恐怖活动组织或为恐怖活动培训运送人员的,社会危害性更大,招募人员的又比运送人员的社会危害性要大。(4)修正形态的类型。例如,在其他因素相同的情况下,未遂、预备、中止的社会危害性依次递减,教唆要比帮助的社会危害性更大。正犯可罚时,准正犯未必可罚;准正犯可罚时,其修正形态未必可罚;教唆可罚时,帮助也未必可罚。(5)在社会观念上,修正形态的事实能否成立。例如,在资助型准正犯中,为了实施资助行为而打工赚钱、开公司赚钱的,在社会观念上难以被认为是为其他犯罪作预备的行为,而为了资助恐怖组织在暗网上查找恐怖组织的银行账号,或者与恐怖组织成员联系沟通的,则有必要认定为帮助恐怖活动罪的预备行为;甲公司和乙公司得知丙公司想利用信息网络开设赌场,便与丙公司责任人员洽谈合作,丙公司拒绝了甲公司而接受了乙公司,乙公司在为丙公司建立赌博网站时,被公安机关当场查获,乙公司构成帮助信息网络犯罪活动罪的未遂犯,甲公司不构成犯罪,因为难以认定甲公司实施了帮助信息网络犯罪活动罪的预备行为,如果有丁公司事前曾教唆甲公司去与丙公司洽谈,丁公司也不构成犯罪;甲得知大学同学乙正在组织妇女卖淫,便在微信朋友圈中发布信息招募女性从事特殊服务,当甲将招募来的五名女性带到乙公司时,乙因担心出事而拒绝接收甲招募来的妇女,甲主观上有帮助乙的故意,客观上没有帮助成,构成协助组织卖淫罪的未遂犯。

总之,虽然已被正犯化,但本质上仍属于不能直接侵害法益的帮助行为,对帮助行为进行教唆、帮助的,除非能与正犯成立共同故意犯罪,否则一般不可罚。

二、帮助行为正犯化修正形态的罪名确定问题

在通常情况下,教唆犯是指教唆他人使之产生实行犯罪的故意并着手实行犯罪的人。教唆他人让他人去教唆别人犯罪的,以及教唆他人去犯罪而他人却教唆别人去犯罪的,教唆者都成立对正犯的教唆犯。例如,甲得知乙对国家不满,便教唆乙,让乙去教唆丙杀害丁,或者甲得知乙对社会不满,便教唆乙去杀害丁,乙担心自己干不了,便教唆丙去杀害丁,丙是实行犯,乙和甲都是丙的教唆犯。但是,与教唆他人去教唆别人犯罪时教唆者成立教唆犯不同,教唆他人去帮助别人犯罪使之产生帮助故意并实施帮助行为的,教唆者成立帮助犯而非教唆犯。例如,甲得知乙想杀害丙,便教唆丁将无声手枪借给乙,乙使用该无声手枪杀死了丙,乙是实行犯,丁是帮助犯,甲也是乙的帮助犯而不是丁的教唆犯。

在帮助行为正犯化罪名中,由于准正犯在本质上仍属于正犯的帮助行为,而不是真正的正犯行为,因而教唆或帮助准正犯的,就面临着是成立正犯的教唆犯或帮助犯,还是成立准正犯的教唆犯或帮助犯的罪名选择适用问题。例如,甲得知丙想在暗网上购买枪支但苦于不懂上网技术而无从下手,便教唆乙让乙去帮助丙,乙帮助丙用比特币支付从非法网站上购买了一批枪支。此例中,丙构成非法买卖枪支罪,乙既是丙的犯罪的帮助犯,又是帮助信息网络犯罪活动罪的准正犯;甲既是乙的犯罪的教唆犯,又是丙的犯罪的帮助犯。最终,对甲和乙都应根据想象竞合犯原理,以重罪即非法买卖枪支罪帮助犯论处。但是,如果此例中,丙出于安全考虑拒绝接受乙的帮助,则乙和甲均不构成犯罪,而不是构成帮助信息网络犯罪活动罪的预备犯或未遂犯。这不是因为该罪的成立得以正犯着手实行犯罪为前提,而是因为乙的行为尚不具有帮助信息网络犯罪活动的性质。

大致而言,在判断教唆者或帮助者的行为性质时,既要考虑正犯的行为类型,又要考虑准正犯的行为类型,还要区分共同犯罪与片面共犯等不同场合。如果教唆者、帮助者能够与准正犯或正犯成立共同犯罪,则教唆者、帮助者可能触犯准正犯或正犯的罪名;反之,如果教唆者、帮助者不能够与准正犯或正犯成立共同犯罪,则由于我国刑法所处罚的帮助犯仅限于

共同故意犯罪中的帮助犯,因此帮助者不能成立准正犯或正犯的帮助犯。只是,教唆者仍有成立独立教唆犯的可能性,尽管独立教唆犯的可罚性存在疑问。

此外,在共犯中的帮助行为同时触犯准正犯罪名和正犯罪名(帮助犯)时,如果司法解释没有明文规定,应当适用想象竞合犯理论,从一重罪论处,以发挥想象竞合理论的明示机能,对行为人判处符合罪刑相适应原则的刑罚,但是在司法解释有明文规定时,则要以司法解释为准。例如,根据"两高"2017 年《关于办理组织、强迫、引诱、容留、介绍卖淫刑事案件适用法律若干问题的解释》第 4 条第 1 款的规定,行为人明知他人实施组织卖淫犯罪活动,仍为对方招募人员或运送人员,或者充当对方的保镖、打手或管账人员的,要以《刑法》第 358 条第 4 款规定的协助组织卖淫罪论处,而不能以组织卖淫罪的从犯论处,即使按后罪论处的实际量刑应当更重,也不能按后罪论处。应当说,这条规定有违背罪刑相适应原则之嫌,应当规定从一重罪论处而不是只能按其中的哪一罪论处。

综上,虽然帮助行为正犯化之后,可以认为刑法在形式上为准正犯规定了独立的构成要件,针对这种构成要件也能成立预备、未遂、中止以及教唆、帮助等修正形态,但是这类修正形态并非一律可罚,反而在许多情形下是不可罚的。因此,不应过于机械地考虑形式上的构成要件符合性,而是应更加实质地考虑准正犯的帮助行为本质及其修正形态的可罚性。

第六章　帮助行为共犯化研究

【本章导读】　帮助行为共犯化的立法理由在于对片面帮助犯无法以帮助犯论处、对中性帮助行为的处罚存在较大质疑、出于限制帮助犯处罚范围的需要。对帮助行为以共犯论的规定都是共犯化而非正犯化规定,其条款一般同时包含法律拟制和注意规定,前者是对片面帮助犯的规定,后者是对共犯中帮助犯的规定。是否为帮助行为单独设置定罪量刑标准与是否采纳共犯独立性说,是两个没有必然联系的问题。在帮助行为满足其定罪量刑数量标准的基础上,能否处罚帮助犯,仍取决于解释者是赞成共犯从属性说还是共犯独立性说。可根据研究的需要,运用不同划分标准对帮助行为共犯化规定进行分类。

在刑法和司法解释中,有许多以共犯论之类的规定,从而给人一种疑问,为什么要规定以共犯论? 如果没有这些规定,是否对帮助行为就不能以共犯论? 对于其他没有明文规定以共犯论的帮助行为,能否按共犯论处? 以共犯论是帮助行为共犯化还是帮助行为正犯化? 诸如此类的问题,都有必要引起理论研究的重视。

第一节　帮助行为共犯化的理由

在社会观念上,在存在论意义上,帮助行为本来就属于狭义共犯行为。例如,没有人会将为盗窃犯提供万能钥匙的行为看作盗窃行为,至多仅会将其看作为盗窃犯提供帮助的行为;明知他人借钱的目的是贩毒而仍然出借的,没有人会认为出借者也是毒贩,至多仅会认为他帮助了贩毒者;明知他人在其出租的房子里生产假冒伪劣产品而不制止的,仍只属于为他人提供了某种帮助,而不是自己参与了生产;中国电信为用户接入互联网,明知他人在网上发布诈骗信息而不制止,几乎没有人会认为中国电信构成诈骗罪。既然如此,对帮助行为按帮助犯论处,本来是符合帮助行为本质的事情,为什么刑法和司法解释要规定对帮助行为以共犯论？这主要是因为,根据我国刑法总则关于共同犯罪的规定以及共同犯罪理论通说,对许多帮助行为是无法处罚的。为了处罚那些确有必要处罚的帮助行为,刑法分则和司法解释只好作出帮助行为共犯化规定。大致说来,帮助行为共犯化的立法缘由主要有如下一些:

一、为了对片面帮助犯按帮助犯论处

虽然对片面帮助犯是否属于共同犯罪,有肯定说和否定说等多种观点,甚至由于某些国家及地区对片面帮助犯有明文规定,赞成对片面帮助犯可以单独按帮助犯论处的观点还占上风。例如,耶赛克等人认为,帮助犯是指对他人故意实施的违法行为故意提供帮助者,只需要能够促进他人行为的实施即可,不需要帮助者对正犯行为有支配作用,甚至不需要正犯知道有人给他提供了帮助[1];罗克辛教授认为,从根本上讲,实行者和帮助者之间不需要存在心理联系,只需要帮助行为提高了法益侵害结果发生的危险即可[2];大谷实教授认为,片面帮助犯是指帮助者基于帮助故意实施帮助行为,但被帮助者不知道有该帮助行为而实施犯罪的情形,根据《日本刑法典》第 62 条(帮助了正犯的人)的规定,帮助犯的成立不需要帮助者和被帮助者之间存在意思联络,因此应当承认片面帮助犯[3];大塚仁教授认为,成立帮助犯,在帮助者和被帮助者之间不需要有相互的意思联络,与"都是正犯"的共同正犯不同,以帮助者一方的认识为基础时,也不应当否定帮助行为本身的犯罪性[4]。虽然从犯罪性来讲,片面帮助者主观上具有帮助他人实施犯罪并希望或者放任结果发生的双重故意和主观恶性、人身危险性,客观上实施了帮助、促进他人犯罪的行为并且与法益侵害结果之间具有物理性或心理性因果关系,处罚帮助行为也是预防犯罪和打击犯罪的需要,因此帮助行为具有刑事可罚性,但是,由于帮助行为毕竟不是刑法分则所规定的构成要件行为(实行行为),如果要对其按刑法分则所规定的

---

[1]　参见[德]耶赛克、[德]魏根特:《德国刑法教科书(下)》,徐久生译,中国法制出版社 2017 年版,第 938 页。

[2]　参见[德]克劳斯·罗克辛:《德国刑法学总论(第 2 卷)——犯罪行为的特别表现形式》,王世洲等译,法律出版社 2013 年版,第 155 页。

[3]　参见[日]大谷实:《刑法讲义总论》(新版第 2 版),黎宏译,中国人民大学出版社 2008 年版,第 404 页。

[4]　参见[日]大塚仁:《刑法概说(总论)》(第 3 版),中国人民大学出版社 2009 年版,第 315 页。

某一罪名处罚,必须是刑法总则中有明文规定才行,从而能否单独处罚帮助犯,就取决于刑法总则如何规定。

在德日等国的刑法总则中,既明文规定了帮助犯的概念和处罚原则,又没有明文规定所处罚的帮助犯必须是共同故意犯罪中的帮助犯,因而在刑法理论和司法实务中,对帮助犯进行处罚完全没有必要受到"在共同故意犯罪中"的限制,从而承认片面帮助犯单独可罚就成为理论和实务的通说。我国刑法对帮助犯的规定与德日等国有很大差异,既没有明文规定帮助犯的概念和处罚原则,理论上所认为的帮助犯,是从《刑法》第27条"在共同犯罪中起次要或者辅助作用的,是从犯。对于从犯,应当从轻、减轻处罚或者免除处罚"中推导出来的,要对帮助行为按帮助犯进行处罚,首先必须受"在共同犯罪中"这一处罚范围的限制。换言之,如果帮助者不能与实行者成立共同犯罪,则对帮助者按刑法分则为实行者规定的罪名定罪量刑就缺乏刑法规定依据。其次,虽然有些学者认为成立共同犯罪不需要行为人之间具有犯罪意思联络,不需要具有共同的犯罪故意,只要在客观上帮助行为与实行行为共同造成了法益侵害结果即可,因而甚至故意犯和过失犯[1]、过失犯与过失犯之间也能成立共同犯罪[2],但是,即使承认过失共同犯罪,在我国处罚帮助犯也仍然要受到"共同故意犯罪"的限制,因为我国《刑法》第25条明文规定:"共同犯罪是指二人以上共同故意犯罪。二人以上共同过失犯罪,不以共同犯罪论处;应当负刑事责任的,按照他们所犯的罪分别处罚。"[3]

---

[1] 《冰岛刑法典》第22条第3款规定:"对属于第2款规定情况的行为人和出于过失而参与实施犯罪的行为人,如果所犯之罪的刑罚不超过1年监禁的,可以免除处罚。"说明该法典认为故意犯罪和过失犯罪均能构成共同犯罪。参见《冰岛刑法典》,陈志军译,中国人民公安大学出版社2009年版,第16页。

[2] 《黑山刑法典》第23条第2款规定:"如果某些人基于共同故意而实施某一犯罪行为的,或者基于过失而共同实施某一行为的,或者以其他方法故意对犯罪行为提供实质性帮助从而将某一共同谋议的犯罪意图付诸实施的,则每个实施人都要因此而承受该种犯罪所对应之刑罚。"第26条第1款规定:"共同正犯在其犯罪故意或者犯罪过失之范围内承担相应之刑事责任,而教唆犯及帮助犯则在其犯罪故意范围内承担相应之刑事责任。"承认共同过失犯罪属于共同犯罪。参见《黑山刑法典》,王立志译,中国人民公安大学出版社2012年版,第9—10页。《科索沃地区刑法典》第27条(共犯的刑事责任和处罚之限制)规定:"1.共同正犯不论是出于故意或过失均应承担刑事责任,而唆使或协助他人实施刑事犯罪的从犯只有出于故意才承担刑事责任。2.如果自愿防止了犯罪的实施,法庭应当免除对共同主犯、唆使或者协助犯罪的从犯的处罚。"参见《科索沃地区刑法典》,汤海军、徐留成译,中国人民公安大学出版社2011年版,第8页。

[3] 还有其他规定只有共同故意实施犯罪才能成立共同犯罪的立法例。例如,《越南刑法典》第20条第1款:"共同犯罪,是指二人以上共同故意实施犯罪。"参见《越南刑法典》,米良译,中国人民公安大学出版社2005年版,第8页。《捷克刑法典》第23条:"如果犯罪是由两个(转下页)

换言之,在与实行犯缺乏犯意联络的片面帮助犯情形下,即使承认片面帮助者能与实行者成立共同犯罪,也仍然不能满足"共同故意犯罪"的要求,片面共犯至多仅是单方故意而不可能是共同故意,从而,如果按帮助犯来处罚片面帮助者将明显违背罪刑法定原则。

因此,为了弥补依刑法总则无法处罚片面帮助犯的缺陷,有必要在刑法分则和司法解释中明文规定哪些片面帮助行为可以处罚。退一步讲,即使可以单独处罚片面帮助犯已经成为理论和实务通说,由于毕竟存在争议,为了统一司法适用,仍有必要在刑法分则或司法解释中明文规定哪些片面帮助行为可以处罚。至于由司法解释规定片面帮助犯的处罚是否违背罪刑法定原则,则是另外一个问题。

二、为了对中性帮助行为进行处罚

在帮助行为中,虽然有一些明显属于犯罪行为,如"两高"2017 年《关于办理扰乱无线电通讯管理秩序等刑事案件适用法律若干问题的解释》第 6 条第 2 款规定"明知他人实施诈骗等犯罪,使用'黑广播''伪基站'等无线电设备为其发送信息或者提供其他帮助,同时构成其他犯罪的,按照处罚较重的规定定罪处罚"中,使用"黑广播""伪基站"发送信息等行为,本身可以构成干扰无线电通讯管理秩序罪,在社会观念里也属于一种违法犯罪行为,但是也有许多帮助行为在外表上似乎是"中性的""与犯罪无关的"。例如,没有人会把运送杀人犯至被害人家门口的行为看作杀人行为,甚至可能不会想到该行为是对他人杀人行为的帮助;中国电信为某小区某户人家安装上网设备接入互联网,即使其事后监测发现该户人家利用该网络发布淫秽电子信息而不制止,人们也难以想到中国电信也会涉嫌构成传播淫秽物品罪。对于这种社会观念中容忍度很大,但客观上对他人实施犯罪起到帮助作用并且行为人主观上对此有明知而放任心态的行为能否以帮助犯论处,就成了理论上和实务中争议很大的中性帮助行为。

与对片面共犯能否处罚一样,理论上对中性帮助行为的可罚性,也有很大争议。例如,雅各布斯认为,由于不会提高他人实现犯罪的风险,那些日常生活中习以为常的交换行为不具有刑事可罚性。例如,人们无法期待一个入室盗窃案会由于没有普通的螺丝刀而不发生,向他人提供螺丝刀并

（接上页）或者两个以上的人基于共同故意实行的,对其中的每个人均视为亲自地实行了该犯罪(共同正犯),都应当追究刑事责任。"参见《捷克刑法典》,陈志军译,中国人民公安大学出版社 2011 年版,第 10 页。

未升高他人盗窃犯罪实现的风险;即使面包店老板出售面包时知道购买者将对面包下毒仍然为其顾客提供服务,也仍然没有刑事可罚性。[1] 沙夫斯泰因认为,如果一种帮助的贡献很容易被其他方式所替代,则这种帮助并未提高他人实现犯罪的风险,因而不具有可罚性。例如,帮助者用汽车将小偷运送到行为地的行为不可罚,因为并未提高盗窃犯罪实现的风险,小偷本来也能够步行或者骑自行车去不算太远的行为地;在行为地为入室盗窃者扛梯子的行为不可罚,因为即使他不为实行犯扛梯子,实行犯在行为地也本来能够而且也会登上梯子,帮助他人扛梯子并没有提高盗窃成功的机会。[2] 陈洪兵教授认为,由于商品交易行为和日常生活行为同时体现了公民的日常交易自由和交往自由,为了在法益保护与自由保障之间保持平衡,除非交往交易行为本身违反相关法律、法规和行业规范,否则不能认为行为人对被害人负有危险源监督义务和法益保护义务,此时应当保护和尊重公民的交易自由和交往自由,不宜将这种行为评价为刑法中的帮助行为。[3] 更多的学者则一方面肯定中性帮助行为的可罚性,另一方面主张采用某种标准来合理限制其处罚范围,从而形成五花八门的学说。

我国的情况则有较大不同,由于我国刑法所处罚的帮助犯仅限于共同故意犯罪中的帮助犯,对于不能与实行者成立共同故意犯罪的片面帮助行为,本来就不能以帮助犯论处,否则明显违背罪刑法定原则,但是对于那些能够与实行者成立共同故意犯罪的帮助犯,则仍然存在着应否及如何合理限制处罚范围,特别是中性帮助行为的处罚范围的问题。对于相同的情形,不同学者的观点未必相同。例如,有学者认为,出租车司机听懂了两位乘客在用粤语商量犯罪计划,仍然将两位乘客送到目的地的,其运输行为仍属于正当业务行为,不具有可罚性,除非他主动向两位乘客提出他愿意在犯罪现场等待乘客作案完毕再将他们接回[4];有学者则肯定这种运送行为的可罚性,认为只要将抢劫银行犯运送到行为地点,就是对强盗罪的帮助,至于运送者是普通人还是出租车司机则根本不重要,若要将社会角色作为区分容许风险和不容许风险的合适标准,则该社会角色必须是某一相应容许的法律依据,但这显然不合适[5]。又如,有学者认为,如果行为人提

---

[1] Jakobs,AT2,24/17.

[2] Schafstein,Home-FS,1970,182.

[3] 参见陈洪兵:《论中立帮助行为的处罚边界》,载《中国法学》2017年第1期。

[4] 参见孙万怀、郑梦凌:《中立的帮助行为》,载《法学》2016年第1期。

[5] 参见[德]乌尔斯·金德霍伊泽尔:《刑法总论教科书》(第6版),蔡桂生译,北京大学出版社2015年版,第455页。

供的设备或技术方法具有正当用途,但正犯利用该设备或技术方法实施犯罪的,事先提供该设备或技术方法的人不成立帮助犯。比如,甲公司在网络上免费提供下载工具,正犯乙利用该工具下载淫秽视频出售的,甲公司不成立帮助犯。① 而根据通说,如果甲公司明知乙将利用该下载工具去下载淫秽视频出售,仍允许乙使用甚至与乙有事前通谋的,甲无疑也符合帮助犯的成立要件。

因此,由于理论上对于中性帮助行为的可罚性存在较大争议,为了统一司法适用标准,有必要由刑法分则或司法解释明文规定哪些中性帮助行为可以处罚。

三、为了提高定罪量刑标准以限制帮助犯的处罚范围

由于帮助行为的社会危害性相对而言比实行行为小,行为人的主观恶性及人身危险性也不及实行者,加之许多帮助行为又是日常生活中比较常见的交易、交往、业务行为,因而,即便帮助者与实行者之间具有共同的犯罪故意,能够成立共同故意犯罪,对帮助者进行处罚也应当有一个比较合理的界限。例如,甲有可能敢为杀人者提供刀具但绝对不敢亲自去杀人,乙有可能有胆量向强奸犯披露被害人的家庭住址信息但未必敢亲自实行强奸犯罪。因此,司法解释经常明文规定哪些类型的帮助行为可以处罚。

例如,根据"两高"2017年《关于办理组织、强迫、引诱、容留、介绍卖淫刑事案件适用法律若干问题的解释》第4条的规定,对于明知对方实施组织卖淫犯罪活动而为对方招募人员或运送人员,或者为对方充当保镖、打手、管账人等的,应当以《刑法》第358条第4款协助组织卖淫罪定罪处罚,不以组织卖淫罪的从犯论处,但是,对于在具有正规营业执照的会所、洗浴中心等经营场所内担任保洁员、收银员、保安员等一般服务性或劳务性工作,并且仅领取正常薪酬的人,不能以协助组织卖淫罪论处。虽然没有进一步规定保洁员、收银员、保安员等人不构成犯罪,但该条规定的本意,应当是不以犯罪论处的。此条规定中,虽然协助组织卖淫罪属于帮助行为正犯化罪名,但司法解释限制帮助行为处罚范围的意图是明显的。虽然明知他人实施组织卖淫活动而在卖淫场所担任保洁员、收银员、保安员等一般服务性、劳务性工作,也是对他人实施完成组织卖淫活动必不可少的帮助行为,但司法解释明文规定只处罚管账、打手、保镖等帮助行为,而不处罚收银、保安、保洁等帮助行为。

① 参见张明楷:《刑法学(上)》(第5版),法律出版社2016年版,第424—425页。

又如,根据"两高"2016年《关于办理非法采矿、破坏性采矿刑事案件适用法律若干问题的解释》第11条的规定,对于受雇佣为非法采矿或破坏性采矿犯罪提供劳务的人员,除非他们领取高额固定工资或者参与利润分成,否则一般不以犯罪论处,但是曾经因为参与非法采矿或破坏性采矿受过处罚的除外。根据此条,虽然为对方提供劳务也是非法采矿、破坏性采矿罪的帮助犯,但只处罚其中曾因非法采矿、破坏性采矿受过处罚、领取高额固定工资、参与利润分成者,一般不处罚其他受雇佣提供劳务者。只是这里的"受过处罚",是仅指刑事处罚,还是也包括行政处罚,不太明确。

除了规定对哪些帮助行为不以共犯论处之外,司法解释还可能通过给帮助犯规定更高的定罪标准来限制帮助犯的处罚范围。例如,"两高"2010年《关于办理利用互联网、移动通讯终端、声讯台制作、复制、出版、贩卖、传播淫秽电子信息刑事案件具体应用法律若干问题的解释(二)》(下文简称《淫秽电子信息(二)》)第1条第2款规定了利用信息网络实施的涉及未满14周岁儿童色情的制作、复制、出版、贩卖、传播淫秽物品牟利罪的定罪量标准,包括制作、复制、出版、贩卖、传播淫秽电影、表演、动画等视频文件10个以上,淫秽音频文件50个以上,淫秽电子刊物、图片、文章等100件以上,淫秽电子信息的实际被点击数达到5000次以上的,以会员制方式出版、贩卖、传播淫秽电子信息时注册会员达100人以上,利用淫秽电子信息收取广告费、会员注册费或者其他费用时违法所得5000元以上,数量或者数额虽未达到前六项的规定标准但分别达到其中两项以上标准的一半以上,造成严重后果等情形;第4条则为该罪的帮助犯规定了四至五倍的定罪标准,根据该条规定,网站建立者或直接负责的管理者以牟利为目的,明知他人制作、复制、出版、贩卖、传播的是淫秽电子信息,仍然放任或者允许他人在其所有或管理的网站或网页上发布,其数额或数量达到第1条第2款第(1)项至第(6)项规定标准五倍以上,或者数额或数量分别达到第1条第2款第(1)项至第(6)项两项以上标准两倍以上,或者造成严重后果的,也要以传播淫秽物品牟利罪定罪处罚。本来,帮助犯只不过是实行犯的帮助犯,并无自己独立的构成要件行为,无论是否与实行犯成立共同犯罪,其定罪的数额标准都应当与实行犯保持一致,但是,为了限制帮助犯的处罚范围,根据这两条规定,网站建立者、直接负责的管理者出于牟利目的,在明知他人发布的是淫秽电子信息的情况下,仍然放任或允许他人在自己所有或管理的网站或网页上发布的,其定罪的数额标准是发布者的五倍或两项标准的两倍——相当于单项标准的四倍。实际上,由于帮助行为的社会危害性毕竟比不上实行行为,为了限制帮助犯的处罚范围,许多司法解释都为帮助行为设立了更高的定罪量刑标准。

这种限制处罚的精神也体现在帮助行为正犯化罪名中。例如,《刑法》第287条之二规定,帮助信息网络犯罪活动罪的成立,要求情节严重,但是根据刑法关于共同犯罪的规定以及共犯原理,只要行为人明知他人实行犯罪而为其提供任何帮助,并且该帮助与正犯结果具有因果性的(因为若无因果性,就无法在共同犯罪中起到某种作用),就应当以共犯论处,而不以帮助行为情节严重为前提。刑法总则关于从犯与胁从犯的规定都没有以情节严重为前提,刑法分则和司法解释中的帮助行为共犯化规定一般也没有以情节严重为前提。[①]

综上,为了减少理论争议对司法实践的影响,为了统一司法适用,为了限制帮助犯的处罚范围,有必要制定帮助行为共犯化规定,以明确哪些帮助行为可以处罚,以及处罚的数量标准如何。

第二节　帮助行为共犯化相关理论

与帮助行为共犯化密切相关的理论,主要有注意规定和法律拟制、共犯从属性与共犯独立性、是正犯化还是共犯化等理论。

一、帮助行为共犯化与注意规定和法律拟制

所谓注意规定,是指并不改变行为本来所应当适用的罪名定性,仅重申其应当适用的条款或者应当如何论处的规定。[②] 所谓拟制规定,是指将原本符合A罪构成要件的行为,规定按B罪定罪量刑的规定。[③] 帮助行为共犯化中的帮助犯包含两种,一种是共同故意犯罪中的帮助犯,另一种是非共同故意犯罪中的帮助犯,即片面帮助犯。两者在构成要件方面完全相同,都得符合帮助犯的修正的构成要件,两者的区别在于帮助者是否与实行者之间具有犯意联络,从而形成共同故意犯罪。对于前者,根据《刑法》第25条和第27条规定,对共同故意犯罪中的帮助犯应当按帮助犯论处,因而这种帮助行为共犯化规定属于一种注意规定,即使没有这种规定,对帮助犯也是能够按帮助犯论处的。针对后者,由于片面帮助犯并非共同故

---

① 参见张明楷:《论帮助信息网络犯罪活动罪》,载《政治与法律》2016年第2期。
② 参见周铭川:《论刑法中的注意规定》,载《东北大学学报(社会科学版)》2016年第5期。
③ 参见张明楷:《刑法学(下)》(第5版),法律出版社2016年版,第675页。

意犯罪中的帮助犯,根据《刑法》第 25 条和第 27 条规定,本来无法按帮助犯论处,如果刑法分则或司法解释对此规定帮助行为共犯化,则是法律拟制,是将原本不能按帮助犯论处的片面帮助犯拟制为可以按帮助犯论处。

不过,对于某些条款是否属于法律拟制,还取决于论者对共犯形态如何理解。例如,《刑法》第 382 条第 3 款规定:"与前两款所列人员勾结,伙同贪污的,以共犯论处。"对于该条规定,倘若认为即使无身份者与有身份者共同故意实施身份犯罪也不能构成真正身份犯的共犯,就会认为该条规定是法律拟制规定,是将本来不能构成身份犯的共犯的无身份者拟制成真正身份犯的共犯[①];反之,如果根据通说认为无身份者与有身份者在共同故意实施身份犯罪时能够构成真正身份犯的共犯,则会认为这一规定是注意规定,因为对非国家工作人员本来就应当以贪污罪的共犯论处[②]。又如,根据《刑法》第 350 条第 2 款的规定,对于明知他人制造毒品,为他人运输、买卖、生产可以用于制造毒品的物品的,要以制造毒品罪的共犯论处;根据《刑法》第 198 条第 4 款的规定,保险事故的证明人、鉴定人或财产评估人故意提供虚假的证明文件,为他人诈骗提供条件的,要以保险诈骗的共犯论处;根据《全国人大会常委会关于惩治骗购外汇、逃汇和非法买卖外汇犯罪的决定》第 1 条第 3 款的规定,对于明知他人会将资金用于骗购外汇而向他人提供人民币资金的,要以共犯论处。由于这些规定中没有通过勾结、伙同、共谋等语词来明示共同故意犯罪以排除片面共犯情形,因而可能出现这些规定能否适用于片面共犯的问题。对于这些规定,倘若认为片面共犯也是共同犯罪,则会认为其属于注意规定,因为对片面共犯这种共犯本来就应按共犯论处[③];但是,如果根据通说认为片面共犯不是共同犯罪,则既可能认为它是注意规定,认为它不能直接适用于片面共犯情形,只有在完全符合共同犯罪成立条件时才能适用这些规定[④],也可能认为它属于法律拟制,认为对相应情形应一律按共犯论处,因为这是刑法条文的明文规定[⑤]。因此,对上述有争议的条款到底是注意规定还是法律拟制,几乎完全取决于不同学者对共同犯罪理论的理解。

---

① 参见李振林:《无身份者构成身份犯共犯乃法律拟制——对〈刑法〉第 382 条第 3 款性质之辨析》,载《南阳师范学院学报(社会科学版)》2012 年第 4 期。

② 参见吴学斌:《我国刑法分则中的注意规定与法定拟制》,载《法商研究》2004 年第 5 期。

③ 参见李振林:《刑法中被误读之注意规定辨析》,载《华东政法大学学报》2014 年第 5 期。

④ 参见王焕婷:《保险诈骗罪共犯法条性质分析》,载《河南司法警官职业学院学报》2013 年第 1 期。

⑤ 参见蔡新苗:《法律拟制条款的考察》,载《兰州学刊》2007 年第 8 期。

二、为帮助犯规定定罪量刑标准并不体现共犯独立性

有学者认为,许多司法解释为帮助行为独立规定不依赖于实行行为的定罪量刑标准,处罚帮助行为不再以实行行为被定罪处罚为前提,这体现出帮助行为在处罚上的独立性,采用的是实质共犯论之下的共犯独立性说。例如,根据"两高"、公安部 2010 年《关于办理网络赌博犯罪案件适用法律若干问题的意见》(下文简称《网络赌博意见》)第 2 条第 1 款的规定,行为人明知接受服务的对方是赌博网站,为对方提供以下帮助或者服务的,应当以《刑法》第 303 条第 2 款规定的开设赌场罪的共同犯罪论处:一是向赌博网站提供发展会员、软件开发、投放广告、技术支持、网络存储空间、服务器托管、通讯传输通道、互联网接入等服务,收取服务费数额在 2 万元以上;二是向赌博网站提供资金支付结算服务,帮助收取赌资 20 万元以上,或者收取服务费数额在 1 万元以上;三是向赌博网站投放广告累计100 条以上,或者为 10 个以上赌博网站投放与网址、赔率等信息有关的广告。根据该条第 2 款的规定,实施第 1 款所规定的行为,如果数额或数量达到第 1 款规定标准的 5 倍以上,则应当认定为《刑法》第 303 条第 2 款开设赌场罪的"情节严重"。该条第 3 款规定了应当认定行为人具有"明知"的几种情形,第 4 款接着规定,只要犯罪事实已经查清,对于到案的帮助犯就可以单独定罪量刑,不以开设赌场的犯罪嫌疑人到案为必要。

论者据此认为,该条第 1 款的规定体现了片面共犯思路,并且第 3 款规定了司法实践中如何认定"单方明知"的指引,这是司法解释对帮助犯主观上独立性的承认和落实。而该条第 1 款单独规定了帮助行为入罪的情节标准,以帮助犯收取服务费数额、网站数量、广告数量等作为对帮助犯单独定罪量刑的标准,这是司法解释对帮助犯在客观上共犯行为独立性的承认和落实,帮助犯的成立不再取决于开设赌场的正犯行为本身是否构成犯罪;该条第 2 款则单独规定了帮助犯法定刑升格的情节标准,也不再取决于开设赌场的正犯行为本身是否达到法定刑升格标准;该条第 4 款则进一步在追责程序上保障帮助犯定罪量刑上的独立性。由此可见,虽然司法解释名义上仍将帮助犯认定为开设赌场罪的共同犯罪,但已经无法完全用形式共犯论中的最小从属性说来解释它所规定的共犯独立性。[①]

笔者认为,以上分析首先是偏离了共犯从属性说和共犯独立性说的基本含义,不再是在"共犯的成立是否必须以正犯着手实行犯罪为前提"这一

---

① 参见于志刚:《共犯行为正犯化的立法探索与理论梳理》,载《法律科学》2017 年第 3 期。

基本含义上使用这一对概念,其所谓共犯主观上的独立性、共犯客观上的独立性、共犯处罚上的独立性,完全是论者自己独创的一些概念,这些概念与共犯从属性和共犯独立性概念几乎毫无关系。形成上述观点,估计还与论者独创的共犯独立性概念有关。如果根据公认的共犯从属性说,则应当将以上条文理解为,第1款是关于限制帮助犯的处罚范围的规定,即本来只要正犯着手实行了犯罪,无论帮助者是免费提供帮助还是收取服务费用,是为一个赌博网站提供帮助还是为几个赌博网站投放广告,都可对帮助犯进行处罚,只是为了限制处罚范围而只规定惩罚达到一定数额标准者;第2款也只是第1款的加重规定,与正犯的加重情节标准无关;第3款虽然包括"单方明知",但不排除也可适用于双方存在共同犯罪故意的情形;第4款则是司法实践中的通常做法,从中得不出该司法解释采取了共犯独立性说的结论。共犯从属性说仅是指对共犯进行处罚要以正犯着手实行犯罪为前提,不是指对共犯进行处罚要以实践操作中首先或同时处罚正犯为前提,正犯是否着手实行了犯罪是事实问题,是否依法追究了正犯的刑事责任是程序问题。

实际上,为了便于司法适用,司法解释既有可能为帮助行为规定定罪量刑标准,又有可能为实行行为规定定罪量刑标准,从而针对同一行为类型的实行行为和帮助行为的规定在逻辑上可能出现三种情形:第一种情形是为实行行为规定了定罪量刑标准,但没有为帮助行为规定定罪量刑标准(情形 A),此时,根据修正的构成要件理论,由于帮助犯的构成要件不过是对基本犯罪构成要件的修正,所以帮助犯的定罪量刑标准应当与正犯的保持一致;第二种情形是为帮助行为规定了定罪量刑标准,但没有为正犯行为规定定罪量刑标准(情形 B),此时,根据举轻以明重原则,也应当认为两者的标准完全一致;第三种情形是为帮助行为和正犯行为都规定了定罪量刑标准(情形 C)。在第三种情形(情形 C)中,也存在两种情形:一种是为帮助行为和实行行为规定的定罪量刑标准完全相同(情形 C1),此时,情形 C1 与情形 A、情形 B 相似;另一种是为帮助行为和正犯行为规定的定罪量刑标准不完全相同(情形 C2)。在后一种情形(情形 C2)中,又可能存在两种情形:一种是实行行为的定罪量刑标准严于帮助行为的定罪量刑标准(情形 C2-1),此时,同样的数额和情节,可能实行行为者达到了定罪量刑标准而帮助行为者尚未达到定罪量刑标准,由于帮助行为的社会危害性通常比实行行为的社会危害性小,实行行为能构成犯罪的,帮助行为未必能构成犯罪,故这种情形是合乎情理的;另一种是实行行为的定罪量刑标准宽于帮助行为的定罪量刑标准(情形 C2-2),此时,同样的数额和情节,可能帮助行为达到了定罪量刑标准但实行行为却未达到定罪量刑标准,这是司法解释顾头不顾尾的表现。在情形 C2-1 中,虽然司法解释也为帮助行为规定了定罪量刑标准,但是从实行行为和帮助行为的社会危害性大小比较来看,可以认为,这既不是帮助行为正犯化的表现,也不是帮助行为独立性的体现,仅仅是为了限制帮助行为的处罚范围而提高其定罪量刑标准而已。在情形 C2-2 中,由于司法解释的规定明显不合理,就面临着一个能否严格适用该种规定的问题,但是,无论是否严格适用,都不意味着这种规定体现了共犯从属性或独立性,也不意味着解释者支持共犯从属性或独立性。共犯从属性或独立性的基本含义,是指共犯的成立和处罚是否必须以正犯着手实行犯罪为前提的问题,而司法解释是否为帮助行为和实行行为规定了不同的定罪量刑标准,只是两者的定罪量刑标准不完全相同的问题,两者是两个不同的问题。

举例而言,假如有司法解释规定盗窃罪实行者的定罪标准是数额达 2000 元以上,而帮助者的定罪标准是数额达 1500 元以上,甲得知乙想盗窃,便为乙制作一把万能钥匙,乙用该钥匙进入丙家盗窃到 1800 元手机一台。此例中,甲达到定罪标准而乙尚未达到定罪标准,乙当然不构成犯罪,但是,对于对甲应否定罪,共犯从属性说仅需考虑正犯是否着手实行犯罪即可,至于正犯着手实行的符合构成要件的行为是否还需要具有违法性、有责性甚至客观处罚条件,则是共犯从属性说内部的争议。最小从属性说认为只需要具有构成要件符合性即可,限制从属性说认为需要具有构成要件符合性和违法性,极端从属性说认为需要具有构成符合要件性、违法性和有责性,最极端从属性说认为甚至还需要正犯行为符合客观处罚条件。显然,无论采纳哪种从属性说,由于乙都着手实行了盗窃行为,所以处罚甲都不违背实行从属性原则,只有在即使正犯没有着手实行也处罚共犯的情况下,才能认为采纳的是共犯独立性说。比如,甲以数额巨大的财物为盗窃目标但尚未着手实行时(相关司法解释规定只处罚以数额巨大的财物为盗窃目标的未遂,因此预备犯不处罚),如果单独处罚为甲提供万能钥匙的乙,说明采纳的是共犯独立性说。只有在采纳极端从属性说,并且将定罪的数量标准视为违法性标准的情况下,才能认为共犯的成立与处罚必须以正犯的行为完全构成犯罪为前提,但显然,这与德日刑法理论中极端从属性的含义有所不符。

换言之,是否为共犯行为单独规定定罪量刑标准,与是否采纳了共犯从属性说或独立性说没有必然联系,仅仅根据司法解释为帮助行为单独规定了定罪量刑标准,并不足以得出这种规定体现了共犯独立性的结论。即使司法解释为某类帮助行为单独规定了定罪量刑的数量标准,在帮助行为已经达到该数量标准时,对帮助者能否按帮助犯定罪量刑,仍然取决于解释者对实行从属性问题如何理解。如果坚持共犯从属性说,就会认为,处罚该帮助行为仍然得以实行者已经着手实行犯罪为前提,即使是《刑法》第287条之二规定的帮助信息网络犯罪活动罪,也有学者认为成立该罪必须以被帮助者着手实行犯罪为前提[1];反之,如果主张共犯独立性说,则会认为无论正犯是否着手实行犯罪,均可直接处罚该帮助行为。由于我国刑法并未规定是采纳共犯从属性说还是采纳共犯独立性说,这种争议必将长期存在。

三、是帮助行为共犯化而不是帮助行为正犯化

有学者将司法解释中的帮助行为共犯化规定理解为帮助行为正犯化,认为共犯行为正犯化的实质是独立化,表现为共犯在定罪量刑上不依赖于实行者的犯罪情节,直接根据自己的犯罪情节进行定罪量刑。相关学者认为司法解释中的共犯行为正犯化有三种模式[2]:第一种模式是共犯所从属的正犯必须达到构成犯罪所要求的罪量,即必须正犯行为已经构成犯罪,共犯才能成立,体现的是形式共犯论中的限制从属性说。例如,"两高"2005年《关于办理赌博刑事案件具体应用法律若干问题的解释》(以下简称《赌博案件司法解释》)第4条规定,行为人明知对方实施赌博犯罪活动,向对方提供计算机网络、费用结算、资金、通讯等直接帮助的,应当以赌博罪的共犯论处。相关学者认为此种情形仅实现了共犯行为入罪在主观方面的独立性,承认单方明知的片面共犯,不再要求帮助犯与正犯之间具有双向沟通的犯意联络,但是没有体现共犯行为入罪的客观独立性,共犯在构成要件符合性和违法性方面仍然依赖于刑法分则规定的赌博犯罪行为类型。第二种模式是共犯所从属的正犯不是必须达到自身构成犯罪所要求的罪量。例如,《淫秽电子信息(二)》第7条规定,行为人以牟利为目的,明知接受服务的对方是淫秽网站,仍通过投放广告等方式直接或间接向淫秽网站提供资金,或者提供费用结算服务,数额或数量达到一定标准的,即可对帮助犯单独以制作、复制、出版、贩卖、传播淫秽物品牟利罪的共同犯罪论处,包括向十个以上淫秽网站以投放广告等方式提供资金、向十个以

---

[1] 参见张明楷:《论帮助信息网络犯罪活动罪》,载《政治与法律》2016年第2期;黎宏:《论"帮助信息网络犯罪活动罪"的性质及其适用》,载《法律适用》2017年第21期。

[2] 参见于志刚:《共犯行为正犯化的立法探索与理论梳理》,载《法律科学》2017年第3期。

上淫秽网站提供费用结算服务、向淫秽网站投放广告二十条以上、以投放广告等方式向淫秽网站提供资金数额在五万元以上、为淫秽网站提供费用结算服务所收取的服务费数额在二万元以上、造成严重后果等定量标准。又如,根据"两高"2011年《关于办理危害计算机信息系统安全刑事案件应用法律若干问题的解释》(以下简称《危害计算机解释》)第9条的规定,行为人明知对方实施《刑法》第285条、第286条规定的行为,仍然向对方提供以下服务或帮助,数额或数量达到一定标准的,即可对帮助犯单独定罪量刑,无须考虑所帮助的正犯行为是否达到定罪所需的罪量:一是向对方提供可以用于破坏计算机信息系统的功能、数据或应用程序的程序或工具,违法所得5000元以上,或者向10人次以上提供上述程序或工具的;二是向对方提供广告服务、通讯传输通道、交易服务、互联网接入、技术培训、服务器托管、技术支持、网络存储空间、费用结算等帮助,违法所得5000元以上的;三是通过投放广告或委托推广软件等方式向对方提供资金5000元以上的。相关学者认为以上司法解释没有采用形式共犯论的最小从属性说而倾向于实质共犯论,因为其所采用的独立定量标准与正犯的传播行为和破坏行为的情节要素没有直接关系。第三种模式是直接将共犯行为规定为独立的实行行为,当然也不要求正犯行为达到定罪的罪量。例如,《淫秽电子信息(二)》第3条至第6条的规定中,帮助犯的成立既不必与正犯构成共同犯罪,也不要求正犯行为已经达到定罪的罪量标准,可直接依其罪量标准定罪量刑,并直接适用刑法相应条文。在这种模式中,除了受罪刑法定原则的限制而不能直接规定罪刑条款和罪名以外,司法解释几乎完全承认对帮助行为可以独立定罪量刑,从而将帮助行为直接视为独立的实行行为,是实质共犯论的观点。

有学者赞同以上观点,认为上述《赌博案件司法解释》第4条将行为人明知对方正在或将要实施赌博犯罪而向对方提供各种帮助的行为认定为赌博罪的共犯,不再要求行为人与对方之间具有意思联络,从而突破了传统共犯理论对共同犯罪的认定规则,是规范认可了片面共犯理论;而上述《网络赌博案件意见》第2条将网络违法犯罪帮助行为的共犯化发挥到极致,既不要求行为人与被帮助的正犯之间具有意思联络,也不要求被帮助的正犯行为能够成立犯罪,只要行为人明知接受帮助的对方是赌博网站而依然为对方提供特定帮助,即可认定为开设赌场罪的共犯,这种共犯化几乎是对共犯理论的全面颠覆,使该类帮助行为实行行为化和实质独立化,是形式的共犯化而实质的正犯化。上述《危害计算机解释》第9条将对违法行为的帮助也规定为以共犯论处,实际上也起到了帮助行为正犯化效果,而上述《淫秽电子信息(二)》第 4 条、第 5 条则直接将帮助行为正犯化,将其作为独立的正犯行为予以犯罪化评价,是司法上犯罪化的典型。① 另有学者认为,网络犯罪中帮助行为正犯化情形,既包括刑法分则所规定的,也包括司法解释所规定的,后者是指司法解释直接将一些网络犯罪的帮助行为规定为按照其所帮助的正犯的罪名论处,这实际上是将这些帮助行为视为实行行为。典型例子是《淫秽电子信息(二)》第 3 条至第 6 条的规定,采用"以某罪定罪量刑"的规定方式,实际上使上述条文所规定的行为成为单独的罪名,实质上是突破传播淫秽物品罪和传播淫秽物品牟利罪的构成要件的定型性,将上述帮助行为视为特殊的传播淫秽物品行为或传播淫秽物品牟利行为,目的是从源头上斩断各种网络技术帮助行为对淫秽电子信息传播犯罪所起的重要作用。②

笔者认为,以上理解似乎仍有进一步思考的余地。如上文所述,司法解释之所以为帮助行为单独设立定罪量刑标准,既有法律拟制的原因,又有限制处罚范围的考虑,与司法解释是否采纳了共犯独立性说没有必然联系。即使是刑法明文规定的帮助信息网络犯罪活动罪,也有学者认为是仅为帮助行为确立量刑规则而已。对于上述学者所认为的共犯行为正犯化条文,完全可以站在共犯从属性说立场上,认为帮助行为要成立犯罪,既要满足司法解释所规定的定罪量刑标准,又要以被帮助者着手实行了正犯行为为前提。只有在事先认为具有定罪量刑标准就等于具有共犯独立性的情况下,才会想当然地认为只要帮助行为满足了其定罪量刑标准即可直接定罪量刑。因此,论者的以上理解是根据共犯独立性说得出的结论,而不是得出司法解释采纳了共犯独立性说这一结论的前提。

实际上,以上司法解释所涉及的为实施赌博犯罪活动者提供资金或计算机网络、通讯、费用结算等服务,为淫秽网站提供资金或费用结算服务,网站建立者或直接负责的管理者允许或放任他人在自己所有或管理的网站或网页上发布淫秽电子信息,互联网信息服务提供者、电信业务经营者为淫秽网站提供通讯传输通道、代收费、互联网接入、网络存储空间、服务器托管等服务并收取服务费,为实施破坏计算机信息系统罪、非法控制计算机信息系统罪、非法获取计算机信息系统数据罪、非法侵入计算机信息系统罪的人提供可以用于破坏计算机信息系统(功能、数据或应用程序)的程序或工具(仅针对第 286 条),以及提供资金支持、交易服务、广告服务、

① 参见于冲:《网络刑法的体系构建》,中国法制出版社 2016 年版,第 145—148 页。
② 参见刘仁文、杨学文:《帮助行为正犯化的网络语境》,载《法律科学》2017 年第 3 期。

互联网接入、技术培训、服务器托管、技术支持、网络存储空间、费用结算、通讯传输通道等行为，都是相应赌博犯罪活动、危害及破坏计算机信息系统犯罪活动、淫秽电子信息传播犯罪活动的帮助行为。这些帮助行为事实上都是以相应的实行行为的存在为前提，若无相应的实行行为，则帮助行为的存在就无从谈起。例如，如果他人尚未在网站发布淫秽电子信息，则根本谈不上网站建立者允许他人在其网站上发布淫秽电子信息；如果他人尚未利用信息网络实施犯罪，则难以想象将为他人接入互联网视为帮助行为；如果他人尚未开展赌博活动，则难以将为他人提供资金或通讯工具视为帮助行为。即使有的帮助行为可以在正犯行为之前提供，如明知他人准备开设淫秽网站而为其接入互联网或提供资金，在正犯没有着手实行犯罪的情况下，帮助行为的社会危害性能否达到应当追究刑事责任的程度，也是存在疑问的。至于在正犯已经着手实行犯罪之后，是一律处罚帮助犯，还是仅仅处罚达到一定数量标准的帮助犯，则是如何合理限制帮助犯的处罚范围的问题，与司法解释是否将帮助行为规定成了独立的实行行为及是否采纳了共犯独立性说无关。

虽然司法解释有时会超越其权限来制定一些法律拟制规定，比如将片面帮助行为规定为按共犯论处，但是远未达到为某类帮助行为单独规定罪名、罪状和法定刑的程度，所谓正犯化根本无从谈起。从具体规定来看，上述司法解释仅仅是从某一实行行为的众多帮助行为中，挑选出一些比较常见的帮助行为，规定其要达到一定数量标准才能定罪处罚。这仅仅意味着对这些帮助行为设立了定罪量刑标准，而不意味着将其规定为独立的犯罪，不意味着这些被挑选出来的帮助行为是对"新增"罪名的罪状描述，甚至也不意味着对司法解释未明文规定的帮助行为就不能处罚。即便司法解释未明文规定"以共犯论处"而仅规定"以某罪论处"，所谓"以某罪论处"也仍然是指"以某罪的共犯论处"。例如，《淫秽电子信息（二）》第4条、第5条规定，对网站建立者或直接负责的管理者（以牟利为目的），明知是淫秽电子信息而允许或放任他人在其所有或管理的网站或网页上发布的，要以传播淫秽物品（牟利）罪论处。这当然是指对帮助者以发布者所实施的传播淫秽物品（牟利）罪的共犯论处，而不是指网站的建立者或直接负责的管理者自己单独实施了传播淫秽物品（牟利）的行为，网站或网页上的淫秽电子信息是发布者上传上去的，网站的建立者或管理者只是允许他人上传，或者发现有人上传了淫秽电子信息而不删除而已；如果将允许他人上传或发现了而不删除视为一种传播行为，则这本身就是自己独立的传播犯罪，而谈不上对他人传播行为的帮助，谈不上帮助行为的正犯化。至于帮助者与实行者的罪名可能不同,如实行者具有牟利目的而帮助者不具有牟利目的,或者实行者不具有牟利目的而帮助者具有牟利目的,则涉及所谓罪名从属性问题,涉及完全犯罪共同说、部分犯罪共同说与行为共同说之间的争议。完全犯罪共同说认为两者不构成共同犯罪,部分犯罪共同说和行为共同说认为两者能在传播淫秽物品罪的范围内成立共同犯罪,但这与司法解释是否为帮助行为设置了独立的罪名、罪状和法定刑无关。

综上,将司法解释中法律拟制与限制处罚范围的规定视为正犯化规定,是对共犯从属性、独立性和正犯化等概念存在误解。是否为帮助行为单独设立定罪量刑标准与是否采纳共犯独立性说,是两个没有任何联系的问题。在帮助行为满足司法解释规定的定罪量刑标准之后,能否处罚帮助犯,仍然取决于是赞同共犯从属性说还是独立性说。不能想当然地认为在实行者没有着手实行犯罪时也可单独处罚帮助犯,因为这只是共犯独立性说的结论,而不是共犯从属说的观点。

第三节　帮助行为共犯化的类型梳理

目前,刑法分则和司法解释中规定帮助行为共犯化的条文已经有四十余条,对这些条文中的帮助行为进行分类,有利于统一把握它们的准确含义及正确理解它们的适用条件,有利于在不同罪名之间进行体系解释,有利于发现帮助行为共犯化立法过程中存在的问题。

一、根据犯罪性是否明显所作的划分

从犯罪性来看,有些帮助行为的犯罪性相当明显,有些则不明显,因而可以根据犯罪性是否明显来将共犯化的帮助行为划分为普通帮助行为和中性帮助行为两大类。

所谓普通帮助行为,是指明显是为他人实施违法犯罪活动而实施的帮助行为。例如,为组织考试作弊者提供作弊器材,为伪造、变造、买卖武装部队公文、证件、印章者或非法生产、买卖武装部队制式服装者生产或提供专用材料,为开设赌场者提供赌博机,为实施电信网络诈骗犯罪者提供"木马"程序和"钓鱼软件"等恶意程序、提供"伪基站"设备、提供改号软件,为他人开发赌博软件,为他人提供虚假的证明文件,为他人提供虚假的金融凭证,允许他人在自己的网站网页上发布淫秽信息,向他人提供枪支零部件,明知是伪造、变造的凭证和单据而售汇、付汇,为他人提供制作假证或

假冒伪劣产品的技术,为他人提供发票、证明、许可证件,向他人提供其他公民的个人信息等。由于这些行为几乎只能用于帮助他人犯罪,行为人主观上希望或者放任他人犯罪的意图很容易认定,行为的社会危害性也很容易认定。

所谓中性帮助行为,是指外表上似乎与他人犯罪活动无关,但可能对他人实行犯罪起到帮助作用的行为,主要是日常生活中常见的交易、交往、业务行为。例如,将住房或厂房出租给他人,将现金借贷给他人,为他人提供食品生产技术或食品原料、食品添加剂、食品相关产品,为他人提供药品原料、辅料、包装材料、标签、说明书,为他人提供互联网接入、服务器托管、网络存储、通讯传输通道,为他人运送货物,为他人快递、邮寄、仓储货物,为他人招募、运送人员等。这些行为都是日常生活中比较常见的交往、交易或业务行为,如果不是被他人用于犯罪,并且行为人对此"明知",不太可能被当作帮助犯处理。

还有一些帮助行为介于以上两者之间。例如,为他人生产、买卖、运输醋酸酐、乙醚、三氯甲烷或其他可以用于制造毒品的原料、配剂的,这些原料或配剂既可被他人用于医疗行业和化工行业,是正常的业务行为,又可被他人用于制造毒品,成为毒品犯罪的帮助行为;将自己的银行卡、手机卡、通讯工具提供给他人使用,既可能用于正常用途,又可能用于违法犯罪;为他人提供资金结算业务的,既可能属于正常用途,也可能属于对他人犯罪的帮助;为他人提供广告宣传服务的,既可能明知宣传的内容虚假或违法,也可能确实不知道宣传的内容虚假或涉嫌违法犯罪。

二、根据不同行为类型所作的划分

根据具体的行为类型进行划分,也是常见的划分方式,可据此将帮助行为划分为提供资金型、提供其他物质帮助型、提供劳务型、提供网络服务型、提供技术支持型、居间介绍型等不同类型。

提供资金型,是指为他人提供贷款或资金,包括明知他人用于骗购外汇,实施《刑法》第375条规定的犯罪、赌博犯罪、侵犯知识产权犯罪,利用信息网络实施敲诈勒索、寻衅滋事、非法经营、诽谤、传播淫秽物品等犯罪或电信网络诈骗犯罪,生产、销售不符合食品安全标准的食品、有毒有害食品、假药、劣药、伪劣商品、烟草专卖品、"伪基站"设备,仍有偿或无偿向他人提供资金。提供贷款或资金是比较典型的中性帮助行为,只有在提供者对他人将利用其资金去实施犯罪有很明确的认知,甚至与他人有事前通谋的情形下,才会被追究刑事责任。

提供其他物质帮助型,是指向他人提供除贷款和资金外的其他物质帮助,比如提供生产经营场所、赌博机、设备、车辆、发票、证明、许可证件、原料、辅料、包装材料、标签、说明书、虚假证件、公民个人信息、银行卡、通讯工具、手机卡、病毒软件、改号软件、网络销售渠道等。提供物质帮助既可以是有偿的,又可以是无偿的,所涉及的物质既有专门用于违法犯罪活动的物品,如赌博机、虚假证明、虚假证件、病毒软件、发票、许可证件等,又有非常中性的物品,如出租的住房、厂房、设备、车辆、原料、材料、辅料、手机卡等。

提供劳务型,是指为他人提供运送货物、运送人员、招募人员、邮寄物品、携带物品、贮存物品、保管物品、资金结算、广告宣传、代理进出口等劳务。提供劳务是比较典型的中性业务行为,只有在行为人明确知道其提供的劳务能对他人实行犯罪起到帮助作用时,才应被定罪量刑,如果只是大概地猜测他人可能利用其劳务去实施犯罪而不具有确切的认识的,不能构成犯罪。

提供网络服务型,是指向他人提供软件开发、互联网接入、通讯传输通道、服务器托管、通话线路、网络存储空间、网络技术支持等网络服务。这类行为是比较典型的中性帮助行为,在社会观念上很难被人们视为犯罪,因而在定罪量刑时应当特别慎重。许多学者也认为,提供网络服务的行为不应被视为犯罪,即使行为人明知他人利用了这种服务也不例外。实践中,几乎所有的商业门户网站,如新浪网、搜狐网、网易等,都能发现有虚假广告、侵犯他人著作权、侮辱或诽谤他人等违法内容,但几乎不可能对网站追究刑事责任。

提供技术支持型,是指为他人提供各种技术支持,比如生产各种假冒伪劣产品的技术、制作假证的技术,以及建立淫秽网站、赌博网站、诈骗网站的技术等。这类技术支持的犯罪性比较明显,帮助者的主观恶性很容易认定。

居间介绍型,是指为他人犯罪提供居间介绍服务。例如,介绍、帮助他人奸淫幼女、猥亵儿童的,明知他人实施毒品犯罪而为其居间介绍、代购代卖的,介绍买卖枪支、弹药、爆炸物的,明知是赃车而介绍买卖的,司法解释都规定应以相应犯罪的共犯论处。关于居间介绍的含义,最高人民法院2015年《全国法院毒品犯罪审判工作座谈会纪要》中认为,居间介绍不以牟利为要件,居间介绍者处于中间人地位,通常与交易一方构成共同犯罪,在毒品交易中发挥介绍联络作用。至于是与哪一方构成共犯,该文件认为,如果是受贩毒者委托,为贩毒者介绍并联络购毒者的,应与贩毒者构成贩卖毒品罪的共同犯罪;如果是受以吸食为目的的吸毒者委托,帮吸毒者介绍并联络贩毒者的,毒品数量达到定罪标准的,应与吸毒者构成非法持有毒品罪的共同犯罪;如果同时与贩毒者、购毒者共谋,联络促成双方交易的,通常应认定为与贩毒者构成贩卖毒品罪的共同犯罪;如果明知购毒者以贩卖为目的购买毒品,受购毒者委托为其介绍并联络贩毒者的,则与购毒者构成贩卖毒品罪的共同犯罪。

三、根据与正犯有无犯意联络所作的分类

虽然许多学者将帮助行为共犯化规定中的"明知"条款解释为仅包含片面共犯一种情形,但实际上,除了片面共犯之外,这些"明知"条款中还应包括帮助者与实行者之间具有犯意联络的情形。司法解释对应当以共犯论处的情形并未区分片面帮助犯与共犯中的帮助犯分别规定,而是统一规定在同一个条款中,因此,同一"明知"条款既包含法律拟制,又包含注意规定,前者是规定对片面帮助犯以共犯论处,后者是规定对共犯中的帮助犯按共犯论处。

除了这种可以解释为包含片面共犯情形在内的"明知"条款外,还有一些帮助行为共犯化规定,明显仅指共犯中的帮助犯,而不包含片面共犯情形,比如各种居间介绍型帮助行为,介绍者总是与被介绍的一方或者双方具有犯意联络的,能与其中一方或双方成立共同犯罪,因而仅是注意规定。此外,有些条文只能表述共同犯罪之意,无法解释为包含片面共犯情形,这也是典型的注意规定。例如,根据"两高"2007年《关于办理盗窃油气、破坏油气设备等刑事案件具体应用法律若干问题的解释》第3条第3款的规定:"为他人盗窃油气而偷开油气井、油气管道等油气设备阀门排放油气或者提供其他帮助的,以盗窃罪的共犯定罪处罚。"由于偷开油气井、油气管道等油气设备的阀门,会导致油气立即喷出,偷油者必然与偷开阀门者同在犯罪现场,因而难以存在事前帮助情形,难以存在偷油者不知帮助之情的可能性,这与诸如甲明知乙将到丙家盗窃财物而事先到丙家将门锁破坏的情形明显不同,后者存在乙不知道甲为他破坏了门锁的可能性。

此外,《刑法》第284条之一第2款"为他人实施前款犯罪提供作弊器材或者其他帮助的,依照前款的规定处罚"也只能解释为双方具有犯意联络的情形,因为在帮助者向组织考试作弊者提供作弊器材时,双方之间肯定是有犯意联络的,不可能存在组织考试作弊者不知道被帮助之情的可能性;即便是有偿转让或出售作弊器材,从而各方都是为了自己的利益而购买、出售商品,也无法否认出售者与购买者之间具有共同的犯罪故意,因而

此款也是注意规定。对此,或许有人会认为,在有偿转让场合,当出售者与购买者之间形成了一方出售一方购买的对向犯关系,根据对向犯理论,对于对向犯的双方通常是不能按照共同犯罪论处的,如不能将行贿者和受贿者、重婚罪的双方、贩毒者和吸毒者按共犯论处,因而对作弊器材的出售者与购买者本来是不能按共犯论处的,但刑法分则却规定按共犯论处,因而是法律拟制。这种理解的不妥之处在于,会将所有一方向另一方有偿提供商品或服务的情形都解释为对向犯,进而解释为法律拟制,从而会无限扩大对向犯理论的适用范围。

另外,《刑法》第 198 条第 4 款"保险事故的鉴定人、证明人、财产评估人故意提供虚假的证明文件,为他人诈骗提供条件的,以保险诈骗的共犯论处"虽然没有使用"明知"这种表述倾向于片面共犯的词语,但该款也并非仅能包含共犯中的帮助犯,不能认为鉴定人、证明人、财产评估人在向他人提供虚假的证明文件时,一定能与他人之间具有犯意联络,因为有可能保险诈骗者在向保险公司提出保险金索赔申请时,提供了一些虚构保险标的、编造虚假的事故原因、夸大事故损失的程度、编造未曾发生的保险事故、隐瞒了故意造成财产损失或被保险人死亡伤残或疾病的保险事故的真相的材料,以为保险公司难以发现,而保险事故的鉴定人、证明人、财产评估人明明发现了材料虚假,却出于对保险公司不满等个人原因,按照保险诈骗行为人的申请作出了虚假的证明文件。在这种情形下,双方之间并无犯意联络。因此,此款也是同时包含注意规定和法律拟制。

第七章　中性帮助行为的处罚范围

【本章导读】　由于刑法对帮助犯的规定方式以及是否承认片面帮助犯单独可罚不同,中性帮助行为的理论内涵在我国与德日刑法体系中有很大差异。在德日刑法体系中,通说承认片面帮助犯单独可罚,因而需要寻找合理标准来限制中性帮助行为的处罚范围。在我国,根据《刑法》第25条和第27条,处罚帮助犯必须以帮助者与实行者成立共同故意犯罪为前提,因而,除了刑法分则及司法解释另有规定者外,对通常情况下不能与被帮助者成立共同犯罪的中性帮助行为,不能按帮助犯进行处罚。为了处罚那些确有处罚必要者,除了刑法分则和司法解释中帮助行为正犯化、帮助行为共犯化等明文规定以外,有必要放宽犯意联络的认定标准,将较高程度的明知和确知他人必然或可能实施犯罪而仍提供帮助的情形,解释为双方之间存在默示的犯意联络,以便解释为双方成立共同故意犯罪。

在德日刑法学界,由于刑法明文规定了帮助犯的定义和处罚原则,由于通说认可片面帮助犯的可罚性,在帮助犯与正犯不成立共同犯罪场合,也可以单独对帮助犯按照正犯所触犯的罪名定罪处罚,因而他们面临着一个中性帮助行为的可罚性问题。该问题的重心,是在帮助者主观上对正犯实施的犯罪具有认识和意欲,客观上实施了能够促进正犯行为实施的帮助行为的情况下,如何合理地限定帮助犯的处罚范围,以保证处罚的公正性。与德日刑法学界不同,由于我国刑法一方面没有明文规定帮助犯的定义及处罚原则,另一方面又明文规定共同犯罪仅指共同故意犯罪,因而处罚帮助犯的必要前提,是帮助者与实行者之间具有共同故意犯罪关系,对与被帮助者之间没有共同犯罪关系的片面帮助犯不能以帮助犯处罚。因此,中性帮助行为理论在我国应当具有与德日刑法体系不同的内涵,其重大区别之一是,在德日,该理论的研究重点是如何合理地限定“中性的”“日常业务的”“职业的”帮助行为的处罚范围;在我国,该理论的研究重心则是如何认定帮助者与被帮助者之间成立共同故意犯罪关系,否则,根据罪刑法定原则,不能对中性帮助者以帮助犯论处。然而,目前我国学者对中性帮助行为理论的研究,基本上忽略了我国与德日在刑法规定和理论基础方面的重大区别,导致研究的结论缺乏必要的理论基础和实定法依据。

第一节　德日刑法学者的中性帮助行为理论

在德日,由于普遍承认片面帮助犯的可罚性,因此即使是一个"日常的""业务的""职业的"行为,也可能符合帮助犯的构成要件,因而面临着能否作为帮助犯进行处罚的理论困境。例如,在日常生活的人际交往和交易活动中,一方所提供的工具或服务,有可能直接或间接地被他人使用来犯罪,而提供者主观上,对于他人可能利用其所提供的工具或服务去实施犯罪,也可能具有认识和意欲,因而这种提供工具或服务的行为,在形式上能够符合帮助犯的构成要件,但是能否作为帮助犯进行处罚,就面临着处罚的必要性和合理性问题。一方面,如果根据帮助犯的概念一律予以处罚,可能严重阻碍日常生活中交往交易的正常进行,打击面太大;另一方面,如果仅因为行为具有"日常性""业务性""职业性"就一概不予处罚,又可能不利于预防和打击犯罪,会放纵值得处罚的帮助犯。如何合理地限定这种帮助行为的处罚范围,就成为理论和实践中的一大难题。

为了避免归纳概括可能出现的错误,本书试图根据各位学者的论述以及其他学者的评论,尽可能准确地描述他们的观点,未采用将他们的观点归纳为主观理论、客观理论、折衷理论等范畴的通常做法。

一、罗克辛教授的中性帮助行为理论

由于罗克辛(Roxin)是现代德国刑法学理论的集大成者,并且其理论与司法实践所采纳的理论高度一致,甚至比我国著名刑法学者的理论还更加符合我国刑法司法实际,因而有必要首先介绍罗克辛的理论。罗克辛的中性帮助行为理论建立在他对帮助犯的理解的基础上,认为帮助犯的成立,一方面需要帮助行为客观上提高了实行者实现犯罪的风险,另一方面需要帮助者主观上具有帮助故意。在客观归责方面,他认为,能够提高实行者实现犯罪风险的帮助包括四种情形,分别是使实行行为变为可能(如为谋杀者提供一种在被谋杀者身体内难以检测出来并且使用其他手段无法获得的毒药)、变得容易(如为实行者提供建议、武器或工具)、得以加剧(如建议实行者采取更猛烈的攻击、拿走更多的财物)、加以确保(如为实行

者望风或承担其他保护功能)。但是,这些概念仅仅是说明性的,并非每一种帮助行为都必须准确地符合这四种概念之一,关键点在于,这种贡献是否提高了实行者实现犯罪的机会,是否对实行者实施其计划有用处。即使一个提高了实行者实现犯罪的风险的帮助在事后看来是多余的,也不改变其帮助性质。例如,在实行者如果没有人帮他望风就不会实施盗窃,或者将以减慢速度的方式以免被别人发现时,即使事后证明当时的望风没有必要(根本没有人到盗窃现场来),这种确保也属于客观上可归责的帮助。毕竟,一个通过望风加以确保的盗窃是一种在实施的方式与方法上与不受保护的盗窃不同的盗窃,这种望风提高了盗窃者实现犯罪的机会,降低了盗窃者被人发现和失败的风险。反之,如果某种行为使实行者实现犯罪的风险有所降低,则不属于可罚的帮助。例如,在实行者正在实行犯罪时向实行者提供一瓶饮料,如果其目的是使实行者恢复体力,就是可罚的帮助,而如果其目的是庆祝或仪式,就不能作为帮助进行处罚,因为它使犯罪的实现推迟了,使实行者的机会下降了。[1] 罗克辛还反驳了沙夫斯泰因等人用假定的因果关系来否定实际的帮助贡献的观点。沙夫斯泰因认为,如果一种帮助的贡献很容易被其他方式所替代,则这种帮助并未提高实行犯实现犯罪的风险,因而不具有可罚性。例如,在行为地为入室盗窃者扛梯子的行为不可罚,因为即使没有人为实行犯扛梯子,实行犯在行为地也本来能够而且也会登上梯子,帮助扛梯子的行为并没有提高盗窃成功的机会;同理,帮助者用汽车将小偷运送到行为地的行为也不可罚,因为用汽车运送并没有提高盗窃行为成功的风险,小偷本来也能够步行或者骑自行车去不算太远的行为地。[2] 雅各布斯认为,那些"日常生活中习以为常的交换行为"不具有刑事可罚性,因为这样的行为不会提高实现犯罪的风险。例如,人们无法期待,一个入室盗窃会由于没有普通的螺丝刀可供使用而不发生,提供螺丝刀并未升高盗窃犯罪实现的风险。[3] 对此,罗克辛认为,真实的因果过程毕竟是通过扛梯子或者用汽车运送才实现的,不能用假定的因果关系来否定这种帮助提高了实行者实现犯罪的风险,否则,既违反了"假定的因果关系无关性"的原理,又会导致大量的帮助行为陷入无法处罚的

---

[1] 参见[德]克劳斯·罗克辛:《德国刑法学总论(第2卷)——犯罪行为的特别表现形式》,王世洲等译,法律出版社2013年版,第153—154页。

[2] Schafstein, Home-FS, 1970,182.

[3] Jakobs, AT2,24/17.

境地,在刑事政策上是不可接受的。①

在认定某种帮助行为可以使实行者实现犯罪的风险升高的基础上,罗克辛认为,应当结合帮助故意的有无来考虑中性帮助行为的可罚性,因为并不存在不言而喻的日常行为,相反,行为的性质总是由行为的目的所决定的。例如,讲授射击武器的使用方法在射击协会的体育活动中是一个中性的日常行为,但是当这种讲授是在帮助实行者打中被害人时,就是对谋杀的帮助;扛梯子在大多数情况下是一种日常生活中司空见惯的行为,但是当其存在的唯一意义是为了帮助入室盗窃者时,则是可罚的帮助。甚至,在不考虑行为的目的时,可以将大多数帮助行为视为中性的行为,即使提供武器也是如此。因此,"日常行为"的概念是无法界定的,既无法局限于"日常生活中习以为常的交易业务",也无法根据该概念来区分可罚的帮助行为与不可罚的中性行为。② 因此,应当根据帮助故意的有无来区分可罚的帮助与不可罚的中性行为,并且应当根据帮助者对实行者的犯罪决定有无明确认识来区分两种情形讨论。

在帮助者对实行者的犯罪决定有明确认识时,如果帮助行为具有犯罪的关联性(deliktischer Sinnbezug,或译成"犯罪的意义关联"),则是可罚的帮助;如果帮助行为不具有犯罪的关联性,则是不可罚的中性行为。前者是指帮助者有意识地支持某种犯罪行为。例如,店主明知(经购买者陈述或者第三人告知)他人购买锤子的目的是用它去杀人,仍将锤子卖给他人;明知对方购买螺丝刀的目的是入室盗窃,仍将螺丝刀卖给对方。即使购买者有可能将所购买的锤子或螺丝刀用于犯罪目的以外的行为,也不影响其可罚的帮助性质,因为这种出售本身是针对购买者的杀人行为或盗窃行为而实施的帮助行为,具有犯罪的关联性。③ 同理,在知道购买者将在面包里下毒用以杀人时,仍然向其出售面包,也存在犯罪的关联性。因为购买者购买锤子、螺丝刀或面包的目的,仅仅是作为实施犯罪的工具而使用,当出售者知道这一点时,其行为就丧失了中性的日常交易的特征,变成一种对法益的攻击。④ 此外,虽然银行提供汇款服务在通常情况下是合法的,但如果银行员工知道汇款人将款汇往境外的目的是逃税而仍帮他汇款,则

---

① 参见[德]克劳斯·罗克辛:《德国刑法学总论(第2卷)——犯罪行为的特别表现形式》,王世洲等译,法律出版社2013年版,第154页。

② 参见[德]克劳斯·罗克辛:《德国刑法学总论(第2卷)——犯罪行为的特别表现形式》,王世洲等译,法律出版社2013年版,第158页。

③ Roxin, aaO (Fn. 12), § 26 Rn. 221-222.

④ Roxin, aaO (Fn. 33), § 27 Rn. 17.

这种汇款服务也属于可罚的帮助行为。① 其他具有犯罪关联性的帮助还有，出租车司机将贩毒者运送到行为地或者将入室盗窃者接回去，明知购买者会将非洲羚羊肉冒充欧洲野生动物肉出售而向其提供非洲羚羊肉。后者是指帮助者所支持的行为本身是合法的行为，只不过该行为同时也是对方实施某种犯罪的前提条件，如想利用该帮助的结果，正犯还需要另外形成一个独立的犯罪决意。例如，即使明知加工厂在加工时可能违反环境保护规定而仍将原料卖给加工厂，也仅属于不可罚的中性行为，因为加工生产工业产品本身是合法行为；即使明知工匠可能因此逃税而向工匠订购手工产品并支付货款，也不属于可罚的帮助，因为制作手工产品本身不是犯罪行为；即使餐厅老板明知他人吃饱饭的目的是有力气实施犯罪，向其供应饭菜也不属于可罚的帮助，因为吃饭本身是合法行为，出售饭菜是否有助于吃饭者实施犯罪与该行为本身的意义无关；向妓院老板提供面包与肉也不是可罚的帮助，因为妓院场所内消费食物是合法的，向其提供面包和肉并没有单独服务于促进犯罪，缺乏犯罪的关联性。②

　　在帮助者仅仅是估计、怀疑、想过、推测而非确知他人可能利用其帮助以实施犯罪时，则应根据信赖原则来否定这种帮助的可罚性，进而认为这种帮助所助益的风险属于法所容许的风险。例如，如果出售者并不确知购买者想将螺丝刀用于非法侵入他人住宅，仅是根据购买者的可疑表现而认为有这种可能并加以容忍，则不可罚。因为，根据信赖原则，除非他人的行为已经呈现出明显的犯罪倾向（erkennbare Tatgeneigtheit），否则应可信赖他人不会故意实行犯罪，客观上向他人提供的帮助尚属法所容许的风险，不具有客观可归责性，客观构成要件不符合，没必要进一步考虑主观归责问题。③ 至于如何认定他人有无明显的犯罪倾向，罗克辛认为，基于主观印象而认定的可疑外观（verdächtiges Aussehen）尚不足以认定他人有明显的犯罪倾向，至少必须有确实的事实根据来证明已存在供犯罪使用目的之高度可能性（Wahrscheinlichkeit）。例如，出售者看见他人在街头激烈斗殴而将武器卖给他人，其已经想到购买者购买武器的目的应该是（可能会）用于伤害对方，就属于以间接故意来帮助他人犯罪，具有刑事可罚性。④ 换言之，在通常情况下，日常交易行为中的帮助者不具有帮助他人

---

① Roxin, aaO (Fn. 12), § 26 Rn. 223.
② 参见[德]克劳斯·罗克辛：《德国刑法学总论（第 2 卷）——犯罪行为的特别表现形式》，王世洲等译，法律出版社 2013 年版，第 163 页。
③ Roxin, aaO (Fn. 12), § 26 Rn. 242.
④ Roxin, aaO (Fn. 12), § 26 Rn. 241.

实现犯罪的间接故意,因为每个人都可信赖他人不会去故意实施犯罪,否则,如作相反认定,则诸如出售刀子、火柴、打火机、酒精、斧头、铁锤等正常交易行为将无法进行,而此类商品交易活动同日常生活中其他无数交易活动一样,都是现代社会生活所不可或缺的。虽然这类行为可能提高他人实现犯罪的风险,但只要帮助者并不确知他人将要犯罪,就应适用信赖原则,认为帮助者不具有帮助他人实现犯罪的间接故意,因这种帮助而提高的风险仍属于一种法所容许的风险。但是,如果帮助者以其行为去促进已有明显犯罪倾向的实行者,则逾越了法所容许的风险的界线,再想主张信赖原则就不具有正当性。[1]

至于帮助者与实行者主观上是否具有犯罪意思的联络,则无关紧要。罗克辛认为,从根本上讲,帮助者与实行者之间不需要存在心理联系。例如,阻碍财物所有人去发现正在实施盗窃的小偷,或者抓住警察的手使警察无法抓捕正在实施盗窃的小偷,都是对小偷的帮助,即使小偷本身不知道自己正要被发现或被抓捕,也没有觉察到其他人的介入,这种帮助的贡献是使那次盗窃变成可能或者至少变得容易,对小偷来讲意味着一种原因性的机会提高。[2]

综上可见,罗克辛的中性帮助行为理论有两大要点,一是客观归责,二是间接故意。在肯定帮助行为能提高实行者实现犯罪的风险的基础上,进一步考虑帮助者对于犯罪的实现是否具有间接故意。这在帮助者确知实行者可能实行犯罪(比如,实行者明确告知或者第三人明确告知)的情况下,如果所帮助的行为本身是一种犯罪行为,就可认定这种帮助属于可罚的帮助;反之,如果所帮助的行为本身是一种合法行为,则即使实行者借助于这种合法行为去实施某种犯罪行为,帮助行为本身仍不可罚,缺乏犯罪的关联性。在帮助者并非确知,仅仅是根据实行者的可疑表现而怀疑、猜测、估计实行者有可能利用其帮助行为去实施犯罪时,除非实行者的表现明显地呈现出犯罪倾向,否则均应适用信赖原则来否定帮助者主观上具有放任实行者利用其帮助行为以实行犯罪的间接故意(尽管事实上行为人的确具有相应认识和放任心理),进而认为这种帮助所导致的风险是一种法所容许的风险。不过,在这种情况下,罗克辛似乎颠倒了客观归责与主观归责的认定顺序,具有根据主观故意的有无来认定客观归责的有无的逻辑

---

[1] Roxin, aaO (Fn. 33), § 27 Rn. 21.

[2] 参见[德]克劳斯·罗克辛:《德国刑法学总论(第2卷)——犯罪行为的特别表现形式》,王世洲等译,法律出版社2013年版,第155页。

矛盾，并且，能否根据"每个人都可信赖对方不会实施犯罪"之信赖原则来否定行为人实际上对犯罪结果所具有的"认识并且容忍、放任"之间接故意，本身也值得进一步思考，因为这是将犯罪故意这种主观要素的认定变成一种纯粹客观评价。

二、乌尔斯·金德霍伊泽尔教授的中性帮助行为理论

乌尔斯·金德霍伊泽尔（下文简称"乌氏"）认为，帮助犯的成立需要满足三个条件：一是存在一个故意的、违法的且至少已达未遂的实行行为；二是对该实行行为提供帮助；三是主观上具有帮助故意。帮助既可以是共同的，也可以间接地通过不知情的他人行为而成立；帮助既可以是物质性帮助，又可以是精神性帮助；与共同正犯之间应当具有犯罪意思联络所不同的是，实行者并不必对他人的帮助有所知情。[①]

乌氏认为，一方面，处罚所有的帮助行为显然是不合适的；另一方面，那种纯粹客观的、不考虑行为的目的设定的、在很大程度上是孤立地看待支持性行为的观点也没有说服力，因为这种观点不能说明，为何可以将一种中性业务行为认定为支持性行为，而促进了犯罪的支持性行为是否为日常行为也不重要。例如，只要将抢劫银行犯运送到行为地点，就是对强盗的帮助，至于运送者是普通人还是出租车司机根本不重要。如果想将社会角色作为区分容许性风险和不容许风险的合适标准，则该社会角色必须是某一相应容许的法律依据，但这显然不合适。

乌氏认为，如果采用客观标准来区分日常行为是否可罚，则不应孤立地考察支持性行为。若孤立地看，则任何行为都可以被描述成日常的行为，如借斧子可以被理解成邻里之间的互相帮助，但是，如果附加上其他信息，如因和他人发生肢体冲突需要用斧头砍对方，则任何日常行为都可以具备可罚的帮助的性质。因此，区分可罚与不可罚的关键之处在于，日常行为是如何促进犯罪、保障犯罪或者使犯罪变得可能的？某种帮助对于实行行为的因果影响是属于一种有助于正犯的，特别是正犯所需要用来实现犯罪目标的手段，还是只是一种任意的可有可无的影响？

如果在正犯即将实施行为或者正在实施行为时直接提供支持性行为，并且明显提高了正犯在具体情况下实现构成要件的成功机会，则应当认定

[①]　参见［德］乌尔斯·金德霍伊泽尔：《刑法总论教科书》（第6版），蔡桂生译，北京大学出版社2015年版，第449页。

属于第 27 条的帮助,至于这种帮助是否被称作中性的则无关紧要。例如,在铁器店门口发生了一起斗殴,其中一个斗殴者突然跑进店里急匆匆地要了一把铁铲;A 请求其邻居 L 暂时借用一下斧头,因为他想用它杀掉与他发生身体冲突的敌手;银行职员 Y 为顾客 G 通过匿名转账方式将资金汇往国外,而 Y 能够辨认出 G 此举的目的是逃税。

反之,如果在时间上前置的预备阶段提供支持,主要是指在日常交往范围内提供物品和信息,则基本上不能认定为可罚的帮助,因为正犯可以合法地、很容易地获得这种支持,这种支持并不会不被容许地、有风险地提高正犯实现犯罪的风险。这种原理也适用于正犯可以基于法律(作为债权人)请求的物品和信息。例如,V 明知 W 会将钱款用于非法购买武器,仍向 W 清偿到期债务,不可罚。不过,如果该物品或信息在任何时间点使用均具有专供犯罪行为使用的特征,则另当别论,如对珠宝的价值出具虚伪的鉴定书、向他人提供万能密钥集或印制假钞用的印版等。

此外,如果支持者是为了实现合法的目标,则对该种支持不能认为是可罚的帮助,因为正犯只是在行为方式上违反了规范,并没有得到专门针对此行为的帮助。例如,零售商 L 明知 Q 在生产时会违反环保规定,仍给Q 一批材料让 Q 进行工业加工;P 认为 Q 在返程路上可能醉酒驾驶而将其汽车借给 Q,以便 Q 开车去遥远的地方参加烧烤野炊;A 明知 B 可能逃税,仍向 B 购买商品。①

三、松原芳博教授的中性帮助行为理论

松原芳博认为,由于帮助犯的犯罪特征相对不明显,既不需要帮助者与正犯之间存在犯罪意思联络,也不需要帮助者具有对犯罪事实的支配力,因而可能包括正常的交易行为或者日常活动。如果将这种中立行为广泛地作为帮助犯来处罚,显然是对国民自由的过度限制,因此需要根据一定的标准来限制处罚范围。对此,学说上有几种观点,如认为原则上限于存在确定的故意、限于超出正常业务范围、考虑社会有用性之后认为不属于"允许的危险"、有意地提高结果发生的危险、正犯行为与参与行为具有相同意义上的犯罪意义等,才能认定为帮助犯。这些观点分别关注帮助犯界限问题的不同侧面,并不处于相互排斥关系。

他认为,首先,就故意而言,由于片面共犯对对方是否存在犯罪意图并

---

① 参见[德]乌尔斯·金德霍伊泽尔:《刑法总论教科书》(第 6 版),蔡桂生译,北京大学出版社 2015 年版,第 452—456 页。

不确定,因而对帮助故意的认定应特别慎重。在提供物质或其他服务场合,要认定存在帮助故意,仅有对方可能利用来犯罪这种单纯的推测还不够,还必须对能佐证对方存在犯罪意思的具体凭证存在认识。其次,就帮助行为而言,行为人的贡献必须属于能提高对方犯罪实现的危险的贡献,并且这种危险还必须是超出了"允许的危险"程度的危险。例如,在五金店店员 X 察知了 Y 购买螺丝起子的目的在于供侵入住宅使用而仍将螺丝起子卖给 Y,以及在出租车司机 X 察知了抢劫犯 Y 的目的仍然将 Y 送至现场的例子中,如果 Y 能很容易地从其他五金店购买到螺丝起子,如果 Y 还可乘坐其他出租车,则这两例中的 X 均未作出有意提高危险的贡献。不过,即使能从其他地方很容易取得工具或劳务,在正犯急切地需要该工具或劳务的场合,也可成为提高危险的帮助。例如,店主 X 应在其店前争吵打架者的要求将菜刀卖给该人的,由于能认定存在危险的增加及其认识,就成立杀人罪的帮助犯。虽然铁路运营会给痴汉、扒手提供机会,但从其有用性角度来看,应属于"允许的危险"的范围。最后,即使某参与行为相当于帮助行为,仍有可能根据《刑法》第 35 条关于正当行为的规定来阻却违法性。例如,银行职员 X 察知了客户取款的目的是行贿,仍按客户要求支付了存款,就有作为债务的履行而得以正当化的余地;律师 X 认识到有诱发犯罪之虞而仍然按照委托人的要求提出法律上正确的建议,也可能作为正当业务行为而得以正当化。[①]

四、松宫孝明教授的中性帮助行为理论

松宫孝明认为,虽然帮助行为只要使正犯的犯行更容易实施即为已足,虽然判例也认可片面的帮助犯,因而只要参与行为使正犯行为的实施变得容易并且参与人对此有未必的认识,就不能否定帮助的成立,但是这样理解容易得出不妥的结论。例如,对向形迹可疑者销售螺丝刀的五金店店员及将戴有墨镜和面罩的集团运送至银行门口的出租车司机来讲,只要螺丝刀被用作入室盗窃的工具,或者蒙面集团抢劫了银行,他们就分别构成帮助犯,这并不妥当,毋宁说,出租车的运送或者商品的销售等日常交易行为,只要在外观上是平稳的交易活动,即使行为人明知其行为有可能被犯罪行为者利用于实行犯罪并对此持放任态度,也不构成可罚的帮助。一方面,如果仅仅着眼于行为的日常性,有时也不妥当,如对方正在自己眼前

---

① 参见[日]松原芳博:《刑法总论的重要问题》,王昭武译,中国政法大学出版社 2014 年版,第 355—357 页。

溜门撬锁而向对方出售螺丝刀；另一方面，忽略行为的日常性来考察因果力也有疑问。因此，应当采取如下归责原则：只要对犯罪行为的促进作用不是很明显的、一目了然的，被视为犯罪前提的日常交易行为的犯行惹起力就应被忽视，正如邮政系统被犯罪人所利用时邮政工作人员不构成犯罪一样。仅凭主观要件并不能决定帮助犯的成立，即使对对方的犯罪有明确的认识，有时也不成立帮助犯。①

五、其他学者的中性帮助行为理论

有学者用 Welzel 教授首创的社会相当性（Sozialadäquanz）理论来阐述中性帮助行为的处罚界限问题，认为即使某行为已经侵害法益，只要其没有逾越通常的社会秩序范围，仍在社会现存秩序所容许范围内，仍能被社会容许和接受，就不具有构成要件该当性。②

有学者在社会相当性理论的基础上提出职业上相当性理论（professionelle Adäquanz），认为职业上相当的行为不可以处罚，至于如何判断行为是否职业上相当，则应该以职业群体类别或客观事实情况来判断。那些遵守了相关领域的职业规范与规则，并且能被社会接受和认可的行为，可以认为具有职业上相当性，不符合不法构成要件，但是，如果为了达到违法目的而违反相关职业或规则，则应当否定具有职业上相当性，应当受到刑法处罚。③

有学者根据客观归责理论来限制中性帮助行为的处罚范围。客观归责理论认为，如果行为没有造成法所不容许的风险，或者虽已造成法所不容许的风险，但该风险尚未实现为法益受侵害时，即使行为与结果之间存在条件关系，仍不可以归责，不符合客观不法构成要件。中性的或日常业务的行为一般均属于法所容许的行为，一般不符合帮助犯的客观不法构成要件，只是可能被其他人用于从事犯罪行为而已，那些人应当自我负责。④

有学者认为，从事日常人际交往或业务活动的人，明知他人可能实行犯罪仍向他人提供工具或服务，他人也确实利用了此工具或服务去故意实行犯罪，因而已经完全满足帮助犯的客观要件与主观要件，具备构成要件

---

① 参见[日]松宫孝明：《刑法总论讲义》，钱叶六译，中国人民大学出版社 2013 年版，第 219—220 页。
② 参见蔡蕙芳：《P2P 网站经营者之作为帮助犯责任与中性业务行为理论之适用》，载《东吴法律学报》第 18 卷第 1 期。
③ Hassemer, Professionelle Adäquanz, wistra 1995, 43f. ,46, 81f. ,85.
④ Kühl, AT, 2 Aufl. 1997, § 20 Rn. 222；Ambos, Beihilfedurch Alltagshandlungen, JA 2000, 722.

该当性,可直接按帮助犯进行处罚。如果想限制中性帮助行为的处罚范围,只能在违法性阶层寻找出路,如可以将中性帮助行为确保的利益与其对法益造成的侵害进行利益衡量,当确保的利益大于侵害的利益时,其违法性即被阻却。① 有学者认为,在进行利益衡量时,应当在中性帮助行为所侵害的法益的重要性与刑法对人行为自由的限制程度之间寻求平衡②;有观点认为,在进行利益权衡时,应坚持比例原则,考虑国家干预的允许性限度,特别考虑必要性、适合性和相当性三个因素③。

为了否定中性或日常业务行为的可罚性,Jakobs 教授提出了回溯禁止(Regreßverbotslehre)理论,认为如果某行为本身具有社会意义(如销售商品或提供服务),其社会意义不依赖于他人的犯罪行为的,则即使行为人制造了一个风险,使得他人可能得以顺利进行犯罪,这种行为也不具有可罚性,不应让他为实行者后来的行为负责,而应禁止将实行者后来的犯罪行为的效力回溯到这种提供服务的行为。如果面包店老板知道购买者将会在面包里下毒并提供给客人食用,并不成立杀人罪的帮助犯,而应由杀人者自我负责。④

Puppe 教授主张根据商品的违禁与否来区分可罚的帮助与不可罚的中性行为。她认为,如果提供的是那些由于其危险性而不能自由出售的物品(如枪支、麻醉药品或毒药等),则只要知道对方的目的在于犯罪性使用,就能成立可罚的帮助。反之,如果提供的是通常能够得到的物品,则其可罚与否取决于帮助行为接近构成要件行为的程度。如果尚未直接临近构成要件行为(正犯行为的实施尚不迫切),即使知道实行者具有用于犯罪的意志,也不具有可罚性。帮助者在预备阶段从来不可能知道实行者是否真的要实施构成要件行为,以及是否在直接来临的构成要件行为中不再能够获得其他手段,从而需要依赖于他提供的帮助。据此,虽然购买者已经告知面包师其将用这些食品去毒死其妻子或客人,出售面包或巧克力的面包师也不应受处罚;反之,如果知情的邻居把这些食品在实行者直接见到客人之前向其提供,则此邻居应当由于帮助而受到处罚。⑤

Wohlers 教授主张将可罚的帮助行为限制在以下三种情形:一是违反

---

① Artz, Geldwäscherei-Eine neue Masche zwischen Hehlerei, Strafvereitelung und Begünstigung, NStZ 1990,4.
② Vgl. Roland Hefendehl, Missbrauchte Fabkopierer, JURA 1992, S. 376 f.
③ Vgl. Löwe-Krabl, Die Verantwortung von Bankangesstellten bei illegalen Kundengeschäften, 1990, S. 40 ff.
④ Jakobs, AT, 1993, § 24 Rn. 15.
⑤ Puppe, NK, vor § 13, Rn. 157.

确定的谨慎规范,如出售枪支、危险药品,违反银行法中的有关规定;二是帮助者负有举报、帮助或救助义务,如违反《德国刑法典》第 13 条(不纯正不作为犯)、第 138 条(知情不举罪)、第 323c 条(见危不救);三是该种帮助仅仅能够用于帮助他人实现犯罪。[①]

第二节 我国刑法学者的中性帮助行为理论

近年来,我国学者亦逐步重视中性帮助行为理论的研究,然而,或多或少存在照搬德日刑法理论的问题,对我国刑法与国外刑法规定之间的差别及其所导致的理论差异的重视明显不够。下文仅介绍一些著名学者的理论。

一、张明楷教授的中性帮助行为理论

张教授将目前限定中立帮助行为处罚范围的学说划分为主观说、客观说与折中说三种。他认为主观说是以嫌疑人的认知与意欲作为判断标准。比如,有学者认为,如果帮助者知道他人可能会实施犯罪而仍然提供帮助,则该帮助行为就不再具有日常行为性质,应当成立帮助犯;还有学者认为,如果帮助者意图通过其帮助行为积极推动犯罪结果发生,则应当成立帮助犯,但是间接故意实施帮助行为者不构成帮助犯。主观说的缺陷在于,可能将客观上缺乏因果关系的帮助行为认定为帮助犯。客观说试图根据某种客观标准来认定中立帮助行为是否构成帮助犯,认为具有职业相当性的、职业范围内的行为或者其他中立的行为不应当构成帮助犯。客观说的缺陷在于,无法说明为什么具有一定职业的人就可以不成立帮助犯。比如,张三明知李四要去杀人,却开私家车把李四送到杀人现场,张三显然要成立帮助犯,如果张三是出租车司机,开出租车将李四送到杀人现场,无疑不能因为他是出租车司机就认为他不构成犯罪。此外,如何界定职业行为与日常行为,也是疑难问题。折中说主张同时考虑主观要素和客观要素,以判断帮助行为与他人犯罪有无意义关联。如果帮助者试图通过其帮助行为直接促进犯罪,或者帮助者明知其行为的唯一目的是犯罪,即使帮助行为本身是合法的,也应成立帮助犯。折中说的缺陷在于标准并不明确,难以为帮助行为是否可罚设置界限。

---

① Wohlers, SchwZStr117(1999),436.

　　张教授认为,应当综合考虑以下因素以决定某一帮助行为是否可罚:一是帮助者对法益有无保护义务;二是帮助者对正犯的行为与结果的确定性的认识程度;三是正犯行为的紧迫性程度;四是帮助行为对法益侵害所起作用大小等。比如,如果张三仅是猜测李四有可能去实施犯罪,如果李四的杀人行为并不紧迫,则张三的日常生活行为就不应属于帮助犯;相反,看见他人正在斗殴而向他人出售刀具,则要构成帮助犯。再如,甲坐上乙驾驶的出租车后,发现前方的丙女手上提着包,就让乙靠近丙行驶,乙知道甲的用意依然靠近丙行驶,致使甲夺得丙的提包,对乙应以抢夺罪的帮助犯论处。

　　在事前帮助场合,如果行为人所提供的设备、方法等只能或者通常用于犯罪,即使提供者不能确定其帮助行为会对哪些正犯结果起作用,只要帮助行为促进了正犯结果并且帮助者对该结果具有故意,就应认定为帮助犯。例如,在行为人出售用于窃电的设备而该设备没有其他正当用途的情况下,只要购买者将该设备用于窃电,出售者便构成盗窃罪的帮助犯(可能同时触犯其他罪名)。反之,如果所提供的设备或方法等通常具有正当用途,却被他人用于实施犯罪,则事先提供设备或方法的人应当不构成帮助犯。例如,甲公司在网络上免费提供下载工具,正犯乙利用该工具下载淫秽视频出售的,甲公司不成立帮助犯。[①]

　　综上可见,张教授对中性帮助行为处罚范围的限定方法,已经超出帮助犯的成立条件这一狭小范围,而是着重考虑处罚的必要性和合理性,并从这一角度出发来归纳应当着重考虑哪些因素。这种思考方向是正确的,因为中性帮助行为理论所要探讨的问题不是帮助犯的成立条件问题,而是如何限制形式上完全符合帮助犯的成立条件的中性行为的处罚范围问题。换言之,行为完全符合帮助犯的成立条件,是探讨中性帮助行为理论的前提,但不是该理论本身,如仅探讨成立条件,仍然难以解决如何限制中性帮助行为的处罚范围的问题。

二、陈兴良教授的中性帮助行为理论

　　陈教授也将目前限定中立帮助行为处罚范围的学说划分为主观说、客观说与折中说三种。其中,主观说认为应将基于不确定故意的日常行为从可罚的帮助行为中排除,但如果存在确定故意,则可以构成可罚的帮助犯;客观说试图从否定帮助犯的客观要件进行限制,具体又分为两种,一种是

---

① 参见张明楷:《刑法学(上)》(第5版),法律出版社2016年版,第424—425页。

笼统地否定客观的帮助行为这一要件,另一种是否定帮助行为与实行行为以及犯罪结果之间的客观归责关系,客观说具体又有客观归责理论、利益衡量说、义务违反说、社会相当性说、违法性阻却事由说、职业相当性说等多种观点;折中说以罗克辛为代表,其既与判例同样重视主观要素,又同时积极提倡客观归责论。

陈教授认为,应当从否定帮助犯的构成要件来限定中立帮助行为的处罚范围,主观说误以为中立帮助行为已经符合帮助犯的客观构成要件,所以试图仅从故意的形式去进行限制;相反,客观说试图对中立帮助行为的客观构成要件进行实质判断。比如,客观归责理论以某一行为是否制造了法所不容许的风险作为判断依据,去判断该行为是否具有法益侵害性,而那些认为中立帮助行为都具有可罚性且都应予定罪的观点,则是受到形式的构成要件论的不当影响。① 不过,这似乎与他赞成片面帮助犯的观点有点矛盾,因为他认为,片面帮助者客观上对正犯实施了帮助行为,主观上也具有帮助故意,是明知正犯正在实行犯罪而提供帮助,因此完全符合帮助犯的构成要件,诚如他自己所言:"我国刑法规定共同犯罪的构成必须以共同犯罪故意为主观要件,而共同犯罪故意又以共同犯罪人认识自己与他人互相配合共同实施犯罪为认识因素,在这种情况下,当然是不承认片面的共犯的概念的。"②

陈教授的观点也得到许多学者的赞同。例如,张丽卿教授认为,应该从中性帮助行为本身出发来探讨帮助是否成立,如果卖刀子或安眠药等日常生活举止根本没有制造任何风险(即无客观归责),则刑法无法干涉,但是,如果提供刀子及安眠药的老板知道购买者要去杀人或迷昏他人时,则必须考虑其是否为帮助犯。帮助者和被帮助者之间不必有犯意之联络或相互认识。例如,CD专卖店的店员甲发现顾客乙在店内偷东西却故意视而不见,从而违反了雇佣契约中保管店内财物的义务,是帮助乙盗窃的不作为,成立不作为的盗窃的片面帮助犯,虽然甲与乙二人并无犯意联络。③ Krey教授认为,不需要特别考虑中性业务行为的特殊性,应当将该类行为与其他帮助犯情形同样对待,根据帮助行为的一般定义来判断是否构成帮助犯,只要所提供的帮助对正犯的构成要件的实现有因果关系,或

---

① 参见陈兴良:《教义刑法学》,中国人民大学出版社 2010 年版,第 670—671 页。
② 参见陈兴良:《教义刑法学》,中国人民大学出版社 2010 年版,第 667—668 页。
③ 参见张丽卿:《刑法总则理论与运用》(第 4 版),五南图书出版股份有限公司 2011 年版,第 379—380 页。

有促进关系,或风险升高关系,即已成立帮助行为。①

可见,以上观点都认为只要具体行为符合帮助犯的主观要件和客观要件,就属于可罚的帮助,只是认为应当从实质角度来考虑是否符合主客观要件,比如强调客观上使风险提高、主观上明知对方将要实施犯罪等,试图以实质上不符合帮助犯主客观要件来限制形式上符合帮助犯主客观要件的帮助犯的处罚范围。但是,怎样区分形式与实质,如何认定实质上提高了风险等,仍然比较困难。

三、周光权教授的中性帮助行为理论

周教授认为,日常生活中的有些行为也可能构成帮助犯,这要综合考虑以下因素:一是帮助者在主观方面是否存在帮助故意,是否明确认识到他人可能实行犯罪而仍然提供帮助;二是该行为客观上的法益侵害性是否明显、对实行行为的物理的或心理的因果影响的大小、对法益侵害的危险是否达到可以认定为帮助的程度;三是在共犯处罚根据方面,该行为对实行行为的违法性和因果流程的影响是否达到可以被认定为帮助的程度。据此,将自己的医保卡借给别人使用,致使医疗保险金被骗取的,要构成诈骗罪的帮助犯;明知他人要去杀人而将他人运送到犯罪现场的,要构成故意杀人罪的帮助犯;研制开发能够窃取他人上网账号和密码的软件并将软件上传至网络,致使他人的上网账号和密码被窃取的,要构成相应犯罪的帮助犯;但是,农资公司出售农药,致使他人利用农药杀人的,不构成帮助犯,因为他对于他人可能用农药去杀人缺乏明确的认识,而给赌场运送盒饭的行为则是社会观念能够容忍的行为,不能认为具有法益侵害性,不构成帮助犯。总之,日常生活中的行为一般不可罚,但如果制造了法所不容许的风险,或者超出了社会观念所允许的程度,则应当以帮助犯惩处。②

可见,周教授是在强调中性帮助行为必须符合帮助犯的成立条件的基础上,强调应根据一般社会观念来合理限制中性帮助行为的处罚范围。不过,对于怎样判断中性帮助行为是否超出社会通常观念所能容忍的范围,仍然没有提出明确标准;为何在客观要件与主观要件之外,还须考虑处罚根据,也没有说明。

四、林钰雄教授的中性帮助行为理论

林钰雄认为,所谓中性帮助行为,是指对正犯的犯行有所助益的、中性

① Krey,AT/2,2002,Rn. 301ff.
② 参见周光权:《刑法总论》(第3版),中国人民大学出版社2016年版,第351—353页。

的、日常生活的举止方式。如果独立出来看,这种举止方式是与犯罪及犯罪人无关的日常生活举止,本身并非刑法所禁止的行为,如卖面包给要在面包里下毒害死太太的先生、卖菜刀给有家暴倾向的丈夫、卖木炭给烧炭自杀的人、律师或会计师或银行理财顾问提供专业资讯给要逃税的业主、提供饮食及酒类给营业赌博场所、为犯非法拘禁罪的人买盒饭、为"大家乐"签单提供影印服务、为通缉要犯出面租房子、媒体的小广告为色情行业及诈骗集团提供传播平台、搜索引擎促进网络色情行业的蓬勃发展、购物拍卖网站为销赃者提供便利、P2P 软件及网站为侵害著作权提供帮助、网络为诽谤议论提供温床等。在以上情形中,所谓中性支持行为多多少少都增加了法益侵害的风险,甚至行为人正是利用这种风险,才能赚到大把大把的钞票。

林钰雄认为,对以上中性支持行为的可罚性问题,应首先根据刑法分则的构成要件规定以及正犯与共犯区分理论,区分出某种中性行为是应定性为正犯还是共犯来讨论。例如,卖面包给人下毒或卖菜刀给人杀人之例,是杀人罪的帮助犯问题;反之,为通缉犯出面租房子,则是藏匿人犯罪的正犯问题;卖木炭给烧炭自杀者,则是作为共犯正犯化情形的加工自杀罪(第 275 条)的正犯问题。

对于中性帮助行为是否可罚,应当着重考虑客观归责和特殊认知两个方面,前者是看行为是否制造了法所不容许的风险,后者是看行为人有无明确的故意。在通常情形下,由于提供者并不知道正犯的计划或用途,或者仅止于相当模糊的预测,卖面包、卖菜刀或出租房子之类的日常生活举止,即使客观上对他人实现犯罪有所促进,也不应认为行为人客观上制造了法所不容许的风险及主观上具有帮助故意,不具有可罚性。但是,如果行为人明确知道他人的预定用途或犯罪计划,则不能否定其行为的可罚性,因为他是以帮助故意来促进他人实现犯罪,因此不能再认为仅属于日常生活中的行为。同罗克辛一样,林钰雄也认为不能以假定的因果关系来否定某种帮助行为的帮助性质。他认为,在卖菜刀给杀人犯的例子中,尽管卖菜刀的行为完全没有不可取代性,但由于帮助行为本来就不需要具有不可取代性,也不需要具有关键性的贡献,所以不影响帮助犯的认定。[①]

林钰雄的观点其实与通说没有多少差异,都是主张根据行为人犯罪故意的确定程度来区分可罚的帮助与不可罚的中性行为。例如,林山田认为,在五金店老板 A 怀疑某盗窃惯犯 B 可能是为了盗窃而购买工具,却仍

---

① 参见林钰雄:《新刑法总则》(第 3 版),元照出版社有限公司 2011 年版,第 481—484 页。

然向 B 出售工具,导致 B 使用那些工具盗窃他人财物的例子中,A 原则上不构成帮助犯,因为他的出售行为只是日常生活中的典型举止,但如果 B 可能马上使用那些工具去盗窃他人财物的迹象相当明显,则 A 不能向 B 出售那些工具,否则应以帮助犯论处。例如,A 明知 B 来他店里之前已经试图侵入他邻居 C 的住宅而未得逞。[①] 西田典之认为,如果五金店老板 A 在卖菜刀给 B 时,只是漠然地认识到 B 有可能拿菜刀去抢劫或杀人,则 A 并不成立帮助犯;但是,如果 A 发现 B 与 C 等人正在他店门前吵架,之后 B 才冲进来要买菜刀,则对 A 应认定为帮助犯。这种情形属于根据出售工具者对其行为的因果作用有无认识和容任,以及有无片面的帮助故意来判断其行为是否构成犯罪。[②] 耶赛克等人也认为,一个表面上中立的行为也可能构成帮助犯,比如五金店售货员明确地知道他人购买螺丝刀的目的是用于入室盗窃而仍然出售,药剂师明确地知道他人会将药片用于谋杀仍然向对方出售药片,都可能构成帮助犯。[③]

五、其他学者的中性帮助行为理论

黎宏教授不赞同主观说和综合说,认为这两种观点均没有意义,因为探讨中立帮助行为的可罚性的前提,正是认为这类行为已经具备帮助犯成立的主客观要件,否则就不需要讨论这类行为的可罚性了。由于共同犯罪的本质是各行为人利用共同的行为来实现各自的犯罪,是利用其他共犯的行为来扩大自己行为的因果作用范围,所以对于帮助犯,也应当根据行为的客观方面来认定是否可罚,因此应采纳客观说。据此,应当着重考虑该行为是否导致正犯结果发生重大变更,以及是否强化正犯行为的侵害力度,前者是指帮助行为使正犯结果在发生时间或严重程度方面产生重大变化,后者是指帮助行为使正犯行为得以加强。例如,在出租车司机将杀人犯运送到犯罪现场的案例中,除非杀人犯在乘车时没有其他车辆可以选择,否则很难说该运送行为对故意杀人行为具有实质性帮助,对杀人结果具有重大影响或者重大变更。同理,五金店老板出售菜刀的行为一般不可罚,因为不能说卖刀行为能对杀人结果起到实质促进作用,但在特定紧急状态下,也可能构成帮助犯,比如将菜刀卖给正在赤手空拳打斗中的一方,

① 参见林山田:《刑法通论(下册)》(增订 10 版),北京大学出版社 2012 年版,第 79 页。
② 参见[日]西田典之:《日本刑法总论》,刘明祥、王昭武译,中国人民大学出版社 2007 年版,第 283 页。
③ 参见[德]耶赛克、[德]魏根特:《德国刑法教科书(下)》,徐久生译,中国法制出版社 2017 年版,第 943—944 页。

致使是否持有菜刀成为决定胜负的关键。同样,将撬锁方法或者制造炸药的配方上传到网络,致使他人用于入室盗窃或者制造炸弹进行恐怖袭击的,则可能构成帮助犯,因为一般人难以掌握或无从知晓撬锁方法和炸药配方,在网上公布上述犯罪方法将使正犯实行行为变得容易,或者使正犯结果在出现时间或严重程度方面发生重大变化。①

黎教授以上观点很有道理,不过,似乎也有一些可以进一步思考之处。虽然提出了行为是否导致正犯结果发生重大变更,以及是否强化正犯行为的侵害力度(强度)两大标准,但是并未说明其提出这两大标准的理论依据何在,无法说明为什么对可罚的中性帮助行为与通常的帮助犯的因果关系要采取不同的判断标准;再者,这两大标准的含义也相当含糊,在司法实践中恐怕难以适用。

孙万怀教授认为,不应根据帮助者有无确定的故意来认定中立帮助行为的可罚性,应当从客观方面寻找认定标准,应着重考虑帮助行为与正犯的行为以及结果之间有无物理的或心理的因果性。其一,如果正犯行为具有立即发生的紧迫性,而中立行为又具有导致正犯行为立即发生的高度盖然性,则属于可罚的帮助。比如,五金店老板将刀具卖给正在其店门口打斗的一方,明知杀人犯杀人之后急需钱款逃匿而将欠款立即偿还给杀人犯,均应构成犯罪。其二,如果某中立行为很容易被其他行为所替代,因而一般不会促进正犯行为的实施,只是偶然被正犯所利用的,应该否定物理的因果性。比如,在通常情况下,向他人出售螺丝刀的行为,向卖淫场所出售酒水的行为,均不可罚。其三,如果中立帮助行为超越了通常所必要的限度而为正犯行为提供帮助,则应肯定物理的因果性。例如,即使知道他人将要杀人而将其送到犯罪现场,也仍然属于正当业务行为,但如果留在犯罪现场等待以将杀人犯送回某地,则应肯定物理的因果性,因为随后等待杀人犯的行为已经超出了运输业务通常的必要性限度;又如,明知斗鸡只能用于赌博而出售斗鸡的,也超出了普通销售行为的必要限度,属于可罚的帮助;再如,出租车司机允许乘客在其车内吸毒的不构成容留吸毒罪,因为运输工具一般不会成为吸毒场所,运输行为也不会导致吸毒行为发生,与吸毒行为之间不具有物理的因果性。其四,只有在帮助者意欲促进正犯行为的意思被正犯知悉的情况下,才能认为两者之间具有心理的因果性。例如,出租车司机主动询问犯罪者是否需要其在犯罪现场等待再次运输,就具有可罚性。其五,即使明知用户可能利用网络服务实施犯罪而持

① 参见黎宏:《论中立的诈骗帮助行为之定性》,载《法律科学》2012年第6期。

放任态度,向用户提供网络服务的行为也应属于不可罚的中立行为,相应犯罪的后果应当由用户自我答责,网络服务提供者不构成帮助犯。[①]

孙教授以上观点很有道理,不过,似乎也有一些可以进一步思考之处。他虽然为中性帮助行为的处罚界限提出了一些标准,但是却未能说明提出这些标准的理论依据何在,特别是认为如要承认心理的因果关系,需要帮助者主动向正犯者提出帮助意向,这明显不妥,因为这已经属于双方共谋犯罪了,与他"如果有通谋将一律构成犯罪"的观点自相矛盾。此外,认为即使出租车司机明确知道乘客要去杀人而仍然将乘客运往目的地也不构成犯罪,也与社会一般观念不符。

陈洪兵教授认为,中立帮助行为是否可罚之所以值得讨论,是因为行为人主观上具有帮助故意,客观上其行为与法益侵害结果之间存在因果关系,但全部处罚又可能阻碍社会正常交往,因此"只能从否定帮助犯的客观构成要件即违法性入手",而否定中性帮助行为可罚性的主要路径则是否定该行为成立帮助行为,因为几乎任何行为都可能成为其他犯罪的帮助行为,如果将日常行为、交易行为作为帮助犯来处罚,"必然导致社会生活瘫痪"。例如,如果因为销售的商品可能被人用去杀人,就要求出售者审查购买者的品德并要求其保证不得用于杀人才能销售,就必然导致社会生活陷入瘫痪。并且,根据不作为犯义务来源二分法(法益保护义务与危险源监督义务),除非行为本身违反相关法律、法规和行业规范的要求,否则商品出售者对被害人就不负有法益保护义务与危险源监督义务。显然,五金店老板对被害人并不负有法益保护义务,并且出售日常用品的人也应当不负有危险源监督义务。据此,向正在店前吵架的一方出售菜刀或者铁锤的,即使被害人遭受法益侵害的危险相当紧迫,也不能认为五金店老板对被害人的法益负有保护义务,还不能认为他负有危险源监督义务,不能禁止其出售菜刀,使用菜刀杀人的购买者应当自我答责。否则,诸如菜刀、扳手、拖把等所有可能用于杀人伤人的物品都要禁止销售,这将过分限制商人的经营自由,变相地要求其承担阻止犯罪的警察义务。因此,为了平衡法益保护与自由保障,除非行为本身违反法律、法规和行业规范,否则不能认为从事日常交往、交易的人对被害人负有法益保护义务与危险源监督义务,不能认定为帮助行为。[②]

陈教授以上观点有一定道理,但是也有值得进一步思考之处。完全无

---

① 参见孙万怀、郑梦凌:《中立的帮助行为》,载《法学》2016 年第 1 期。
② 参见陈洪兵:《论中立帮助行为的处罚边界》,载《中国法学》2017 年第 1 期。

视一些帮助行为的社会危害性和帮助者的人身危险性,仅仅因为其同时也属于日常行为、交易行为就一概否定其可罚性和帮助行为性,明显缺乏理论依据,所谓法益保护与自由保障之权衡,根本不足以说明为什么可以将公认的可以处罚的行为作无罪处理。再者,其以帮助者对被害人没有作为义务为核心,将中立帮助行为作为帮助者对被害人有无作为义务的不作为犯来分析,也混淆了作为犯与不作为犯之间的区别。事实上,中立帮助行为理论中所探讨的中立帮助行为均是作为方式而不可能是不作为方式,难以想象出售商品或提供服务属于不作为的方式,也难以想象在某个人什么也没做的情况下会被作为中性帮助行为来分析,不宜用有无作为义务的不作为犯理论来分析作为犯的帮助犯问题。诚如罗克辛教授所言,在有意识地实施对他人犯罪的实现有积极贡献的中性行为时,没有任何根据认为对这种中性行为只能根据不作为犯的刑事可罚性标准来分析。[①] 如按陈教授的逻辑,则在诸如互不相识的甲用刀捅死乙之类的案件中,也可认为甲不构成杀人罪,因为甲对乙也不负有法益保护义务和危险源监督义务。实际上,在任何作为犯罪中,行为人对被害人都只负有不得侵犯他人合法权益的义务,不负有法益保护义务和危险源监督义务。况且,即使陈教授的逻辑合理,也不能排除那些可罚的中性帮助行为违反了不得侵害他人法益的义务。一方面认为中立帮助行为通常完全符合帮助犯的构成要件(否则也不需要探讨其可罚性的限制问题),另一方面又认为中立帮助行为通常不宜被评价为帮助行为,则是明显的自相矛盾。

第三节　判例中体现的中性帮助行为理论

近年来,我国学者逐步重视案例、判例对理论研究和司法实践的重要作用,而在国外,对判例的分析长期以来都占据非常重要的地位,因此,下文简要介绍一些关于中性帮助行为定罪量刑的判例。

一、日本判例中体现的中性帮助行为理论

案例 1:对于为卖淫团伙印刷色情广告宣传册的行为,辩护方认为,除非被告人通过正当业务行为深度参与了正犯的犯罪,并且因此获得较大利

---

① 参见[德]克劳斯·罗克辛:《德国刑法学总论(第 2 卷)——犯罪行为的特别表现形式》,王世洲等译,法律出版社 2013 年版,第 159 页。

益,否则对正当业务行为不应认定为犯罪,而本案的被告人参与正犯犯罪的程度很低,也没有从正犯的犯罪中获得利益,因此不构成正犯斡旋卖淫罪的帮助犯。[①] 东京高裁 1990 年 12 月 10 日判决(判时 752 号 246 页)则认为"既然(该印刷行为)已经完全满足帮助犯的成立条件,就不能因为印刷一般属于正当业务行为且被告人没有因为斡旋卖淫而得到特别利益这种辩方所称的理由而不追究刑事责任",进而判决被告人成立斡旋卖淫罪的帮助犯。对此,松原芳博认为,在该案中,印刷者印刷制作的宣传册是特别用于卖淫宣传的册子,即便委托其他印刷厂家印刷,遭到拒绝的可能性也很大,因此可以说 X 的行为是有意地提高了正犯行为实施的危险,即便认为那属于印刷业务之一,也仍可评价为具备了该罪的当罚性。[②]

案例 2:X 明知汽油销售者 Y 等人具有逃避交纳汽油交易税的意图,仍低价从 Y 处购买汽油。熊本地裁 1994 年 3 月 15 日判决(判时 1514 号 169 页)认为,被告人只是本案汽油销售中的购买者,不是视为实现了自己的犯罪,不能成立违反地方税法的共同正犯;进而认为,被告人并非特别出于帮助 Y 等人实现犯罪的意思进行交易,仅仅是为了谋取自己的利益才低价购买汽油,虽然其低价购买汽油确实导致 Y 等人的犯罪得以实现,但那只是被告人在追求自己利益的目的下所实现的交易活动之结果而已,因而被告人也不成立帮助犯。换言之,即便购买者明知其低价购买汽油的行为会帮助对方达成逃税目的,其仍然处于买卖当事人的地位,仍属于对向犯中不可罚的一方,不成立可罚的帮助犯。[③] 可见,法院是想用对向犯理论来加强其不定罪的说理,但这并不妥当,因为低价销售汽油和购买汽油均非违法行为,只有销售背后的逃税行为才是违法行为,对被告人进行审判的事实是其帮助对方逃税的行为,而不是购买行为本身。

案例 3:被告人金某开发了一种文件共享软件 Winny 并将该软件上传到网上开放给公众下载,该软件可以用于侵入别人的网址链接下载别人的秘密信息,可能被人用于实施侵犯著作权行为,导致两人使用该软件窃取他人享有著作权的游戏软件并且在网络上公开传播,被法院判决构成侵犯著作权罪(京都地判平成 16 年 11 月 30 日判时 1879 号 153 页)。争议在于本案被告人是否构成侵犯著作权罪的帮助犯(片面帮助犯)? 对此,一

[①]　参见〔日〕松宫孝明:《刑法总论讲义》,钱叶六译,中国人民大学出版社 2013 年版,第 219 页。

[②]　参见〔日〕松原芳博:《刑法总论的重要问题》,王昭武译,中国政法大学出版社 2014 年版,第 357 页。

[③]　参见〔日〕松原芳博:《刑法总论的重要问题》,王昭武译,中国政法大学出版社 2014 年版,第 357 页。

审判决认为,被告人对其软件 Winny 会被他人用于侵犯著作权这一事实存在认识和容忍,因此应构成帮助犯(京都地判平成 18 年 12 月 13 日判时 1229 号 105 页)。但二审改判无罪。大阪高等裁判所认为,Winny 软件并非专门用于侵犯著作权的软件,而是能在保护用户通信秘密的同时,使用户有效地进行多用途的信息交换的软件,因而是价值中立而非专门用于违法犯罪的软件。如果要认定将价值中立的软件在网络上公开传播构成帮助犯,仅仅是认识并容忍该软件很可能被他人用于侵犯著作权还不够,必须是被告人在互联网上劝诱下载者仅将此软件用于违法行为或主要用于违法行为才能认定,但本案中不存在劝诱情况,因此改判被告人无罪(大阪高判平成 21 年 10 月 8 日刑集 65 卷 9 号 1635 页)。此案上告之后,最高裁平成 23 年 12 月 19 日决定认为,二审判决将可罚的帮助仅仅限于提供软件并劝诱他人违法使用是错误的,不过,由于被告人曾在网上警告下载者不得将此软件用于违法行为,故应认为,被告人对于该软件很可能(高度盖然性)被他人利用去侵犯著作权并不存在认识和容忍的帮助故意。[1]

此外,认定了帮助犯的案例还包括,借贷给行贿者用于行贿的金钱(大判大 10·5·7 录 27·267),将住宅借给赌场经营者(前列大判大 2·7·9),为赌场引诱赌徒、提供房间(大判大 9·11·4 录 26·793),借日本刀给故意伤害犯(大判昭 15·5·9 集 19·297),为怀孕妇女介绍堕胎手术者(大判昭 10·2·7 集 14·76),给怀孕妇女提供堕胎手术所需要费用(大判昭 15·10·14 集 19·685),为盗窃犯人在盗窃行为前斡旋盗窃物的销售(大判昭 9·10·20 集 13·1445),为企图诈骗的人介绍被害人(大判昭 8·8·10 集 12·1420)。[2]

二、德国判例中体现的中性帮助行为理论

德国《帝国法院刑事判例集》第 39 卷、第 44 卷、第 48 卷,都拒绝把向妓院提供面包与肉作为帮助拉皮条来处罚,因为消费食物是合法的,提供面包和肉并没有单独服务于促进犯罪,缺乏与犯罪的关联性;反之,用出租车将贩毒者运送到行为地或从那里接回非法侵入住宅的盗窃犯,则完全具有促进犯罪的功能,成立帮助犯。[3] 可见,类似判决采取的是促进理论

---

① 参见[日]松原芳博:《刑法总论的重要问题》,王昭武译,中国政法大学出版社 2014 年版,第 358 页。

② 参见[日]大塚仁:《刑法概说(总论)》(第 3 版),中国人民大学出版社 2009 年版,第 316 页。

③ 参见[德]克劳斯·罗克辛:《德国刑法学总论(第 2 卷)——犯罪行为的特别表现形式》,王世洲等译,法律出版社 2013 年版,第 163 页。

(Förderungstheorie)，以促进意思(Förderungswille)作为成立帮助犯所需具备的主观要件，而在大多数情况下，从事业务活动的人都只是为了经营事业而向他人提供服务，完全没有促进他人犯罪的意思，因而不具有帮助故意，无法成立帮助犯。不过，德国实务界逐渐采纳罗克辛的观点，依据提供助力者的主观认知内容，即对实行者的犯罪决意是有所确知，或仅认为可能被使用去犯罪两种情形而作不同处理。德国刑法教材中经常引用以下一段判决文字："如果实行者的唯一目的是去实行犯罪，并且帮助者对此知情，则帮助者的贡献就应评价为帮助行为。……此种情形下，其行为经常丧失所谓'日常的特征'。反之，如果帮助者并未确知他所提供的贡献会被实行者如何使用，而仅仅认为其贡献可能被实行者利用于犯罪，则其行为往往不能成为可罚的帮助，除非其已认识到其贡献是对明显有犯罪倾向的实行者具有促进作用。"①也就是说，在两种情形下，帮助者可成立可罚的帮助：一是提供商品或服务者明知对方购买商品或服务的唯一目的是去实行犯罪；二是尽管并不确知他人会去实行犯罪，但如果他人已经表现出明显的犯罪倾向，则帮助行为并非中性或日常业务行为。例如，在某诈骗帮助案中，在明知某公司的唯一目的是以欺骗方式获得公众投资的情况下，某律师还为该公司提供了一份内容正确的宣传册，用于解释期货交易的经济关系与相关风险，该公司想以这种方式给人以可靠的印象，使被欺骗的顾客无法对风险说明提出反对意见，法院判决律师有罪；某银行员工明知他人向境外汇款的唯一目的是逃税，仍帮助顾客汇款，法院判决其成立帮助犯；某公证员在发现委托者具有明显犯罪倾向的情况下，仍为委托者制作公证书，法院判决其构成背信罪帮助犯，认为其行为已经超出专业上典型的被容许的风险。②

第四节　中性帮助行为在中国应如何处罚

中性帮助行为在实践中往往是片面共犯行为，行为人与实行犯之间往往没有犯罪意思的联络沟通，仅仅是概括地知道他人可能利用其所提供的商品、服务或其他帮助去实行犯罪，并放任这种结果发生。因而，除了个别

---

① BGHSt 46,107,112＝NJW 2000,3010.
② 参见［德］克劳斯・罗克辛：《德国刑法学总论(第2卷)——犯罪行为的特别表现形式》，王世洲等译，法律出版社2013年版，第164页。

学者认为这种明知属于一种意思联络之外,大多数学者均认为行为人与实行犯并不成立共同故意犯罪,仅仅是片面帮助。当然,如果行为人与实行犯之间事前通谋,商议由实行犯实行犯罪,由帮助犯提供某种帮助,则由于行为人主观上具有很明确的为他人实行犯罪提供帮助的意思,所以就不再属于中性帮助行为了。

一、在中国处罚中性帮助行为缺乏刑法规定

在德日刑法体系中,刑法中既明文规定了帮助犯的定义及处罚原则,又没有明文规定将帮助犯的处罚限制在共同犯罪的范围内,甚至一些国家和地区的刑法中会明文规定正犯不知帮助之情时的片面帮助犯[①];而在我国现行刑法中,既未明文规定帮助犯的定义及处罚原则,又明文规定共同犯罪仅指共同故意犯罪。因此,由于刑法对帮助犯规定方式的明显差异,理论上对片面帮助犯能否处罚有很大差异。在德日刑法体系中,理论和实践普遍承认片面帮助犯的可罚性,导致所谓中性帮助行为在形式上也完全符合帮助犯的构成要件,可以单独进行处罚,但若全部处罚又与社会通常观念不符,可能导致处罚范围过大,因而需要提出一定的标准来限制帮助犯的处罚范围。在我国,帮助犯是一个理论上的概念,并且仅仅是理论上从《刑法》第 27 条关于"在共同犯罪中起辅助作用"的规定引申出来的,因而处罚帮助犯的前提条件,是在帮助犯与实行犯之间成立共同犯罪;由于《刑法》第 25 条明文规定"共同犯罪是指二人以上共同故意犯罪",如要处罚帮助犯,要求帮助者与实行者之间存在犯罪意思的联络沟通,否则对帮助者就不能作为共同犯罪的一方进行处罚;而在不与正犯成立共同犯罪的情况下,由于帮助行为并非刑法分则所规定的构成要件行为,基本上都是一些"为了犯罪,准备工具、制造条件"的预备性质的行为,无法直接根据刑法分则条文对片面帮助犯进行处罚,所以在我国,除了刑法分则中明文规定了一些帮助行为正犯化罪名以及帮助行为共犯化条文之外,处罚中性帮助行为这种片面帮助犯完全缺乏刑法规定。虽然司法解释中众多帮助行为共犯化规定(目前至少有 30 余件)可以援引于处罚中性帮助行为,但是这种司法解释有越权解释的嫌疑,因而只是不得已而为之。简言之,由于中性帮助行为一般属于片面帮助犯,一般难与正犯成立共同犯罪,依我国刑法将无法处罚,这对于那些具有严重的社会危害性并且社会公认为应

---

① 《德国刑法典》第 27 条规定:"故意对于他人故意实施的违法行为予以协助者,以帮助犯罚之。"《日本刑法典》第 62 条规定:"帮助正犯者,为从犯。"

受刑罚处罚的中性帮助行为,无疑有刑法处罚漏洞之嫌。

因此,与德日刑法体系需要寻找标准来限制中性帮助行为的处罚范围相反,在我国,真正的问题不是如何限制,而是如何放宽共同犯罪的认定标准,以便将那些应受刑罚处罚的中性帮助行为纳入处罚范围。因而,在我国,中性帮助行为理论应当主要探讨两个问题:一是哪些中性帮助行为具有可罚性,应当受到刑罚处罚;二是应当采取哪一种路径对可罚的中性帮助行为进行处罚。

二、哪些中性帮助行为应当受到刑罚处罚

诚如学者们逐渐认识到的那样,中性帮助行为之所以成为刑法学研究的热点问题,是因为这种行为一方面在形式上完全符合帮助犯的构成要件,另一方面又是一些日常生活中极其常见的交易交往行为,加之有些行为在社会观念中不应受到刑罚处罚,所以需要提出一定标准来限制外观上完全符合帮助犯构成要件的中性帮助行为的处罚范围,以便将社会观念所认为的不应受刑罚处罚的中性帮助行为排除在帮助犯的处罚范围之外;而问题的另外一面,则是应当将那些社会通常观念认为应当受到刑罚处罚的中性帮助行为作为帮助犯进行处罚。因此,解决此问题的关键,应当是哪些中性帮助行为应当受到刑罚处罚。

哪些中性帮助行为应受处罚的问题,与其说是一个逻辑论证问题,不如说是一个价值判断问题。既然是价值判断问题,就自然存在两个极端,一个极端是认为都应处罚,另一个极端是认为都不应处罚。前者的理由大致在于,既然中性帮助行为完全符合帮助犯的构成要件,自然应当受到处罚,否则会破坏法的安定性,这是严格坚持犯罪构成要件理论的观点;后者的理由大致在于,既然中性帮助行为都是一些日常生活中的交易、交往行为,就不应当受到处罚,否则会干涉公民的行动自由,会导致社会生活陷入瘫痪,这是刑法之外的思想。一般来讲,远离极端、偏向中庸,总是更为可欲,因而绝大多数学者总是自觉不自觉地在部分处罚部分不处罚之中寻找平衡。既然只是寻找平衡,而不是严密的逻辑推理论证,自然难免存在种种逻辑问题。其中,最突出的,无疑是通说从否定帮助犯的构成要件角度所作的论证。无论是试图否定帮助故意、帮助行为,还是试图否定因果关系或客观归责,都已经与其论证前提"中性帮助行为已经完全符合帮助犯的构成要件"相矛盾,因为,如果首先否定这一论证前提,则一个并不完全符合帮助犯构成要件的中性行为,本身就无资格进入中性帮助行为理论的研究视域。导致问题产生的症结在于,无论哪个学者,都是在心目中先有

了某个中性行为应否受到刑罚处罚的先前判断,再来为这种判断寻找合适的理由的。因此,这种来源于"先有应否处罚的结论,再有对结论如何论证"的困境,必然导致无法解决的逻辑问题。例如,在出租车司机明知他人要赶到犯罪现场去杀人,仍然将犯人运送至杀人现场的案例中,无论是赞同处罚者还是反对处罚者,都首先是根据自己的价值观来判断应否处罚的,而不是根据犯罪构成原理来判断应否处罚,在判断应否处罚之后,才运用刑法理论来解释,以便将处罚或不处罚的结论解释得尽量符合大多数刑法学者的刑法理论(但不排除有个别学者为了标新立异而随意解释的可能性,如故意用不作为犯理论来解释作为犯),从而导致逻辑论证方面的问题几乎成了一个无解的问题。试图从违法性阶层解决中性帮助行为处罚范围的学者,虽然回避了通说因否定帮助犯成立的某个要件而与其论证前提之间的自相矛盾,但同样面临着先挑选再论证所导致的逻辑问题。这些学者同样得先根据自己的价值观挑选出一些自认为应受处罚的行为,再来论证这种挑选或不挑选的合理性,只有在挑选之后,才能为这种挑选或不挑选寻找理由。虽然不能断言这种挑选和论证是随心所欲的,但至少是不可能有充分论证理由的。例如,通常所谓中性帮助行为所保护的行动自由与其所间接侵害的法益的权衡,就不可能完全令人信服,依然是原先"信者恒信,不信者恒不信",至于解释技巧方面的问题,也不可能令人信服。例如,认为可罚的行为就具有可罚的违法性而不可罚的行为就不具有可罚的违法性的依据是什么? 如何论证这种论证方法不是一种循环论证? 因此,在中性帮助行为的理论研究方面,几乎所有学者都存在一个同样的问题,即虽然都试图提出一些或多或少具有合理性的挑选标准,但却无法对这些标准的合理性本身进行论证,根本无法让人明白他提出这些标准的理由何在及能否站得住脚。例如,有学者试图为可罚的中性帮助行为提出"中性帮助行为致使正犯结果发生重大变更"这一标准,也有学者提出"共犯处罚根据上值得作为帮助犯处罚"这一标准,但问题是,通常帮助犯的成立并不需要这些标准,为何中性帮助行为成立帮助犯就需要这些标准? 对这些标准本身应当如何认定?

既然对于哪些中性帮助行为应受处罚和不应受处罚是一个价值判断问题而不是推理论证问题,则根据大多数学者共同的价值观念来挑选、确定哪些中性帮助行为应受处罚,永远比走两个极端稳妥得多。这不是刻意为通说进行辩护,而是相对而言,少数说无论在结论的妥当性还是理论论证方面,存在的问题都更多。例如,对于明知他人在店门口打架而卖刀给其中一方,以及出租车司机明知对方具有杀人意图而将杀人犯运往犯罪现场的例子,通说认为可罚,这一结论几乎可以等同于社会通常观念,而少数学者认为不可罚,其理由翻来覆去,无非仅有"卖刀、开出租车是交易行为、业务行为,因而不应受处罚"这一点而已。对为什么日常交易行为、业务行为就不可罚,或者就能阻却行为的违法性,除了所谓保护交易自由、业务自由的价值大于惩罚帮助犯罪的益处之外,几乎难以找到其他说得过去的理由。问题是,虽然这种利益衡量从表面上看是合理的,毕竟导致社会生活瘫痪远比放纵一个帮助犯的后果严重,但是这种利益衡量的方式却是错误的,因为它实际上是将不分青红皂白处罚所有中性帮助行为所可能导致的最严重后果,与某一个具体案件中放纵一个帮助犯的后果进行比较,无疑并不恰当。以出租车司机运送杀人犯到犯罪现场为例,正确的利益权衡方式,是比较该司机拒绝该次运送业务给他本人造成的经济损失(放弃了一个能赚几十元至几百元的交易机会)与帮助他人犯罪所侵害的法益(被害人被杀死)之间的利益大小,甚至应当比较该司机放弃一次交易机会所造成的经济损失与没有帮助杀人犯作恶所带来的良心安宁的利益大小,或者应当比较为了保护出租车司机的一次交易机会而放纵一个杀人罪的帮助犯与严格依法打击杀人罪的帮助犯对预防犯罪与惩罚犯罪、维护社会秩序、保护被害人利益之间的利益大小。答案是显而易见的。

因此,决定某一中性帮助行为是否可罚的关键因素,是社会通常观念,因为这种观念反映了社会上大多数人的共同的价值观念。影响社会观念的因素则极其丰富,既有帮助行为与正犯行为之间距离的远近(即正犯行为发生的时间紧迫性),又有帮助行为对正犯行为及结果发生的促进程度;既要考虑帮助行为是否明显符合帮助犯的构成要件,又要考虑对其进行处罚是否必要和合理;既要考虑帮助行为的业务性和日常性,又要考虑帮助者的主观恶性和人身危险性;既有帮助行为的客观归责性,又有帮助者的主观认知程度;既有帮助行为的方式方法,又有帮助行为与犯罪的关联性等。

(1) 帮助行为与正犯行为之间距离的远近。例如,店主亲眼所见甲、乙正在五金店门口斗殴,甲突然跑到店里要求购买一把锤子,即使店主再三要求甲不得用该锤子伤人,甲亦满口答应其购买锤子只是吓唬对方,绝对不会用锤子伤人,也不影响甲用该锤子伤害乙这一行为发生的紧迫性。在社会观念上,店主出售锤子的行为很容易被评价为客观上帮助了甲伤害乙,因为如果没有该行为,甲就无法那么顺利地伤害到乙。反之,如果甲、乙并未在店门口斗殴,甲向店主购买三角刮刀,虽然店主心里猜测甲可能用该刮刀去伤害他人,在社会观念上,其出售行为仍难以被评价为对他人犯罪的帮助,尽管在刑法学上可以被评价为一种帮助。

(2)帮助行为对正犯行为及结果发生的促进程度。例如,甲想侵入暗恋女生的邮箱偷窥该女生的信息,苦于不懂侵入技术,遂在网上匿名发帖求教。乙虽然不认识甲,也不知甲想侵入谁的邮箱,仍然匿名告知甲相关技术。此例中,乙的帮助对甲非法侵入他人邮箱获取他人个人信息起到关键作用,容易被评价为可罚的帮助,即使甲在学习乙的技术之后,过了半个多月才侵入女生的信箱。

(3)帮助行为符合帮助犯构成要件的明显程度。例如,五金店店主见两人在其门口打斗而仍然将三角刮刀卖给其中一人的,客观上明显升高了另一人被捅死的风险,主观上对购买者将利用其三角刮刀捅死对方持明显的放任故意。又如,出租车司机明知他人要到犯罪现场实施抢劫,还将他人送到犯罪现场,主观上明显具有放任他人犯罪的故意,客观上明显促进了他人的犯罪,至少在时间上提前了他人犯罪的速度,构成可罚的帮助。对此,有观点认为,将抢劫犯运送到犯罪现场,仅仅是对他人预备行为的帮助,不是对他人实行行为的帮助,因此不成立帮助犯。但是,这种观点是将一个完整的抢劫行为人为区分为两个行为,对帮助的效果一直持续到实行者犯罪结束这一事实视而不见,看似精致,实则机械。

(4)对帮助行为进行刑罚处罚的必要性与合理性。例如,律师在接受犯罪嫌疑人亲属的法律咨询时告知对方,亲戚帮助受羁押的亲属逃脱不构成脱逃罪,该亲属随后设法协助受刑人逃走。德国帝国法院认定该律师不成立帮助犯,理由是给予法律意见是律师职业上的义务,只有在超越了职业上的义务,有意识地促进犯罪时,才可能成立帮助犯。同样,在我国,辩护人向犯罪嫌疑人、被告人讲解相关法律知识,以使对方能够根据法律知识合法地规避相关不利后果的(比如,将重罪指控辩护为轻罪),律师提供法律意见也不构成帮助犯,因为这是律师行使辩护权的必要手段,即使客观上帮助了犯罪人,也缺乏处罚的合理性。又如,银行柜台员工明知取款者提取现金用于行贿,还给他提现,不构成帮助犯,因为金钱的主要作用在于花费而不是行贿。虽然刑法理论上对于银行存款的占有权人是顾客还是银行有多种观点,但是在社会观念上,存款是属于顾客所有的,他有权随时提取自己的存款,且任何人都有权决定如何使用自己的金钱。如果将银行职员作为行贿罪的帮助犯定罪量刑,明显缺乏处罚的必要性和合理性。同理,张三明知李四要求归还斧子的目的是打算用于杀人,还把斧子归还,除非李四是正在打斗或准备打斗中,否则张三不构成故意杀人罪的帮助犯,因为斧子本来就属于李四所有,张三有义务归还,处罚他一般来说是不合理的。

（5）帮助行为的业务性和日常性。例如，如果是通常的出售商品或提供服务，具有很强的业务性和日常性，则一般要在确知对方具有犯罪意图，因而形成了帮助故意时，才会被评价为可罚的帮助；反之，如果是出售专门用于犯罪的工具，如印制假币的印模、虚假的身份证件，或提供某种不寻常的服务，如半夜将人运送至货物仓库前面，即使对方反复声明只是好奇，并无犯罪恶意，也容易被评价为可罚的帮助。又如，甲公司明知乙公司在生产过程中会违规排污，仍向其供应原材料，甲公司也不构成对方环境污染罪的帮助犯，因为公司销售是正常的业务行为，且原材料的正常用途在于生产，至于对方污染环境则是对方的另一个犯罪，与销售行为无关。

（6）帮助者的主观恶性和人身危险性。例如，出租车司机明知对方想抢劫、杀人、绑架而仍然将对方运送至犯罪现场的，其主观恶性和人身危险性都很大，很容易被评价为帮助犯。反之，如果不明知对方具有犯罪意图，仅仅是根据对方形迹可疑而猜测对方有可能去犯罪的，不能认为帮助者具有主观恶性。例如，售货员在出售胡椒粉时，即使她担心买主会在实施抢劫时用胡椒粉迷糊被害人的眼睛，也不太可能被认为具有主观恶性。

（7）帮助行为的客观归责性。例如，司机甲明知他人将要杀人而将对方运送至犯罪现场，客观上提高了杀人犯罪实现的风险。这种风险提高不能用假定的因果关系来否定，不能因为甲不运送别的司机也会运送来否定客观上是甲运送的。反之，向犯罪团伙提供饮食，则客观上不会提高犯罪团伙犯罪实现的风险，并且往往会被评价为与犯罪团伙的犯罪无关。

（8）帮助者的主观认知程度。例如，甲向乙出售老鼠药时，知道乙买药的目的是下毒，则甲构成可罚的帮助，其主观上对于乙会实施犯罪是明知并且持放任心态；反之，如果甲不知道乙买药的目的，仅仅是猜测乙可能用于投毒，则难以评价为甲主观上形成了放任乙投毒的帮助故意。这不是根据确定的故意与不确定的故意来区分可罚性，而是主观认知程度的确会影响对帮助者有无放任他人犯罪的帮助故意的评价。

（9）帮助行为的方式方法。向他人提供国家禁止或限制出售的枪支、管制刀具，比之提供剪刀、扳手等常用工具，更容易被评价为主观上具有帮助他人犯罪的间接故意。向他人提供面包、饮料等日常生活用品，除非明确知道他人是用于投毒的，否则一般情况下很难被评价为具有犯罪性。又如，我国《刑法》第 156 条规定，处罚为走私犯提供资金、贷款、发票、账号、证明、运输、邮寄、保管等帮助的前提条件，是帮助者与走私罪犯通谋，构成共同犯罪，因为这些行为都是社会生活中很常见的行为，具有业务性和日常性,如要构成犯罪,必须与正犯之间具有通谋的犯罪意思联络才行。

(10)帮助行为与犯罪的关联性。例如,向妓院出售面包、饮料、酒类等,由于面包、饮料、酒类本身并非犯罪的工具,仅是一种食品,因此与犯罪的关联性不强;向工厂供应原材料时,即使明知工厂在加工生产时会污染环境,也不易评价为有犯罪的关联性,因为原材料是用来生产的,不是用来污染环境的。反之,如果甲知晓乙购买面包的目的是想在面包里下毒,则具有犯罪的关联性,因为甲知晓此面包即将被乙用作犯罪工具而不是作为通常的食品;如果向生产、销售假冒伪劣产品的工厂提供原材料,则构成可罚的帮助,因为所提供的原材料直接被用于生产、销售假冒伪劣产品。又如,公司职员知道公司老板经常偷税漏税,还相当卖力地推销产品以增大业绩,客观上使得公司逃税数额更大,尽管如此,仍不构成逃税罪的帮助犯,因为员工的努力销售与老板逃税犯罪之间没有任何关联性,甚至会由于员工的职责就是努力销售而让人感觉举这样的例子来探讨中性帮助行为理论很奇怪。

由于影响社会观念的因素极其丰富多样,因而在理解某一中性帮助行为是否可罚时,既需要参考通说观点,又需要根据具体情况灵活变通。正如在德国,虽然通说否认帮助未遂的可罚性,如借给盗窃犯一根撬棒但最后没有被使用,通说认为只构成不可罚的帮助未遂,但是法院判决和主流观点往往认为,即使正犯没有使用帮助犯提供的犯罪工具,也可能由于增强了正犯的犯罪决心而成立精神上的帮助,如促使正犯打消怀疑或顾虑等,都能成立精神上的帮助犯。[①]

三、在中国应当如何对可罚的中性帮助行为进行处罚

如上所述,在我国,一方面,除了少数几个刑法分则条文的明文规定之外,单独处罚不与正犯成立共同故意犯罪的中性帮助行为没有刑法规定依据;另一方面,有些中性帮助行为又具有处罚的必要性和合理性。因此,为了处罚这种社会观念上认为有处罚必要的中性帮助行为,许多司法解释会将明知他人可能实行或正在实行犯罪而提供某种帮助的行为规定为共同犯罪,形成所谓帮助行为共犯化规定,或者放宽共同犯意联络的认定标准。不过,在帮助行为正犯化、帮助行为共犯化条文所包含的行为中,并非都是中性帮助行为,有些是明显的犯罪行为。例如,为了追求犯罪目的而实施

---

① 参见[德]施特拉腾韦特、[德]库伦:《刑法总论Ⅰ——犯罪论》,杨萌译,法律出版社2006年版,第336页

的行为,就不能认为属于中性帮助行为。诚如张明楷教授所言,中性帮助行为是指虽然表面上看属于不追求非法目的的业务行为或日常生活行为,但客观上对他人实行犯罪具有促进作用,其特征有三:一是外表上看属于业务行为或者日常生活行为;二是行为人主观上也不追求非法目的,否则不属于中性帮助行为;三是客观上对他人的犯罪起到了帮助行为。[①]

帮助行为正犯化规定,是将帮助行为规定为单独的犯罪。典型例子如《刑法》第287条之二帮助信息网络犯罪活动罪规定,接入互联网、托管服务器、网络存储、通讯传输、支付结算、广告推广等服务,都是日常生活中常见的中性业务行为。例如,在现今信息网络时代,几乎每家每户,每个机关、企业、事业单位、社会团体都需要接入网络上网,因此互联网接入是最典型的中性业务行为。这些中性业务行为与现代社会人们的生活息息相关,给人们的物质和精神享受带来了极大便利,本来是不应当与犯罪相联系的,但是,如果服务提供商明知他人利用信息网络来实行犯罪,如利用网络存储分享淫秽视频音频牟利等,则在客观上有利于他人实行犯罪,因而有必要禁止服务提供商向他人提供这种服务。由于这些条文并未规定只有帮助者与正犯之间成立共同故意犯罪才能处罚,所以可以理解为包括实行者不知帮助之情时以及实行者虽知帮助之情但双方并无犯意联络时对帮助者单独处罚。因此,某些类型的中性帮助行为,可以直接依据以上条文定罪量刑。又如,某恐怖组织在暗网上公布账号募捐,甲、乙、丙等人发现后,分别匿名往该账号内捐款,甲、乙、丙单独构成帮助恐怖活动罪,并且成立这种犯罪不以恐怖组织实施了恐怖活动为前提,只要甲、乙、丙等人向恐怖组织的账户内捐了款即可。

帮助行为共犯化规定,是明文规定将片面帮助犯或共同犯罪中的帮助犯按实行犯的共犯论处。刑法和司法解释中,都有许多关于对某类帮助行为"以共犯论""以共同犯罪论"的规定,这些规定的内容中,就包含了许多原本属于中性帮助行为,但是被犯罪分子用来实行犯罪的行为。例如,根据《刑法》第350条第2款的规定,行为人明知对方制造毒品而为对方生产、买卖、运输醋酸酐、乙醚、三氯甲烷等可以用于制造毒品的原料、配剂,要构成制造毒品罪的共犯。一般来讲,接受委托替他人运送物品,是货车司机赖以生存的主要业务,并且所运送的货物并非违禁的毒品,而是醋酸酐、乙醚、三氯甲烷等化学原料,这些原料本身并非专门用于制造毒品的,而是有着非常广泛的用途,是制药行业和工农业生产所需原料,况且作为

---

① 参见张明楷:《论帮助信息网络犯罪活动罪》,载《政治与法律》2016年第2期。

典型的中性业务行为的运输服务具有很强的可替代性,即使此司机不接受委托,其他司机也会接受委托,即使此时找不到愿意接受委托者,彼时也一定能够找到愿意接受委托者,即使经验丰富的司机不愿意接受委托,也能找到一些懵懂的司机接受委托,说明此司机的运送行为并非制造毒品者完成制毒原料的运输所必不可少的行为,在客观上不会增加他人制造毒品的风险,似乎不应当作为犯罪进行处罚,但是为了严厉打击和预防制造毒品犯罪,有必要将上游的明知而为他人运送可以用于制造毒品的物品的行为规定为犯罪,并且不需要运送者与制造毒品者事前有通谋。又如,根据"两高"2014 年《关于办理危害药品安全刑事案件若干问题的解释》第 8 条的规定,明知对方生产、销售假药、劣药而提供各种帮助的,都属于共同犯罪,包括提供贷款、资金、账号、发票、证明、许可证件,提供生产、经营场所,提供设备,提供运输、邮寄、保管、储存、网络销售渠道等便利条件,提供生产技术或者生产原料、辅料、包装材料,提供标签或说明书,提供广告宣传等。其中,为他人提供生产、经营场所包括日常生活中常见的房屋租赁业务,如将厂房、住房或商铺租赁给他人。这些行为作为比较典型的中性帮助行为,具有很强的可替代性,可以说与他人生产、销售假药、劣药之间没有任何因果关系,不会使他人生产、销售假药、劣药的风险升高,由生产、销售假药、劣药者自行对其犯罪行为承担刑事责任即可,没有必要让出租房屋的人连带承担责任,但是为了严厉打击和预防犯罪,司法解释认为有必要将明知他人生产、销售假药、劣药而为其提供生产、经营场所的行为作为他人犯罪的共犯,尽管帮助者与实行者之间可能并无事前通谋,没有犯意联络。

由于类似条文并未规定对帮助者只有其与实行者成立共同犯罪才能处罚,因而可以理解为,即使实行者不知帮助之情,或者虽知帮助之情但并未与帮助者之间形成犯意联络,对帮助者也可按某罪名的共犯单独处罚。例如,甲明知其好友乙在某偏远山区开设黑砖厂强迫他人劳动,在未与乙通谋的情况下,为乙暗中拐来智障男子丙等八人运送至乙的砖厂;货车司机甲明知乙公司委托运送的是醋酸酐、乙醚、三氯甲烷等可以用于制造毒品的物品而多次为乙公司运送,尽管乙公司从未明确告知甲所运送的是这些原料,但是甲从货物的包装、气味、运送的时间与地点、收取的运输费用等方面,能够推知其所运送的是可以用于制造毒品的物品;保险事故鉴定人根据其专业知识和从业经验,明知他人将用其出具的鉴定文件去诈骗保险金,仍然故意为乙出具虚假的证明文件;放高利贷者明知他人借贷的目的在于骗购外汇,仍将巨额款项放贷给他人等。在这些例子中,即使帮助者与正犯不成立共同犯罪,对帮助者也可单独定罪处罚。不过,对于这种片面帮助行为,是否需要以实行者着手实行犯罪作为处罚的前提条件,则可进一步思考。根据共犯从属性说是需要的,根据共犯独立性说则不需要。

除了直接将中性帮助行为规定为共犯之外,有的司法解释还通过放宽犯意联络的认定标准的方式,将一些帮助行为认定为共同犯罪中的帮助犯。例如,根据《刑法》第 156 条的规定,与走私犯通谋,为走私犯提供资金、贷款、发票、账号、证明,或者为走私犯提供邮寄、运输、保管等帮助的,构成走私罪的共犯。由于通谋是指双方之间就实行犯罪进行共谋、商议,因此在帮助者与走私者之间已经形成了共同犯罪的故意,本来能够成立共同犯罪,该条规定相当于注意规定。但是,为了处罚片面帮助犯,有的司法解释可能放宽通谋的含义,使通谋包括片面共犯情形。例如,根据“两高”和海关总署 2002 年《关于办理走私刑事案件适用法律若干问题的意见》第 15 条的规定,通谋是指各共犯人之间在事前或事中形成了共同的走私故意,包括明知对方从事走私活动而同意为对方提供资金、贷款、发票、账号、海关单证、证明,提供邮寄、运输、保管等帮助,以及多次为同一走私分子的走私活动提供上述帮助。显然,这里将通谋的认定标准放宽至只需要帮助者明知对方是走私罪犯即可,一方面肯定通谋,要求帮助者和走私犯事前或事中形成共同的走私故意,要求有犯意联络;另一方面,又通过承认默示的意思联络来放宽共同故意的认定标准,即使双方没有明示的犯意联络,只要帮助者明知对方是用于走私犯罪而仍然提供帮助或服务,就可认定成立通谋,并且只要多次为同一走私犯提供前述帮助或服务,就可推定帮助者主观上属于明知,构成通谋。

以上刑法分则、单行刑法、司法解释中的相关规定,有效地弥补了因刑法总则没有明文规定片面帮助犯而导致的难以依法处罚中性帮助行为的缺陷,与世界各国处罚中性帮助行为的立法和司法实践保持一致。对于其中可能存在的处罚范围过宽的问题,可以适用《刑法》第 13 条但书的规定,以“情节显著轻微危害不大”为由,不予追究刑事责任。实际上,司法机关也经常适用但书规定。

以上规定主要涉及经济犯罪、网络犯罪、邪教犯罪等,对于传统的侵犯人身权利的犯罪较少涉及。对于以上规定中没有涉及的中性帮助行为中确有处罚必要者,如明知他人正在打架斗殴而向他人出售刀具、明知他人向海外转账的目的是偷逃税款而为其转账、明知他人用赃款购房而允许其现金付款(洗钱罪中的协助行为)、明知他人有杀人抢劫意图而将他人运送到犯罪现场等,则有必要参照司法解释的精神,放宽犯意联络的认定标准,将较高程度的明知和确知对方可能实施犯罪仍为对方提供商品或服务的行为,解释为帮助者与实行者之间具有一种默示的意思联络,成立了共同故意犯罪,因而对帮助者可按实行者实施的犯罪的帮助犯进行处罚。

第八章　片面帮助犯的处罚路径

【本章导读】　对于与实行者之间缺乏犯意联络的片面帮助犯,理论上有不可以处罚说、片面共同犯罪说、间接正犯说、单独实行犯说、犯罪参与说等观点,但都无法圆满解决问题。片面帮助者不能与实行者成立共同故意犯罪,但有些确实具有可罚性,因而应当寻找合适路径进行处罚。由于帮助行为本质上是为了使他人顺利实行犯罪而实施的预备性行为,因而对于确有处罚必要的片面帮助犯,除了刑法分则及司法解释另有规定者外,应以预备犯论处。

与德日刑法学界通说承认对片面帮助犯可以单独处罚不同,我国共犯理论通说并不认为可以单独处罚片面帮助犯。我国刑法没有明文规定帮助犯,只是在《刑法》第 27 条中隐含规定了帮助犯,指在共同犯罪中起辅助作用的人[①],而《刑法》第 25 条明文规定共同犯罪是指二人以上共同故意犯罪,排除单方片面故意情形。因此,处罚帮助犯要以帮助者与实行者成立共同故意犯罪为前提。各行为人之间存在犯意联络又是认定共同故意的必要因素,那些与实行者之间并无犯意联络的帮助者,不能与实行者成立共同犯罪,无法认定为共同犯罪中的帮助犯,加之帮助行为本身并非刑法分则所规定的构成要件行为,对片面帮助行为也无法直接依据刑法分则条文定罪量刑,否则明显违背罪刑法定原则。

为了弥补因共同犯罪规定不合理所导致的无法单独处罚片面帮助犯的缺陷,我国刑法分则中规定了多个帮助行为正犯化罪名,刑法分则和司法解释中还有许多关于帮助行为共犯化的规定,其中即包括帮助者与实行者之间缺乏犯意联络不构成共同犯罪的情形。虽然对于这些已被刑法和司法解释所正犯化或共犯化的帮助行为,可以直接依照相应条文定罪量

---

① 参见高铭暄、马克昌主编:《刑法学》(第 6 版),北京大学出版社、高等教育出版社 2014 年版,第 174 页。

刑,但许多帮助行为既未被刑法或司法解释所正犯化或共犯化,又无法与实行者成立共同犯罪,对这些片面帮助行为应否处罚及如何处罚,就成了理论上和司法实践中的一大疑难问题,形成了诸多学说。

第一节 片面帮助犯的概念和类型

概念是对事物本质特征的抽象概括,规范统一的概念是各方进行探讨的前提。如果大家所使用的概念并不同一,则所探讨的问题可能并非同一个问题。因此,对概念的准确界定尤其重要。

一、片面帮助犯的概念辨析

对于何谓片面帮助犯,不同学者的看法几乎完全相同,只是表述上略有差异。

第一种表述认为,片面帮助犯是指帮助者出于帮助故意实施帮助行为,但被帮助者并不知道有人帮助他而实行犯罪的情形。例如,甲在餐厅抢夺被害人的钱包之后逃跑,被害人发现后立即追赶,乙也正在餐厅就餐,见状立即将凳子推到被害人面前将被害人绊倒,使甲顺利逃脱。甲的抢夺由于得到乙的暗中帮助而顺利得逞,但甲并不知道乙的帮助,此时,对乙能否以片面帮助犯进行处罚?[①]

第二种表述认为,片面帮助犯是指共同行为人的一方有与他方共同故意实施犯罪的意思,并对他方的犯罪行为给予协力,但他方并不知道有人协力于他,因而双方之间缺乏共同犯罪故意的情形。对此种情形,通说认为不知情的他方不构成共同犯罪,仅需对其自己的犯罪行为承担刑事责任。[②]

以上观点将片面帮助犯理解为一种片面共犯行为类型,两者的细微区别在于,第一种表述未提及片面帮助犯是否属于共同行为人;第二种表述既强调片面帮助犯属于共同行为人的一方,又强调该方主观上有与他人共同实施犯罪的意思,客观上协力于他人的犯罪行为,其言下之意,是认为片面帮助者与被帮助者在客观上属于共同犯罪,只是主观上缺乏共同犯罪故意而已。

第三种表述认为,片面帮助犯是指在实行犯不知情时,暗中为实行犯

---

① 参见郑泽善:《片面共犯部分否定说证成》,载《政治与法律》2013年第9期。
② 参见刘满光、贺瑞华:《论片面帮助犯的共犯性》,载《湖北警官学院学报》2012年第4期。

的犯罪提供便利条件的人①，认为片面帮助犯是典型的片面共犯，是引起片面共犯理论的事实根源②。这种观点强调实行犯对有人给他提供帮助并不知情，并且把帮助表述为"提供便利条件"，在语义上过于狭窄，因为诸如为小偷提供万能钥匙等犯罪工具、为网络诈骗犯提供互联网技术指导等，都只宜笼统地称为帮助而不宜称为便利条件，只有保安明知小偷在盗窃而不制止之类的情形才宜称为提供便利条件。并且，实行犯完全可能知道有人在为他提供帮助，是知情而非完全不知情，只是与帮助者之间没有形成共同故意实施犯罪的意思联络而已。

虽然以上表述所采角度不同，有的采片面共犯情形角度，有的采片面共犯行为人角度，但实际观点几乎一样，都是将片面帮助犯的范围限制于被帮助者不知被帮助之情的暗中帮助犯情形，从而排除了双方对对方的行为知情但缺乏犯意联络因而仍不成立共同故意犯罪的情形，缩小了片面帮助犯的范围，导致概念外延不周延；相应地，会导致把双方缺乏犯意联络的情形也认定为共同故意犯罪，从而不当地扩大共同故意犯罪的成立范围。例如，乙想今晚到正外出旅游的邻居丙家盗窃，便向好友甲借万能钥匙，但甲说兔子不吃窝边草，劝阻乙不要偷邻居家，乙只好悻悻地说那我只好撬锁了，甲知道乙的习性，为了使乙盗窃顺利，便在下午将丙家的门锁撬坏，乙发现之后，知道是甲帮他撬坏的，因为乙之前踩点时发现丙家门锁并无异常。此例中，甲、乙并未就盗窃丙家形成共同的犯罪故意，但乙明显知道是甲帮助了他，这仍然属于片面帮助犯而非共同故意犯罪。又如，甲为了炫耀黑客技术，便在QQ群里上传一款可以侵入他人邮箱的病毒软件，乙下载之后，用于侵入暗恋对象及其男友的邮箱，虽然甲概括地知道群里的好友会利用他的病毒软件侵入他人邮箱，虽然乙知道甲的行为为他提供了很大的帮助，但甲、乙并未就侵入他人电子邮箱形成共同的犯罪故意。由于我国刑法规定只处罚共同故意犯罪中的帮助犯，不处罚共同故意犯罪之外的帮助犯，帮助者能否与被帮助者成立共同故意犯罪，就成为对帮助者应否处罚及如何处罚的关键。正如有学者所言："实践中，部分第三方支付平台管理者虽然知道或者应当知道他人利用信息网络实施犯罪行为，但是与网络犯罪分子并无事先的意思联络，没有犯罪共谋，仅是提供资金结算平台，在《刑法修正案（九）》出台之前，对此类行为很难进行刑事处罚。帮助信息网络犯罪活动罪在罪状描述中，列明广告推广、支付结算等帮助行

---

① 参见许立颖：《片面共犯问题的思考》，载《泉州师院学报》2000年第5期。
② 参见田鹏辉等：《论片面帮助犯》，载《沈阳师范大学学报（社会科学版）》2005年第2期。

为,正是针对广告商、第三方支付平台等网络运营服务商监管不力、审核不严的现象进行刑事规制,促使其认真履行相关义务,防止包括网络犯罪分子、广告主、广告联盟、第三方支付平台等形成利益共同体。"①换言之,即使帮助者明知他人利用信息网络实施犯罪而提供帮助,由于双方缺乏犯意联络和犯罪共谋,也不成立共同犯罪,从而难以处罚。

因此,应当以双方有无共同犯罪故意作划分标准,将现实生活中存在的帮助犯划分为共同犯罪中的帮助犯与片面帮助犯两种,凡是共同故意犯罪之外的帮助犯,都应属于片面帮助犯。因而,在下定义时,不应强调被帮助者对帮助不知情,只需强调帮助者与被帮助者之间缺乏犯意联络,没有形成共同故意即可。

综上,所谓片面帮助犯,是指明知他人将要或正在实行犯罪而为他人提供某种帮助,但帮助者与被帮助者之间缺乏犯意联络,未形成共同犯罪故意的情形。

二、片面帮助犯的常见类型

根据因果共犯论的观点,帮助犯的处罚根据在于,虽然帮助犯没有直接实施刑法分则规定的构成要件行为,不能直接侵犯法益,但行为人主观上具有帮助他人实行犯罪的故意和希望或放任犯罪结果发生的故意,客观上其帮助行为对他人实行犯罪并完成犯罪起到了物理的或心理的帮助作用,提高了实行者实行犯罪及结果发生的风险。不过,除了典型的帮助者与实行者之间具有犯意联络而构成的共同犯罪情形之外,有些帮助者与实行者之间并无犯意联络,甚至实行者都不知道有人为他的犯罪提供了帮助,形成所谓片面帮助犯,主要包括如下几种情形:一是帮助者暗中为他人实行犯罪提供帮助,但实行者并不知道有人为他提供了帮助,这是所谓暗中帮助犯情形。例如,甲偶然听说乙晚上想到单身汉丙家盗窃,便邀请丙晚上到其家中打麻将,致使乙到丙家盗窃时,丙家空无一人;甲见乙趴在丙身上强奸丙而丙拼命反抗,遂掏出手枪瞄准丙,丙误以为甲是乙的同伙遂停止反抗,但乙并未察觉甲的存在。二是帮助者暗中为他人实行犯罪提供帮助,实行者也知道有人为他提供了帮助,但并不知道提供帮助者是谁,类似于半暗中帮助。例如,某恐怖组织在网上公布捐款账号,号召赞同组织理念的人踊跃捐款,甲、乙、丙、丁等人均匿名往此账号汇款数百万美元。

---

① 参见赵秉志主编:《〈中华人民共和国刑法修正案(九)〉的理解与适用》,中国法制出版社 2016年版,第 167 页。

三是帮助者半公开或公开地为他人实行犯罪提供帮助,实行者也可能知道提供帮助者是谁,但提供帮助者往往并不知道实行者是谁。例如,某黑客将可以用于侵入他人网上银行账户的黑客软件发布在互联网上,供他人自由下载,许多人匿名下载了该软件,有些人还利用该软件非法侵入他人网银账户窃取了他人的存款,这也是半暗中帮助。四是帮助者知道他为谁提供了帮助,被帮助者也知道谁为他提供了帮助,双方其实心照不宣,只是双方并未就共同实施犯罪进行沟通,缺乏犯意联络。例如,出租车司机甲凌晨三点许将几个盗窃犯运送至某仓库门前,甲在开车时听到盗窃犯们商量盗窃与分赃事宜。实际上,在大多数所谓中性帮助行为场合,向他人出售商品或提供服务的人,都明知对方可能将商品或服务用于实行犯罪,而购买商品或服务的人,当然也知道是谁向他提供了商品或服务,但双方往往并未就共同实施犯罪进行商议或沟通,缺乏犯意联络,因而并未形成共同的犯罪故意。

第二节 片面帮助犯可罚性的学说评析

所谓可罚性,包含两方面的含义:一是行为的社会危害性或者说法益侵害性、不法和罪责是否达到了应当被追究刑事责任的程度;二是如果达到了上述程度,应当以什么犯罪形态来追究刑事责任,比如,对片面帮助犯是以帮助犯追究刑事责任,还是以其他犯罪形态追究刑事责任等。

一、片面帮助犯可罚性问题的争议

严格说来,关于片面帮助犯是否可罚的争议,并不是因为片面帮助犯本身是否可罚而产生的争议,而是因为能否为这种处罚寻找到合适理由而产生的争议;换言之,问题的关键是评判者根据自己的价值观念首先认定某种片面帮助行为具有可罚性,应当受到刑罚处罚,再为这种处罚寻找合适理由。这并不违反司法实践中的定罪量刑逻辑,因为在探求处罚结论的过程中,解释者经常会不可避免地运用推理的倒置方式,从心目中的答案出发,当法律和事实因素不确定时,往往首先根据直觉来选择确定一个自认为公平的解决方案,再从该方案出发去寻找可以适用的理由,从而使案件事实和法律规范相对应,而一旦事实得到确证,法律规则的适用也几乎是自动完成的。[①]

---

① 参见[法]雅克·盖斯旦、[法]吉勒·古博:《法国民法总论》,陈鹏等译,法律出版社2004年版,第41页。

由于帮助行为本身不可能侵犯法益,必须通过实行者的实行行为才能侵犯法益,如果正犯尚未着手实行犯罪,则帮助犯尚不可罚,因此,作为通说的共犯从属性说认为,处罚帮助者必须以实行者着手实行犯罪为前提,在此基础上,才能进一步考虑对片面帮助犯应当如何处罚。一方面,许多片面帮助行为具有可罚性,确有处罚的必要;另一方面,根据我国刑法规定和共同犯罪理论,对片面帮助行为既无法以共同犯罪中的帮助犯论处,又由于帮助者并未实施刑法分则规定的构成要件行为而无法直接依刑法分则相应条文论处。因此,除了刑法分则或司法解释中明文规定的帮助行为正犯化和共犯化情形之外,如何处罚片面帮助犯,就成了理论和实践中争议较大的疑难问题。

二、片面帮助犯可罚性的学说及其评析

围绕着片面帮助犯的可罚性问题,刑法理论上产生了激烈争议,形成了多种学说。这些学说虽然各有优点,虽然均很有创见,能给人从多方面、各角度思考问题提供启发,但均存在值得进一步思考之处。

第一种观点是不可以处罚说。[①] 此说坚持传统刑法理论,认为对片面帮助行为无法处罚,因为帮助者既未与实行者构成共同犯罪,又未着手实施刑法分则规定的构成要件行为,对其进行处罚缺乏充分依据。例如,日本刑法学者植松正认为:"共犯这种现象,不可否认地是以数人的协力为特质,所以心理的联络这一核心要贯穿共犯的各种形态,不能逾越这一点。"植松正说,他之所以主张全面否定理论,是因为片面共犯缺乏成立共犯所必需的意思联络,并且否认片面共犯也不会对司法实践有不当影响,虽然多数学说肯定片面帮助犯,但那是因为他们认为对多数事例只有肯定帮助犯才能妥善解决,而解决得是否妥当又取决于法感情,这是一种无休止的循环论证,是以牺牲理论的整合性为代价的。[②] 西原春夫认为,只有相互的意思疏通才能是共犯成立要件的意思疏通,诸如 A 知道 B 的犯罪意图从而单方面参与 B 的犯罪这种所谓片面共犯,不能成立共犯,除非 A 的参与行为本身成立某种犯罪,否则 A 的行为无罪。[③] 舒曼认为,帮助者与实行者之间具有犯意联络是帮助犯成立的前提,只有实行者意识到帮助者对

---

① 对于此种观点,多数学者概括为否定说,但是从此说的本意来看,并非认为片面帮助行为不具有可罚性,不值得处罚,而是认为由于帮助者与实行者之间缺乏犯意联络,不成立共同犯罪,因而无法对其按帮助犯处罚。因此,将此说概括为不可以处罚说更加准确。

② 参见[日]植松正:《片面的共犯否定之道标》,载《齐藤金作博士还历祝贺——现代的共犯理论》,有斐阁 1964 年版,第 254 页。

③ 参见[日]西原春夫:《刑法总论》(改订准备版·下卷),成文堂 1995 年版,第 384 页。

他给予了帮助,才能成立帮助犯。席尔德·特拉配认为,如果实行者不知道他人为其提供了帮助,则根本不是帮助,行为人暗中帮助盗窃犯阻止警察去制止盗窃行为的,不属于实施帮助。[1] 我国学者主张全面否定说的理由在于:(1)我国《刑法》第 25 条明文规定,共同犯罪是指两人以上共同故意犯罪,而共同故意是以意思联络为前提的,但暗中帮助犯与实行犯之间没有犯意联络,不能形成共同故意;(2)"片面共犯"这一概念本身就是自相矛盾的存在,因为它实际上是指只有一方是共犯而另一方不是共犯的单独犯罪,认为只有一个人也能成立共同犯罪是不可思议的;(3)承认片面共犯会导致在法律上对所谓片面共犯人无法进行处罚。[2]

这种观点认为片面帮助者不能与实行者成立共同故意犯罪,这是符合我国刑法关于共同犯罪的规定以及共同犯罪原理的,但是,由此认为片面帮助行为不可以处罚及无法处罚却不恰当,因为这忽略了片面帮助者主观上具有帮助故意,客观上实施了帮助行为等事实,会放纵那些确有必要处罚的片面帮助行为,不利于预防和打击犯罪,而且也放弃了为片面帮助犯寻找合理处罚路径的学术努力,忽略了对片面帮助犯可以按预备犯论处的合理路径。诚如植松正教授所言:"共犯理论要追求一贯性,但如果国民认为不处罚会不公正,那就要留意不要背离国民的这种良识。否则任何理论都会被批判为脱离现实,从而难以立足。"[3]实际上,在片面帮助场合,帮助者只是主观上与实行者之间缺乏犯意联络,但其行为在客观上对实行者的实行行为及结果的促进作用和帮助者与实行者之间具有犯意联络场合几乎没有任何差异。并且,帮助犯客观上实施了帮助他人犯罪的行为,主观上具有帮助他人实行犯罪的故意,甚至还具有希望或者放任犯罪结果发生的故意,主客观两方面均已完全符合帮助犯的构成要件,如果仅仅因为帮助者与实行者之间缺乏犯意联络就认为不可以处罚,一则有以共同犯罪的成立条件取代帮助犯本身的成立条件,从而将两种成立条件混为一谈之嫌;二则有将片面帮助行为能否处罚委之于帮助者与实行者之间有无犯意联络,从而以帮助犯的成立条件之外的主观因素来决定帮助行为本身是否具有严重的社会危害性和刑罚处罚性之嫌;三则有因为不能按共同犯罪中的帮助犯处罚就认为片面帮助行为无法处罚,从而忽略寻找其他合理途径

① 参见[德]克劳斯·罗克辛:《德国刑法学总论(第 2 卷)——犯罪行为的特别表现形式》,王世洲等译,法律出版社 2013 年版,第 148 页。
② 参见陈家林:《共同正犯研究》,武汉大学出版社 2004 年版,第 158—159 页。
③ 参见[日]植松正:《片面的共犯否定之道标》,载《齐藤金作博士还历祝贺——现代的共犯理论》,有斐阁 1964 年版,第 254 页。

予以处罚之嫌;四则忽略了任何帮助行为在本质上都是为使他人顺利实行犯罪而准备工具、制造条件的预备行为性质,忽略了对片面帮助犯可以按预备犯论处的可靠路径。特别是在网络环境中,经常存在一个帮助行为对应多个实行行为的片面帮助关系,甚至该帮助行为可能对任何不特定多数实行者实行并完成犯罪起到关键作用,其整体的社会危害性往往比单个实行行为还大,对这种片面帮助行为不能不予处罚。换言之,在网络环境下,传统的一对一的帮助关系,变成了一对多的帮助关系。虽然一个帮助行为的社会危害性要比一个实行行为的社会危害性小,但是多个帮助行为的社会危害性就可能比一个实行行为的社会危害性更大。比如,在本书前文所举例子中,若没有帮助者免费发布到网上的病毒软件,实行者将难以非法侵入他人网上银行账户实施盗窃行为,即使尚未有人下载、使用该病毒软件,仅在网上发布病毒软件的行为本身,就具有严重的社会危害性和应受刑罚处罚性。并且,除了这种因一对一变成一对多所导致的社会危害性变大之外,还有学者认为,某种技术帮助本身也可能对于犯罪实现起到关键作用。比如,传统的伪造证件犯罪只要在现实生活中伪造出实体的文本证件即可完成了,但随着网络技术的发展,许多资格证书(如毕业证书、学位证书等)都已经设置了网络信息查询比对系统以供公众查询证书真伪,导致利用计算机技术侵入相关网站篡改用以查询比对的原始数据,就成为伪造证件犯罪得以完成的必要环节,而且是最为关键的步骤。①

第二种观点是片面的共同犯罪说,认为片面帮助者也能与实行者成立共同犯罪,只不过是片面的共同犯罪而已,因此对片面帮助者仍应以共犯中的帮助犯论处,理由主要有:(1)单方面的意思联络也是意思联络,也能形成共同故意,对片面帮助者以共同犯罪论处并不违反主客观相统一原则。例如,有学者认为,事实上的确可能存在暗中为实行犯实行犯罪提供帮助的情形,暗中帮助者完全符合共同犯罪的成立要件,应当以片面帮助犯论处,这与共同犯罪之概念并不矛盾,因为共同故意并不要求相互疏通的意思,只要帮助者认识到他是与其他人一起共同实施同一犯罪即可,这种情形也属于帮助者具有与他人共同实施犯罪的共同故意。② 虽然被帮助者不知帮助之情,但是对暗中提供帮助者以片面共犯论处是比较合适的,因为他既有与他人共同实施犯罪的故意,又参与实施了共同犯罪行为,

---

① 参见于志刚:《论共同犯罪的网络异化》,载《人民论坛》2010 年第 29 期。

② 参见李光灿、马克昌、罗平:《论共同犯罪》,中国政法大学出版社 1987 年版,第 38 页。

符合主客观相一致原则。① （2）否认片面帮助犯会导致无法追究片面帮助者的刑事责任。有学者认为,在丙暗中帮助甲杀害乙的例子中,如果认为对丙不能以帮助犯论处,就无法对丙追究刑事责任,而丙主观上具有帮助他人杀人的故意,客观上实施了在被害人逃跑必经的路上设障碍的行为,其行为的社会危害性已经达到应当追究刑事责任的程度,不追究责任明显不妥。② （3）片面共犯的行为与法益侵害结果之间也具有物理的因果性,也是与实行犯共同引起法益侵害结果的,因此应当承认片面共犯的可罚性,对片面共犯适用共同犯罪的处罚原则。③ （4）宫本英修、牧野英一、植田重正等日本学者均认为,成立共同犯罪不需要各共犯人之间存在意思联络。④ 例如,牧野英一认为,有无共同加功的意思是心理的事项,而是否互相交换这种意思则是外界的事项,既然作为共犯主观要件的共同加功意思本来就存在,就不需要等到相互交换时才承认它,因此片面共犯中有共同加功意思的一方也能产生共犯的效果。⑤ （5）片面帮助犯的成立有哲学上、事实上及刑法理论上的依据。⑥

这种观点肯定对片面帮助犯可以处罚是正确的,但是认为片面帮助者与实行者之间成立片面的共同犯罪则有不妥,明显违背汉语的基本含义。根据《刑法》第 25 条的规定,共同犯罪是指两人以上共同故意犯罪,其关键点在于"共同故意",只有与实行者之间存在共同故意,才能认为两者之间成立共同犯罪。如果帮助者与实行者之间缺乏犯意联络,则纯粹是各自实施各自的行为,纯粹是各自的故意,谈不上有任何共同故意关系。虽然现实生活中确实存在共同过失犯罪,并且在共同过失犯罪场合,各行为人之间也可能具有意思联络⑦,但是《刑法》第 25 条明文规定:"二人以上共同过失犯罪,不以共同犯罪论处;应当负刑事责任的,按照他们所犯的罪分别处

① 参见马克昌:《犯罪通论》,武汉大学出版社 1999 年版,第 516—517 页。
② 参见赵秉志主编:《犯罪总论问题研究》,法律出版社 2003 年版,第 497 页。
③ 参见张明楷:《刑法学(上)》(第 5 版),法律出版社 2016 年版,第 435 页。
④ 参见马克昌:《比较刑法原理:外国刑法学总论》,武汉大学出版社 2002 年版,第 646 页。
⑤ 参见[日]牧野英一:《日本刑法》(上卷),有斐阁 1939 年版,第 444—445 页。
⑥ 参见章文忠、丁后盾:《论片面帮助犯成立的依据》,载《公安大学学报》1997 年第 5 期。
⑦ 例如,甲与乙共抬一桶水上泰山,甲不小心扁担从肩上滑落致使水桶掉落,砸死下山一游人,就抬水上山的目的行为而言,甲与乙是有意思联络的;医生开错药方,护士未仔细检查就为病人注射,致病人死亡,双方构成共同过失犯罪,尽管就致人死亡而言,双方均无犯罪意图,但是就导致病人死亡的开方打针之目的行为而言,医生和护士是有意思联络的。正如有学者所言,根据行为与责任同在原则,过失犯罪也是存在犯罪意识的,只是其不同于故意犯罪中的意识,是过失犯罪中的意识而已。据此,共同过失犯罪人之间也有犯意联络,只是其不同于共同故意中的犯意联络,是基于过失的犯意联络而已。参见舒洪水、张永江:《论共同过失犯罪》,载《当代法学》2006 年第 3 期。

罚。"因此,不能认为缺乏犯意联络时也能成立共同故意犯罪,可按共同犯罪中的帮助犯论处。至于德日刑法学者均认为帮助犯的成立不需要帮助者与实行者之间存在犯意联络,那是因为德日等国刑法对帮助犯的规定与我国刑法的规定明显不同,其没有将帮助犯的处罚限制在共同犯罪场合,而我国《刑法》第27条则将帮助犯的处罚限制在共同犯罪场合。虽然在社会观念上和犯罪形态上,片面帮助行为仍属于为他人实行犯罪而提供帮助的行为,不属于教唆行为或实行行为,只能认定为帮助犯而不能认定为教唆犯或实行犯,但是在刑法明文规定帮助犯的处罚范围仅限于共同故意犯罪的情况下,如果对片面帮助行为单独以帮助犯论处,将明显违背罪刑法定原则。

第三种观点是间接正犯说。此说认为,片面帮助犯由于与实行犯之间缺乏犯罪意思联络而不成立共同犯罪,不能以帮助犯论处,但是帮助犯将实行犯的犯罪行为作为工具来实现他自己的犯罪目的,符合间接正犯的成立要件,可直接以他所触犯的罪名来定罪量刑。[1] 因而,片面共犯实质上是将其他人作为犯罪工具而实行自己的犯罪,应当以间接实行犯论处。[2] 类似观点是拓展的间接正犯说,认为对片面帮助者既不能以共同犯罪论处,因为没有共同的犯罪故意,又不能依传统的间接正犯论处,因为传统的间接正犯中被利用者的行为通常不构成犯罪,只有将间接正犯范畴拓展到包括利用他人犯罪行为但又不构成共同犯罪的一切情况,才能有效解决片面帮助犯问题。[3]

这种观点肯定片面帮助行为可以处罚是正确的,但是将片面帮助犯理解成间接正犯则明显不妥。间接正犯属于正犯,在自然的行为构造上更接近于教唆犯,与帮助犯相去甚远。在现实生活中,确实存在教唆犯、帮助犯、实行犯、组织犯、共谋犯、间接正犯等不同的犯罪形态,这些犯罪形态的区分,是不以人的认识和意志为转移的客观存在,不仅仅是立法上的规定。例如,小张在德国打电话教唆在中国境内的小李去日本杀害某人,小王从法国给小李寄来可自行组装成枪的枪支配件,小李持枪杀害某人,如果将小王提供帮助的行为解释成间接正犯,将非常难以理解。认为在与实行者之间具有犯意联络时帮助者成立帮助犯,而在没有犯意联络时帮助者成立间接正犯,实际上是将帮助者与实行者之间有无犯意联络作为帮助犯与间

[1] 参见赵秉志:《"片面帮助犯"不能构成共同犯罪》,载《检察日报》2004年7月8日第003版。
[2] 参见龚培华、肖中华:《刑法疑难争议问题与司法对策》,中国检察出版社2002年版,第120页。
[3] 参见肖中华:《片面帮助犯与间接正犯观念之破与立》,载《云南法学》2000年第3期。

接正犯的区分标准,既缺乏理论支撑,又容易不当加重片面帮助者的刑罚,违背罪刑相适应原则。在犯罪形态上,片面帮助者也是帮助犯,一般要认定为从犯予以从轻、减轻或免除处罚,而间接正犯则是正犯,如果没有其他法定从宽处罚情节,是不能予以从轻、减轻或免除处罚的。

第四种观点是单独的实行犯罪说,认为片面帮助者是单独的实行犯罪。例如,有学者认为,片面共犯虽然名称上是共犯,但实际上不是共犯,所有片面帮助犯都无法与实行犯成立共同犯罪;由于片面帮助犯事实上是帮助者把其他人或者外界力量当作自己的犯罪工具,等于自己在亲自实行这一犯罪,因此应当直接按刑法分则有关条文单独定罪量刑。[①] 有学者甚至认为,帮助行为本身也是一种实行行为,不是利用被帮助者实施犯罪的利用行为或教唆行为。[②]

这种观点肯定片面帮助行为可以处罚并否定它属于共同犯罪,这是正确的,但认为帮助行为本身也是实行行为则不妥当。帮助行为与实行行为在自然的行为构造方面的差异是客观的、不以人的认识和意志为转移的,一个亲自举刀砍人的行为与一个将刀借给杀人犯的行为,在行为构造方面差异巨大,将借刀给杀人犯的行为理解为借刀者是把杀人者当作自己实现犯罪的工具,也与客观实际明显不符。为了处罚的需要,随意扩大实行犯的外延,认为帮助行为本身也是一种实行行为,是把他人或外界力量当作自己实现犯罪的工具,既会使实行的概念过于相对化,也与帮助的实际形态不符,且会导致同一种犯罪有几种实行行为的混乱,无异于认为帮助行为、组织行为、教唆行为都可能是实行行为。如果对帮助者以单独正犯论处,除了会违背罪刑法定原则之外,还会严重违背罪刑相适应原则。例如,在甲用刀砍死乙时,对甲可能判处死刑,但是在甲只是出借一把刀给杀人犯乙时,对甲不可能判处十年有期徒刑以上刑罚,如果将出借刀的甲认定为故意用刀杀人的甲,显然会严重违背罪刑相适应原则。

第五种观点是犯罪参与说。此说认为,目前观点均过分重视共同犯罪的定义而忽略了片面帮助行为本身的不法和罪责,以至于造成一种误解,误以为不成立共同犯罪就不能成立犯罪。实际上,任何行为人要构成犯罪,只有一个标准,即行为具备不法和罪责,共同犯罪只是一种犯罪的方法类型,而不是一种归责类型,故与其关注共同犯罪能否成立,不如采用犯罪

---

① 参见聂立泽、苑民丽:《片面帮助犯评析》,载《河南省政法管理干部学院学报》2003 年第 6 期。

② 参见曹子丹、汪保康:《共同犯罪的若干问题研究》,载甘雨沛:《刑法学专论》,北京大学出版社 1989 年版,第 200 页。

参与概念来化解共同犯罪认定的疑难。应当采用对不同参与者统一视为正犯的单一制,放弃严格区分正犯与共犯的区分制,以对所有参与者根据其犯罪情节单独定罪量刑。[1]

这种观点认识到了区分制的弊端,但是却由此走向另外一个极端。实际上,帮助犯、实行犯、教唆犯等不同共犯形态的区分,是不以立法上如何规定及理论上是否承认为转移的客观存在,不是立法规定创设了不同共犯形态,而是不同共犯形态决定了立法规定,立法只是对现实生活中存在的共犯形态予以确认而已。因此,将片面帮助行为视为实行行为,将帮助犯视为一种正犯,是将不同行为形态混为一谈。这种观点实质上是想将帮助犯当作单独犯罪来定罪量刑,也是一种单独的实行犯罪说,但却忽略了帮助者并未实施刑法分则规定的构成要件行为,因而根本无法直接按刑法分则条文来定罪量刑的事实,并且还忽略了片面帮助犯不属于共同故意犯罪中的帮助犯,因而无法按我国刑法中的共犯规定进行处罚的问题,还会导致对片面帮助犯无法适用《刑法》第 27 条关于对从犯应当从轻、减轻或免除处罚的规定,从而对帮助犯的量刑过重,违背罪刑相适应原则。

第三节　对片面帮助行为可以单独处罚

如前所述,无论是将片面帮助犯解释为不可以处罚、片面的共同犯罪、间接正犯还是单独的实行犯,都无法为有处罚必要的片面帮助犯的处罚找到充分的理论依据,因此应当另寻解释路径。

一、片面帮助犯有处罚的必要性

虽然片面帮助者与实行者之间缺乏犯意联络,不成立共同故意犯罪,但这并不影响片面帮助行为对实行者的正犯行为及结果的促进作用,不影响片面帮助行为的不法内涵和罪责内涵。例如,乙偶然发现盗窃惯犯甲撬门进入丙家盗窃,便在甲不知情的情况下,主动为甲望风;在望风过程中,乙发现丙回来,便与丙聊天,以阻止丙及时回住宅,待甲从丙家窃取财物出来后,乙才离开;显然,如果没有乙的帮助,甲的盗窃就不能得逞,因此乙的帮助与甲的盗窃结果之间具有物理的因果性,促进了乙的盗窃犯罪的实现。这种促进作用是客观的、不以帮助者与实行者之间有无犯意联络为转

---

[1]　参见赵天水:《网络片面共犯处罚路径的探索》,载《科学经济社会》2015 年第 2 期。

移的,因此有无犯意联络不影响片面帮助行为的法益侵害性。换言之,如果一种物理性帮助行为在帮助者与正犯具有犯意联络的场合是可罚的,则它在帮助者与正犯不具有犯意联络的场合也同样可罚,其客观上的法益侵害性和可罚性不受有无犯意联络的影响。现实生活中,有些片面帮助行为确实具有可罚性,不予处罚将放纵犯罪,正如有学者所言:"甲明知乙将丙诱进房中,企图杀害他,遂暗中将房门从外面锁上,以防丙逃走,结果丙被乙杀死。如对甲不加以处罚,将会轻纵犯罪。"[1]

　　关于片面帮助犯的可罚性问题,《刑法》第29条第2款独立教唆犯的规定可作为一个参考。在独立教唆犯中,被教唆者可能拒绝接受教唆,从而不可能与教唆犯成立共同犯罪,仅教唆犯单独构成犯罪。虽然理论上对独立教唆犯的可罚性及能否处罚存在争议,虽然根据目前作为通说的共犯从属说,处罚共犯的前提条件是实行犯已着手实行犯罪,但这不能否认刑法中规定了独立教唆犯的立法实际;将独立教唆犯规定在"共同犯罪"一节中,只是一种立法技巧,并不表明在"共同犯罪"一节中规定的都是共同犯罪。[2] 通说认为,被教唆者没有犯被教唆的罪主要包括五种情形:一是被教唆者拒绝接受教唆;二是教唆信息或教唆内容并未传达到被教唆者;三是被教唆者接受教唆但还未为着手实行犯罪而准备工具或制造条件;四是被教唆者当时接受教唆,但后来改变了犯意实施了其他犯罪;五是被教唆者表示接受教唆,但由于误解了教唆者的意图而实施了其他犯罪。虽然刑法规定独立教唆犯的合理性值得进一步思考,但是对刑法进行解释只能严格依据刑法条文进行,这是罪刑法定原则的当然要求,不能将被教唆者没有犯被教唆的罪限制解释为"被教唆者已经着手实行犯罪而未得逞"这一种情形。[3] 参照独立教唆犯的五种情形,可以认为,被帮助者没有犯被帮助的罪也可包括以下四种情形:(1)帮助者实施了帮助行为,但帮助信息或内容尚未传达到潜在的实行犯,如某公司在互联网上发布可以非法侵入他人网上银行账号的病毒软件,但尚未有人发现并下载使用;(2)被帮助者拒绝接受帮助,如乙为组织卖淫的甲介绍卖淫妇女,但甲拒绝接收乙介绍来的卖淫妇女;(3)被帮助者接受帮助,但刚为实行犯罪作准备就被抓获,如强迫他人劳动者刚接收了片面帮助犯招募运送来的被害人就被公安机关抓获;(4)被帮助者接受帮助,但利用该帮助实行了其他犯罪,如利用帮

① 参见马克昌:《犯罪通论》,武汉大学出版社1999年版,第516页。
② 参见刘明祥:《再释"被教唆的人没有犯被教唆的罪"》,载《法学》2014年第2期。
③ 参见刘明祥:《"被教唆的人没有犯被教唆的罪"之解释》,载《法学研究》2011年第1期。

助者提供的病毒软件侵入被害人的网上银行账户后,用被害人的存款购买了大量贵金属理财产品,导致被害人财产遭受巨额损失,构成故意毁坏财物罪。虽然有学者认为以上四种情形及其他帮助未遂情形均不可罚,甚至认为在实行者犯罪既遂但并未使用帮助者提供的犯罪工具时,帮助者也不可罚。例如,张明楷教授认为,我国《刑法》第27条规定的帮助犯仅存在于共同犯罪之中,在乙与丙吵架而甲递给乙一把长刀但乙并未用此刀杀害丙的例子中,甲的行为不可罚。① 但是,如果参照《刑法》第29条第2款对独立教唆犯的规定,为了预防犯罪和防卫社会,对于那些具有严重的社会危害性,因而确有必要予以处罚的片面帮助行为,即使未遂,也应认为具有可罚性。例如,甲为了炫耀而将自己开发的病毒软件挂到网上供公众开放下载,以便有人能够利用该软件非法侵入他人支付宝账户窃取财物,即使尚未有人下载,或者虽有人下载但尚无人用于犯罪,对甲也有处罚的必要。只要行为人主观上具有帮助他人实行犯罪的故意,甚至具有希望或者放任犯罪结果发生的故意,客观上实施了能够帮助他人实行犯罪的行为,并且在社会观念上认为确有处罚的必要,就可单独进行处罚,这也是风险社会下刑事政策的必然要求。至于帮助者与被帮助者之间有无意思联络,如同教唆信息或内容尚未传达到被教唆者或者被教唆者拒绝接受教唆时不可能有共同犯罪的意思联络一样,并不重要。

二、对片面帮助犯进行处罚具有可行性

根据我国《刑法》第25条和第27条,刑法对帮助犯的处罚范围仅限于共同犯罪中的帮助犯,对共同犯罪之外的帮助犯,无法依共同犯罪的规定予以处罚,否则将违背罪刑法定原则。但是,无法依共同犯罪的有关规定处罚,并不意味着无法处罚,片面帮助者不能与实行者成立共同犯罪,并不意味着对片面帮助者不能单独定罪量刑。如果对刑法理论进行合理解释,对片面帮助者单独定罪量刑也是可行的。

第一,在德日刑法体系中,单独处罚片面帮助犯是理论和实务的通说。有些国家及地区的刑法对片面帮助犯的处罚有明文规定。例如,根据《泰国刑法典》第86条的规定,在他人实行犯罪之前或实行犯罪时,提供任何帮助或便利的,都是帮助犯,即使实行犯对帮助或便利并不知情亦同。有些法律会规定,处罚帮助者并不以帮助者与实行者之间具有犯意联络为必

---

① 参见张明楷:《刑法学(上)》(第5版),法律出版社2016年版,第420页。

要。① 在立法例上，1912 年《暂行新刑律》第 34 条规定："知本犯之情而共同者，虽本犯不知共同之情，仍以共犯论。"该条对片面共犯的成立范围未加限制，似乎可以认为包括片面正犯、片面教唆犯和片面帮助犯。1935 年《刑法》第 30 条规定："帮助他人犯罪者，为从犯。虽他人不知帮助之情者，亦同。"该条改正了《暂行新刑律》的有关规定，将片面共犯限于片面从犯（帮助犯）。《日本刑法典》第 62 条、第 63 条对帮助犯的规定是："正犯を帮助した者は、従犯とする。従犯を教唆した者には、従犯の刑を科する。……従犯の刑は、正犯の刑を减轻する。"对于该规定，日本理论通说和判例均认为包括片面帮助犯。例如，松原芳博教授认为，与直接正犯相比，帮助犯的犯罪特征不够明显，既不需要存在对犯罪事实的支配，也不以与正犯之间的意思联络为必要。② 虽然大塚仁教授否定片面共同正犯，但他承认片面帮助犯，认为日本刑法仅规定从犯的要件是"帮助了正犯的人"，该要件仅仅提到了帮助，未要求帮助犯与被帮助的正犯之间必须具有意思联络，因此只要帮助者以帮助的意思实施了帮助行为，使正犯的实行行为更加容易实施，就应认为成立帮助；而且，刑法规定帮助犯的处罚原则是"从犯之刑比照正犯之刑减轻之"（第 63 条），说明在帮助犯实施了有利于正犯实行的帮助行为时，仍然是就他自己实施的帮助行为承担责任，所以即使肯定片面帮助犯，也不会带来实质的不妥当。③ 大谷实教授亦赞成这种观点，认为将《日本刑法典》第 62 条的规定理解为帮助者和被帮助者之间不要求具有意思联络也是很自然的，应当承认片面帮助犯。④ 日本有判例认为"帮助犯的主观要件，是只要帮助犯对正犯的实行行为存在认识，并且具有帮助正犯实行的意思即可，不以帮助犯与正犯之间存在意思联络为必要"，因此应当肯定片面帮助犯。⑤ 这说明，虽然日本刑法本身没有明文规定片面帮助犯，但理论和判例均将《日本刑法典》第 62 条关于帮助犯的规定解释为包括片面帮助犯在内，并且是作为独立的犯罪来处罚，不需要认定它与正犯构成共同犯罪。罗克辛教授也认为，从根本上讲，帮

---

① 参见陈子平：《刑法总论》，中国人民大学出版社 2009 年版，第 406 页。

② 参见［日］松原芳博：《刑法总论重要问题》，王昭武译，中国政法大学出版社 2014 年版，第 355 页。

③ 参见［日］大塚仁：《犯罪论的基本问题》，冯军译，中国政法大学出版社 1993 年版，第 265—266 页。

④ 参见［日］大谷实：《刑法总论》（新版第 2 版），黎宏译，中国人民大学出版社 2008 年版，第 404 页。

⑤ 参见［日］西田典之：《日本刑法总论》，刘明祥、王昭武译，中国人民大学出版社 2007 年版，第 292—293 页。

助者与实行者之间不需要存在心理联系。例如,阻碍财物所有人去发现正在实施盗窃的小偷,或者抓住警察的手使警察无法抓捕正在实施盗窃的小偷,都是对小偷的帮助,即使小偷本身不知道自己正要被发现或被抓捕,也没有觉察到其他人的介入。这种帮助的贡献是使那次盗窃变成可能或者至少变得容易,对小偷来讲意味着一种原因性的机会提高。①

第二,虽然我国刑法总则没有明文规定帮助犯的处罚原则,但是在刑法分则中规定了若干帮助行为正犯化罪名。例如,第 107 条资助危害国家安全犯罪活动罪,第 120 条之一帮助恐怖活动罪,第 285 条第 3 款提供侵入、非法控制计算机信息系统的程序、工具罪,第 287 条之二帮助信息网络犯罪活动罪,第 290 条第 4 款资助非法聚集罪,第 358 条第 4 款协助组织卖淫罪等。这些条文可理解为包括片面帮助行为的正犯化在内,甚至从立法本意来讲,帮助行为正犯化的目的主要是单独处罚片面帮助犯,因为,如果是共同犯罪中的帮助犯,则直接按共同犯罪论处即可,没有必要单独设立罪名。诚如于志刚教授所言,帮助信息网络犯罪活动罪是一个为了解决入罪难问题而设置的兜底型罪名,是一个不得已而设立的箩筐型罪名,其立法目的,是在帮助犯与正犯之间的犯意联络难以查清的情况下,严厉制裁职业化、产业链化的网络犯罪帮助行为。② 例如,在第 107 条规定的资助危害国家安全犯罪活动罪中,行为人资助他人实施背叛国家、分裂国家等犯罪时,提供资助的方式完全可能是暗中、匿名地往被资助者的银行账户中汇款转账。在第 112 条规定的资敌罪中,行为人资敌的方式,完全可能是在两军交战时佯装逃跑而故意抛弃、留下武器装备或军用物资供敌人自由捡拾,没有理由限制解释为必须明确地向敌人表示要赠送或资助对方武器装备或军用物资才行。在第 120 条之一条规定的帮助恐怖活动罪中,行为人资助恐怖活动培训、资助恐怖活动组织或个人的方式,完全可能是匿名往恐怖活动组织或个人的账户中汇款转账;行为人为恐怖活动组织或为恐怖活动培训招募、运送人员时,也完全可以采取片面帮助犯的方式,如未受恐怖组织委托而在朋友圈发微信招聘员工,诱骗应聘者到恐怖组织设立的公司报名应聘。在第 287 条之二帮助信息网络犯罪活动罪中,行为人明知他人可能或必然利用信息网络实施犯罪,为他人提供支付结算、广告推广等服务,或者提供服务器托管、互联网接入、通讯传输、网络存储等技术

---

① 参见[德]克劳斯·罗克辛:《德国刑法学总论(第 2 卷)——犯罪行为的特别表现形式》,王世洲等译,法律出版社 2013 年版,第 155 页。

② 参见于志刚:《共犯行为正犯化的立法探索与理论梳理》,载《法律科学》2017 年第 3 期。

支持或服务时，完全可能并未与对方有犯意联络，并且，由于互联网的特点，一般也不可能与所有的或部分的潜在的实行犯有犯意联络。例如，侵犯著作权者将侵权复制的作品储存于百度云盘上，并发布链接分享给广大网友自由下载，百度员工发现他人侵权事实而置之不理，就是一种为侵权人提供网络存储和分享链接服务的不作为的片面帮助行为；至于在网上发布病毒软件等方式，显然更不可能与潜在的实行犯有犯意联络。在第358条第4款协助组织卖淫罪中，行为人为组织卖淫的人招募、运送人员或实施其他协助行为时，完全可能是暗中帮助，如未经委托而发微信为组织卖淫者招募卖淫人员，或者知道公安扫黄计划而匿名提前发短信或微信告诉组织卖淫者或卖淫者等。

第三，除了帮助行为正犯化之外，刑法分则中还有一些帮助行为共犯化规定。虽然有人可能将此类规定理解为注意规定，即认为帮助者与实行者本来成立共同犯罪，对帮助者本来就可按帮助犯论处，只是特意提醒司法人员注意要对这些帮助行为按共犯论处的规定，但是从立法本意来讲，帮助行为共犯化的目的，应当主要还是单独处罚片面帮助犯，因为，如果是共同犯罪中的帮助犯，则直接按共同犯罪论处即可，根本没有必要单设条文强调按共犯论处。例如，根据《刑法》第198条第4款，保险事故的证明人、鉴定人或财产评估人故意提供虚假的证明文件以便为诈骗犯诈骗提供帮助的，要以保险诈骗的共犯论处，但是这类人在提供虚假证明文件时，可能事先并未与诈骗犯联络沟通。本来，根据《刑法》第229条，承担资产评估、验证、验资、审计、会计或法律服务等职责的中介组织成员，故意提供虚假证明文件并且情节严重的，要构成提供虚假证明文件罪，但是，如果是保险事故的证明人、鉴定人或财产评估人故意为保险诈骗犯提供虚假证明文件，则要成立保险诈骗罪的共犯（帮助犯），无论其主观上是否与保险诈骗行为人具有犯意的联络沟通。又如，第352条第2款规定，明知他人正在或将要制造毒品而为他人运输、买卖、生产可以用于制造毒品的原料或配剂的，要以制造毒品罪的帮助犯论处，无论行为人与制造毒品犯之间是否具有犯意联络沟通。例如，虽然对方并未明示或暗示是制毒物品，但货运车司机根据物品包装、运送地点、对方着装打扮、言谈举止等情况，明知对方委托其运输的是制毒物品，仍接单运输的，要构成制造毒品罪的共犯（帮助犯）。以上两例均是典型的片面帮助行为共犯化的例子，说明刑法是认可片面帮助犯的可罚性的。此外，第244条第2款规定，明知他人实施强迫劳动行为，为他人运送或招募人员，或者有其他协助行为的，要以强迫劳动罪论处，这也有可能是未经共谋而单方面地诱骗应聘者到强迫他人劳动的单位(如黑煤窑、黑砖窑)去应聘。

第四,除了刑法分则中有帮助行为正犯化和共犯化规定之外,目前已经有三十多件司法解释中有帮助行为共犯化规定,其众多关于明知他人可能实行犯罪而为他人提供物质或服务等帮助应以共犯论处的规定,均属于帮助行为共犯化规定。这也应理解为主要是为了单独处罚片面帮助犯,因为对于共同犯罪中的帮助犯按共犯论处是理所当然的,根本没必要强调,只有对于片面帮助犯的处罚,才有必要特意规定。例如,根据"两高"2014年《关于办理危害药品安全刑事案件若干问题的解释》第8条的规定,明知他人生产或销售假药、劣药而提供以下各种帮助的,都要构成共同犯罪:一是提供贷款、资金、账号、证明、发票或许可证件;二是提供生产场所或经营场所,提供设备,提供储存、运输、邮寄、保管、网络销售渠道等便利条件;三是提供生产技术,提供原料、辅料、包装材料、说明书或标签;四是提供广告宣传等。只是这些司法解释都有越权之嫌,因为刑法分则相应条文并未规定对片面帮助行为要以共犯论处。

至于对片面帮助犯进行处罚是否应以正犯着手实行犯罪为前提,本质上是共犯的处罚条件问题,是在具体行为符合帮助犯主客观两方面构成要件之后,是否另外以被帮助者着手实行犯罪作为对帮助犯进行处罚的前提的问题。共犯从属性说和共犯独立性说对此有相反观点,前者认为,帮助犯的违法性部分地来源于正犯行为的可罚性,若正犯尚未着手实行,则帮助犯的可罚性尚未达到值得动用刑罚来惩罚的程度;后者则认为,帮助犯的违法性来源于帮助行为本身,故无论被帮助者是否着手实行,都不影响帮助犯的可罚性,因而处罚帮助犯不需要以正犯着手实行为前提。虽然在帮助犯与正犯的关系方面,德日刑法体系赞同共犯从属性说,认为对帮助犯进行处罚要以正犯着手实行犯罪为前提,但这并不妨碍他们同时承认片面帮助犯概念。帮助犯本身能否成立,是帮助犯的成立条件问题;对帮助犯的处罚是否必须以正犯着手实行犯罪为前提,是帮助犯的处罚条件问题。无论帮助者与实行者之间有无犯意联络,都不影响是否以正犯的着手实行来限制帮助犯的处罚范围。因此,片面帮助犯是否符合帮助犯的修正的构成要件,如主观上有无双重故意、客观上有无实施帮助行为、行为与法益侵害结果之间有无因果关系等,是帮助犯的成立条件问题,对帮助犯进行处罚是否采取共犯从属性说,是帮助犯的处罚条件问题,不能以片面帮助犯不能与实行者构成共同犯罪来否定片面帮助犯本身。

综上,无论刑法中对片面帮助犯有无明文规定,作为一种犯罪形态,片面帮助犯总是客观存在的,并且有些也确有处罚的必要。一个帮助行为的法益侵害性和可罚性,取决于其客观上对正犯行为及结果的促进作用,不受帮助者与正犯之间有无犯意联络及是否成立共同犯罪的影响。从德日刑法体系来看,无论刑法中有无明文规定处罚片面帮助犯,均是将片面帮助犯作为独立的帮助犯来单独定罪量刑的,并不以帮助者与实行者之间具有犯意联络并成立共同犯罪为前提。

第四节　对片面帮助犯应当如何处罚

《刑法》第 25 条和第 27 条明文规定只处罚共同故意犯罪中的帮助犯,导致对片面帮助犯,如果没有相应的帮助行为正犯化或共犯化规定,就无法按帮助犯论处,因而必须另寻处罚途径。

一、对片面帮助犯不能以帮助犯论处

与德日刑法体系明文规定帮助犯的概念及处罚原则不同,我国刑法中并未明文规定帮助犯,理论上所谓帮助犯,是从《刑法》第 27 条从犯的规定中引申出来的,认为该条中所谓"在共同犯罪中起辅助作用"的规定就是关于帮助犯的规定。甚至有人认为,从犯就是帮助犯,主犯就是正犯,我国刑法规定了正犯(主犯)、教唆犯、帮助犯(从犯)三种共犯人类型和共犯形态。[①] 这种观点当然难以得到大家认同。即便承认《刑法》第 27 条中隐含了帮助犯的规定,其也只规定了在共同犯罪中的帮助犯,仍然没有明文规定片面帮助犯。并且,在我国,对于片面帮助犯还不能直接参照德日刑法理论直接以帮助犯论处,因为德日刑法体系中并未强调帮助犯是指在共同犯罪中的帮助犯,而是将共同正犯、教唆犯、帮助犯并列规定,仅仅规定了这三种共犯形态而未强调在共同犯罪中。因而,德日刑法学者可以根据现实处罚的需要,灵活解释帮助犯的规定,但是在我国,如果要根据《刑法》第 27 条来推导帮助犯,就必须受制于"在共同犯罪中"这一词语语义的限制,这是罪刑法定原则下严格解释的必然要求。对此,有学者认为,不应当将双方之间具有明确的犯意联络视为共同犯罪的成立条件,即使是传统观点也至少承认片面帮助犯,实际上,当一方明知他方实施犯罪而仍然提供帮

---

① 参见杨金彪:《分工分类与作用分类的同一——重新划分共犯类型的尝试》,载《环球法律评论》2010 年第 5 期。

助,就已经属于具有合意,可以认为存在意思联络。① 这种观点一方面认为应当承认片面的帮助犯,另一方面又认为只要帮助者对于正犯行为具有明知就属于合意和意思联络,这既自相矛盾,又不当地曲解了"合意"和"意思联络"的含义。因此,与《刑法》第 29 条第 2 款明文规定了独立教唆犯有所不同的是,我国刑法总则中并未明文规定片面帮助犯,因此对片面帮助犯不能根据《刑法》第 25 条、第 27 条以帮助犯或从犯论处。

二、对片面帮助犯应以预备犯论处

除了刑法分则和司法解释中明文规定的帮助行为正犯化、帮助行为共犯化情形之外,对于其他不与实行者成立共同故意犯罪的片面帮助行为,可以解释成为了使他人顺利实行犯罪而实施的预备行为,即他人预备罪。关于能否承认他人预备罪,有肯定说、否定说、二分说、限定的肯定说等不同观点。肯定说认为,由于预备行为与实行行为的本质不同,预备行为既包括为自己实行犯罪而预备,又包括为他人实行犯罪而预备。在为他人实行犯罪而预备时,如果他人尚未着手实行即被迫停止,双方就构成预备罪的共犯。所以,为了他人实行犯罪而实施准备行为的,完全符合预备罪的成立要件。例如,《日本刑法典》第 153 条中的准备伪造货币罪所处罚的,是为了伪造或变造货币而准备原料或器械的行为,通说认为,不仅为自己准备,而且为他人准备原料或器械的,也成立本罪。否定说认为,为他人实行犯罪而实施准备行为的,本质上是对他人预备罪的帮助,这种帮助的危险性很小,不应以预备罪论处。二分说认为,只有当刑法条文特别规定了为他人实行的预备行为时,才属于为他人预备罪,否则均不成立预备罪。限定的肯定说认为,刑法分则中规定的"为了……"都包括为了他人,不限于为了自己,但是只有在他人至少实施了预备行为时,为他人实行而作预备才能成立他人预备罪。② 因此,在片面帮助犯场合,一方面,帮助者暗中提供的帮助行为,完全可能被正犯所利用,从而与正犯的实行行为及结果之间具有物理上的因果关系,属于帮助犯;另一方面,这种预备阶段的帮助犯同时又属于为他人预备行为,可以构成为他人预备罪。

虽然帮助行为与预备行为在通常含义方面有所区别,但是两者在本质上,在促进正犯的行为及结果方面,均属于为了促进正犯行为顺利实行而实施的准备工具、制造条件的预备行为。从可罚性方面考虑,这种为了他

---

① 参见张明楷:《论帮助信息网络犯罪活动罪》,载《政治与法律》2016 年第 2 期。
② 参见张明楷:《论〈刑法修正案(九)〉关于恐怖犯罪的规定》,载《现代法学》2016 年第 1 期。

人实行犯罪而实施的预备行为,仍然是一种对实行行为的预备,而不是对教唆或帮助行为的预备,至少在正犯已经着手实行犯罪场合,这种为他人预备的行为也是可罚的,否则为自己预备的行为同样不可罚。换言之,就为了顺利实行犯罪而准备工具、制造条件这一客观功用而言,无论是实行者自己准备工具、制造条件,还是帮助者为实行者准备工具、制造条件,其客观功用都是一致的,并且这种一致性不受帮助者与实行者之间有无犯意联络的影响。因此,在本质上,帮助行为也是一种预备性质的行为,只不过是为他人预备而已。

其中,事前帮助是一种比较容易理解的为他人预备行为。例如,在盗窃犯着手实行撬门之前为盗窃犯提供万能开锁工具,就是典型的为了他人实行犯罪而实施的预备行为。至于事中帮助,虽然是在他人着手实行犯罪之后提供,但相对于实行者之后仍要继续实施的实行行为来讲,仍然属于为了他人实行犯罪而实施的预备行为。例如,在盗窃犯正在撬保险箱门但撬不开而一筹莫展之际,匿名发短信告知盗窃犯开锁密码,使盗窃犯顺利打开他人保险箱门的行为,相对于开锁而言,显然也属于实行之前的帮助,仍属于预备行为。此例中,盗窃犯在得到开锁密码之后,开始利用该密码开锁的行为,才是值得关注的实行行为,之前的撬保险箱门的行为,虽然也属于已经着手实施了实行行为,但不能作为本案所要考虑的重点。即使是更加典型的事中帮助,如在盗窃犯体力逐渐不支时给他提供一瓶红牛饮料,使之有力气继续撬门,相对于随后继续实施的实行行为而言,仍然属于事前帮助。总之,虽然以实行犯最先着手实行的时点为界,可以将帮助行为划分为事前帮助和事中帮助,但实际上,由于帮助行为总是为了使他人实行行为更加顺利而实施的,相对于提供帮助之后他人仍要继续实施的实行行为来讲,事中帮助仍然是一种事前帮助,仍然是为了使他人顺利实行犯罪而实施的犯罪预备行为。此外,虽然将这种事中帮助当作为他人预备行为,表面上似乎与共同犯罪之一人未遂全体未遂原则相悖,但所谓一人未遂全体未遂原则,原本只适用于共同犯罪,没有必要扩展适用于不与正犯构成共同犯罪的片面帮助犯。

或许有人会质疑,既然由于刑法没有明文规定而无法对片面帮助犯按帮助犯论处,则同样会由于刑法没有明文规定而无法对片面帮助犯按预备犯论处。这种质疑难以成立,之所以对片面帮助犯无法按帮助犯论处,是因为《刑法》第 27 条明文将起辅助作用者的处罚限制在共同犯罪中,而《刑法》第 25 条进一步将共同犯罪限制为二人以上共同故意犯罪,但是刑法对预备犯的处罚并未明文限制在共同故意犯罪中。因此,虽然在通常情况下,为他人预备的预备者与实行者之间具有共同犯罪关系,但是刑法本身并未将与实行者之间没有共同犯罪关系的为他人预备者排除在处罚范围之外,从而根据帮助行为的为他人预备的本质,对其按预备犯论处未尝不可。当然,如果片面帮助行为本身能构成一个刑法分则中规定的其他犯罪,则可能构成想象竞合犯,应根据想象竞合犯的处罚原则,对帮助者从一重罪论处。例如,甲偶然知道乙将于某日晚上(二人无通谋)入室抢劫丙的财物,便提前将丙殴打至重伤昏迷;乙侵入丙家后发现丙已昏迷,便窃取了财物。此例中,实行者乙属于犯意转化,仅成立盗窃罪,且无须对丙的重伤结果负责,但片面帮助者甲既成立抢劫罪的预备犯,他是为了使乙能够顺利实施抢劫而提前打伤丙的,又成立故意伤害罪(致人重伤)的实行犯,应比较两罪法定刑的轻重(多数说)或实际可能裁量刑罚的轻重(少数说),对甲按故意伤害罪判处三年以上十年以下有期徒刑。

片面帮助犯与共同犯罪中的帮助犯的区别在于,在犯罪停止形态方面,除非刑法和司法解释另有特别规定,对片面帮助犯只能按预备犯论处,而共同犯罪中的帮助犯的停止形态则具有依附于实行犯的一面,即如果实行犯既遂则帮助犯也既遂,如果实行犯未遂则帮助犯也未遂,如果实行犯仅处于预备阶段则帮助犯亦处于预备阶段,如果实行犯在实行过程中自动中止犯罪则帮助犯成立未遂等。在量刑原则方面,两者差别不大,前者是可以比照既遂犯从轻、减轻或者免除处罚,后者一般会被认定为从犯,处罚原则是应当从轻、减轻或者免除处罚;相比较而言,前者的量刑可能比后者的量刑更重一些,因为前者是可以从宽而后者是应当从宽,且从宽的幅度都是从轻、减轻或者免除处罚。由于可以从宽只是"可以"而不是"应当",如果犯罪性质恶劣、情节严重、后果严重,则对片面帮助犯也可以不从宽处罚。因此,即使被帮助的实行者已经着手实行犯罪并且既遂,对片面帮助犯以预备犯论处也不至于放纵犯罪,同样能根据案件具体情况判处适当的刑罚。

综上,除了刑法分则及司法解释特别规定的帮助行为正犯化和帮助行为共犯化情形之外,对于那些不能与实行犯成立共同犯罪的片面帮助行为,应当以相应犯罪的预备犯论处,同时适用刑法分则条文和刑法总则关于预备犯的规定。由于对片面帮助行为仅是以预备犯论处而非作为共犯的一种进行处罚,因而无论实行者是否着手实行犯罪、处于何种停止形态及是否利用了该种帮助,都不影响片面帮助犯的成立及处罚,只是对帮助行为的法益侵害性和可罚性判断会有影响。

第九章　帮助信息网络犯罪活动罪研究

【本章导读】　围绕本罪名可形成预备行为正犯化罪名的预备行为正犯化罪名的帮助行为正犯化罪名的帮助行为正犯化罪名现象,提醒人们对本罪的教唆、帮助行为的可罚性进行实质思考。"明知"是指明明知道他人必然或者可能利用其帮助去实施犯罪仍希望或者放任这种结果发生。"犯意联络"是指帮助者和实行者就共同实施犯罪进行过沟通,形成了合意。在本罪与帮助行为共犯化规定存在想象竞合时,应以其中重罪论处,不能适用从旧兼从轻原则。在本罪行为人为利用信息网络实施违法犯罪活动者提供帮助时,应根据各行为人之间有无犯意联络及能否成立共同犯罪来决定本罪行为的定性。本罪是一个补充性罪名,只有在其他较重罪名不能成立时,才能适用本罪,司法实践中忽略罪数形态理论和本罪法条从一重罪论处的规定,对本罪行为一律以本罪论处的现象应予纠正。

2015 年《刑法修正案(九)》中增设的帮助信息网络犯罪活动罪,是帮助行为正犯化罪名的典型。[①] 然而,该罪罪状中规定的行为在许多情形下是比较典型的中性帮助行为、日常行为、业务行为,在社会观念上难以与帮助他人犯罪联想到一起,导致即使在行为人明知他人实施信息网络犯罪活动而仍然提供帮助时,也有学者认为对这类帮助行为不应处罚。[②] 特别是

[①] 有的学者从共犯从属性理论出发,认为规定该罪名的《刑法》第 287 条之二只是为信息网络犯罪活动的帮助行为规定了量刑规则,而不是增设了一个独立的罪名,认为处罚这些帮助行为,仍然得以他人着手实施了信息网络犯罪活动为前提。但是,从该条文的文字表述,以及司法解释为该条规定了独立的罪名来看,认为该条增设了独立的罪名,应当没有太大争议,大多数学者都认为该条文是规定了独立的罪名。

[②] 例如,有学者认为:"除非行为人违反违禁品管制等相关规定,否则应认为其中立帮助行为并没有制造不被法所容许的危险,不具有帮助行为性,不成立帮助犯。《刑法修正案(九)》针对网络服务提供者责任的规定,并非意味着全面处罚网络中立帮助行为,相反,除非专门用于实施信息网络犯罪,否则,原则上应将提供互联网接入、服务器托管、网络存储、通讯传输、搜索引擎、软件、链接等技术支持的行为排除在刑罚处罚的范围之外。"参见陈洪兵:《论中立帮助行为的处罚边界》,载《中国法学》2017 年第 1 期。

在被帮助者没有着手实行犯罪的情况下,这些行为的可罚性能否达到应当运用刑罚予以处罚的程度,面临许多质疑。对于该罪名的争议,远比帮助恐怖犯罪活动罪及其他帮助行为正犯化罪名要激烈得多,几乎所有帮助行为正犯化的研究,都围绕该罪名展开。

第一节　帮助信息网络犯罪活动罪概述

从立法过程来看,关于信息网络犯罪,1997 年《刑法》仅在第 285 条规定了非法侵入计算机信息系统罪,在第 286 条规定了破坏计算机信息系统罪,其第 287 条是作为前两条的补充规定而出现的,目的是对利用信息网络实施其他犯罪的行为排除这两条的适用。后来,2009 年《刑法修正案(七)》在第 285 条增加第 2 款和第 3 款,分别增设非法获取计算机信息系统数据、非法控制计算机信息系统罪,以及提供侵入、非法控制计算机信息系统的程序、工具罪;2015 年《刑法修正案(九)》为第 285 条增加了第 4 款单位犯罪,为第 286 条增加了第 4 款单位犯罪,并增加第 286 条之一(拒不履行信息网络安全管理义务罪)、第 287 条之一(非法利用信息网络罪)、第 287 条之二(帮助信息网络犯罪活动罪)。由于本罪与其他犯罪同属信息网络犯罪,在各罪名之间必然存在一个各自适用界限的管辖范围问题,因此对本罪进行研究,应特别注意联系上下文进行体系解释,以便使各罪名能分工负责、各司其职,避免出现不必要的交叉或竞合。

一、信息网络犯罪罪名体系概览

信息网络犯罪的罪名主要集中规定在《刑法》分则第六章"妨害社会管理秩序罪"的第一节"扰乱公共秩序罪"中,包括第 285 条、第 286 条、第 286 条之一、第 287 条之一、287 条之二共 6 个条文,第 287 条没有规定罪名,仅是规定对利用信息网络实施相应犯罪的,要按相应犯罪论处。

第 285 条规定了三个罪名,第 1 款是非法侵入计算机信息系统罪,第 2 款是非法获取计算机信息系统数据、非法控制计算机信息系统罪,第 3 款是提供侵入、非法控制计算机信息系统的程序、工具罪。如果将后两款规定的选择性罪名分拆,实际上罪名数量总共七个,即第 1 款 1 个罪名,第 2

款是非法获取计算机信息系统数据罪[1]及非法控制计算机信息系统罪两个罪名[2]，第 3 款是提供侵入计算机信息系统的程序罪[3]、提供侵入计算机信息系统的工具罪[4]、提供非法控制计算机信息系统的程序罪[5]、提供非法控制计算机信息系统的工具罪四个罪名[6]。

第 285 条第 1 款规定的非法侵入计算机信息系统罪，处罚的是违反国家规定，侵入国防建设、尖端科学技术领域或国家事务的计算机信息系统的行为[7]，是法定刑才三年以下有期徒刑或者拘役的轻罪。从行为人侵入这三种特殊系统的目的在于下载（获取）、删除、修改、上传（增加）数据或应用程序的角度来看，侵入仅仅是目的行为的预备行为，如果仅侵入而不下载、删除、修改、增加数据或应用程序，则不会对这些特殊系统的所有者或管理者的合法权益造成实际损害，仅仅是具有造成损害的现实危险，因此本罪是预备行为正犯化罪名。根据该款规定，并结合第 2 款来看，该罪只处罚侵入行为，一旦侵入即构成犯罪，但是，对于侵入之后获取、删除、修改或增加数据或者非法控制计算机信息系统的行为，该罪并不处罚。如果下载（获取）数据的行为涉及非法获取军事秘密罪、非法获取国家秘密罪、侵犯公民个人信息罪、侵犯商业秘密罪等罪名，则应将此罪与这些罪名数罪并罚。如果非法控制计算机信息系统，或者删除、修改或增加数据或应用程序，将构成第 286 条破坏计算机信息系统罪，应与此罪数罪并罚。如果将因果链条再延长一点，则非法控制他人计算机信息系统，以及下载、上传、删除、修改数据或应用程序，本身也可能是其他犯罪的预备行为。例如，为了杀死重症监护室里的病人，非法侵入医院的计算机信息系统内破

---

[1]　案例如河北省曲周县人民法院(2015)曲刑初字第 13 号刑事判决书。法院以被告人曹某犯非法获取计算机信息系统数据罪，判处有期徒刑九个月，并处罚金人民币四千元。

[2]　案例如吉林省长春市中级人民法院(2017)吉 01 刑终 331 号刑事判决书。一、二审法院均认为三被告人构成非法控制计算机信息系统罪。

[3]　案例如北京市第一中级人民法院(2017)京 01 刑终 645 号刑事裁定书。一审法院以被告人马某犯提供侵入计算机信息系统的程序罪，判处有期徒刑一年六个月，罚金人民币一万五千元，二审法院维持原判。

[4]　案例如济南市历城区人民法院(2015)历城刑初字第 133 号刑事判决书。法院以被告人高某、黄某、施某、李某、刘甲、孙某、张某、杨某、何某、刘乙、汪某、陈某、付某犯提供专门用于侵入计算机信息系统工具罪，对各被告人判处刑罚。

[5]　案例如成都市金牛区人民法院(2017)川 0106 刑初 1366 号刑事判决书，法院以被告人李某、朱某犯提供非法控制计算机信息系统的程序罪，对两人判处有期徒刑、缓刑和罚金。

[6]　在中国裁判文书网上未检索到以此罪名定罪的案例。

[7]　国务院 1994 年《计算机信息系统安全保护条例》第 2 条规定，本条例所称的计算机信息系统，是指由计算机及其相关的和配套的设备、设施(含网络)构成的，按照一定的应用目标和规则对信息进行采集、加工、存储、传输、检索等处理的人机系统。

坏监测程序,致使医生无法对病人身体状况进行监测。此外,此罪罪状中的"违反国家规定"应当删除,因为无论有无明确的国家规定,凡是未经授权擅自侵入以上三种特殊系统的,无疑都要构成犯罪,正如非法侵入他人住宅罪不需要增加"违反国家规定"这一限制一样。^① 以下几个罪名也都存在滥加"违反国家规定"的问题。

第 285 条第 2 款中规定的非法获取计算机信息系统数据罪,处罚的是侵入国防建设、尖端科学技术领域或国家事务以外的计算机信息系统,或者采用其他技术手段,获取该计算机信息系统中处理、存储或者传输的数据并且情节严重的行为。其中,获取数据是目的行为、实行行为,非法侵入或者采用其他技术手段则是预备行为。第 2 款中规定的非法控制计算机信息系统罪,处罚的是侵入国防建设、尖端科学技术领域或国家事务以外的计算机信息系统,或者采用其他技术手段,对该计算机信息系统实施非法控制,并且情节严重的行为。同样,非法控制是目的行为、实行行为,非法侵入或者采用其他技术手段是预备行为。同样,如果将因果链条再延长一点,则获取数据和非法控制本身也可能是行为人所欲实施的其他犯罪的预备行为。

这两个罪名只处罚获取数据或非法控制行为,不处罚单纯的非法侵入或采用其他技术手段的行为。并且,从中获取数据或进行非法控制的不能是国防建设、尖端科学技术领域、国家事务的计算机信息系统,因为法律明文规定是"侵入前款规定以外的计算机信息系统"以便"获取该计算机信息系统中存储、处理或者传输的数据,或者对该计算机信息系统实施非法控制"。因此,如果非法侵入或者采用其他技术手段从国防建设、尖端科学技术领域、国家事务这三种特殊系统中获取数据,不能构成非法获取计算机信息系统数据罪,只能对非法侵入行为以非法侵入计算机信息系统罪论处;如果获取数据行为触犯了非法获取国家秘密罪、非法获取军事秘密罪、侵犯商业秘密罪等罪名,则可按这些罪名论处,否则获取数据行为不处罚,对采用其他技术手段的行为本身也不处罚;如果对这三种特殊系统进行非法控制,则同样不能构成第 285 条第 2 款规定的非法控制计算机信息系统罪,但可以解释为第 286 条第 1 款规定的破坏计算机信息系统罪,即对计算机信息系统的功能进行干扰,导致计算机信息系统不能正常运行的

---

① 《刑法》第 96 条规定:"本法所称违反国家规定,是指违反全国人民代表大会及其常务委员会制定的法律和决定,国务院制定的行政法规、规定的行政措施、发布的决定和命令。"《刑法》是1997 年制定,可能是为了与《刑法》的规定相适应,全国人大常委会 2000 年 12 月颁布了《关于维护互联网安全的决定》。

行为。

　　第 285 条第 1 款、第 2 款规定的不合理之处在于,按常理,这三种特殊系统要比其他计算机信息系统更加重要,更应当用刑法来保护,但对于获取数据和非法控制行为,针对其他计算机信息系统的要处罚,针对这三种特殊系统的反而不能处罚;虽然从这三种系统中获取数据更有可能触犯非法获取国家秘密罪之类的罪名,但从其他系统中获取数据也有可能触犯这些罪名,因而不能以刑法规定了非法获取国家秘密罪等罪名来否定第 285 条第 1 款和第 2 款规定的不合理;虽然对非法侵入这三种特殊系统来获取数据或进行非法控制的行为,仍可按非法侵入计算机信息系统罪来处罚,但其法定刑最高仅为三年有期徒刑,而非法获取计算机信息系统数据、非法控制计算机信息系统罪的法定刑最高为七年有期徒刑,因而两者的法定刑并不均衡。这是《刑法修正案(七)》为第 285 条增加第 2 款时考虑不周所导致的漏洞。

　　第 285 条第 3 款规定的提供侵入、非法控制计算机信息系统的程序、工具罪,处罚的行为有两种,一种是情节严重的提供专门用于侵入、非法控制计算机信息系统的程序、工具的行为,另一种是所提供的程序、工具并非专门用于侵入或非法控制,而是具有正当合法的用途,但是行为人明明知道他人实施侵入、非法控制行为而为其提供程序、工具并且情节严重的行为。对于前者,由于该程序、工具本来就是专门用于侵入或非法控制计算机信息系统的,所以提供者动机本来就不良,正如贩卖毒品者动机不良一样,无论被提供者是否用该程序、工具去实施侵入或控制行为,提供者都要构成犯罪;对于后者,由于该程序、工具有正当合法用途,一般情况下并不涉及犯罪,只是可能被人用于犯罪,故要求提供者明知他人将用其所提供的程序、工具去犯罪,提供者才构成本罪。

　　与第 285 条第 2 款特意排除三种特殊系统所不同的是,第 285 条第 3 款中所提供的程序或工具可以适用于所有的计算机信息系统,从而可能出现这样的情况,即假如甲为乙提供专门用于侵入计算机信息系统的程序,而乙用它侵入了三种特殊系统之一,则甲(帮助行为)成立提供侵入计算机信息系统的程序罪,乙(实行行为)成立非法侵入计算机信息系统罪,但如果乙用它侵入了三种特殊系统之外的系统,则甲(帮助行为)成立提供侵入计算机信息系统的程序罪,而乙并不构成犯罪。在后一种情况下,出现了乙侵入他人系统的正犯行为不构成犯罪,而甲为乙提供侵入程序的帮助行为反而构成犯罪的现象。这表面上看违背了共犯从属性原理,但实际上并不违背,因为共犯从属性原理指的是共犯的成立与处罚必须以正犯着手实行犯罪为前提,而乙的确着手实施了非法侵入他人系统的实行行为,只是刑法不处罚这种侵入行为而已。但是,如果认为即使乙尚未着手实施非法侵入他人系统的实行行为,对甲也可按照提供侵入计算机信息系统的程序罪论处,则可以认为采纳的是共犯独立性说,认为处罚共犯不必以正犯着手实行犯罪为前提,这也是认为此罪名是帮助行为正犯化罪者必然具有的观点。

第286条规定的破坏计算机信息系统罪,处罚三种行为:一是对他人计算机信息系统的功能进行增加、删除、修改、干扰,导致他人计算机信息系统不能正常运行;二是对他人计算机信息系统中处理、存储或者传输的数据和应用程序进行增加、删除、修改等;三是故意制作并传播计算机病毒等破坏性程序,影响他人计算机系统正常运行。以上三种行为必须后果严重才能定罪量刑。此罪名与非法获取计算机信息系统数据罪有一定的补充关系,即此罪处罚的是对他人系统中的数据和运用程序进行删除、修改、增加、干扰等操作,影响他人数据和运用程序的数量或功能的行为,而后者处罚的是从他人系统中非法获取数据的行为。只是,此罪中的行为未必均具有社会危害性。例如,如果所删除或修改的仅仅是他人存储于电脑硬盘上的不影响电脑功能运行的很容易从互联网上下载到的数据或运用程序,或者仅仅是往他人电脑硬盘上增加大量数据或运用程序但不影响他人电脑功能运行,则不太可能侵犯他人法益。虽然刑法规定要后果严重才能处罚,但根据"两高"2011年《关于办理危害计算机信息系统安全刑事案件应用法律若干问题的解释》第4条的规定,对20台以上的计算机信息系统中存储的数据进行删除、修改、增加操作也属于后果严重的情形之一,从而对这种几乎完全无害的行为进行处罚,实际上所惩罚的是非法侵入他人计算机信息系统、妨碍他人自由使用计算机信息系统、给他人造成恐慌的行为。相反,对从他人计算机信息系统中获取数据的行为,司法解释则未规定从多少台计算机信息系统获取数据就得处罚的形式标准,而是规定获取身份认证信息、违法所得、造成损失等实质标准。

第286条之一规定的拒不履行信息网络安全管理义务罪,处罚的是拒不履行法律、行政法规规定的信息网络安全管理义务,经监管部门责令采取改正措施而拒不改正的以下行为:一是致使违法信息大量传播的;二是致使用户信息泄露并且造成严重后果的;三是致使刑事案件证据灭失并且情节严重的;四是有其他严重情节的行为。该罪主体是网络服务提供者,法定刑是三年以下有期徒刑、拘役或者管制,并处或者单处罚金。

第287条本身没有规定罪名,只是规定对利用计算机实施盗窃、窃取国家秘密、金融诈骗、挪用公款、贪污或者其他犯罪的,应以有关规定的相应罪名定罪处罚,但有关规定是否包括第285条、第286条在内,刑法和司法解释没有明确规定,因而很容易引起争议。在相关行为不触犯信息网络犯罪罪名的情况下,这是一种注意性规定,其作用只是强调要按照实行行为所触犯的罪名论处,不能按信息网络犯罪论处。例如,对利用信息网络实施诈骗行为的,要按诈骗犯罪论处。但是,在相关行为同时触犯信息网络犯罪罪名时,如果理解为仅能按实行行为所触犯罪名论处,也就是将第287条中的"本法有关规定"理解为不包括第285条、第286条[①],则有拟制的成分,因为此时构成一行为触犯数罪名的想象竞合犯,应当从一重罪论处,当按实行行为所触犯罪名论处将比按信息网络犯罪罪名论处量刑更轻时,规定为按实行行为所触犯罪名论处将明显违背想象竞合犯原理。例如,甲公司两年来总共非法侵入乙公司计算机信息系统近百次,终于成功窃取到乙公司这两年来花费数百万元经费研发出来的商业秘密,经鉴定给乙公司的竞争优势造成了损害,造成经济损失30万元,甲公司既触犯侵犯商业秘密罪,又触犯非法获取计算机信息系统数据罪。前罪是基本犯,刚刚超出给权利人造成重大损失30万元的定罪数额标准,法定刑是三年以下有期徒刑或拘役;后罪是情节加重犯,远远超过了造成经济损失5万元的加重情节标准,法定刑是三年以上七年以下有期徒刑。为了避免违背想象竞合犯原理,为了避免形成重罪轻罚现象从而违反罪刑相适应原则,有必要将第287条中的"本法有关规定"理解为包括刑法分则中除第287条之外的所有其他规定,其中就包括第285条和第286条。第287条中"本法有关规定"之所以不涉及是否包括第286条之一、第287条之一、第287条之二问题,是因为这三条的规定明文排除了第287条的适用。2015年《刑法修正案(九)》在为信息网络犯罪增设这三条时,明文规定"有前两款行为,同时构成其他犯罪的,依照处罚较重的规定定罪处罚",从而意味着也可能按这三条的罪名定罪处罚,不是非得按其他犯罪论处不可。

　　《刑法》第287条之一规定的非法利用信息网络罪,处罚以下三类情节

---

① 这样理解的重要理由在于,在1997年《刑法》规定第287条时,该条是作为第285条非法侵入计算机信息系统罪、第286条破坏计算机信息系统罪的补充规定而出现的,目的是对利用信息网络实施其他犯罪的行为排除这两条的适用。但是,2009年《刑法修正案(七)》为第285条增加了第2款非法获取计算机信息系统数据、非法控制计算机信息系统罪,第3款提供侵入、非法控制计算机信息系统的程序、工具罪,导致第287条能否向后溯及地排除这些新条款的适用,产生不小疑问。

严重的非法利用信息网络实施的违法犯罪的预备行为:第一类是设立用于实施违法犯罪活动的网站或通讯群组的,包括传授犯罪方法、诈骗、销售或者制作管制物品或违禁物品等;第二类是发布违法犯罪信息,包括有关销售或制作枪支、毒品、淫秽物品等管制物品或者违禁物品等;第三类是为实施诈骗等违法犯罪活动发布信息的。这是典型的预备行为正犯化罪名,因为无论是为实施违法犯罪活动发布信息,还是为实施违法犯罪活动设立网站或通讯群组,都属于违法犯罪活动的预备行为。只是这里的"违法"容易引起歧义,应当是指符合刑法分则规定的犯罪行为类型但数额未达定罪标准的行为。如果是这样,则可删除"违法"二字,因为无论数额是否达到定罪处罚标准,都不影响行为类型的犯罪性。例如,虽然未达定罪处罚标准,但诈骗4000元也属于诈骗犯罪行为。在德日英美等大多数国家的刑法中都只有定性而没有定量规定,数量大小不影响行为性质。

《刑法》第287条之二规定的帮助信息网络犯罪活动罪,处罚的是明明知道他人必然或可能正在或者将要非法利用信息网络实施犯罪,为他人实行犯罪提供广告推广、支付结算、网络存储等服务,或者提供服务器托管、互联网接入、通讯传输等技术支持并且情节严重的行为。这是典型的帮助行为正犯化罪名,但也是引起争议较多的正犯化罪名。

二、预备行为正犯化罪名的帮助行为正犯化罪名

第287条之一非法利用信息网络罪和第287条之二帮助信息网络犯罪活动罪的共同特点都是正犯化,但正犯化之前的形态不同,前者是预备行为正犯化,后者是帮助行为正犯化。两罪交汇时,会形成独特的预备行为正犯化罪名的帮助行为正犯化罪名现象。假设第287条之二规定的主体为第287条之一规定的主体提供广告推广、支付结算、网络存储等服务,或者提供服务器托管、互联网接入、通讯传输等技术支持,则是对预备行为的帮助行为,形成预备行为正犯化罪名(非法利用信息网络罪)的帮助行为正犯化罪名(帮助信息网络犯罪活动罪)现象。例如,甲想设立一个用于实施网络诈骗的网站,遂找乙开通接入了互联网,找丙设计制作了一个网站,找丁在该网站上发布虚假购物信息,正苦苦等待顾客上当受骗时却被网络整顿行动警察抓获。甲和丁为了诈骗他人财物而在网站上发布诈骗信息,构成非法利用信息网络罪,是诈骗犯罪的预备行为,乙和丙构成帮助信息网络犯罪活动罪,是甲和丁两人发布诈骗信息这一预备行为的帮助犯,是预备行为正犯化罪名(非法利用信息网络罪)的帮助行为正犯化罪名。如果两罪没有被正犯化,则乙和丙也只属于甲和丁诈骗行为的帮助犯,只不

过是处于预备阶段的帮助行为而已。

　　除了上述预备行为正犯化罪名的帮助行为正犯化罪名现象之外,帮助信息网络犯罪活动罪甚至有可能是预备行为正犯化罪名的预备行为正犯化罪名的帮助行为正犯化罪名的帮助行为正犯化罪名。例如,甲欲组织、策划、实施武装叛乱罪,便想非法侵入国防部计算机信息系统获取军事秘密,从而向乙公司高价购买了一款特制程序,并用此程序侵入国防部系统获取到大量军事秘密。(1)甲窃取军事秘密的行为是非法获取军事秘密罪的实行行为,同时也是武装叛乱罪的预备行为;一般来讲,获取军事秘密总是为了用来实施其他犯罪的,否则,仅仅获取而不使用,不太可能侵犯法益,所以非法获取军事秘密罪是一个预备行为正犯化罪名。(2)甲侵入国防部计算机信息系统的行为是非法侵入计算机信息系统罪的实行行为,同时也是非法获取军事秘密罪的预备行为;一般来讲,非法侵入总是为了实施其他犯罪的,否则,如果仅侵入而不实施其他任何行为,是不太可能侵犯法益的,所以非法侵入计算机信息系统罪是一个预备行为正犯化罪名。(3)乙向甲出售侵入程序的行为是提供侵入计算机信息系统的程序罪的实行行为,同时也是甲的非法侵入计算机信息系统罪的帮助行为;一般来讲,如果所提供的侵入程序永远不会被用于犯罪,则提供行为不太可能侵犯法益,所以提供侵入计算机信息系统的程序罪是一个帮助行为正犯化罪名。(4)接上例,如果中国电信明知乙是以替他人开发专门用于侵入计算机信息系统的程序为生,仍然为乙提供接入互联网、网络存储、服务器托管或通讯传输等服务,则中国电信的行为是帮助信息网络犯罪活动罪的实行行为,同时也是乙的提供侵入计算机信息系统的程序罪的帮助行为。这样,若从甲欲组织、策划、实施的武装叛乱罪算起,武装叛乱是实行行为,窃取军事秘密是第一次序的预备行为,侵入国防部的系统是第二次序的预备行为,乙为甲提供侵入程序是第二次序的预备行为的第一次序的帮助行为,而中国电信的行为则是乙为甲提供侵入程序的第二次序的预备行为的第二次序的帮助行为,从而在以上罪名链条中形成了如下关系:武装叛乱罪(实行行为)←—非法获取军事秘密罪(预备行为→实行行为)←—非法侵入计算机信息系统罪(预备行为→实行行为)←—提供侵入计算机信息系统的程序罪(帮助行为→实行行为)←—帮助信息网络犯罪活动罪(帮助行为→实行行为)。最终,帮助信息网络犯罪活动罪是预备行为正犯化罪名(即非法获取军事秘密罪)的预备行为正犯化罪名(即非法侵入计算机信息系统罪)的帮助行为正犯化罪名(即提供侵入计算机信息系统的程序罪)的帮助行为正犯化罪名。

在以上信息网络犯罪中,帮助信息网络犯罪活动罪处于最基础、最底端的地位,基本上都属于对他人预备行为的帮助行为,甚至是对他人预备行为的预备行为的帮助行为的帮助行为。如果没有被正犯化,则这种帮助行为要么将被视为对他人实行行为的帮助行为,不会被视为对预备行为的帮助行为,或者对预备行为的帮助行为的帮助行为,甚至对预备行为的预备行为的帮助行为的帮助行为,要么根本就不会被认为构成犯罪。例如,假设没有《刑法》第287条之二和第285条的规定,则在中国电信为专门开发侵入程序的乙接入互联网,乙将所开发的侵入程序出售给甲,甲用该程序侵入国防部网站窃取了大量军事秘密的例子中,要么会因为认为中国电信与甲和乙成立共同犯罪而认为中国电信的行为属于甲窃取军事秘密罪的帮助行为,要么会因为认为中国电信无法与甲和乙成立共同犯罪而不成立犯罪。因此,虽然明知他人将利用信息网络实施犯罪活动而为其提供服务器托管、互联网接入、网络存储等服务已被刑法正犯化,但其本质上仍属于他人犯罪的帮助行为,至于是实行行为的帮助行为,还是预备行为的帮助行为,或者是预备行为的帮助行为的帮助行为,甚至是预备行为的预备行为的帮助行为的帮助行为,则要取决于所直接或间接帮助的预备行为或者帮助行为是否被正犯化。如果没有一系列的预备行为正犯化和帮助行为正犯化,则这种为他人犯罪提供再间接的帮助的行为难以想象能受到刑罚处罚。这也说明,对于本罪的教唆行为或帮助行为,由于距离法益侵害太远,应当实质性地考虑其可罚性,不能因为本罪在形式上已被正犯化,就认为对本罪的教唆行为、帮助行为具有可罚性。

三、对本罪的帮助与教唆一般不可罚

如前所述,由于预备行为正犯化和帮助行为正犯化的普遍存在,帮助信息网络犯罪活动罪有可能是某种实行行为的预备行为的预备行为的帮助行为的帮助行为,从而,虽然该罪已被正犯化,使特定帮助行为在形式上被提升为正犯行为、实行行为,但是对于教唆他人实施特定帮助行为的,或者帮助他人实施特定帮助行为的,如果机械地坚持正犯行为可罚则教唆行为、帮助行为也可罚的一般原则,就有可能不太妥当。这并不是因为认为这种教唆行为、帮助行为不可能侵犯法益才不可罚,而是因为刑法没有要处罚的明文规定。即使某种行为不太可能侵犯法益,如果刑法出于预防犯罪、防卫社会或者其他考虑而仍然规定要处罚的,当然得遵守刑法的规定,因而对某种行为能否处罚,就完全取决于刑法有无明文规定。

《刑法》第29条中所谓教唆他人犯罪,是指教唆他人实施通常情况下

能够侵害法益的犯罪,不是指教唆他人实施任何形式意义上的犯罪。《刑法》第 29 条第 1 款规定对教唆犯要按照他在共同犯罪中所起的作用处罚,既然谈到在共同犯罪中所起的作用,当然得以被教唆者着手实施了能够侵害法益的行为为前提,否则,如果被教唆者实施的行为根本不可能侵害法益,则对教唆者也谈不上能在共同犯罪中起到何种作用的问题。虽然《刑法》第 29 条第 2 款规定了独立教唆犯,但这种教唆犯的成立,也是以教唆者希望或放任被教唆者实施足以侵害法益的行为为条件的,否则,如果教唆者不希望或放任发生法益侵害结果,说明其根本没有犯罪故意,属于不可罚的未遂的教唆。显然,即便已经正犯化,作为行为本体的预备行为或帮助行为,本身仍是不可能直接侵害法益的,教唆这种形式上的正犯但本体上的预备犯或帮助犯,也就不可能侵害法益,不可能在共同犯罪中起到某种作用,因而处罚这种教唆犯就缺乏刑法的规定。同理,《刑法》第 27 条中所谓帮助犯,也是指对能够直接侵害法益者提供帮助,否则也谈不上帮助者在共同犯罪中起辅助作用的问题,因为谈到作用,当然是指行为对法益的侵害作用,如侵犯他人生命权、健康权、自由权、财产权、名誉权等,如果仅仅是处于预备阶段,是不可能实际上侵害这些权利的。总之,由于处罚教唆犯和帮助犯都要受到"在共同犯罪中所起的作用"这一立法规定的限制,而所谓所起作用,是指对真正实行犯所侵害的各种法益的作用,如对侵害他人生命权、健康权、自由权、财产权所起的作用等,并且,如果不能与真正实行犯形成共同犯罪,即使教唆或帮助行为能通过本罪行为及真正实行行为间接地侵害法益,也同样不可罚,因为不符合"在共同犯罪中"的立法限制,所以,由于缺乏刑法明文规定,对本罪的教唆行为和帮助行为一般不可罚。

换言之,即便本罪的教唆者、帮助者能够与本罪的实行者之间成立共同犯罪,由于这种共同犯罪仍然不可能直接侵害法益,谈不上教唆者、帮助者在这种共同犯罪中起到何种作用及作用大小的问题,从而无法适用刑法总则中的共犯规定。在本罪的实行者所帮助的人着手实施了信息网络犯罪活动之后,虽然本罪的教唆者、帮助者、实行者能够在这种共同犯罪中起到某种作用,但其处罚前提仍然是本罪的教唆者、帮助者与真正的实行者之间具有犯意联络,能够成立共同故意犯罪。对此,有学者认为,既然本罪是帮助行为正犯化罪名,帮助行为已经属于独立的实行行为,则教唆或者帮助他人实施信息网络技术支持等帮助行为的,能成立本罪的教唆犯、帮助犯。① 这种

---

① 参见陈洪兵:《帮助信息网络犯罪活动罪的限缩解释适用》,载《辽宁大学学报(哲学社会科学版)》2018 年第 1 期。

观点对教唆、帮助行为的本质的理解存在偏差,过于形式化地理解了教唆、帮助行为而忽略了刑法条文的规定。

简言之,我国刑法中的教唆犯和帮助犯,行为人所教唆或帮助的,都是能够直接侵害法益,从而能在共同犯罪中起到作用的实质意义上的实行行为,不包括那些不能直接侵害法益的预备行为或帮助行为。之所以可以单独处罚已被正犯化的预备行为或帮助行为,是因为刑法明文规定了正犯化,但是对于这些预备行为或帮助行为再进行教唆或帮助的,刑法本身并未规定处罚,因而缺乏处罚的依据。即使扩大解释,将为帮助行为者提供帮助的行为解释为对正犯行为的共同的帮助行为,从而能处罚共同犯罪中的间接帮助犯,也仍然无法处罚直接帮助者与间接帮助者之间缺乏犯意联络时的间接帮助犯。如果教唆行为或帮助行为能够与正犯化行为所对应的实行行为者成立共同犯罪,则可按共同犯罪论处,但这不是因为间接教唆者、间接帮助者与正犯化行为者成为共同犯罪而可罚,而是因为他们与实行行为者成立共同犯罪而可罚,导致教唆行为或帮助行为可罚的因素,仍然是其教唆或帮助了能够直接侵害法益的真正意义上的实行行为者。

不过,有些预备行为在社会观念上,已经具有自己独立的可罚性,以至于人们很难想到它们只是其他犯罪的预备行为。例如,非法获取国家秘密的行为,本来只是为了实施其他犯罪而实施的,如果不是为了实施其他犯罪,则获取国家秘密就毫无意义;如果获取了国家秘密但永远不用于实施其他犯罪,则获取国家秘密对国家就不可能有任何危害。因此,非法获取国家秘密的行为,本质上只是其他犯罪的预备行为,本身不可能侵犯任何法益。但是,由于这种行为具有被人用来实施其他犯罪的很大危险,因而人们几乎本能地认为,非法获取国家秘密行为本身就具有严重的社会危害性,应当定罪处罚。同样地,为境外的机构、组织、人员窃取、刺探、收买、非法提供国家秘密或者情报的行为,本身也只是帮境外的人用来实施其他犯罪而实施的预备行为、帮助行为,这些秘密和情报如果不被境外的人用于实施其他犯罪,则即使被境外的人获取也不会对国家造成任何危害;反之,如果不是为了用于实施其他犯罪,则境外的人获取这些秘密也就毫无意义,因此一旦获取就有用于实施其他犯罪的很大危险。可见,在社会观念中,为境外的人获取并提供国家秘密或情报的行为,本身就具有严重的社会危害性,会损害国家安全,因此几乎不会有人想到这些罪名曾经也是预备行为正犯化罪名。

第二节　帮助信息网络犯罪活动罪的构成要件

在帮助信息网络犯罪活动罪的构成要件中,主体要件和客体要件一般争议不大,争议较大的是主观要件和客观要件。主观要件的最大难度在于如何界定"明知",其次在于如何通过对主观要件进行限制来区分片面帮助犯与共犯中的帮助犯。对于前者,可直接按本罪论处,不涉及同时触犯其他罪名的问题;对于后者,由于帮助者能与被帮助者成立共同犯罪,从而触犯被帮助者的罪名,因此面临想象竞合犯问题。客观要件的认定难度在于,如何界定法条中所规定的特定帮助行为。

一、本罪中的"明知"如何认定

由于本罪中的帮助行为往往是一些日常生活中常见的中性行为、业务行为,一般情况下并不涉及犯罪,只是在少数情况下才会被犯罪分子利用于实施犯罪,因此要认定行为人的行为构成对他人犯罪的帮助,必须证明行为人主观上对于他人将利用其帮助去实施信息网络犯罪具有明知,否则不能认为行为人具有允许他人利用其帮助的犯罪故意。只有行为人明知他人将利用其帮助去实施犯罪而仍然提供帮助,才能说明其具有违反规范的意思,才需要作为犯罪进行处罚。因此,"明知"的内容,一是"明明知道"他人必然或者可能利用其帮助去实施犯罪,二是对他人必然或可能利用其帮助去实施犯罪持希望或者放任态度。

所谓"明明知道",在语义上,可分为"明明"和"知道"两个词;其中,"明明"是用来修饰"知道"的,两者之间是偏正结构。"明明",据《辞海》解释,是指"表示确实如此,显然如此"①;据《现代汉语词典》解释,是指"表示显然如此或确实(下文意思往往转折)"②;用在"知道"之前,表明立法者对行为人主观恶性的谴责,是指行为人明显知道、显然知道他人正在或将要利用他所提供的网络技术帮助或服务从事犯罪活动,明知不应当为他人提供帮助,却为了某种目的或利益偏要这样做,对于他人必然或可能利用其帮助从事犯罪活动持心理学上的希望或者刑法学上的放任态度,主观上违反

---

① 参见夏征农、陈至立主编:《辞海》(第 6 版彩图本),上海辞书出版社 2009 年版,第 1590 页。
② 参见中国社会科学院语言研究所词典编辑室编:《现代汉语词典》(第 7 版),商务印书馆 2016 年版,第 914 页。

刑法规范的意图比较强烈,因此值得追究刑事责任。

关于总则"明知"与分则"明知"的关系,有人总结为"明知(即是)故犯"的早期通说、分则"明知"是第一次明知而总则"明知"是第二次明知的形式区分说、分则"明知"和总则"明知"在形式和实质两方面都有差异的实质区分说等三种观点,并认为总则"明知"和分则"明知"没有实质性差别,且"明知"不等于故意,因为"明知"在法学上只能指"知道",不应包含表明谴责意味的"明明",而"预见"也是"知道",因此"明知"包含"预见","预见"是"明知"的一种。①

本书认为,以上四种观点都有一定道理,但都值得商榷。考虑刑法中"明知"的含义,首先必须考虑刑法规定的目的,即为什么要规定"明知",而考虑这种"明知",无疑是以立法者认为相应犯罪行为值得谴责为前提的,至于什么样的行为值得谴责,则要考虑主客观两方面的因素。在客观方面,是行为人实施了已经侵犯或者可能侵犯他人法益的行为;在主观方面,是行为人的主观恶性值得受到否定评价。因此,我国《刑法》第14条、第15条规定了应受刑法谴责的行为应当包含主客观两方面的要素,主观方面是明知自己的行为会发生危害社会的结果,并且希望或者放任这种结果发生,即明知故犯,或者应当预见自己的行为可能发生危害社会的结果,因为疏忽大意而没有预见,或者已经预见而轻信能够避免,即不意误犯;客观方面是犯罪者的行为已经导致或者可能导致危害社会的结果,即对社会有害的结果或者说法益侵害结果。因此,故意和过失的主观要素都包含两个方面的因素,一个是认识因素,另一个是意志因素。认识因素是"明知"和"预见",后者又分为"应当预见(而没有预见)"和"已经预见"两种;意志因素分别是"希望、放任、轻信能够避免、(因根本没有预见而)欠缺"。显然,这里的"明知"和"预见",在行为人知道他的行为有可能导致危害社会的结果这一点上,其含义没有差异,只是一个用来指代故意一个用来指代过失而已,就好像虽然都是指代"人",但人们习惯于用"男人""man"来指代男人而用"女人""woman"来指代女人一样,并无太多的含义,对于这种约定俗成的用法,实在没有必要赋予太多的含义。因此,认为"预见"是"明知"的一种,"预见"真包含于"明知"的观点是错误的,正如认为"女人"真包含于"男人"是错误的一样。究其根源,是"明知"和"预见"都是指"知道",两者的上位概念都是"知道",只是分别用于指代故意和过失而已,正如"男人"和"女

---

① 参见邹兵建:《"明知"未必是"故犯"——论刑法"明知"的罪过形式》,载《中外法学》2015 年第 5 期。

人"的上位概念是"人"一样。至于为什么会用"明知"来指代故意而用"预见"来指代过失,是因为立法者想区分故意和过失这两种谴责程度不同的犯罪,一个明显知道、确切知道自己正在实施或准备实施的行为是违法犯罪行为却故意去实施的人,比一个只是大概地知道自己正在实施或将要实施的行为可能导致危害社会结果的人,其主观恶性显然要大得多,可谴责性也强得多,强调的是故意和过失的主观恶性不同。虽然这种主观恶性的不同主要取决于行为人对危害社会的结果的意志因素,但这不影响用"明知(故犯)"来指代故意犯罪和用"过失(不意误犯)"来指代过失犯罪。在客观方面,所谓危害社会的结果,是指对社会有害的结果,这里的"结果"是广义的,既包括行为犯中的法益侵害结果,也包括结果犯中的构成要件结果(同时也是法益侵害结果)。前者如强奸者知道其强奸行为违背妇女意志、侵犯妇女的性自由权利,后者如杀人者知道其杀人行为会导致他人死亡。这里的重点是危害社会、对社会有害,而不在于发生何种形态的结果,只要故意或过失实施对社会有害的行为,就值得谴责,结果的形态并不重要。因此,刑法总则中规定了"明知故犯"的故意犯罪和"不意误犯"的过失犯罪。

但是,对于"明知"和"预见"的具体内容,则只能由分则具体地规定,总则中不可能具体地规定,只能对所有犯罪的共同之处进行抽象概括,因此在理解时,不可能脱离分则中的具体规定。以危害社会的结果为例,抽象的危害社会的结果是无意义的,只有结合具体个罪,还原为他人死亡的结果、财物被盗的结果、侵犯妇女性自由权利的结果、危险驾驶的结果、非法持有枪支的结果等,才能说明危害社会的结果的具体含义;同理,抽象的明知自己的行为也是没有意义的,必须结合具体个罪,还原为明知自己的杀人行为、盗窃行为、强奸行为、危险驾驶行为等,才能说明自己的行为的具体含义。虽然通说可以将"明知"的内容概括为明知自己行为的性质、意义、后果、行为与结果之间的因果关系等犯罪构成的客观要素,但是对这些客观要素的具体内容的概括,却不得不结合具体个罪进行。因此,在解释总则"明知"的内容时,实际上只能对所有个罪的内容进行抽象概括,不可能有自己独立的内容,不可能脱离具体个罪的规定独立进行。

那么,总则"明知"和分则"明知"的实质是否相同? 含义是否一样? 这其实是一个多余的问题,因为总则只是规定故意犯罪和过失犯罪的定义,但一个犯罪到底是故意犯罪还是过失犯罪,其认识因素和意志因素的内容如何,都只能由分则来规定,总则中不可能规定具体的犯罪。因此,总则"明知"和分则"明知"的关系,是抽象和具体的关系,是抽象概括和具体规定的关系,相当于"男人"和具体的张三、李四、王五,或者"女人"与具体的赵女、钱女、孙女之间的关系。对这些不同层次上的概念,不能用"形式"或"实质"是否相同来指称,因为两个层次上的概念并不具有可比性。由于概念所处层次不同,虽然认定了分则"明知"基本上可以肯定总则"明知",也不能说两者在形式上或者实质上是否相同或不同,所谓早期通说、形式区分说、实质区分说、实质相同说,都是将两个不同层次的概念混为一谈的表现。

陈兴良教授认为,分则"明知"同时是主观违法要素和主观构成要件要素,而总则"明知"仅是责任要素,若欠缺分则"明知"就是欠缺违法性,若欠缺总则"明知"则是具备违法性而缺乏有责性,分则"明知"不是认知问题而是反真实问题,凡分则中规定"明知"要素的犯罪都是表现犯,即表现行为人内心犯罪意图的犯罪。① 这种观点也值得商榷。其一,这种观点仍存在将总则中的抽象概念与分则中的具体概念混为一谈的问题。其二,"明知"只是故意的认识因素而不是一个独立的要素,只能说故意是构成要件要素、违法要素或责任要素,而不能说"明知"或"希望""放任"等是犯罪构成中的一个要素。其三,如果仅根据主观要素来界定故意,不采取纯粹根据行为导致结果发生的概率大小来区分故意与过失的客观故意论,则故意必然同时是构成要件要素、违法性要素和有责性要素。这里首先要明确的是,司法实践中所认定的故意,不可能是总则中规定的故意,只能是分则中所具体规定的某一种犯罪的故意,这种故意是作为犯罪成立条件之一的一个要素来规定的。在构成要件是违法有责类型的通说中,故意必然同时属于构成要件要素、违法要素和责任要素,不存在具体个罪的成立条件中欠缺责任要素,必须将总则中的"明知"作为具体个罪的责任要素的问题。其四,在认为故意和过失不是构成要件要素而仅仅是责任要素的早期阶层理论中,的确是不认为故意是构成要件要素的,但是这种故意仍然是刑法分则所规定的具体犯罪中的故意,如杀人故意、伤害故意、盗窃故意、强奸故意等,不可能是刑法总则中所规定的故意。况且,认为故意仅仅是责任要素而不是构成要件要素的观点早被废弃了,因为若不承认故意是构成要件要素,则根本没办法在构成要件符合性阶层就开始区分不同种犯罪。比如,对于同样发生死亡结果的犯罪,如果不首先考虑是哪一种罪的故意或过失,就无法区分到底是故意杀人罪、过失致人死亡罪、故意伤害致死罪或强奸致死罪中的哪一种,其后的违法性判断和有责性判断也就无法进行。

---

① 参见陈兴良:《刑法分则规定之明知——以表现犯为解释进路》,载《法学家》2013 年第 3 期。

从犯罪认定的角度来讲,这种体系是不符合实际的、做不到的,只有在首先认定行为人的行为符合哪一种犯罪的构成要件之后,才能进一步考虑行为人对该种符合构成要件的行为是否具有正当防卫等阻却违法性事由,应否及如何承担责任。综上,根据故意是责任要素而不是违法要素和构成要件要素的早期观点来认为总则"明知"是责任要素而分则"明知"是构成要件要素和违法要素,是没有道理的。

可能有人会提出疑问,即如何解释《刑法》第138条中对教育设施重大安全事故罪这种过失犯罪规定的"明知"? 如果说"明知"是专门用于指代故意的,是指明知故犯,则该条中所谓"明知校舍或者教育教学设施有危险,而(仍)不采取措施或者不及时报告"不也是明知故犯吗,为什么通说会认为这个罪是过失犯罪? 回答这个问题的关键,是应当根据行为人对于什么的心理态度来认定故意和过失。如果是根据行为人对不采取措施或不及时报告的不作为来判断故意或过失,则该罪无疑是故意犯罪,但如果是根据行为人对危害社会的结果的态度来判断故意或过失,则由于行为人对其不作为所导致的重大伤亡事故或特别严重后果一般来讲是过失的,不是明知其行为会发生这种结果并且希望或者放任这种结果发生,而是已经预见而轻信能够避免,甚至由于疏忽大意而根本没有预见,所以是过失犯罪,通说正是从这个角度才认为该罪是过失犯罪的。因此,《刑法》第138条中的"明知",并非用于判断行为人的故意或过失的因素,而是与故意或过失的判断不相关的因素,不能以此来说明过失犯罪规定中也有"明知"。实际上,在交通肇事罪和其他责任事故犯罪中,都存在行为人对实施违法行为是明知故犯,但是对结果的发生仅持过失的问题。虽然刑法条文中没有规定"明知",但理论上和实践中,都不会否认行为人对违法本身的"明知"。这也说明,这种对实施违法行为的"明知",不是对危害社会的结果的"明知",因而是与判断相应犯罪的故意或过失无关的因素,不应以此来说明过失犯罪规定中也存在"明知",不能以此来说明分则"明知"与总则"明知"是相同还是不同。

此外,与《刑法》第138条对教育设施重大安全事故罪这种过失犯罪规定了"明知"相反,《刑法修正案(十一)》之前的《刑法》第219条第2款对侵犯商业秘密罪这种故意犯罪规定了"应知"。能否认为"应知"就是过失犯罪,或者认为"应知"也是"明知"的一种情形? 从字面含义来看,"应知"是指应当知道而事实上不知道,否则,若事实上知道,就是"明知"而不是与"明知"并列规定的"应知",但是,从《刑法》第219条规定的立法意图来看,对该条第2款中的"应知"不能根据其字面含义解释为应当知道而不知道,而应解释为根据案件事实可以推定行为人知道,是日常用语中所谓"你应当知道了""你肯定知道"的意思。因此,这种所谓推定明知仍是明知,是在行为人竭力否定明知的情况下,司法机关根据案件事实来推定行为人事实上已经知道、应当知道了,而不是过失犯罪中的应当预见而没有预见。因此,尽管在总则中,"明知"是专门用于指代故意犯罪而"预见"是专门用于指代过失犯罪的词语,但是在分则中,既可能出现与故意和过失的判断无关的"明知",也可能出现作为推定故意的"应知",具体是作为推定故意的"应知"还是作为过失犯罪的"预见",取决于对具体条文的解释,不可一概而论。实际上,对于作为推定明知的"应知",司法解释中有较多规定,只是更加明确地表述为"应当知道"而已。例如,最高人民检察院、公安部2012年《关于公安机关管辖的刑事案件立案追诉标准的规定(三)》第8条、第9条规定,走私、贩卖、运输、制造毒品罪故意中的"明知",是指行为人"知道或者应当知道"所实施的是走私、贩卖、运输、制造毒品行为,并且规定,应当根据行为人的供述和其他证据来综合判断行为人是否"应当知道(了)"。其他如"两高"、公安部、司法部2013年《关于依法惩治性侵害未成年人犯罪的意见》第19条,"两高""两部"2018年《关于办理黑恶势力犯罪案件若干问题的指导意见》第5条,最高人民法院2000年《关于审理破坏森林资源刑事案件具体应用法律若干问题的解释》第10条等,都将"应当知道"规定为"明知"的一种情形。

就本罪而言,虽然条文中仅规定"明知"而未并列规定"应知",但同样可以解释为包括"应知",即虽然行为人竭力否认其知道他人正在或将要利用其技术帮助从事犯罪活动,但如果根据案件事实足以推定行为人事实上应当已经知道了,则照样可以认定行为人具有"明知",能构成本罪。至于"明知"的程度,通常来讲,只要明知他人必然或可能利用他的帮助去实施违法犯罪活动即可,不要求确切地知道他人肯定会利用。所谓必然,并非哲学上的与偶然相对的必然,而是日常用语中的肯定、很可能;所谓"可能",则指有一定的可能性,其下限是帮助行为被他人利用于实施犯罪的可能性高到足以对帮助者进行谴责的程度,如果可能性太低,则帮助行为不可罚。

这里所谓犯罪,是指刑法分则规定的犯罪行为类型,如盗窃犯罪、诈骗犯罪、诽谤犯罪、贩卖毒品犯罪、传播淫秽物品犯罪等,至于实行者能否成立犯罪、应否受到刑罚处罚,由于帮助者不是审判者,由于只要知道他人将利用其帮助实施犯罪而仍然提供帮助就能说明其主观上具有违反规范的意思,因此不能要求帮助者事先明知这些内容。例如,即使实行者由于诈骗金额未达 5000 元定罪标准而不构成犯罪,或者由于未满 16 周岁而不被追究刑事责任,对于帮助者而言,也仍属于明知他人将要利用其帮助去实施犯罪而仍然提供帮助。但是,如果不是刑法分则规定的行为类型,比如,仅是明知他人将实施卖淫活动,则不属于明知他人将要犯罪。并且,没有必要认识到正犯者是谁、被害人是谁,以及正犯行为的时间、地点、方式等具体的、详细的内容,也没有必要认识到帮助行为与正犯结果之间具有因果关系,只需要认识到帮助行为能够促进正犯行为更容易实施即可。① 帮助故意包括放任的间接故意,如果帮助者的认识与正犯行为不一致,可适用错误理论来解决。例如,以为正犯要实施伤害行为而提供帮助,但正犯却实施了杀人行为时,成立故意伤害罪(致死)。②

　　由于本罪的成立,只要知道他人将利用信息网络实施犯罪而提供帮助即可,对于犯罪的具体种类未作要求,因此即使帮助者的主观认识与正犯行为不一致,也不影响本罪的成立。例如,以为他人将利用信息网络实施诈骗犯罪而提供帮助,实际上他人利用信息网络实施了贩卖毒品犯罪,不影响本罪的成立。不过,在双方具有犯意联络因而成立共同故意犯罪的情况下,由于其他犯罪往往重于本罪,会影响对帮助者应以哪个重罪论处的问题。比如,对于前例,是以诈骗罪的帮助犯论处,还是以贩卖毒品罪的帮助犯论处,还是根据共犯从属性说,认为由于实行者没有实施帮助者所欲帮助的罪,因而帮助者不成立所欲帮助的罪时,帮助者既不成立诈骗罪的帮助犯,又不成立贩卖毒品罪的帮助犯,从而只应以本罪论处,必然会产生争议。不过,如果所欲帮助的罪与正犯实施的罪在构成要件方面能被评价为同质的并且互相重合时,可以在互相重合的限度内成立较轻的罪的帮助犯。例如,以为他人将利用信息网络实施传播淫秽物品牟利罪而提供帮助,实际上他人仅实施了传播淫秽物品行为而不具有牟利目的,或者以为他人将实施传播淫秽物品罪而提供帮助,实际上他人实施了传播淫秽物品牟利罪,帮助者都仅成立传播淫秽物品罪的帮助犯;以为他人将要贩卖毒品而提供帮助,但他人是为了吸食而购买大量毒品,或者以为他人购买毒品自己吸食而提供帮助,实际上他人购买毒品是为了转卖牟利,帮助者都仅成立非法持有毒品罪的帮助犯。

　　对于本罪"明知"的认定,除了明显属于"明知"的情形以外,一般采取

① 参见[日]大塚仁:《刑法概说(总论)》(第 3 版),中国人民大学出版社 2009 年版,第 314 页。
② 参见[日]大谷实:《刑法讲义总论》(新版第 2 版),黎宏译,中国人民大学出版社 2008 年版,第 402 页。

推定的办法。"两高"2019 年《关于办理非法利用信息网络、帮助信息网络犯罪活动等刑事案件适用法律若干问题的解释》第 11 条规定了可以推定明知的七种情形,包括经监督管理部门口头或者书面告知后仍然实施帮助行为,接到关于侵权或违法犯罪的举报后仍然不履行法定管理职责,所提供的帮助或技术支持是专门用于违法犯罪活动的,使用虚假身份或者经常采用销毁数据、加密通信或隐蔽上网等措施来规避调查或逃避监管,交易方式或交易价格明显异常,为他人规避调查或逃避监管而提供技术支持和帮助等,只要可以推定帮助者很明确地知道他人很可能或者有可能利用他提供的网络帮助行为去实施犯罪活动即可。

在司法实践中,一般是以行为人明知他人实施犯罪活动来认定明知的。例如,在李某帮助信息网络犯罪活动案中,李某帮助他人进行语音平台的软件安装和技术维护等工作,主要是远程配合网络运营商安装服务器、把彩铃软件安装进服务器、如果系统崩溃就帮助维护、更改录音格式并上传等,双方约定工资每个月 6000 元整;7 个月以后,李某因维护彩铃软件的需要听到了自己维护的彩铃软件被用于录制重金求子诈骗语音,仍继续帮助他人维护彩铃软件长达 9 个月。[1] 在邓某帮助信息网络犯罪活动案中,被告人邓某应张某要求给张某制作彩铃系统,根据张某指示将彩铃系统加载进张某等人放在电信运营商的服务器内,从而实现可以录制彩铃、他人拨打电话后可以听到彩铃录音等功能。至 2014 年年底,邓某帮助张某制作了多套彩铃系统,获得报酬 3 万元。2015 年年初,邓某在维护彩铃软件过程中听到了内容为"富婆不孕,重金求子"的录音,从而知道其彩铃系统被用于实施重金求子诈骗活动,仍帮助张某等人安装维护彩铃软件至 2016 年 8 月份,获得报酬 2 万元。法院认为,邓某 2014 年下半年开始帮张某制作彩铃软件时,并不知道是用于诈骗活动,直至 2015 年年初在维护彩铃过程中听到彩铃录音后才知道有诈骗语音,所以邓某 2014 年至 2015 年初所获取的 3 万元是其合法收入,其违法所得金额为 2 万元。[2]

以上两例,法院都是以行为人明确知道他人实施网络诈骗而认定具有"明知"的,对于"明确知道"之前的行为,均未认定为帮助犯。如果为他人提供的不是某种中性帮助行为、业务行为,而是明显只能用于犯罪的帮助,则只要一提供帮助即可认定"明知"。例如,在汪某、徐某帮助信息网络犯罪活动案中,汪某明显知道他人正在利用信息网络实施犯罪,却多次为他

---

① 参见余干县人民法院(2017)赣 1127 刑初 284 号刑事判决书。
② 参见余干县人民法院(2017)赣 1127 刑初 283 号刑事判决书。

人提供虚假的购物网站模板等服务,徐某明知他人实施网络犯罪而多次为他人提供网站建设、维护诈骗网站等网络技术服务。由于提供虚假的购物网站模板,以及帮助他人建立、维护诈骗网站,当然是只能用于诈骗,因此可直接认定"明知"。① 在张某帮助信息网络犯罪活动案中,张某明知他人欲进行网络犯罪活动而向其出租钓鱼网站,致使他人将被害人充值到《热血传奇》游戏账号内的 30000 多个元宝转移至自己账户后进行售卖,造成损失 39000 多元;张某还明知他人欲进行网络犯罪活动而按他人要求提供一个伪装成游戏网站的钓鱼网站,致使他人利用该网站窃取到被害人输入的《热血传奇》的账号和密码,导致被害人充值 15797.6 元所得 13000 多个元宝全部被人转移走。由于钓鱼网站明显只能用于犯罪活动,因此可直接认定"明知"。②

二、如何认定帮助者与被帮助者之间有无犯意联络

本罪是帮助行为正犯化罪名,既包括帮助者与实行者成立共同犯罪时的帮助犯,又包括帮助者无法与实行者成立共同犯罪时的片面帮助犯。在双方成立共同犯罪场合,帮助者既构成本罪,又构成正犯罪名的帮助犯,应当根据想象竞合原理,从一重罪论处。在片面帮助犯场合,虽然不排除同时追究正犯刑事责任的可能性,但片面帮助者是单独构成本罪,不涉及轻重罪名的选择适用问题。因而,能否认定帮助者与实行者之间成立共同犯罪,将影响轻重罪名的选择适用和量刑问题。要成立共同犯罪,必须双方之间具有犯意联络,主观上形成共同的犯罪故意,片面共犯由于双方缺乏意思沟通,不能成立共同犯罪。③ 因此,认定能否成立共同犯罪的关键,是如何理解犯意联络。

所谓犯意联络,是指帮助者和实行者之间相互的意思联络,双方就共同实施犯罪进行过沟通,形成了合意。反之,只要双方之间没有就共同故意实施犯罪进行联系、沟通,即使帮助者明知他为实行者提供了帮助,并且实行者也明知有人甚至是谁为他提供了帮助,也不能认为双方之间具有意思联络,仍然属于片面帮助犯。对此,有学者认为,只要帮助者明知实行者将要或正在实施信息网络犯罪而仍然为实行者提供帮助,就已经属于他与实行者之间具有合意,能够认为具有意思联络。④ 这种观点将导致把所有

---

①　参见鹤壁市淇滨区人民法院(2017)豫 0611 刑初 362 号刑事判决书。

②　参见江苏省太仓市人民法院(2017)苏 0585 刑初 1086 号刑事判决书。

③　参见冯军、肖中华主编:《刑法总论》(第 3 版),中国人民大学出版社 2016 年版,第 326 页。

④　参见张明楷:《论帮助信息网络犯罪活动罪》,载《政治与法律》2016 年第 2 期。

的帮助犯都认定为共同犯罪中的帮助犯,实际上是否定片面帮助犯概念存在的必要性,也与其赞同片面帮助犯可罚的观点自相矛盾。另有观点认为,片面帮助犯是指帮助犯基于帮助故意而实施帮助行为,但实行犯不知道有该帮助而实施犯罪的情形。① 这种观点将实行者知道有人为他提供帮助的情形排除在片面帮助犯之外,会导致把双方缺乏犯意联络的情形也认定为共同故意犯罪,一方面不当地扩大了共同故意犯罪的成立范围,另一方面又将片面帮助犯限制在暗中帮助犯这一狭小范围内,导致不符合实际。

例如,在冷某帮助信息网络犯罪活动案中,被告人冷某明知有的人租用电话号码的目的是实施诈骗犯罪,却在淘宝网店上出租固定电话号码,并为租用者提供呼叫转接和话费充值服务,将所接被害人来电转移到诈骗犯的手机号码上,致使其出租的 40 个固定电话号码总共涉及电信诈骗案件 100 余起,总涉案金额高达 1800 余万元;其中,一名被害人所拨打的固定电话号码之一,正是冷某所出租的固定电话号码,该人总共被骗 359 万元人民币;法院据此认定冷某犯帮助信息网络罪活动罪,判处有期徒刑一年,缓刑一年六个月。② 此案中,冷某显然明知他人租用其电话号码实施犯罪,而租用者也明知其所租用的是冷某申请来的电话号码,但双方并未就共同故意实施诈骗犯罪有任何联络沟通,仅仅是各自实施自己的行为,因而法院没有认定双方构成共同犯罪。如果认为双方属于共同犯罪,则以2000 多万元的诈骗金额,对冷某至少应判处有期徒刑三至十年,才能符合罪刑相适应原则。当然,即便只认定为本罪,原判对涉案金额 2000 多万元的诈骗案,对帮助者仅判处有期徒刑一年并且缓刑一年六个月,也属于量刑显著畸轻,检察院应当提出抗诉。量刑畸轻是立法者增设本罪时未曾料到的不良后果之一。

在向他人提供支付账户帮助他人收取诈骗资金的例子中,双方之间显然具有犯意联络沟通,应当认定成立共同犯罪。例如,在张某帮助他人诈骗案中,张某明知陈某等人利用网络实施犯罪,仍为其申请微信商户和支付平台,致使陈某等人利用张某申请的商户及支付平台盗刷他人微信账户资金 4 万余元,法院据此认定张某构成帮助信息网络犯罪活动罪,判处拘役四个月,缓刑六个月,并处罚金人民币 2000 元。在董某、周某诈骗案中,

---

① 参见[日]大谷实:《刑法讲义总论》(新版第 2 版),黎宏译,中国人民大学出版社 2008 年版,第404 页。
② 参见上虞市人民法院(2016)浙 0604 刑初 1032 号刑事判决书。

被告人董某和周某明知他人购买支付接口的目的主要是实施诈骗等犯罪，仍在淘宝网店上和 QQ 群里发布广告，向他人出售第三方支付公司的支付接口；其中，两被告人在明知的情况下，帮助诈骗犯虞某和郭某办理虚假的"五证"（开户许可证、组织机构代码证、身份证、税务登记证、营业执照），以此向第三方支付公司申请支付接口，申请成功后再将支付接口有偿提供给虞某、郭某使用，并负责处理他人对支付接口的投诉，事后还与虞某、郭某对诈骗所得进行分赃，虞某、郭某共计骗取人民币 821969 元。法院判决两被告人构成帮助信息网络犯罪活动罪，对被告人董某判处有期徒刑一年，对被告人周某判处有期徒刑一年，缓刑一年。[①] 本案中，两被告人不仅为诈骗犯办理虚假"五证"用于向第三方支付公司申请支付接口，而且参与分赃、负责处理接口的投诉、帮助诈骗犯逃避监管，显然应当认定为与诈骗犯之间具有犯意联络，成立共同犯罪，应按诈骗数额特别巨大论处，并以有期徒刑十年以上至无期徒刑的法定刑为基准进行从宽处罚。

三、本罪的客观行为如何认定

根据《刑法》第 287 条之二的规定，本罪中被正犯化的行为是提供广告推广、支付结算、网络存储等服务，或者提供服务器托管、互联网接入、通讯传输等技术支持的行为。

互联网接入，是指为他人提供访问互联网或者在互联网发布信息的通路。目前常用的互联网接入服务有电话线拨号接入、ADSL 接入、光纤宽带接入、无线网络等方式。用户只有通过这些特定的通信线路连接到互联网服务提供商，享受其提供的互联网入网连接和信息服务，才能连接使用互联网或者建立服务器发布消息。这一规定主要针对互联网接入服务提供商，如果其明知他人利用其接入服务实施犯罪，仍继续让对方使用，情节严重的，构成本款规定的犯罪。[②] 提供互联网接入服务者一般是网络服务提供商（Internet Access Provider），如中国电信、中国移动、网通、铁通等，但是本罪主体也可以是普通用户帮助他人申请互联网接入，或者将自己接入的或盗用他人的互联网提供给犯罪分子使用。

例如，在二黄诈骗案中，法院经审理查明，2016 年 8 月，被告人江某使用手机号激活他人的宽带账号，并将此宽带账号以 4000 元的价格出售给

① 参见扬中市人民法院(2016)苏 1182 刑初 331 号刑事判决书。
② 参见中国法制出版社编：《中华人民共和国刑法配套解读与案例注释》，中国法制出版社 2015 年版，第 612 页。

被告人黄某等人用于电信诈骗犯罪活动。2016 年 8 月 22 日,被告人黄某一、黄某二使用江某提供的宽带账号,通过发送网络病毒的方法盗取了舒城县城关镇居民刘某一之子叶某使用的 QQ 软件账号密码,并登录该账号,以叶某的身份与被害人刘某一联系,同时扮演华籍教授并以华籍教授回国急需用钱为由,要求刘某一向教授提供的账户汇款。当日 11 时许,刘某一向黄某一等人指定的账户汇款 20 万元。后刘某一发现被骗即向舒城县公安局报案。2016 年 8 月,被告人江某使用手机号激活他人的宽带账号,并将此宽带账号以 6000 元的价格出售给黄某三(另案处理)用于电信诈骗犯罪活动。2016 年 8 月 26 日,黄某三使用江某提供的宽带账号,利用微信软件冒充被害人庄某二所在单位安徽某实业有限责任公司总经理刘某二,建立安徽某实业有限公司微信群,将庄某二等人拉进该群,后黄某三以刘某二的名义让庄某二转一笔款,金额 980000 元。庄某二将该息发给其单位的另一会计宋某,后宋某从公司网银转账 980000 元至相关账号,庄某二将转账情况在微信群里告知刘某二(即黄某三)。后宋某联系安徽某实业有限责任公司总经理刘某二,刘某二告知没有这笔款项,庄某二发现被骗后即向公安机关报案。法院认定江某在明知的情况下仍为诈骗犯提供互联网接入服务,应当构成本罪。本案上诉后,二审法院维持原判。①

所谓服务器托管,是指用户将其服务器及相关设备托管到提供服务器托管服务的公司,如电信、移动或者其他专门公司等的中心机房内,目的主要是提高网站的访问速度,而托管公司一般均具有高品质的网络环境、完善的机房设施、丰富的带宽资源和长期运营经验,可以对用户的网络和设备进行实时监控,使用户的网络系统安全、可靠、稳定、高效运行。② 在杨某帮助信息网络犯罪活动案中,杨某明知他们从事出售公民住宿信息的犯罪活动,仍为他人所用的网站提供服务器托管等技术支持,先后多次收取租用服务器托管费用共计人民币 9000 元,被法院以帮助信息网络犯罪活动罪判处罚金人民币 18000 元。③

网络存储,是指帮助他人将其存储设备连接到计算机网络,配以相应硬件和软件,使他人能够将数据存储到行为人提供的存储空间内,实现数

---

① 参见安徽省六安市中级人民法院(2017)皖 15 刑终 260 号刑事裁定书。
② 参见孙茂利:《最新刑法条文释义与公安实务指南》,中国人民公安大学出版社 2016 年版,第 497 页。
③ 参见常州市新北区人民法院(2018)苏 0411 刑初 17 号刑事判决书。

据传输、存储和共享目的。① 就网络存储服务而言,阿里巴巴旗下的 UC 网盘、迅雷旗下的快盘、115 网盘、新浪微盘、腾讯微云、华为网盘、乐视云盘、百度云盘、城通网盘等,都向个人和企业提供免费的或收费的网络存储服务,用户可以把自己的资料上传到云盘上,可以下载或分享给别人使用,各大网盘也会采取技术手段,对用户上传或存储的资料进行筛查,发现有淫秽视频音频或侵犯著作权的作品的,会禁止用户上传、下载。

　　通讯传输,是指用户之间传输信息的通路,如以前的电信诈骗犯罪分子经常使用 VOIP 电话技术,经技术处理后,能将语音信号通过互联网传输出去;另一种常用的通讯传输通道是 VPN(虚拟专用网络),该技术能在公用网络上建立专用网络,进行加密通讯,目前很多网络犯罪嫌疑人使用 VPN 技术隐藏其真实位置。② 在林某帮助诈骗案中,林某伙同他人在网络上经营管理亚讯语音群呼系统平台,明知他人实施诈骗而提供该语音平台,帮助他人发布诈骗语音群呼以牟利。2013 年 1 月至 5 月,林某向詹某提供三个语音平台,詹某利用该语音平台向不特定多人拨打虚假邮政语音电话,并雇他人冒充邮政工作人员接听电话,谎称在对方包裹内发现毒品,欺骗对方将款项转移到詹某提供的银行账号中,再雇李某等人取款,共计骗取到人民币 330878 元。法院认为,被告人林某主观上具有非法占有目的,在明知他人实施诈骗犯罪的情况下,仍向他人提供网络技术支持,利用拨打电话的手段,对不特定多数人实施诈骗,具有其他特别严重情节,其行为已构成诈骗罪,遂判决被告人林某犯诈骗罪,判处有期徒刑九年,并处罚金人民币 10 万元。③ 在马某、宋某帮助他人诈骗案中,马某等人以某公司名义,租用安庆电信公司的电信线路,从事网络呼叫中心业务,并在所租用的电信线路上安装具有计费、改号功能的 VOS2009 管理软件,再向宋某等人转租电信线路,以便他人开展电话群拨和透传业务,自己再按通话时长收取高额费用。在明知自己所转租的电信线路被人用于实施诈骗犯罪,并且经安庆电信公司发出彻底整改通知的情况下,马某等人仍继续将电信线路转租给宋某等人使用,拒不整改。宋某在收到马某转发的整改通知以后,明明核实到诈骗电话来自其下线客户,仍将安庆电信公司提供的 0556-55×××2 电话号码更改固定为 0431 - 876×××5 号码,继续为下

---

① 参见赵秉志主编:《〈中华人民共和国刑法修正案(九)〉的理解与适用》,中国法制出版社 2016 年版,第 166 页。
② 参见中国法制出版社编:《中华人民共和国刑法配套解读与案例注释》,中国法制出版社 2015 年版,第 612 页。
③ 参见福建省晋江市人民法院(2014)晋刑初字第 580 号刑事判决书。

线客户提供线路。2014 年 6 月 16 日至 6 月 20 日,水某陆续接到显示号为 0431-876×××5、0755-844××××9 等号码拨打的诈骗电话,被冒充深圳市公安人员的犯罪分子骗走人民币计 83.5 万元。[①]

所谓广告推广,是指在网络上推广某种产品或者服务。比如,在自己或者别人开设的网站或管理的网页上为自己或者别人的产品或服务打广告。本罪中的提供广告推广服务,具体可包括两种:一种是为利用信息网络实施犯罪的人做广告、拉客户,另一种是为犯罪分子设立的网站宣传打广告,帮助其获得广告收入以支持犯罪网站的运营。打击此类行为,有利于切断犯罪网站的收入来源。[②]

支付结算,是指为他人犯罪提供资金收集、费用结算等服务。从司法实践来看,网络犯罪大多是为了直接或者间接获取经济利益,但犯罪嫌疑人往往不会直接跟被害人见面,而是由被害人将钱财转入犯罪嫌疑人提供的银行帐户。为了逃避侦查,犯罪嫌疑人一般不会使用自己的实名帐户,而会使用以其他人的姓名开设的银行帐户,并往往首先使用第三方支付帐户来接收被害人的钱财。因此,有些人会为犯罪嫌疑人提供第三方支付帐户,或者提供其他足以使犯罪嫌疑人收款、转账、取现等的帮助,从中牟取利益。本罪规定"支付结算等帮助",就是针对这种情况,有利于切断网络犯罪的资金流动。在赵某帮助信息网络犯罪活动案中,赵某注册成立了一家网络科技有限公司,申请的主营业务是为第三方支付公司的网络支付接口从事代理,但为牟取暴利,赵某企图通过出售第三方支付帐户以牟利。为此,赵某购买虚假的企业证照信息(包括营业执照、法人身份证等)和假域名,向第三方支付公司申请支付账号,再将账号以每个 2000 至 3500 元的价格转卖给其他犯罪嫌疑人,并按账号入账金额的千分之三从中收取提成。在被害人赵某被骗人民币 600 万元中,有 50 万元经过了赵某所代理的账户,法院据此认定被告人赵某构成本罪。[③]

其他网络技术帮助,常见的有为他人设立钓鱼网站或虚假网站、为他人销售赌博网站代码、为他人制作专用木马程序、为他人的病毒或木马程序提供防杀毒技术等。在张某、毛某等人诈骗案中,两人利用事前向汪某等人购买的虚假信息网站,通过拨打被害人电话,以珍珠代加工需要收取保险金、保证金、物流费、办证费等名义,先后向 32 名被害人骗取人民币共

[①] 参见无锡市滨湖区人民法院(2015)锡滨刑二初字第 00026 号刑事判决书。
[②] 参见全国人大法工委编:《中华人民共和国刑法解读》(第 4 版),中国法制出版社 2015 年版,第 697 页。
[③] 参见义乌市人民法院(2017)浙 0782 刑初 1563 号刑事判决书。

计 190800 元。法院认为,被告人张某、毛某以非法占有为目的,利用互联网,采取虚构事实、隐瞒真相的方法,骗取他人财物,数额巨大,其行为均已构成诈骗罪。但是,法院又错误地认为,被告人汪某仅是明知张某、毛某等人利用信息网络实施犯罪而仍然为其提供互联网接入、服务器托管等技术支持,因此只构成本罪而不构成公诉机关所指控的诈骗罪。① 本案中,法院将汪某为他人提供虚假网站的行为认定为提供互联网接入、服务器托管等技术支持,说明法院从来没有考虑过这些文字的含义,但量刑则比较适当。在陈某帮助信息网络犯罪活动案中,某网友预存了 100 元从陈某处购买了 4 个域名,陈某明知该网友以钓鱼网站形式进行电信诈骗,仍然为该网友提供域名并进行解析,致使该网友用其中一个域名所建网站从被害人傅某处骗取到人民币 191920 元。法院以被告人陈某犯帮助信息网络犯罪活动罪,对其判处有期徒刑一年,缓刑二年,并处罚金人民币 5 万元。②

四、司法解释对本罪定罪量刑标准的最新规定及其评析

“两高”2019 年 10 月 25 日颁布、11 月 1 日起实施《关于办理非法利用信息网络、帮助信息网络犯罪活动等刑事案件适用法律若干问题的解释》对本罪定罪量刑标准作了规定。其第 12 条规定,以下七种情形属于本罪行为情节严重的情形:一是所帮助的对象在三个以上的;二是提供服务的支付结算金额达二十万元以上的;三是以投放广告等方式向他人提供资金达五万元以上的;四是从帮助活动中获得违法所得达一万元以上的;五是在最近两年内因为帮助信息网络犯罪活动、非法利用信息网络、危害计算机信息系统安全受过行政处罚,又实施帮助信息网络犯罪活动的行为的;六是被帮助者所实施的犯罪造成了严重后果的;七是其他应当认定为情节严重的情形。虽然实施了前述七种帮助行为,但如果由于客观条件限制而无法查证属实被帮助者的违法犯罪活动是否达到可以定罪的程度,则如果相关数额累计达到前述第二种至第四种情形的定罪标准的五倍以上,或者造成特别严重后果,也应当以本罪追究刑事责任。应当注意的是,在适用第 1 款时,被帮助者实施的行为应当经查证属实已经构成犯罪,否则不能适用,只能考虑能否适用第 2 款规定的标准,第 1 款一般适用于帮助单个对象或少数对象的情形;适用第 2 款时,不需要查证属实被帮助者实施的

---

① 参见湖北省孝感市孝南区人民法院(2016)鄂 0902 刑初 429 号刑事判决书;湖北省孝感市中级人民法院(2017)鄂 09 刑终 15 号刑事裁定书。
② 参见浦江县人民法院(2016)浙 0726 刑初 968 号刑事判决书。

行为是否已经达到犯罪的程度,但要求查证属实被帮助者确实实施了刑法分则规定的犯罪行为,如果仅是一般违法行为,则不能适用该款,并且帮助者的相应数额是第1款情节严重程度的五倍以上,表明帮助行为本身的社会危害性十分严重,达到了独立科处刑罚的程度,第2款一般适用于被帮助对象人数众多因而难以一一查证属实的情形。但是,这条规定至少存在如下问题:

第一,可能导致放纵犯罪,从而违背刑法设立该罪的立法本意。例如,甲帮助了三个对象,其中,两个对象经查证属实已经构成贩卖枪支弹药罪和贩卖毒品罪,但没有造成严重后果,另一个对象经查证实施了网络诈骗行为,但是具体金额查证不清,不能认定已经达到犯罪程度,并且甲也不符合第1款第2项至第7项,如支付结算金额仅19万元,或者以投放广告等方式提供资金仅4万元,或者违法所得仅9000元,则对甲既不能适用第1款又不能适用第2款来认定情节严重,因为同样没有达到第1款第2项至第4项规定标准的五倍以上。其实,只要查证被帮助者实施了刑法规定的犯罪行为,并且查证帮助者因提供帮助而符合第1款规定的标准,就应当适用同样的标准认定为情节严重,而不能规定所谓五倍标准,因为在帮助者与被帮助者的犯罪事实发生之后,帮助行为的社会危害性就已经完全固定,不能因被帮助者的犯罪事实是否查证属实而导致有一倍与五倍的区别。从社会危害性的本质来讲,帮助行为的社会危害性大小,更多取决于被帮助行为的犯罪性质,与帮助者的违法所得数额、提供资金数额、支付结算金额没有必然联系。比如,同样是提供5万元资金帮助,为诈骗犯罪提供帮助显然要比为拐卖妇女儿童犯罪提供帮助的社会危害性小得多,两者又比为贩卖枪支弹药者提供帮助的社会危害性小得多。虽然在能够查证帮助者与被帮助者之间具有犯意联络,因而对帮助者能够以重罪的帮助犯论处的情形下,不至于形成处罚漏洞,但是在双方是否具有犯意联络难以查证,因而无法以重罪的帮助犯论处时,如根据该条规定的标准,就无法对帮助犯定罪量刑,而根据《刑法》第287条之二的明文规定,本来是能够并且应当定罪量刑的,因为为拐卖妇女儿童或贩卖枪支弹药、贩卖毒品等严重犯罪行为提供帮助,本来就应当属于情节严重的情形,根本不需要这些犯罪造成严重后果,司法解释是不当地限制了本罪的成立范围。

第二,该条第2款规定"确因客观条件限制无法查证"似也不妥,因为无论是因客观条件限制而无法查证,还是因公安人员不愿深入调查的主观因素而没有查证,都不影响"被帮助对象是否达到犯罪的程度没有查证"这一事实;规定该条件,完全可能导致如下后果,即检察机关以未达到五倍标准的数额提出指控,而辩护人要求以达到五倍标准的数额来否认犯罪,则是应当由检察机关举证证明是由于公安人员主观因素而无法查证,还是应当由辩护人举证证明是由于客观条件限制而无法查证? 显然,无论由哪一方举证,这种举证都是一种不太可能完成的任务,其效果相当于只能一律执行五倍以上标准,既然如此,则规定该条件就完全多余,毫无意义。

第三,该条第 1 款分别规定七项标准,却对帮助者同时具有其中两项或多项数额的情形未作规定,很可能造成处罚漏洞。比如,甲为赌博犯 A 提供支付结算帮助,金额为 19 万元,为毒品犯 B 提供资金帮助,数额为 4.5 万元,甲的行为是否达到情节严重标准? 依该款规定显然未达到,但不处罚甲又明显违背刑法和司法解释的本意。同理,第 2 款中也忽略了帮助者可能同时具有两项或多项数额的情形。其实,该司法解释第 3 条第 3 项的规定就比较合理:“致使传播违法信息,数量虽未达到第一项、第二项规定标准,但是按相应比例折算合计达到有关数量标准的……”《淫秽电子信息司法解释(二)》中的规定也比较合理。

第四,该条第 2 款中的“造成特别严重后果”也难以理解,因为该条第 1 款第 6 项中所谓“严重后果”是指被帮助者实施的犯罪行为造成的严重后果,但第 2 款中所谓“特别严重后果”是指哪一方实施的犯罪行为所造成的? 从第 2 款的文义来看,应当是帮助者的行为所造成的,但是帮助行为怎样才能造成特别严重的后果? 帮助行为本身并不会侵害法益,必须通过实行行为才能间接地侵害法益,难以想象帮助行为如何才能造成特别严重后果。那么,能否解释为被帮助者的行为所造成的特别严重后果? 似乎也不能,因为,既然已经查证被帮助者的行为造成了特别严重后果,则就应当能认定被帮助者的行为已经构成犯罪,则该款的前提条件“无法查证被帮助对象是否达到犯罪的程度”就难以成立。因此,该款中规定“或者造成特别严重后果”完全是莫名其妙。

根据该司法解释第 13 条,只要可以确认被帮助者实施了犯罪行为,即使被帮助者尚未归案、尚未依法裁判,或者由于未达法定年龄等原因而不予追究刑事责任,也不影响对帮助者以本罪论处。应当注意的是,这里的“犯罪行为”应当理解成被帮助者实施了刑法分则规定的犯罪行为,但不要求被帮助者的行为已经构成犯罪。比如,只要求查证被帮助者实施了诈骗行为,但不能要求被帮助者达到了构成诈骗罪所必需的定罪金额,否则在被帮助者众多而每一个被帮助者都未达到定罪金额的情形下,即使帮助者所帮助的诈骗总额远远超过了诈骗罪的定罪标准,从而其行为的社会危害性已经达到了犯罪的程度,也无法单独对帮助者追究刑事责任,这显然违背了刑法增设本罪的立法本意。至于被帮助者是否到案、是否被依法裁判、是否因为刑事责任能力欠缺而不被追究刑事责任，对于帮助行为的社会危害性大小，当然没有影响。

根据该司法解释第 16 条，多次实施帮助信息网络犯罪活动行为并且构成本罪的，或者在连续两年内多次实施本罪行为而未经处理的，其犯罪数量或数额要累计计算。其第 17 条、第 18 条规定对犯本罪者可以依法适用宣告职业禁止、宣告禁止令或者判处罚金。

第三节　帮助信息网络犯罪活动罪的罪数形态

由于为非法利用信息网络实施违法犯罪活动者提供帮助的行为，在本质上仍属于为他人实行犯罪提供物理性帮助的帮助行为，因此经常与相关犯罪发生竞合。

一、本罪与帮助行为共犯化之间的想象竞合

在 2015 年《刑法修正案（九）》增设本罪之前，本罪行为已被众多司法解释共犯化，明文规定对于本罪行为要按所帮助的犯罪的共犯论处，无论帮助者与实行者之间是否具有犯意联络及能否成立共同故意犯罪，主要包括"两高"2011 年《关于办理危害计算机信息系统安全刑事案件应用法律若干问题的解释》第 9 条，"两高"2010 年《关于办理利用互联网、移动通讯终端、声讯台制作、复制、出版、贩卖、传播淫秽电子信息刑事案件具体应用法律若干问题的解释（二）》第 6 条，"两高"、公安部 2010 年《关于办理网络赌博犯罪案件适用法律若干问题的意见》第 2 条第 1 款等条文的规定。这些条文规定的内容与本罪内容在行为类型方面没有任何差异，只是规定了定罪量刑的数额要求。对此，既可以将这些条文解释为与《刑法》第 287 条之二之间存在类似于特别法条与普通法条的关系，又可以将这些数额要求解释为本罪中情节严重要求的具体化。但是，由于《刑法》第 285 条、第 286 条、第 363 条第 1 款、第 303 条第 2 款的法定刑都比第 287 条之二更重，在按前者的共犯论处时，其量刑可能比按本罪论处时更重，根据想象竞合犯原理，应当适用实际量刑可能更重的规定定罪量刑。之所以不属于法条竞合而属于想象竞合，一是因为司法解释不是刑法，制定者无权制定刑法法条，其为某罪的帮助犯规定定罪量刑所必须达到的数额标准，是为了限制帮助犯的处罚范围，而不是设置新的罪名。换言之，本来，凡是某罪的帮助

行为,都可以按该罪的帮助犯定罪量刑,但是,由于帮助行为的社会危害性毕竟比实行行为更小,有必要提高其定罪量刑标准,以便将那些社会危害程度较小的帮助行为排除在处罚范围之外。二是因为在正犯化之后,帮助行为形式上已经具有了独立的罪名、罪状和法定刑,其与被帮助的正犯所触犯的罪名、罪状和法定刑都明显不同,已经符合一个行为触犯数个罪名的想象竞合犯特征,即便没有《刑法》第 287 条之二第 3 款的明文规定,也应当根据想象竞合原理对帮助行为以实际量刑更重的规定定罪量刑。退一步讲,即使认为本罪与帮助行为共犯化规定之间属于法条竞合关系,也应当适用从一重罪处理的原则。

此外,"两高"、公安部 2011 年《关于办理侵犯知识产权刑事案件适用法律若干问题的意见》第 15 条,"两高"2011 年《关于办理诈骗刑事案件具体应用法律若干问题的解释》第 7 条,以及"两高"2013 年《关于办理利用信息网络实施诽谤等刑事案件适用法律若干问题的解释》第 8 条所规定的内容与本罪内容在行为类型方面几乎没有差异,只是没有规定情节严重,而本罪规定了情节严重。尽管如此,实践中同样应当比较适用哪个罪定罪可能量刑更重,再选择实际量刑可能更重的规定定罪量刑。

在《刑法修正案(九)》于 2015 年 11 月 1 日施行之后,"两高"、公安部又在 2016 年《关于办理电信网络诈骗等刑事案件适用法律若干问题的意见》第 4 条第 3 款第 5 项中规定,明知他人非法利用电信网络实施诈骗犯罪,而为他人提供支付结算等帮助,或者提供通讯传输、网络存储、服务器托管、互联网接入等技术支持的,应以诈骗罪的共犯论处,但法律和司法解释另有规定的除外。由于该司法解释颁布于《刑法修正案(九)》之后,制定者应当明知《刑法》第 287 条之二的内容,却仍作出除外规定,说明该除外规定只是制定者出于谨慎的无意之举,否则,如果认为应当适用《刑法》第287 条之二,则根本没有必要规定此项。

有的法院明显忽略了《刑法》第 287 条之二第 3 款的规定,并且对罪数形态理论完全忽视,想当然地认为本罪已经对诈骗罪的司法解释进行了部分修正,因而只能适用本罪,这有导致把所有对他人信息网络犯罪活动的帮助都按本罪论处的危险。例如,在马某、宋某帮助他人诈骗案中,被告人从安庆市电信公司租来电信线路,经加装计费软件改装后转租给诈骗犯罪分子,并为诈骗犯罪分子提供电话群拨和透传业务,以按通话时长收取高额费用,从中获利金额高达 38 万元。检察院以诈骗罪起诉,法院却认为,公诉机关指控被告人犯诈骗罪不当,因为,虽然两被告人的行为的确构成诈骗罪的共犯,但是《刑法》第 287 条之二已经明文将这种共犯规定成了独立的犯罪,因此应当适用从旧兼从轻原则对两被告人以本罪定罪处罚。据此,法院以本罪对被告人马某判处有期徒刑一年六个月,对被告人宋某判处有期徒刑一年五个月。[1] 这种判决竟然也有人赞同,认为该司法解释第7条与《刑法》第287条之二之间存在时间先后问题,导致从重处罚可能演变为刑法的时间效力认定问题,对此应根据从旧兼从轻原则处置。[2] 本案中,被告人帮助他人实施诈骗犯罪,从中获利金额高达38万元,足以说明实行者的诈骗金额远远超过50万元的数额特别巨大标准,应当适用十年以上有期徒刑至无期徒刑的法定刑。如果认为两被告人成立诈骗罪的共犯,则应当按诈骗罪论处,只有在两被告人无法与诈骗者成立共同犯罪时,才能按本罪论处。所谓从旧兼从轻原则,是指两个刑法条文之间的关系,并且根据《刑法》第12条,从旧兼从轻原则指的是新的刑法与旧的刑法之间的关系,虽然可以将《刑法修正案(九)》中增设的罪名理解为新的刑法的新规定,但是却无法将司法解释中的相关规定当作旧的刑法或新的刑法。问题还在于,即便没有《刑法》第287条之二第3款关于从一重罪论处的规定,根据想象竞合原理,对一个行为触犯数个罪名的帮助行为,也仍然应当适用实际量刑更重的罪名定罪量刑,否则将明显违背罪刑相适应原则。诚如有学者所言,如果被告人与网络犯罪分子具备共同实施犯罪的意思联络,形成了共同犯罪故意,双方的分工就是被告人利用自己的优势,向对方提供支付结算、广告推广、网络存储等服务,或者提供通讯传输、服务器托管、互联网接入等技术帮助,则被告人与对方成立共同犯罪,同时构成共同犯罪之罪名,如洗钱罪、诈骗罪等犯罪和本罪,属于想象竞合犯,应当按照本条第3款的规定,依照处罚较重的规定定罪处罚。[3] 只有对于片面帮助犯,由于《刑法》第25条和第27条明文规定只处罚共同故意犯罪中的帮助犯,无法以共犯论处,才不得不适用本罪这种较轻的罪名定罪量刑,因此应当牢记本罪名的补充罪名性质。

二、本罪与非法利用信息网络罪的衔接适用

《刑法》第287条之一规定的非法利用信息网络罪,惩罚的是信息网络犯罪的预备行为,与本罪惩罚信息网络犯罪的帮助行为相得益彰、互为补

---

[1] 参见无锡市滨湖区人民法院(2015)锡滨刑二初字第00026号刑事判决书。
[2] 参见张铁军:《帮助信息网络犯罪活动罪的若干司法适用难题疏解》,载《中国刑事法杂志》2017年第6期。
[3] 参见赵秉志主编:《〈中华人民共和国刑法修正案(九)〉的理解与适用》,中国法制出版社2016年版,第168页。

充,构建起一个惩治信息网络犯罪的完整的罪名体系。然而,由于帮助行为在本质上也是一种为他人预备行为,由于帮助行为可以是对预备行为提供帮助,本罪与非法利用信息网络罪必然存在一个衔接适用问题。

《刑法》第287条之一规定,非法利用信息网络罪包括以下几类行为:(1)为了实施违法犯罪活动而设立网站或通讯群组的,包括为了实施传授犯罪方法、诈骗、销售或者制作管制物品和违禁物品等。这是预备行为正犯化规定,其本身亦属于该条第2项、第3项规定的在网站或通讯群组内发布违法犯罪信息行为的预备行为,可谓预备行为正犯化罪名之预备行为正犯化罪名。(2)在信息网络上发布违法犯罪信息的,包括有关销售或者制作枪支、毒品、淫秽物品等管制物品、违禁物品的信息。这是典型的预备行为正犯化罪名,行为人在网站或通讯群组内发布这些违法犯罪信息的目的,当然是实施制造、贩卖毒品行为,制造、买卖枪支行为,制作、贩卖、传播淫秽物品行为,以及其他犯罪行为。如果既实施了本项行为,又实施了实行行为,应当根据吸收犯原理,以其中量刑较重的罪名定罪量刑。虽然在一般情况下本罪是轻罪,实行行为所触犯的罪名是重罪,但是当实行行为所触犯的罪名由于数额原因或情节原因而未达犯罪标准或者量刑较轻时,也可能按本罪量刑更重。(3)为实施诈骗等违法犯罪活动发布信息的。这也是典型的预备行为正犯化罪名,行为人发布诈骗信息的目的,当然是实施诈骗行为。实际上,该项与第2项可以合并,并简洁地表述为“在网站上或通讯群组内发布违法犯罪信息的”,因为第2项、第3项并非只能适用于条文所列举的几种犯罪,而是包括为其他违法犯罪活动发布信息。该条中的“违法”,是指实施刑法分则规定的犯罪行为类型但可能不构成犯罪的行为,比如,实施盗窃行为但未必能达到定罪数额标准等,因为在发布相关犯罪信息时,行为仅处于犯罪预备阶段,尚难以预料到具体的犯罪金额,因此只好以“违法”称之,以免造成若实行行为不成立犯罪则本罪也不成立的误解。如果所发布的信息不是刑法分则规定的犯罪行为信息,比如,在网络上发布换妻信息、通奸信息、招嫖信息,由于实行行为本身都未被刑法规定为犯罪,没有任何理由处罚这些预备行为。

对以上三项行为,本罪行为人都可以提供帮助,此时应根据各行为人之间是否具有犯意联络及能否成立共同犯罪来决定行为的定性。例如,本罪行为人可以为上述第(1)项的行为提供网络存储、服务器托管、互联网接入等服务,以及提供如何建立网站或通讯群组等技术帮助。假如甲为乙建立通讯群组提供了技术帮助,丙在该通讯群组内发布了贩卖毒品的信息,丁看到信息后与丙进行了毒品交易,对甲应当如何定罪? 是定帮助信息网络犯罪活动罪,还是乙或丙非法利用信息网络罪的帮助犯,还是丙贩卖毒品罪的帮助犯? 甲、乙、丙之间是否具有犯意联络,就成了对甲定性的关键。如果甲对乙建立通讯群组的目的并不明知,仅仅是怀疑乙可能自己或允许他人在该通讯群组内发布犯罪信息,则甲的行为是一种不可罚的中性帮助行为。如果甲明知乙建立通讯群组的目的是给自己或他人发布犯罪信息,但是并不知道哪些人可能会在里面发布何种犯罪信息,则甲与丙之间不具有犯意联络,不能构成丙贩卖毒品罪的帮助犯。此时,如果乙明确告知过甲他的目的,则甲构成本罪和非法利用信息网络罪的想象竞合犯,由于两罪法定刑相同,对甲应以本罪论处;如果乙对甲隐瞒了真实目的,则甲构成帮助信息网络犯罪活动罪。如果甲明知乙组建通讯群组的目的是促成丙的贩毒,并且乙和丙对甲明示或暗示过其目的,则应当认为甲、乙、丙三人之间具有犯意联络,对甲应按丙贩卖毒品罪的帮助犯论处,不能因为帮助行为正犯化就排除共犯理论和想象竞合理论的适用。对于丙而言,利用信息网络发布毒品贩卖信息,触犯第 287 条之一,又与丁进行了毒品交易,构成贩卖毒品罪。根据实行行为吸收预备行为的一般原理,丙仅构成贩卖毒品罪而不构成非法利用信息网络罪,只有在仅仅发布信息而没有与他人实际交易的情况下,丙才可能构成非法利用信息网络罪。对于乙而言,由于其建立该通讯群组的目的,就是给自己或他人发布犯罪信息,对他人在通讯群组内发布犯罪信息完全知情,因此应当与信息发布者成立共同犯罪,构成丙贩卖毒品罪的帮助犯,只有在丙尚未与人交易的情况下,乙才可能构成非法利用信息网络罪。

不过,也有观点认为,非法利用信息网络既包括为自己非法利用,也包括为他人非法利用。虽然为他人发布违法犯罪信息或者设立用于实施违法犯罪活动的通讯群组和网站也属于帮助信息网络犯罪活动的行为,但其本质上仍属于非法利用信息网络的行为,并且,即使行为人并未全程参与为违法犯罪分子设立网站或通讯群组的行为,仅是参与了其中一个环节,如为他人设立网站或通讯群组而提供网络存储、接入互联网、通讯传输、服务器托管等技术帮助,也应当认定为设立用于实施违法犯罪活动的网站、通讯群组行为,这主要是由信息网络预备性犯罪的分工细化、技术分解、多数行为人都仅参与预备性犯罪整体的环节之一的特征所决定的。① 这种观点有一定道理,但是却存在忽略帮助者的主观故意、忽略帮助者与被帮助者之间有无犯意联络、忽略帮助者应否对他人非法利用信息网络的行为

① 参见黄京平:《新型网络犯罪认定中的规则判断》,载《中国刑事法杂志》2017 年第 6 期。

承担责任等问题,可能与责任主义和罪刑法定原则不符。比如,如果帮助者仅仅是为他人提供互联网接入服务并且赚取正常的服务费,虽然明知他人可能利用该服务设立违法犯罪网站,但是并未与他人进行沟通,则不宜认为他与被帮助者之间形成了犯意联络,不宜认为双方构成非法利用信息网络罪的共同犯罪,因而对行为人只能以帮助信息网络犯罪活动罪论处;只有在双方之间具有犯意联络,能够成立共同犯罪的场合,才能认为行为人同时也构成非法利用信息网络罪,但即便如此,也还存在一个非法利用信息网络罪与帮助信息网络犯罪活动罪的想象竞合问题,此时对行为人也应当从一重罪论处。认为仅是参与其中一个环节,如为他人设立网站而提供互联网接入服务,也只能构成设立用于实施违法犯罪活动网站的行为,既与《刑法》第287条之二的明文规定相违背,也忽略了想象竞合犯理论的正确运用。

三、本罪是一个补充性罪名

由于帮助行为不是刑法分则规定的构成要件行为,本身不可能侵害法益,必须通过正犯行为才能间接地侵害法益,因而帮助行为正犯化的主要理由不在于这些帮助行为能够独立侵害法益,而在于弥补无法处罚片面帮助犯的不足。如果帮助者与实行者之间具有意思联络,能够成立共同犯罪,则对帮助者按实行者所触犯罪名的帮助犯论处即可,但是对于片面帮助犯,由于我国《刑法》第25条和第27条明文规定只处罚处于共同故意犯罪中的帮助犯,并且片面帮助犯没有实施基本构成要件行为,因而无法处罚,所以才有帮助行为正犯化的必要。这种立法理由表明,帮助行为正犯化的目的不在于规定对帮助行为一律以正犯论处,而在于处罚那些无法与正犯成立共同犯罪的片面帮助犯。如果帮助犯能够与正犯成立共同犯罪,则将同时触犯本罪和正犯罪名,成立想象竞合犯,应当从一重罪论处,这也是《刑法》第287条之二第3款规定对实施本罪行为同时构成其他犯罪者应当依照处罚较重规定定罪处罚的主要理由。

但是,司法实践中存在一种不区分共同犯罪与片面共犯,对帮助行为正犯化罪名中的行为一律以本罪论处的倾向,导致明显违背罪刑相适应原则。

例如,在关某帮助诈骗案中,2016年5月至6月,被告人关某明知"网赚大神"正在非法利用信息网络实施诈骗犯罪,仍然向"网赚大神"提供他自己收集的经过实名认证的微信账户,帮助"网赚大神"收取被害人资金并将所收资金转入"网赚大神"所提供的账户,以此收取报酬,先后帮助"网赚大神"收取了武某、苗某、周某、金某等4名被害人67440元人民币。法院认为被告人关某构成本罪,判处拘役五个月,缓刑十个月,并处罚金人民币8000元。① 实际上,被告人关某与"网赚大神"主观上具有犯意联络,客观上实施了提供微信帐户帮助收取诈骗资金的行为,是典型的诈骗罪的帮助犯,应当以重罪即诈骗罪论处,而法院对其以轻罪论处并且判处拘役缓刑,显然量刑畸轻。

在黎某帮助诈骗案中,2016年5月左右,被告人黎某明知道陈某在非法利用信息网络实施诈骗犯罪,仍然把他自己及其亲属的支付宝账户提供给陈某使用,帮助陈某收取被害人苗某转入的396900多元人民币,从中获取一定比例的报酬。法院认定被告人黎某的行为构成本罪。② 实际上,本案黎某明知陈某实施诈骗犯罪而为其提供收款账户,与诈骗犯陈某成立共同犯罪,且诈骗金额接近数额特别巨大的50万元标准,应当以重罪即诈骗罪论处。实际上,除了《刑法》第287条之二第3款的规定以外,"两高"2011年《关于办理诈骗刑事案件具体应用法律若干问题的解释》第7条,以及"两高"、公安部2016年《关于办理电信网络诈骗等刑事案件适用法律若干问题的意见》第4条第3款第5项均明文规定,对于类似该案的情形,应当以诈骗罪的共同犯罪论处。

在黄某某等人诈骗案中,法院认定的事实是:(1)2013年9月至2014年4月,被告人黄某某以牟利为目的,向某公司租赁全通全透、全通隐藏的网络语音线路,再溢价转租给实施网络语音诈骗团伙,并雇被告人卓某某先后帮其租用两套公寓作为办公场所,指使被告人卓某某布置网络宽带并进行租金结算。诈骗团伙利用从被告人黄某某处租来的网络语音线路,安排不同的人员分别扮演银行职员、司法工作人员等角色拨打被害人所属固定电话、手机,谎称被害人名下的银行卡涉嫌贩毒、诈骗、洗钱等违法犯罪,并以要求对方打开网上银行协助调查或者安装银行卡报警系统等方式转走被害人银行卡内的资金,先后从6名被害人处诈骗到人民币5969008元。(2)2013年11月至2014年1月,被告人王某明知被告人黄某某在为诈骗团伙提供网络线路实施电信语音诈骗,仍将其从张某处租来的全通隐藏的网络语音线路溢价转租给被告人黄某某。被告人黄某某雇被告人卓某某先后帮其租用两套公寓作为办公场所,指使被告人卓某某布置网络宽带并进行租金结算。诈骗团伙利用从被告人黄某某处租来的网络语音线

---

① 参见徐州市泉山区人民法院(2017)苏0311刑初275号刑事判决书。
② 参见徐州市泉山区人民法院(2016)苏0311刑初509号刑事判决书。

路,安排不同的人员分别扮演银行职员、司法工作人员等角色拨打被害人所属固定电话、手机,谎称被害人名下的银行卡涉嫌贩毒、诈骗、洗钱等违法犯罪,并以要求对方开通网上银行协助调查或者安装银行卡报警系统等方式转走被害人银行卡内的资金,骗取被害人苏某某人民币 1513900 元。对于本案,一审法院认为,被告人黄某某、卓某某、王某明知他人从事网络电话诈骗仍然提供帮助并从中非法牟利,与诈骗团伙构成共同犯罪,三人行为均构成诈骗罪。其中,被告人黄某某、卓某某参与诈骗数额为7482908 元,被告人王某参与诈骗数额为 1513900 元。三被告人为诈骗团伙实施网络电话诈骗提供帮助,是帮助犯,在共同犯罪中起辅助作用,均为从犯。根据三被告人在共同犯罪中的作用大小、归案后认罪态度及被告人黄某某被扣押的部分赃款情况,对被告人黄某某予以从轻处罚,对被告人卓某某、王某予以减轻处罚,并依法以诈骗罪判处相应刑罚。三被告人均不服,提出上诉,被二审法院裁定驳回上诉,维持原判。其中,上诉人黄某某认为,原判认定诈骗数额错误,应以其犯罪所得作为量刑依据,不应简单地以全案诈骗数额对其科刑。对此,二审法院认为,上诉人黄某某明知其将网络语音线路溢价转租的对象是诈骗团伙,仍为诈骗团伙提供帮助,是共同犯罪的帮助犯,应当对共同诈骗犯罪的全部数额承担责任,且原判认定的诈骗数额有被害人的陈述、银行交易记录、通话记录及其归案后的供述可以印证,足以认定,且三上诉人诈骗数额特别巨大,原判量刑并无不当。[1] 虽然本案发生于 2015 年《刑法修正案(九)》增设帮助信息网络犯罪活动罪之前,因而法院只能对各被告人以诈骗罪的共同犯罪论处,但是,即使本案发生于刑法增设此罪名之后,对各被告人也应当以诈骗罪的共同犯罪论处,否则将明显违背《刑法》第 287 条之二第 3 款和"两高"2011 年《关于办理诈骗刑事案件具体应用法律若干问题的解释》第 7 条的规定,甚至由此导致量刑畸轻。本案的判决也表明,即使没有同时审判作为正犯的诈骗团伙,也可以单独审判三名帮助犯,并且依法认定其是在与诈骗团伙的共同犯罪中起辅助作用的从犯。

以上三例都是被告人明知他人实施网络诈骗仍然提供帮助,并且都与实行犯之间具有犯意联络,都应当与实行犯成立共同犯罪。由于帮助信息网络犯罪活动罪的法定刑较轻,只与诈骗罪基本犯的法定刑相当,因而对被告人都应当认定为诈骗罪的帮助犯。只有在帮助者与实行者之间有无犯意联络无法认定,因而无法认定两者成立共同犯罪的情形下,才能对帮

[1] 参见福建省泉州市中级人民法院(2015)泉刑终字第 1194 号刑事裁定书。

助者以帮助信息网络犯罪活动罪论处。

　　总之,由于本罪法定刑较轻,在一般情况下,本罪罪名对于所帮助的他人信息网络犯罪罪名具有补充性,在帮助者与被帮助者之间具有犯意联络时,应优先适用其他信息网络犯罪罪名。只有在行为人虽然明知他人实施信息网络犯罪,但相互之间并未合谋形成共同犯罪故意时,才能成立本罪。①

---

① 参见孙茂利:《最新刑法条文释义与公安实务指南》,中国人民公安大学出版社 2016 年版,第 497 页。

附录一 常见帮助行为正犯化和共犯化规定

一、刑法分则中帮助行为正犯化规定

1. 第107条 （资助危害国家安全犯罪活动罪）境内外机构、组织或者个人资助实施本章第102条、第103条、第104条、第105条规定之罪的,对直接责任人员,处五年以下有期徒刑、拘役、管制或者剥夺政治权利;情节严重的,处五年以上有期徒刑。

2. 第112条 （资敌罪）战时供给敌人武器装备、军用物资资敌的,处十年以上有期徒刑或者无期徒刑;情节较轻的,处三年以上十年以下有期徒刑。

3. 第120条之一 （帮助恐怖活动罪）资助恐怖活动组织、实施恐怖活动的个人的,或者资助恐怖活动培训的,处五年以下有期徒刑、拘役、管制或者剥夺政治权利,并处罚金;情节严重的,处五年以上有期徒刑,并处罚金或者没收财产。

为恐怖活动组织、实施恐怖活动或者恐怖活动培训招募、运送人员的,依照前款的规定处罚。

单位犯前两款罪的,对单位判处罚金,并对其直接负责的主管人员和其他直接责任人员,依照第一款的规定处罚。

4. 第285条第3款（提供侵入、非法控制计算机信息系统的程序、工具罪） 提供专门用于侵入、非法控制计算机信息系统的程序、工具,或者明知他人实施侵入、非法控制计算机信息系统的违法犯罪行为而为其提供程序、工具,情节严重的,依照前款的规定处罚。

5. 第287条之二 （帮助信息网络犯罪活动罪）明知他人利用信息网络实施犯罪,为其犯罪提供互联网接入、服务器托管、网络存储、通讯传输等技术支持,或者提供广告推广、支付结算等帮助,情节严重的,处三年以下有期徒刑或者拘役,并处或者单处罚金。

单位犯前款罪的,对单位判处罚金,并对其直接负责的主管人员和其他直接责任人员,依照第一款的规定处罚。

有前两款行为,同时构成其他犯罪的,依照处罚较重的规定定罪处罚。

6.第290条第4款 (组织、资助非法聚集罪)多次组织、资助他人非法聚集,扰乱社会秩序,情节严重的,依照前款的规定处罚。

7.第392条 (介绍贿赂罪)1.向国家工作人员介绍贿赂,情节严重的,处三年以下有期徒刑或者拘役,并处罚金。2.介绍贿赂人在被追诉前主动交待介绍贿赂行为的,可以减轻处罚或者免除处罚。

8.第358条第4款 (协助组织卖淫罪)为组织卖淫的人招募、运送人员或者有其他协助组织他人卖淫行为的,处五年以下有期徒刑,并处罚金;情节严重的,处五年以上十年以下有期徒刑,并处罚金。

二、刑法分则中规定帮助行为共犯化规定

1.第198条第4款 保险事故的鉴定人、证明人、财产评估人故意提供虚假的证明文件,为他人诈骗提供条件的,以保险诈骗的共犯论处。

2.第244条 (强迫劳动罪)以暴力、威胁或者限制人身自由的方法强迫他人劳动的,处三年以下有期徒刑或者拘役,并处罚金;情节严重的,处三年以上十年以下有期徒刑,并处罚金。

明知他人实施前款行为,为其招募、运送人员或者有其他协助强迫他人劳动行为的,依照前款的规定处罚。

单位犯前两款罪的,对单位判处罚金,并对其直接负责的主管人员和其他直接责任人员,依照第一款的规定处罚。

3.第284条之一 (组织考试作弊罪)在法律规定的国家考试中,组织作弊的,处三年以下有期徒刑或者拘役,并处或者单处罚金;情节严重的,处三年以上七年以下有期徒刑,并处罚金。

为他人实施前款犯罪提供作弊器材或者其他帮助的,依照前款的规定处罚。

(非法出售、提供试题、答案罪)为实施考试作弊行为,向他人非法出售或者提供第一款规定的考试的试题、答案的,依照第一款的规定处罚。

(代替考试罪)代替他人或者让他人代替自己参加第一款规定的考试的,处拘役或者管制,并处或者单处罚金。

4.第350条 (非法生产、买卖、运输制毒物品、走私制毒物品罪)违反国家规定,非法生产、买卖、运输醋酸酐、乙醚、三氯甲烷或者其他用于制造毒品的原料、配剂,或者携带上述物品进出境,情节较重的,处三年以下有期徒刑、拘役或者管制,并处罚金;情节严重的,处三年以上七年以下有

期徒刑,并处罚金;情节特别严重的,处七年以上有期徒刑,并处罚金或者没收财产。

明知他人制造毒品而为其生产、买卖、运输前款规定的物品的,以制造毒品罪的共犯论处。

单位犯前两款罪的,对单位判处罚金,并对其直接负责的主管人员和其他直接责任人员,依照前两款的规定处罚。

三、单行刑法中帮助行为共犯化规定

全国人大常委会1998年《关于惩治骗购外汇、逃汇和非法买卖外汇犯罪的决定》

第1条 有下列情形之一,骗购外汇,数额较大的,处五年以下有期徒刑或者拘役,并处骗购外汇数额百分之五以上百分之三十以下罚金;数额巨大或者有其他严重情节的,处五年以上十年以下有期徒刑,并处骗购外汇数额百分之五以上百分之三十以下罚金;数额特别巨大或者有其他特别严重情节的,处十年以上有期徒刑或者无期徒刑,并处骗购外汇数额百分之五以上百分之三十以下罚金或者没收财产:

(1) 使用伪造、变造的海关签发的报关单、进口证明、外汇管理部门核准件等凭证和单据的;

(2) 重复使用海关签发的报关单、进口证明、外汇管理部门核准件等凭证和单据的;

(3) 以其他方式骗购外汇的。

伪造、变造海关签发的报关单、进口证明、外汇管理部门核准件等凭证和单据,并用于骗购外汇的,依照前款的规定从重处罚。

明知用于骗购外汇而提供人民币资金的,以共犯论处。

单位犯前三款罪的,对单位依照第一款的规定判处罚金,并对其直接负责的主管人员和其他直接责任人员,处五年以下有期徒刑或者拘役;数额巨大或者有其他严重情节的,处五年以上十年以下有期徒刑;数额特别巨大或者有其他特别严重情节的,处十年以上有期徒刑或者无期徒刑。

第5条 海关、外汇管理部门以及金融机构、从事对外贸易经营活动的公司、企业或者其他单位的工作人员与骗购外汇或者逃汇的行为人通谋,为其提供购买外汇的有关凭证或者其他便利的,或者明知是伪造、变造的凭证和单据而售汇、付汇的,以共犯论,依照本决定从重处罚。

四、司法解释中帮助行为共犯化规定

(一) 生产、销售假冒伪劣产品类

1. "两高"2022年《关于办理危害食品安全刑事案件适用法律若干问题的解释》

第14条　明知他人生产、销售不符合食品安全标准的食品,有毒、有害食品,具有下列情形之一的,以生产、销售不符合安全标准的食品罪或者生产、销售有毒、有害食品罪的共犯论处:

(一) 提供资金、贷款、账号、发票、证明、许可证件的;

(二) 提供生产、经营场所或者运输、贮存、保管、邮寄、销售渠道等便利条件的;

(三) 提供生产技术或者食品原料、食品添加剂、食品相关产品或者有毒、有害的非食品原料的;

(四) 提供广告宣传的;

(五) 提供其他帮助行为的。

2. "两高"2013年《关于办理危害食品安全刑事案件适用法律若干问题的解释》

第14条　明知他人生产、销售不符合食品安全标准的食品,有毒、有害食品,具有下列情形之一的,以生产、销售不符合安全标准的食品罪或者生产、销售有毒、有害食品罪的共犯论处:

(1) 提供资金、贷款、账号、发票、证明、许可证件的;

(2) 提供生产、经营场所或者运输、贮存、保管、邮寄、网络销售渠道等便利条件的;

(3) 提供生产技术或者食品原料、食品添加剂、食品相关产品的;

(4) 提供广告等宣传的。

第15条　广告主、广告经营者、广告发布者违反国家规定,利用广告对保健食品或者其他食品作虚假宣传,情节严重的,依照刑法第222条的规定以虚假广告罪定罪处罚。

3. "两高"、公安部2012年《关于依法严惩"地沟油"犯罪活动的通知》

第2条　(五)知道或应当知道他人实施以上第(一)、(二)、(三)款犯罪行为,而为其掏捞、加工、贩运'地沟油',或者提供贷款、资金、账号、发票、证明、许可证件,或者提供技术、生产、经营场所、运输、仓储、保管等便利条件的,依照本条第(一)、(二)、(三)款犯罪的共犯论处。

4. "两高"2022年《关于办理危害药品安全刑事案件适用法律若干问

题的解释》

第9条　明知他人实施危害药品安全犯罪,而有下列情形之一的,以共同犯罪论处:

(一)提供资金、贷款、账号、发票、证明、许可证件的;

(二)提供生产、经营场所、设备或者运输、储存、保管、邮寄、销售渠道等便利条件的;

(三)提供生产技术或者原料、辅料、包装材料、标签、说明书的;

(四)提供虚假药物非临床研究报告、药物临床试验报告及相关材料的;

(五)提供广告宣传的;

(六)提供其他帮助的。

5."两高"2014年《关于办理危害药品安全刑事案件若干问题的解释》

第8条　明知他人生产、销售假药、劣药,而有下列情形之一的,以共同犯罪论处:

(1)提供资金、贷款、账号、发票、证明、许可证件的;

(2)提供生产、经营场所、设备或者运输、储存、保管、邮寄、网络销售渠道等便利条件的;

(3)提供生产技术或者原料、辅料、包装材料、标签、说明书的;

(4)提供广告宣传等帮助行为的。

6."两高"2009年《关于办理生产、销售假药、劣药刑事案件具体应用法律若干问题的解释》

第5条　知道或者应当知道他人生产、销售假药、劣药,而有下列情形之一的,以生产、销售假药罪或者生产、销售劣药罪等犯罪的共犯论处:

(1)提供资金、贷款、账号、发票、证明、许可证件的;

(2)提供生产、经营场所、设备或者运输、仓储、保管、邮寄等便利条件的;

(3)提供生产技术,或者提供原料、辅料、包装材料的;

(4)提供广告等宣传的。

7."两高"2011年《关于办理生产、销售伪劣商品刑事案件具体应用法律若干问题的解释》

第9条　知道或者应当知道他人实施生产、销售伪劣商品犯罪,而为其提供贷款、资金、账号、发票、证明、许可证件,或者提供生产、经营场所或者运输、仓储、保管、邮寄等便利条件,或者提供制假生产技术的,以生产、销售伪劣商品犯罪的共犯论处。

8.“两高”2010年《关于办理非法生产、销售烟草专卖品等刑事案件具体应用法律若干问题的解释》

第6条　明知他人实施本解释第1条所列犯罪,而为其提供贷款、资金、账号、发票、证明、许可证件,或者提供生产、经营场所、设备、运输、仓储、保管、邮寄、代理进出口等便利条件,或者提供生产技术、卷烟配方的,应当按照共犯追究刑事责任。

9.“两高”、公安部、国家烟草专卖局2003年《关于办理假冒伪劣烟草制品等刑事案件适用法律问题座谈会纪要》

第4条　(关于共犯问题)知道或者应当知道他人实施本纪要第一条至第三条规定的犯罪行为,仍实施下列行为之一的,应认定为共犯,依法追究刑事责任:

(1)直接参与生产、销售假冒伪劣烟草制品或者销售假冒烟用注册商标的烟草制品或者直接参与非法经营烟草制品并在其中起主要作用的;

(2)提供房屋、场地、设备、车辆、贷款、资金、账号、发票、证明、技术等设施和条件,用于帮助生产、销售、储存、运输假冒伪劣烟草制品、非法经营烟草制品的;

(3)运输假冒伪劣烟草制品的。

上述人员中有检举他人犯罪经查证属实,或者提供重要线索,有立功表现的,可以从轻或减轻处罚;有重大立功表现的,可以减轻或者免除处罚。

(二) 伪造、变造类

1.“两高”2011年《关于办理妨害武装部队制式服装、车辆号牌管理秩序等刑事案件具体应用法律若干问题的解释》

第5条　明知他人实施刑法第375条规定的犯罪行为,而为其生产、提供专用材料或者提供资金、账号、技术、生产经营场所等帮助的,以共犯论处。

2.“两高”2011年《关于办理伪造、贩卖伪造的高等院校学历、学位证明刑事案件如何适用法律问题的解释》中规定:

明知是伪造高等院校印章制作的学历、学位证明而贩卖的,以伪造事业单位印章罪的共犯论处。

3. 最高人民法院研究室2002《关于对贩卖假金融票证行为如何适用法律问题的复函》中规定:

明知是伪造、变造的金融票证而贩卖,或者明知他人实施金融诈骗行为而为其提供伪造、变造的金融票证的,以伪造、变造金融票证罪或者金融诈骗犯罪的共犯论处。

（三）侵犯财产类

1. "两高"2024年《关于办理危害税收征管刑事案件适用法律若干问题的解释》

第19条　明知他人实施危害税收征管犯罪而仍为其提供账号、资信证明或者其他帮助的，以相应犯罪的共犯论处。

2. 最高人民法院2022年《关于审理非法集资刑事案件具体应用法律若干问题的解释》

第12条　广告经营者、广告发布者违反国家规定，利用广告为非法集资活动相关的商品或者服务作虚假宣传，具有下列情形之一的，依照刑法第222条的规定，以虚假广告罪定罪处罚：

（一）违法所得数额在10万元以上的；

（二）造成严重危害后果或者恶劣社会影响的；

（三）二年内利用广告作虚假宣传，受过行政处罚二次以上的；

（四）其他情节严重的情形。

明知他人从事欺诈发行证券，非法吸收公众存款，擅自发行股票、公司、企业债券，集资诈骗或者组织、领导传销活动等集资犯罪活动，为其提供广告等宣传的，以相关犯罪的共犯论处。

3. "两高"、公安部2021年《关于办理电信网络诈骗等刑事案件适用法律若干问题的意见（二）》

第11条　明知是电信网络诈骗犯罪所得及其产生的收益，以下列方式之一予以转账、套现、取现，符合刑法第312条第1款规定的，以掩饰、隐瞒犯罪所得、犯罪所得收益罪追究刑事责任。但有证据证明确实不知道的除外。

（一）多次使用或者使用多个非本人身份证明开设的收款码、网络支付接口等，帮助他人转账、套现、取现的；

（二）以明显异于市场的价格，通过电商平台预付卡、虚拟货币、手机充值卡、游戏点卡、游戏装备等转换财物、套现的；

（三）协助转换或者转移财物，收取明显高于市场的"手续费"的。

实施上述行为，事前通谋的，以共同犯罪论处；同时构成其他犯罪的，依照处罚较重的规定定罪处罚。法律和司法解释另有规定的除外。

4. 最高人民法院2021年《关于审理掩饰、隐瞒犯罪所得、犯罪所得收益刑事案件适用法律若干问题的解释》

第5条　事前与盗窃、抢劫、诈骗、抢夺等犯罪分子通谋，掩饰、隐瞒犯罪所得及其产生的收益的,以盗窃、抢劫、诈骗、抢夺等犯罪的共犯论处。

5.“两高”、公安部、司法部 2019 年《关于办理“套路贷”刑事案件若干问题的意见》

第 5 条 多人共同实施“套路贷”犯罪,犯罪嫌疑人、被告人在所参与的犯罪中起主要作用的,应当认定为主犯,对其参与或组织、指挥的全部犯罪承担刑事责任;起次要或辅助作用的,应当认定为从犯。

明知他人实施“套路贷”犯罪,具有以下情形之一的,以相关犯罪的共犯论处,但刑法和司法解释等另有规定的除外:

(1) 组织发送“贷款”信息、广告,吸引、介绍被害人“借款”的;

(2) 提供资金、场所、银行卡、账号、交通工具等帮助的;

(3) 出售、提供、帮助获取公民个人信息的;

(4) 协助制造走账记录等虚假给付事实的;

(5) 协助办理公证的;

(6) 协助以虚假事实提起诉讼或者仲裁的;

(7) 协助套现、取现、办理动产或不动产过户等,转移犯罪所得及其产生的收益的;

(8) 其他符合共同犯罪规定的情形。

上述规定中的“明知他人实施‘套路贷’犯罪”,应当结合行为人的认知能力、既往经历、行为次数和手段、与同案人、被害人的关系、获利情况、是否曾因“套路贷”受过处罚、是否故意规避查处等主客观因素综合分析认定。

6.“两高”、公安部 2016 年《关于办理电信网络诈骗等刑事案件适用法律若干问题的意见》

第 4 条 (准确认定共同犯罪与主观故意)3.明知他人实施电信网络诈骗犯罪,具有下列情形之一的,以共同犯罪论处,但法律和司法解释另有规定的除外:

(1) 提供信用卡、资金支付结算账户、手机卡、通讯工具的;

(2) 非法获取、出售、提供公民个人信息的;

(3) 制作、销售、提供“木马”程序和“钓鱼软件”等恶意程序的;

(4) 提供“伪基站”设备或相关服务的;

(5) 提供互联网接入、服务器托管、网络存储、通讯传输等技术支持,或者提供支付结算等帮助的;

(6) 在提供改号软件、通话线路等技术服务时,发现主叫号码被修改为国内党政机关、司法机关、公共服务部门号码,或者境外用户改为境内号

码,仍提供服务的;

(7) 提供资金、场所、交通、生活保障等帮助的;

(8) 帮助转移诈骗犯罪所得及其产生的收益,套现、取现的。

上述规定的'明知他人实施电信网络诈骗犯罪',应当结合被告人的认知能力,既往经历,行为次数和手段,与他人关系,获利情况,是否曾因电信网络诈骗受过处罚,是否故意规避调查等主客观因素进行综合分析认定。

4. 负责招募他人实施电信网络诈骗犯罪活动,或者制作、提供诈骗方案、术语清单、语音包、信息等的,以诈骗共同犯罪论处。

7. "两高"2013 年《关于办理敲诈勒索刑事案件适用法律若干问题的解释》

第 7 条 明知他人实施敲诈勒索犯罪,为其提供信用卡、手机卡、通讯工具、通讯传输通道、网络技术支持等帮助的,以共同犯罪论处。

8. "两高"2011 年《关于办理诈骗刑事案件具体应用法律若干问题的解释》

第 7 条 明知他人实施诈骗犯罪,为其提供信用卡、手机卡、通讯工具、通讯传输通道、网络技术支持、费用结算等帮助的,以共同犯罪论处。

9. 最高人民法院 2010 年《关于审理非法集资刑事案件具体应用法律若干问题的解释》

第 8 条 广告经营者、广告发布者违反国家规定,利用广告为非法集资活动相关的商品或者服务作虚假宣传,具有下列情形之一的,依照刑法第 222 条的规定,以虚假广告罪定罪处罚:

(1) 违法所得数额在 10 万元以上的;

(2) 造成严重危害后果或者恶劣社会影响的;

(3) 二年内利用广告作虚假宣传,受过行政处罚二次以上的;

(4) 其他情节严重的情形。

明知他人从事欺诈发行股票、债券,非法吸收公众存款,擅自发行股票、债券,集资诈骗或者组织、领导传销活动等集资犯罪活动,为其提供广告等宣传的,以相关犯罪的共犯论处。

10. "两高"、公安部 2018 年《关于办理盗窃油气、破坏油气设备等刑事案件适用法律若干问题的意见》

第 3 条 (关于共犯的认定)在共同盗窃油气、破坏油气设备等犯罪中,实际控制、为主出资或者组织、策划、纠集、雇佣、指使他人参与犯罪的,应当依法认定为主犯;对于其他人员,在共同犯罪中起主要作用的,也应当依法认定为主犯。

在输油输气管道投入使用前擅自安装阀门,在管道投入使用后将该阀门提供给他人盗窃油气的,以盗窃罪、破坏易燃易爆设备罪等有关犯罪的共同犯罪论处。

第4条 (关于内外勾结盗窃油气行为的处理)行为人与油气企业人员勾结共同盗窃油气,没有利用油气企业人员职务便利,仅仅是利用其易于接近油气设备、熟悉环境等方便条件的,以盗窃罪的共同犯罪论处。

实施上述行为,同时构成破坏易燃易爆设备罪的,依照处罚较重的规定定罪处罚。

第5条 (关于窝藏、转移、收购、加工、代为销售被盗油气行为的处理)明知是犯罪所得的油气而予以窝藏、转移、收购、加工、代为销售或者以其他方式掩饰、隐瞒,符合刑法第312条规定的,以掩饰、隐瞒犯罪所得罪追究刑事责任。

"明知"的认定,应当结合行为人的认知能力、所得报酬、运输工具、运输路线、收购价格、收购形式、加工方式、销售地点、仓储条件等因素综合考虑。

实施第一款规定的犯罪行为,事前通谋的,以盗窃罪、破坏易燃易爆设备罪等有关犯罪的共同犯罪论处。

11. "两高"2007年《关于办理盗窃油气、破坏油气设备等刑事案件具体应用法律若干问题的解释》

第3条 盗窃油气或者正在使用的油气设备,构成犯罪,但未危害公共安全的,依照刑法第264条的规定,以盗窃罪定罪处罚。

盗窃油气,数额巨大但尚未运离现场的,以盗窃未遂定罪处罚。

为他人盗窃油气而偷开油气井、油气管道等油气设备阀门排放油气或者提供其他帮助的,以盗窃罪的共犯定罪处罚。

(四) 侵犯知识产权类

1. "两高"、公安部2011年《关于办理侵犯知识产权刑事案件适用法律若干问题的意见》

第15条 (关于为他人实施侵犯知识产权犯罪提供原材料、机械设备等行为的定性问题)明知他人实施侵犯知识产权犯罪,而为其提供生产、制造侵权产品的主要原材料、辅助材料、半成品、包装材料、机械设备、标签标识、生产技术、配方等帮助,或者提供互联网接入、服务器托管、网络存储空间、通讯传输通道、代收费、费用结算等服务的,以侵犯知识产权犯罪的共犯论处。

2. "两高"2004年《关于办理侵犯知识产权刑事案件具体应用法律若

干问题的解释》

第 16 条　明知他人实施侵犯知识产权犯罪,而为其提供贷款、资金、账号、发票、证明、许可证件,或者提供生产、经营场所或者运输、储存、代理进出口等便利条件、帮助的,以侵犯知识产权犯罪的共犯论处。

(五) 赌博类

1. "两高"、公安部 2020 年《办理跨境赌博犯罪案件若干问题的意见》

三、关于跨境赌博共同犯罪的认定

(一) 三人以上为实施开设赌场犯罪而组成的较为固定的犯罪组织,应当依法认定为赌博犯罪集团。对组织、领导犯罪集团的首要分子,按照集团所犯的全部罪行处罚。对犯罪集团中组织、指挥、策划者和骨干分子,应当依法从严惩处。

(二) 明知他人实施开设赌场犯罪,为其提供场地、技术支持、资金、资金结算等服务的,以开设赌场罪的共犯论处。

(三) 明知是赌博网站、应用程序,有下列情形之一的,以开设赌场罪的共犯论处:

1. 为赌博网站、应用程序提供软件开发、技术支持、互联网接入、服务器托管、网络存储空间、通讯传输通道、广告投放、会员发展、资金支付结算等服务的;

2. 为赌博网站、应用程序担任代理并发展玩家、会员、下线的。

为同一赌博网站、应用程序担任代理(的不同行为人),既无上下级关系,又无犯意联络的,不构成共同犯罪。

(四) 对受雇佣为赌场从事接送参赌人员、望风看场、发牌坐庄、兑换筹码、发送宣传广告等活动的人员及赌博网站、应用程序中与组织赌博活动无直接关联的一般工作人员,除参与赌场、赌博网站、应用程序(的)利润分成或者领取高额固定工资的外,可以不追究刑事责任,由公安机关依法给予治安管理处罚。

2. "两高"、公安部 2014 年《关于办理利用赌博机开设赌场案件适用法律若干问题的意见》

第 3 条　(关于共犯的认定)明知他人利用赌博机开设赌场,具有下列情形之一的,以开设赌场罪的共犯论处:

(1) 提供赌博机、资金、场地、技术支持、资金结算服务的;

(2) 受雇参与赌场经营管理并分成的;

(3) 为开设赌场者组织客源,收取回扣、手续费的;

(4) 参与赌场管理并领取高额固定工资的;

（5）提供其他直接帮助的。

3.“两高”、公安部2010年《关于办理网络赌博犯罪案件适用法律若干问题的意见》

第2条 （关于网上开设赌场共同犯罪的认定和处罚）明知是赌博网站，而为其提供下列服务或者帮助的，属于开设赌场罪的共同犯罪，依照刑法第303条第2款的规定处罚：

（1）为赌博网站提供互联网接入、服务器托管、网络存储空间、通讯传输通道、投放广告、发展会员、软件开发、技术支持等服务，收取服务费数额在2万元以上的；

（2）为赌博网站提供资金支付结算服务，收取服务费数额在1万元以上或者帮助收取赌资20万元以上的；

（3）为10个以上赌博网站投放与网址、赔率等信息有关的广告或者为赌博网站投放广告累计100条以上的。

实施前款规定的行为，数量或者数额达到前款规定标准5倍以上的，应当认定为刑法第303条第2款规定的“情节严重”。

实施本条第1款规定的行为，具有下列情形之一的，应当认定行为人“明知”，但是有证据证明确实不知道的除外：

（1）收到行政主管机关书面等方式的告知后，仍然实施上述行为的；

（2）为赌博网站提供互联网接入、服务器托管、网络存储空间、通讯传输通道、投放广告、软件开发、技术支持、资金支付结算等服务，收取服务费明显异常的；

（3）在执法人员调查时，通过销毁、修改数据、账本等方式故意规避调查或者向犯罪嫌疑人通风报信的；

（4）其他有证据证明行为人明知的。

如果有开设赌场的犯罪嫌疑人尚未到案，但是不影响对已到案共同犯罪嫌疑人、被告人的犯罪事实认定的，可以依法对已到案者定罪处罚。

4.“两高”2005年《关于办理赌博刑事案件具体应用法律若干问题的解释》

第4条 明知他人实施赌博犯罪活动，而为其提供资金、计算机网络、通讯、费用结算等直接帮助的，以赌博罪的共犯论处。

（六）淫秽物品类

1.“两高”2010年《关于办理利用互联网、移动通讯终端、声讯台制作、复制、出版、贩卖、传播淫秽电子信息刑事案件具体应用法律若干问题的解释（二）》

第3条　利用互联网建立主要用于传播淫秽电子信息的群组,成员达三十人以上或者造成严重后果的,对建立者、管理者和主要传播者,依照刑法第364条第1款的规定,以传播淫秽物品罪定罪处罚。

第4条　以牟利为目的,网站建立者、直接负责的管理者明知他人制作、复制、出版、贩卖、传播的是淫秽电子信息,允许或者放任他人在自己所有、管理的网站或者网页上发布,具有下列情形之一的,依照刑法第363条第1款的规定,以传播淫秽物品牟利罪定罪处罚:

(1) 数量或者数额达到第1条第2款第(1)项至第(6)项规定标准五倍以上的;

(2) 数量或者数额分别达到第1条第2款第(1)项至第(6)项两项以上标准二倍以上的;

(3) 造成严重后果的。

实施前款规定的行为,数量或者数额达到第1条第2款第(1)项至第(7)项规定标准二十五倍以上的,应当认定为刑法第363条第1款规定的"情节严重";达到规定标准一百倍以上的,应当认定为"情节特别严重"。

第5条　网站建立者、直接负责的管理者明知他人制作、复制、出版、贩卖、传播的是淫秽电子信息,允许或者放任他人在自己所有、管理的网站或者网页上发布,具有下列情形之一的,依照刑法第364条第1款的规定,以传播淫秽物品罪定罪处罚:

(1) 数量达到第1条第2款第(1)项至第(5)项规定标准十倍以上的;

(2) 数量分别达到第1条第2款第(1)项至第(5)项两项以上标准五倍以上的;

(3) 造成严重后果的。

第6条　电信业务经营者、互联网信息服务提供者明知是淫秽网站,为其提供互联网接入、服务器托管、网络存储空间、通讯传输通道、代收费等服务,并收取服务费,具有下列情形之一的,对直接负责的主管人员和其他直接责任人员,依照刑法第363条第1款的规定,以传播淫秽物品牟利罪定罪处罚:

(1) 为五个以上淫秽网站提供上述服务的;

(2) 为淫秽网站提供互联网接入、服务器托管、网络存储空间、通讯传输通道等服务,收取服务费数额在二万元以上的;

(3) 为淫秽网站提供代收费服务,收取服务费数额在五万元以上的;

(4) 造成严重后果的。

实施前款规定的行为,数量或者数额达到前款第(1)项至第(3)项规定标准五倍以上的,应当认定为刑法第363条第1款规定的"情节严重";达到规定标准二十五倍以上的,应当认定为"情节特别严重"。

第7条　明知是淫秽网站,以牟利为目的,通过投放广告等方式向其直接或者间接提供资金,或者提供费用结算服务,具有下列情形之一的,对直接负责的主管人员和其他直接责任人员,依照刑法第363条第1款的规定,以制作、复制、出版、贩卖、传播淫秽物品牟利罪的共同犯罪处罚:

(1) 向十个以上淫秽网站投放广告或者以其他方式提供资金的;

(2) 向淫秽网站投放广告二十条以上的;

(3) 向十个以上淫秽网站提供费用结算服务的;

(4) 以投放广告或者其他方式向淫秽网站提供资金数额在五万元以上的;

(5) 为淫秽网站提供费用结算服务,收取服务费数额在二万元以上的;

(6) 造成严重后果的。

实施前款规定的行为,数量或者数额达到前款第(1)项至第(5)项规定标准五倍以上的,应当认定为刑法第363条第1款规定的"情节严重";达到规定标准二十五倍以上的,应当认定为"情节特别严重"。

2. "两高"2004年《关于办理利用互联网、移动通讯终端、声讯台制作、复制、出版、贩卖、传播淫秽电子信息刑事案件具体应用法律若干问题的解释》

第4条　明知是淫秽电子信息而在自己所有、管理或者使用的网站或者网页上提供直接链接的,其数量标准根据所链接的淫秽电子信息的种类计算。

第6条第2项　明知是具体描绘不满十八周岁的未成年人性行为的淫秽电子信息而在自己所有、管理或者使用的网站或者网页上提供直接链接的。

第7条　明知他人实施制作、复制、出版、贩卖、传播淫秽电子信息犯罪,为其提供互联网接入、服务器托管、网络存储空间、通讯传输通道、费用结算等帮助的,对直接负责的主管人员和其他直接责任人员,以共同犯罪论处。

(七) 毒品犯罪类

1. "两高"、公安部、农业部、国家食品药品监督管理总局2013年《关于进一步加强麻黄草管理严厉打击非法买卖麻黄草等违法犯罪活动的通知》中规定:

明知他人制造毒品或者走私、非法买卖制毒物品，向其提供麻黄草或者提供运输、储存麻黄草等帮助的，分别以制造毒品罪、走私制毒物品罪、非法买卖制毒物品罪的共犯论处。

2. "两高"、公安部 2012 年《关于办理走私、非法买卖麻黄碱类复方制剂等刑事案件适用法律若干问题的意见》

第 3 条　（关于共同犯罪的认定）明知他人利用麻黄碱类制毒物品制造毒品，向其提供麻黄碱类复方制剂，为其利用麻黄碱类复方制剂加工、提炼制毒物品，或者为其获取、利用麻黄碱类复方制剂提供其他帮助的，以制造毒品罪的共犯论处。

明知他人走私或者非法买卖麻黄碱类制毒物品，向其提供麻黄碱类复方制剂，为其利用麻黄碱类复方制剂加工、提炼制毒物品，或者为其获取、利用麻黄碱类复方制剂提供其他帮助的，分别以走私制毒物品罪、非法买卖制毒物品罪的共犯论处。

3. 最高人民检察院、公安部 2012 年《关于公安机关管辖的刑事案件立案追诉标准的规定（三）》

第 1 条第 4 款　有证据证明行为人以牟利为目的，为他人代购仅用于吸食、注射的毒品，对代购者以贩卖毒品罪立案追诉。不以牟利为目的，为他人代购仅用于吸食、注射的毒品，毒品数量达到本规定第 2 条规定的数量标准的，对托购者和代购者以非法持有毒品罪立案追诉。明知他人实施毒品犯罪而为其居间介绍、代购代卖的，无论是否牟利，都应以相关毒品犯罪的共犯立案追诉。

第 1 条第 7 款　为了制造毒品而采用生产、加工、提炼等方法非法制造易制毒化学品的，以制造毒品罪（预备）立案追诉。购进制造毒品的设备和原材料，开始着手制造毒品，尚未制造出毒品或者半成品的，以制造毒品罪（未遂）立案追诉。明知他人制造毒品而为其生产、加工、提炼、提供醋酸酐、乙醚、三氯甲烷等制毒物品的，以制造毒品罪的共犯立案追诉。"

第 5 条第 5 款　明知他人实施走私制毒物品犯罪，而为其运输、储存、代理进出口或者以其他方式提供便利的，以走私制毒物品罪的共犯立案追诉。

第 6 条第 6 款　明知他人实施非法买卖制毒物品犯罪，而为其运输、储存、代理进出口或者以其他方式提供便利的，以非法买卖制毒物品罪的共犯立案追诉。

4. "两高"、公安部 2009 年《关于办理制毒物品犯罪案件适用法律若干问题的意见》

第1条第5项　明知他人实施走私或者非法买卖制毒物品犯罪,而为其运输、储存、代理进出口或者以其他方式提供便利的,以走私或者非法买卖制毒物品罪的共犯论处。

(八) 侵犯人身权利类

1."两高"2013年《关于办理利用信息网络实施诽谤等刑事案件适用法律若干问题的解释》

第8条　明知他人利用信息网络实施诽谤、寻衅滋事、敲诈勒索、非法经营等犯罪,为其提供资金、场所、技术支持等帮助的,以共同犯罪论处。

2."两高"、公安部、司法部2013年《关于依法惩治性侵害未成年人犯罪的意见》

第24条　介绍、帮助他人奸淫幼女、猥亵儿童的,以强奸罪、猥亵儿童罪的共犯论处。

3."两高"、公安部、司法部2010年《关于依法惩治拐卖妇女儿童犯罪的意见》

第6条　(共同犯罪)21.明知他人拐卖妇女、儿童,仍然向其提供被拐卖妇女、儿童的健康证明、出生证明或者其他帮助的,以拐卖妇女、儿童罪的共犯论处。

明知他人收买被拐卖的妇女、儿童,仍然向其提供被收买妇女、儿童的户籍证明、出生证明或者其他帮助的,以收买被拐卖的妇女、儿童罪的共犯论处,但是,收买人未被追究刑事责任的除外。

22.明知他人系拐卖儿童的"人贩子",仍然利用从事诊疗、福利救助等工作的便利或者了解被拐卖方情况的条件,居间介绍的,以拐卖儿童罪的共犯论处。

(九) 环境犯罪

1."两高"、中国海警局2023年《依法打击涉海砂违法犯罪座谈会纪要》

第4条　明知他人实施非法采挖、运输、收购海砂犯罪,仍为其提供资金、场地、工具、技术、单据、证明、手续等重要便利条件或者居间联络,对犯罪产生实质性帮助作用的,以非法采矿罪或者掩饰、隐瞒犯罪所得罪的共同犯罪论处。

2."两高"2023年《关于办理环境污染刑事案件适用法律若干问题的解释》

第8条　明知他人无危险废物经营许可证,向其提供或者委托其收集、贮存、利用、处置危险废物,严重污染环境的,以共同犯罪论处。

3. 最高人民法院 2022 年《关于充分发挥环境资源审判职能作用依法惩处盗采矿产资源犯罪的意见》

第 12 条　准确理解和把握法律关于共同犯罪的规定，对明知他人盗采矿产资源，而为其提供重要资金、工具、技术、单据、证明、手续等便利条件或者居间联络，结合全案证据可以认定为形成通谋的，以共同犯罪论处。

4. "两高"、公安部、司法部 2020 年《关于依法惩治非法野生动物交易犯罪的指导意见》

第 5 条　明知他人实施非法野生动物交易行为，有下列情形之一的，以共同犯罪论处：

（一）提供贷款、资金、账号、车辆、设备、技术、许可证件的；

（二）提供生产、经营场所或者运输、仓储、保管、快递、邮寄、网络信息交互等便利条件或者其他服务的；

（三）提供广告宣传等帮助行为的。

（十）其他类型

1. "两高"、公安部、国家移民管理局 2022 年《关于依法惩治妨害国（边）境管理违法犯罪的意见》

第 6 条　明知他人实施骗取出境证件犯罪，提供虚假证明、邀请函件以及面签培训等帮助的，以骗取出境证件罪的共同犯罪论处；符合刑法第三百一十八条规定的，以组织他人偷越国（边）境罪定罪处罚。

第 7 条　事前与组织他人偷越国（边）境的犯罪分子通谋，为其提供虚假证明、邀请函件以及面签培训等帮助，骗取入境签证等入境证件，为组织他人偷越国（边）境使用的，以组织他人偷越国（边）境罪的共同犯罪论处。

2. 国家监察委员会、"两高"、公安部、司法部 2019 年《关于在扫黑除恶专项斗争中分工负责、互相配合、互相制约严惩公职人员涉黑涉恶违法犯罪问题的通知》

第 7 条　非国家机关工作人员与国家机关工作人员共同包庇、纵容黑社会性质组织，且不属于该组织成员的，以包庇、纵容黑社会性质组织罪的共犯论处。非国家机关工作人员的行为同时还构成其他犯罪，应当择一重罪处罚。

第 8 条　公职人员利用职权或职务便利实施包庇、纵容黑恶势力、伪证、妨害作证，帮助毁灭、伪造证据，以及窝藏、包庇等犯罪行为的，应酌情从重处罚。事先有通谋而实施支持帮助、包庇纵容等保护行为的，以具体犯罪的共犯论处。

3. "两高"2017 年《关于办理组织、利用邪教组织破坏法律实施等刑事

案件适用法律若干问题的解释》

第13条　明知他人组织、利用邪教组织实施犯罪,而为其提供经费、场地、技术、工具、食宿、接送等便利条件或者帮助的,以共同犯罪论处。

4.“两高”2017年《关于办理扰乱无线电通讯管理秩序等刑事案件适用法律若干问题的解释》

第7条第2款　有查禁扰乱无线电管理秩序犯罪活动职责的国家机关工作人员,向犯罪分子通风报信、提供便利,帮助犯罪分子逃避处罚的,应当依照刑法第417条的规定,以帮助犯罪分子逃避处罚罪追究刑事责任;事先通谋的,以共同犯罪论处。

5.“两高”、公安部、国家安全部2014年《关于依法办理非法生产销售使用“伪基站”设备案件的意见》:

一、准确认定行为性质

(一)非法生产、销售“伪基站”设备,具有以下情形之一的,依照《刑法》第225条的规定,以非法经营罪追究刑事责任:

1、个人非法生产、销售“伪基站”设备三套以上,或者非法经营数额五万元以上,或者违法所得数额二万元以上的;

2、单位非法生产、销售“伪基站”设备十套以上,或者非法经营数额十五万元以上,或者违法所得数额五万元以上的;

3、虽未达到上述数额标准,但两年内曾因非法生产、销售“伪基站”设备受过两次以上行政处罚,又非法生产、销售“伪基站”设备的。

实施前款规定的行为,数量、数额达到前款规定的数量、数额五倍以上的,应当认定为《刑法》第225条规定的“情节特别严重”。

非法生产、销售“伪基站”设备,经鉴定为专用间谍器材的,依照《刑法》第283条的规定,以非法生产、销售间谍专用器材罪追究刑事责任;同时构成非法经营罪的,以非法经营罪追究刑事责任。

(二)非法使用“伪基站”设备干扰公用电信网络信号,危害公共安全的,依照《刑法》第124条第1款的规定,以破坏公用电信设施罪追究刑事责任;同时构成虚假广告罪、非法获取公民个人信息罪、破坏计算机信息系统罪、扰乱无线电通讯管理秩序罪的,依照处罚较重的规定追究刑事责任。

除法律、司法解释另有规定外,利用“伪基站”设备实施诈骗等其他犯罪行为,同时构成破坏公用电信设施罪的,依照处罚较重的规定追究刑事责任。

(三)明知他人实施非法生产、销售“伪基站”设备,或者非法使用“伪基站”设备干扰公用电信网络信号等犯罪,为其提供资金、场所、技术、设备等帮助的,以共同犯罪论处。

(四)对于非法使用"伪基站"设备扰乱公共秩序,侵犯他人人身权利、财产权利,情节较轻,尚不构成犯罪,但构成违反治安管理行为的,依法予以治安管理处罚。

6."两高"、公安部2014年《关于办理暴力恐怖和宗教极端刑事案件适用法律若干问题的意见》

第2条　(6)明知图书、文稿、图片、音像制品、移动存储介质、电子阅读器中载有利用宗教极端、暴力恐怖思想煽动分裂国家、破坏国家统一或者煽动民族仇恨、民族歧视的内容,而提供仓储、邮寄、投递、运输、传输及其他服务的,以煽动分裂国家罪或者煽动民族仇恨、民族歧视罪的共同犯罪定罪处罚。

虽不明知图书、文稿、图片、音像制品、移动存储介质、电子阅读器中载有利用宗教极端、暴力恐怖思想煽动分裂国家、破坏国家统一或者煽动民族仇恨、民族歧视的内容,但出于营利或其他目的,违反国家规定,予以出版、印刷、复制、发行、传播或者提供仓储、邮寄、投递、运输、传输等服务的,按照其行为所触犯的具体罪名定罪处罚。

(7)网站、网页、论坛、电子邮件、博客、微博、即时通讯工具、群组、聊天室、网络硬盘、网络电话、手机应用软件及其他网络应用服务的建立、开办、经营、管理者,明知他人散布、宣扬利用宗教极端、暴力恐怖思想煽动分裂国家、破坏国家统一或者煽动民族仇恨、民族歧视的内容,允许或者放任他人在其网站、网页、论坛、电子邮件、博客、微博、即时通讯工具、群组、聊天室、网络硬盘、网络电话、手机应用软件及其他网络应用服务上发布的,以煽动分裂国家罪或者煽动民族仇恨、民族歧视罪的共同犯罪定罪处罚。

7."两高"2011年《关于办理危害计算机信息系统安全刑事案件应用法律若干问题的解释》

第9条　明知他人实施刑法第285条、第286条规定的行为,具有下列情形之一的,应当认定为共同犯罪,依照刑法第285条、第286条的规定处罚:

(1)为其提供用于破坏计算机信息系统功能、数据或者应用程序的程序、工具,违法所得五千元以上或者提供十次以上的;

(2)为其提供互联网接入、服务器托管、网络存储空间、通讯传输通道、费用结算、交易服务、广告服务、技术培训、技术支持等帮助,违法所得五千元以上的;

(3)通过委托推广软件、投放广告等方式向其提供资金五千元以上的。

实施前款规定行为,数量或者数额达到前款规定标准五倍以上的,应当认定为刑法第285条、第286条规定的"情节特别严重"或者"后果特别严重"。

8. 最高人民法院2009年《关于审理非法制造、买卖、运输枪支、弹药、爆炸物等刑事案件具体应用法律若干问题的解释》

第1条第2款　介绍买卖枪支、弹药、爆炸物的,以买卖枪支、弹药、爆炸物罪的共犯论处。

9. 公安部1994年《关于贩卖枪支零部件定性问题的批复》中规定:

根据我国法律、法规等有关枪支管理的规定,任何单位和个人不得非法制造、买卖、运输、持有以及修理或装配枪支;即使是报废的枪支,也要严格按照有关规定销毁。因此,对非法购卖枪支主要零部件情节严重的,均应适用刑法第112条的规定定性处理;如果行为人明知他人购买枪支零部件系用于组装枪支,而仍向其出售的,则应以制造枪支罪的共犯论处。

附录二 常见"明知"认定方式规定

1. "两高"、公安部 2024 年《关于办理医保骗保刑事案件若干问题的指导意见》

第 9 条 明知系利用医保骗保购买的药品而非法收购、销售的,依照刑法第 312 条和相关司法解释的规定,以掩饰、隐瞒犯罪所得罪定罪处罚;指使、教唆、授意他人利用医保骗保购买药品,进而非法收购、销售,依照刑法第 266 条的规定,以诈骗罪定罪处罚。

利用医保骗保购买药品的行为人是否被追究刑事责任,不影响对非法收购、销售有关药品的行为人定罪处罚。

对第 1 款规定的主观明知,应当根据药品标志、收购渠道、价格、规模及药品追溯信息等综合认定。具有下列情形之一的,可以认定行为人具有主观明知,但行为人能够说明药品合法来源或作出合理解释的除外:

(1) 药品价格明显异于市场价格的;

(2) 曾因实施非法收购、销售利用医保骗保购买的药品,受过刑事或行政处罚的;

(3) 以非法收购、销售基本医疗保险药品为业的;

(4) 长期或多次向不特定交易对象收购、销售基本医疗保险药品的;

(5) 利用互联网、邮寄等非接触式渠道多次收购、销售基本医疗保险药品的;

(6) 其他足以认定行为人主观明知的。

2. "两高"、公安部、司法部 2023 年《关于办理性侵害未成年人刑事案件的意见》

第 17 条 知道或者应当知道对方是不满十四周岁的幼女,而实施奸淫等性侵害行为的,应当认定行为人"明知"对方是幼女。

对不满十二周岁的被害人实施奸淫等性侵害行为的,应当认定行为人"明知"对方是幼女。

对已满十二周岁不满十四周岁的被害人,从其身体发育状况、言谈举止、衣着特征、生活作息规律等观察可能是幼女,而实施奸淫等性侵害行为的,应当认定行为人"明知"对方是幼女。

3. "两高"、中国海警局 2023 年《依法打击涉海砂违法犯罪座谈会纪要》

第 3 条 判断过驳和运输海砂的船主或者船长是否具有犯罪故意,应当依据其任职情况、职业经历、专业背景、培训经历、本人因同类行为受到行政处罚或者刑事责任追究情况等证据,结合其供述,进行综合分析判断。

实践中,具有下列情形之一,行为人不能作出合理解释的,一般可以认定其"明知系非法采挖的海砂",但有相反证据的除外:

(1) 故意关闭船舶自动识别系统,或者船舶上有多套船舶自动识别系统,或者故意毁弃船载卫星电话、船舶自动识别系统、定位系统数据及手机存储数据的;

(2) 故意绕行正常航线和码头、在隐蔽水域或者在明显不合理的隐蔽时间过驳和运输,或者使用暗号、暗语、信物等方式进行联络、接头的;

(3) 使用"三无"船舶、虚假船名船舶或非法改装船舶,或者故意遮蔽船号,掩盖船体特征的;

(4) 虚假记录船舶航海日志、轮机日志,或者进出港未申报、虚假申报的;

(5) 套用相关许可证、拍卖手续、合同等合法文件资料,或者使用虚假、伪造文件资料的;

(6) 无法出具合法有效海砂来源证明,或者拒不提供海砂真实来源证明的;

(7) 以明显低于市场价格进行交易的;

(8) 支付、收取或者约定的报酬明显不合理,或者使用控制的他人名下银行账户收付海砂交易款项的;

(9) 逃避、抗拒执法检查,或者事前制定逃避检查预案的;

(10) 其他足以认定的情形。

4. 最高人民法院 2023 年《关于审理破坏森林资源刑事案件适用法律若干问题的解释》

第 7 条 认定刑法第 345 条第 3 款规定的"明知是盗伐、滥伐的林木",应当根据涉案林木的销售价格、来源以及收购、运输行为违反有关规定等情节,结合行为人的职业要求、经历经验、前科情况等作出综合判断。

具有下列情形之一的,可以认定行为人明知是盗伐、滥伐的林木,但有相反证据或者能够作出合理解释的除外:

（一）收购明显低于市场价格出售的林木的；

（二）木材经营加工企业伪造、涂改产品或者原料出入库台账的；

（三）交易方式明显不符合正常习惯的；

（四）逃避、抗拒执法检查的；

（五）其他足以认定行为人明知的情形。

5. "两高"、公安部、国家文物局2022年《关于办理妨害文物管理等刑事案件若干问题的意见》

二、依法惩处文物犯罪

（三）准确认定掩饰、隐瞒与倒卖行为

1. 明知是盗窃文物、盗掘古文化遗址、古墓葬等犯罪所获取的文物，而予以窝藏、转移、收购、加工、代为销售或者以其他方法掩饰、隐瞒的，符合《文物犯罪解释》第九条规定的，以刑法第312条规定的掩饰、隐瞒犯罪所得罪追究刑事责任。

对是否"明知"，应当结合行为人的认知能力、既往经历、行为次数和手段，与实施盗掘、盗窃、倒卖文物等犯罪行为人的关系，获利情况，是否故意规避调查，涉案文物外观形态、价格等主、客观因素进行综合审查判断。具有下列情形之一，行为人不能做出合理解释的，可以认定其"明知"，但有相反证据的除外：

（1）采用黑话、暗语等方式进行联络交易的；

（2）通过伪装、隐匿文物等方式逃避检查，或者以暴力等方式抗拒检查的；

（3）曾因实施盗掘、盗窃、走私、倒卖文物等犯罪被追究刑事责任，或者二年内受过行政处罚的；

（4）有其他证据足以证明行为人应当知道的情形。

6. "两高"、公安部、国家移民管理局2022年《关于依法惩治妨害国（边）境管理违法犯罪的意见》

第16条　对于妨害国（边）境管理案件所涉主观明知的认定，应当结合行为实施的过程、方式、被查获时的情形和环境，行为人的认知能力、既往经历、与同案人的关系、非法获利等，审查相关辩解是否明显违背常理，综合分析判断。

在组织他人偷越国（边）境、运送他人偷越国（边）境等案件中，具有下列情形之一的，可以认定行为人主观明知，但行为人作出合理解释或者有相反证据证明的除外：

（1）使用遮蔽、伪装、改装等隐蔽方式接送、容留偷越国（边）境人员的；

（2）与其他妨害国（边）境管理行为人使用同一通讯群组、暗语等进行联络的；

（3）采取绕关避卡等方式躲避边境检查，或者出境前、入境后途经边境地区的时间、路线等明显违反常理的；

（4）接受执法检查时故意提供虚假的身份、事由、地点、联系方式等信息的；

（5）支付、收取或者约定的报酬明显不合理的；

（6）遇到执法检查时企图逃跑，阻碍、抗拒执法检查，或者毁灭证据的；

（7）其他足以认定行为人明知的情形。

7."两高"2022年《关于办理危害药品安全刑事案件适用法律若干问题的解释》

第13条 明知系利用医保骗保购买的药品而非法收购、销售，金额五万元以上的，应当依照刑法第312条的规定，以掩饰、隐瞒犯罪所得罪定罪处罚；指使、教唆、授意他人利用医保骗保购买药品，进而非法收购、销售，符合刑法第266条规定的，以诈骗罪定罪处罚。

对于利用医保骗保购买药品的行为人是否追究刑事责任，应当综合骗取医保基金的数额、手段、认罪悔罪态度等案件具体情节，依法妥当决定。利用医保骗保购买药品的行为人是否被追究刑事责任，不影响对非法收购、销售有关药品的行为人定罪处罚。

对于第1款规定的主观明知，应当根据药品标志、收购渠道、价格、规模及药品追溯信息等综合认定。

8."两高"2022年《关于办理危害食品安全刑事案件适用法律若干问题的解释》

第10条 刑法第144条规定的"明知"，应当综合行为人的认知能力、食品质量、进货或者销售的渠道及价格等主、客观因素进行认定。

具有下列情形之一的，可以认定为刑法第144条规定的"明知"，但存在相反证据并经查证属实的除外：

（一）长期从事相关食品、食用农产品生产、种植、养殖、销售、运输、贮存行业，不依法履行保障食品安全义务的；

（二）没有合法有效的购货凭证，且不能提供或者拒不提供销售的相关食品来源的；

（三）以明显低于市场价格进货或者销售且无合理原因的；

（四）在有关部门发出禁令或者食品安全预警的情况下继续销售的；

（五）因实施危害食品安全行为受过行政处罚或者刑事处罚，又实施同种行为的；

（六）其他足以认定行为人明知的情形。

9. "两高"、海关总署、公安部、中国海警局2021年《关于打击粤港澳海上跨境走私犯罪适用法律若干问题的指导意见》

四、对用于运输走私冻品等货物的船舶、车辆，按照以下原则处置：

（一）对"三无"船舶，无法提供有效证书的船舶、车辆，依法予以没收、收缴或者移交主管机关依法处置；

（二）对走私犯罪分子自有的船舶、车辆或者假挂靠、长期不作登记、虚假登记等实为走私分子所有的船舶、车辆，作为犯罪工具依法没收；

（三）对所有人明知或者应当知道他人实施走私冻品等犯罪而出租、出借的船舶、车辆，依法予以没收。

具有下列情形之一的，可以认定船舶、车辆出租人、出借人明知或者应当知道他人实施违法犯罪，但有证据证明确属被蒙骗或者有其他相反证据的除外：

（一）出租人、出借人未经有关部门批准，擅自将船舶改装为可运载冻品等货物用的船舶，或者进行伪装的；

（二）出租人、出借人默许实际承运人将船舶改装为可运载冻品等货物用船舶，或者进行伪装的；

（三）因出租、出借船舶、车辆用于走私受过行政处罚，又出租、出借给同一走私人或者同一走私团伙使用的；

（四）出租人、出借人拒不提供真实的实际承运人信息，或者提供虚假的实际承运人信息的；

（五）其他可以认定明知或者应当知道的情形。

10. "两高"2021年《关于办理窝藏、包庇刑事案件适用法律若干问题的解释》

第5条 认定刑法第310条第1款规定的"明知"，应当根据案件的客观事实，结合行为人的认知能力，接触被窝藏、包庇的犯罪人的情况，以及行为人和犯罪人的供述等主、客观因素进行认定。

行为人将犯罪的人所犯之罪误认为其他犯罪的，不影响刑法第310条第1款规定的"明知"的认定。

行为人虽然实施了提供隐藏处所、财物等行为，但现有证据不能证明行为人知道犯罪的人实施了犯罪行为的，不能认定为刑法第310条第1款规定的"明知"。

11. "两高"、公安部 2021 年《关于办理电信网络诈骗等刑事案件适用法律若干问题的意见（二）》

第 8 条　认定刑法第 287 条之二规定的行为人明知他人利用信息网络实施犯罪,应当根据行为人收购、出售、出租前述第 7 条规定的信用卡、银行账户、非银行支付账户、具有支付结算功能的互联网账号密码、网络支付接口、网上银行数字证书,或者他人手机卡、流量卡、物联网卡等的次数、张数、个数,并结合行为人的认知能力、既往经历、交易对象、与实施信息网络犯罪的行为人的关系、提供技术支持或者帮助的时间和方式、获利情况以及行为人的供述等主客观因素,予以综合认定。

收购、出售、出租单位银行结算账户、非银行支付机构单位支付账户,或者电信、银行、网络支付等行业从业人员利用履行职责或提供服务便利,非法开办并出售、出租他人手机卡、信用卡、银行账户、非银行支付账户等的,可以认定为《最高人民法院、最高人民检察院关于办理非法利用信息网络、帮助信息网络犯罪活动等刑事案件适用法律若干问题的解释》第 11 条第（七）项规定的"其他足以认定行为人明知的情形"。但有相反证据的除外。

12. "两高"2019 年《关于办理非法利用信息网络、帮助信息网络犯罪活动等刑事案件适用法律若干问题的解释》

第 11 条　为他人实施犯罪提供技术支持或者帮助,具有下列情形之一的,可以认定行为人明知他人利用信息网络实施犯罪,但是有相反证据的除外:

（1）经监管部门告知后仍然实施有关行为的;

（2）接到举报后不履行法定管理职责的;

（3）交易价格或者方式明显异常的;

（4）提供专门用于违法犯罪的程序、工具或者其他技术支持、帮助的;

（5）频繁采用隐蔽上网、加密通信、销毁数据等措施或者使用虚假身份,逃避监管或者规避调查的;

（6）为他人逃避监管或者规避调查提供技术支持、帮助的

（7）其他足以认定行为人明知的情形。

13. "两高"、公安部 2018 年《关于办理盗窃油气、破坏油气设备等刑事案件适用法律若干问题的意见》

第 5 条　（关于窝藏、转移、收购、加工、代为销售被盗油气行为的处理)明知是犯罪所得的油气而予以窝藏、转移、收购、加工、代为销售或者以

其他方式掩饰、隐瞒,符合刑法第 312 条规定的,以掩饰、隐瞒犯罪所得罪追究刑事责任。

"明知"的认定,应当结合行为人的认知能力、所得报酬、运输工具、运输路线、收购价格、收购形式、加工方式、销售地点、仓储条件等因素综合考虑。

实施第一款规定的犯罪行为,事前通谋的,以盗窃罪、破坏易燃易爆设备罪等有关犯罪的共同犯罪论处。

14."两高"2017《关于办理组织、强迫、引诱、容留、介绍卖淫刑事案件适用法律若干问题的解释》

第 11 条　具有下列情形之一的,应当认定为刑法第 360 条规定的"明知":

(1) 有证据证明曾到医院或者其他医疗机构就医或者检查,被诊断为患有严重性病的;

(2) 根据本人的知识和经验,能够知道自己患有严重性病的;

(3) 通过其他方法能够证明行为人是'明知'的。

传播性病行为是否实际造成他人患上严重性病的后果,不影响本罪的成立。

15."两高"、公安部 2014 年《关于办理暴力恐怖和宗教极端刑事案件适用法律若干问题的意见》

三、明确认定标准

(二) 对是否"明知"的认定,应当结合案件具体情况,坚持重证据,重调查研究,以行为人实施的客观行为为基础,结合其一贯表现,具体行为、程度、手段、事后态度,以及年龄、认知和受教育程度、所从事的职业等综合判断。曾因实施暴力恐怖、宗教极端违法犯罪行为受到行政、刑事处罚、免予刑事处罚,或者被责令改正后又实施的,应当认定为明知。其他共同犯罪嫌疑人、被告人或者其他知情人供认、指证,行为人不承认其主观上"明知",但又不能作出合理解释的,依据其行为本身和认知程度,足以认定其确实"明知"或者应当"明知"的,应当认定为明知。

16."两高"、公安部、司法部 2013 年《关于依法惩治性侵害未成年人犯罪的意见》

第 19 条　知道或者应当知道对方是不满十四周岁的幼女,而实施奸淫等性侵害行为的,应当认定行为人"明知"对方是幼女。

对于不满十二周岁的被害人实施奸淫等性侵害行为的,应当认定行为人"明知"对方是幼女。

对于已满十二周岁不满十四周岁的被害人,从其身体发育状况、言谈举止、衣着特征、生活作息规律等观察可能是幼女,而实施奸淫等性侵害行为的,应当认定行为人"明知"对方是幼女。

17. 最高人民检察院、公安部 2012 年《关于公安机关管辖的刑事案件立案追诉标准的规定(三)》

第 1 条第 8 款　　走私、贩卖、运输毒品主观故意中的"明知",是指行为人知道或者应当知道所实施的是走私、贩卖、运输毒品行为。具有下列情形之一,结合行为人的供述和其他证据综合审查判断,可以认定其"应当知道",但有证据证明确属被蒙骗的除外:

(1) 执法人员在口岸、机场、车站、港口、邮局和其他检查站点检查时,要求行为人申报携带、运输、寄递的物品和其他疑似毒品物,并告知其法律责任,而行为人未如实申报,在其携带、运输、寄递的物品中查获毒品的;

(2) 以伪报、藏匿、伪装等蒙蔽手段逃避海关、边防等检查,在其携带、运输、寄递的物品中查获毒品的;

(3) 执法人员检查时,有逃跑、丢弃携带物品或者逃避、抗拒检查等行为,在其携带、藏匿或者丢弃的物品中查获毒品的;

(4) 体内或者贴身隐秘处藏匿毒品的;

(5) 为获取不同寻常的高额或者不等值的报酬为他人携带、运输、寄递、收取物品,从中查获毒品的;

(6) 采用高度隐蔽的方式携带、运输物品,从中查获毒品的;

(7) 采用高度隐蔽的方式交接物品,明显违背合法物品惯常交接方式,从中查获毒品的;

(8) 行程路线故意绕开检查站点,在其携带、运输的物品中查获毒品的;

(9) 以虚假身份、地址或者其他虚假方式办理托运、寄递手续,在托运、寄递的物品中查获毒品的;

(10) 有其他证据足以证明行为人应当知道的。

第 1 条第 9 款　　制造毒品主观故意中的"明知",是指行为人知道或者应当知道所实施的是制造毒品行为。有下列情形之一,结合行为人的供述和其他证据综合审查判断,可以认定其"应当知道",但有证据证明确属被蒙骗的除外:

(1) 购置了专门用于制造毒品的设备、工具、制毒物品或者配制方案的;

(2) 为获取不同寻常的高额或者不等值的报酬为他人制造物品,经检

验是毒品的;

（3）在偏远、隐蔽场所制造,或者采取对制造设备进行伪装等方式制造物品,经检验是毒品的;

（4）制造人员在执法人员检查时,有逃跑、抗拒检查等行为,在现场查获制造出的物品,经检验是毒品的;

（5）有其他证据足以证明行为人应当知道的。

第2条第4款　非法持有毒品主观故意中的"明知",依照本规定第1条第8款的有关规定予以认定。

第5条第4款　实施走私制毒物品行为,有下列情形之一,且查获了易制毒化学品,结合行为人的供述和其他证据综合审查判断,可以认定其"明知"是制毒物品而走私或者非法买卖,但有证据证明确属被蒙骗的除外:

（1）改变产品形状、包装或者使用虚假标签、商标等产品标志的;

（2）以藏匿、夹带、伪装或者其他隐蔽方式运输、携带易制毒化学品逃避检查的;

（3）抗拒检查或者在检查时丢弃货物逃跑的;

（4）以伪报、藏匿、伪装等蒙蔽手段逃避海关、边防等检查的;

（5）选择不设海关或者边防检查站的路段绕行出入境的;

（6）以虚假身份、地址或者其他虚假方式办理托运、寄递手续的;

（7）以其他方法隐瞒真相,逃避对易制毒化学品依法监管的。

18."两高"、公安部2012年《关于依法严惩"地沟油"犯罪活动的通知》

第2条　(2)明知是利用"地沟油"生产的"食用油"而予以销售的,依照刑法第144条销售有毒、有害食品罪的规定追究刑事责任。认定是否"明知",应当结合犯罪嫌疑人、被告人的认知能力,犯罪嫌疑人、被告人及其同案人的供述和辩解,证人证言,产品质量,进货渠道及进货价格、销售渠道及销售价格等主、客观因素予以综合判断。

19."两高"2010年《关于办理利用互联网、移动通讯终端、声讯台制作、复制、出版、贩卖、传播淫秽电子信息刑事案件具体应用法律若干问题的解释(二)》

第8条　实施第4条至第7条规定的行为,具有下列情形之一的,应当认定行为人"明知",但是有证据证明确实不知道的除外:

（1）行政主管机关书面告知后仍然实施上述行为的;

（2）接到举报后不履行法定管理职责的;

（3）为淫秽网站提供互联网接入、服务器托管、网络存储空间、通讯传输通道、代收费、费用结算等服务，收取服务费明显高于市场价格的；

（4）向淫秽网站投放广告，广告点击率明显异常的；

（5）其他能够认定行为人明知的情形。

20. "两高"、公安部 2010 年《关于办理网络赌博犯罪案件适用法律若干问题的意见》

第 2 条第 3 款　实施本条第 1 款规定的行为，具有下列情形之一的，应当认定行为人"明知"，但是有证据证明确实不知道的除外：

（1）收到行政主管机关书面等方式的告知后，仍然实施上述行为的；

（2）为赌博网站提供互联网接入、服务器托管、网络存储空间、通讯传输通道、投放广告、软件开发、技术支持、资金支付结算等服务，收取服务费明显异常的；

（3）在执法人员调查时，通过销毁、修改数据、账本等方式故意规避调查或者向犯罪嫌疑人通风报信的；

（4）其他有证据证明行为人明知的。

21. "两高"、公安部 2009 年《关于办理制毒物品犯罪案件适用法律若干问题的意见》

第 2 条　对于走私或者非法买卖制毒物品行为，有下列情形之一，且查获了易制毒化学品，结合犯罪嫌疑人、被告人的供述和其他证据，经综合审查判断，可以认定其"明知"是制毒物品而走私或者非法买卖，但有证据证明确属被蒙骗的除外：

（1）改变产品形状、包装或者使用虚假标签、商标等产品标志的；

（2）以藏匿、夹带或者其他隐蔽方式运输、携带易制毒化学品逃避检查的；

（3）抗拒检查或者在检查时丢弃货物逃跑的；

（4）以伪报、藏匿、伪装等蒙蔽手段逃避海关、边防等检查的；

（5）选择不设海关或者边防检查站的路段绕行出入境的；

（6）以虚假身份、地址办理托运、邮寄手续的；

（7）以其他方法隐瞒真相，逃避对易制毒化学品依法监管的。

22. 最高人民法院 2009 年《关于审理洗钱等刑事案件具体应用法律若干问题的解释》

第 1 条　刑法第 191 条、第 312 条规定的"明知"，应当结合被告人的认知能力，接触他人犯罪所得及其收益的情况，犯罪所得及其收益的种类、数额，犯罪所得及其收益的转换、转移方式以及被告人的供述等主、客观因素进行认定。

具有下列情形之一的,可以认定被告人明知系犯罪所得及其收益,但有证据证明确实不知道的除外:

(1) 知道他人从事犯罪活动,协助转换或者转移财物的;

(2) 没有正当理由,通过非法途径协助转换或者转移财物的;

(3) 没有正当理由,以明显低于市场的价格收购财物的;

(4) 没有正当理由,协助转换或者转移财物,收取明显高于市场的"手续费"的;

(5) 没有正当理由,协助他人将巨额现金散存于多个银行账户或者在不同银行账户之间频繁划转的;

(6) 协助近亲属或者其他关系密切的人转换或者转移与其职业或者财产状况明显不符的财物的;

(7) 其他可以认定行为人明知的情形。

被告人将刑法第191条规定的某一上游犯罪的犯罪所得及其收益误认为刑法第191条规定的上游犯罪范围内的其他犯罪所得及其收益的,不影响刑法第191条规定的"明知"的认定。

23. 最高人民法院2008年《全国部分法院审理毒品犯罪案件工作座谈会纪要》

第10条　(主观明知的认定问题)毒品犯罪中,判断被告人对涉案毒品是否明知,不能仅凭被告人供述,而应当依据被告人实施毒品犯罪行为的过程、方式、毒品被查获时的情形等证据,结合被告人的年龄、阅历、智力等情况,进行综合分析判断。

具有下列情形之一,被告人不能做出合理解释的,可以认定其"明知"是毒品,但有证据证明确属被蒙骗的除外:

(1) 执法人员在口岸、机场、车站、港口和其他检查站点检查时,要求行为人申报为他人携带的物品和其他疑似毒品物,并告知其法律责任,而行为人未如实申报,在其携带的物品中查获毒品的;

(2) 以伪报、藏匿、伪装等蒙蔽手段,逃避海关、边防等检查,在其携带、运输、邮寄的物品中查获毒品的;

(3) 执法人员检查时,有逃跑、丢弃携带物品或者逃避、抗拒检查等行为,在其携带或者丢弃的物品中查获毒品的;

(4) 体内或者贴身隐秘处藏匿毒品的;

(5) 为获取不同寻常的高额、不等值报酬为他人携带、运输物品,从中查获毒品的;

（6）采用高度隐蔽的方式携带、运输物品,从中查获毒品的;

（7）采用高度隐蔽的方式交接物品,明显违背合法物品惯常交接方式,从中查获毒品的;

（8）行程路线故意绕开检查站点,在其携带、运输的物品中查获毒品的;

（9）以虚假身份或者地址办理托运手续,在其托运的物品中查获毒品的;

（10）有其他证据足以认定行为人应当知道的。

24. 最高人民检察院、公安部 2008 年《关于公安机关管辖的刑事案件立案追诉标准的规定(一)》

第 74 条第 2 款 本条规定的"非法收购"的"明知",是指知道或者应当知道。具有下列情形之一的,可以视为应当知道,但是有证据证明确属被蒙骗的除外:

（1）在非法的木材交易场所或者销售单位收购木材的;

（2）收购以明显低于市场价格出售的木材的;

（3）收购违反规定出售的木材的。

第 80 条 （传播性病案）(刑法第 360 条第 1 款)明知自己患有梅毒、淋病等严重性病卖淫、嫖娼的,应予立案追诉。

具有下列情形之一的,可以认定为本条规定的"明知":

（1）有证据证明曾到医疗机构就医,被诊断为患有严重性病的;

（2）根据本人的知识和经验,能够知道自己患有严重性病的;

（3）通过其他方法能够证明是"明知"的。

25. "两高" 2007 年《关于办理与盗窃、抢劫、诈骗、抢夺机动车相关刑事案件具体应用法律若干问题的解释》

第 6 条 行为人实施本解释第 1 条、第 3 条第 3 款规定的行为,涉及的机动车有下列情形之一的,应当认定行为人主观上属于上述条款所称"明知":

（1）没有合法有效的来历凭证;

（2）发动机号、车辆识别代号有明显更改痕迹,没有合法证明的。

26. "两高"、公安部 2007 年《办理毒品犯罪案件适用法律若干问题的意见》

第 2 条 （关于毒品犯罪嫌疑人、被告人主观明知的认定问题）走私、贩卖、运输、非法持有毒品主观故意中的"明知",是指行为人知道或者应当知道所实施的行为是走私、贩卖、运输、非法持有毒品行为。具有下列情形

之一,并且犯罪嫌疑人、被告人不能做出合理解释的,可以认定其"应当知道",但有证据证明确属被蒙骗的除外:

(1) 执法人员在口岸、机场、车站、港口和其他检查站检查时,要求行为人申报为他人携带的物品和其他疑似毒品物,并告知其法律责任,而行为人未如实申报,在其所携带的物品内查获毒品的;

(2) 以伪报、藏匿、伪装等蒙蔽手段逃避海关、边防等检查,在其携带、运输、邮寄的物品中查获毒品的;

(3) 执法人员检查时,有逃跑、丢弃携带物品或逃避、抗拒检查等行为,在其携带或丢弃的物品中查获毒品的;

(4) 体内藏匿毒品的;

(5) 为获取不同寻常的高额或不等值的报酬而携带、运输毒品的;

(6) 采用高度隐蔽的方式携带、运输毒品的;

(7) 采用高度隐蔽的方式交接毒品,明显违背合法物品惯常交接方式

(8) 其他有证据足以证明行为人应当知道的。

27. "两高"2004年《关于办理侵犯知识产权刑事案件具体应用法律若干问题的解释》

第9条 刑法第214条规定的"销售金额",是指销售假冒注册商标的商品后所得和应得的全部违法收入。

具有下列情形之一的,应当认定为属于刑法第214条规定的"明知":

(1) 知道自己销售的商品上的注册商标被涂改、调换或者覆盖的;

(2) 因销售假冒注册商标的商品受到过行政处罚或者承担过民事责任,又销售同一种假冒注册商标的商品的;

(3) 伪造、涂改商标注册人授权文件或者知道该文件被伪造、涂改的;

(4) 其他知道或者应当知道是假冒注册商标的商品的情形。

28. "两高"、公安部、国家烟草专卖局2003年《关于办理假冒伪劣烟草制品等刑事案件适用法律问题座谈会纪要》

第2条 (关于销售明知是假冒烟用注册商标的烟草制品行为中的"明知"问题)根据刑法第214条的规定,销售明知是假冒烟用注册商标的烟草制品,销售金额较大的,构成销售假冒注册商标的商品罪。

"明知",是指知道或应当知道。有下列情形之一的,可以认定为"明知":

(1) 以明显低于市场价格进货的;

(2) 以明显低于市场价格销售的;

(3) 销售假冒烟用注册商标的烟草制品被发现后转移、销毁物证或者

提供虚假证明、虚假情况的;

(4) 其他可以认定为明知的情形。

29. "两高"、海关总署 2002 年《办理走私刑事案件适用法律若干问题的意见》

第 5 条 (关于走私犯罪嫌疑人、被告人主观故意的认定问题)行为人明知自己的行为违反国家法律法规,逃避海关监管,偷逃进出境货物、物品的应缴税额,或者逃避国家有关进出境的禁止性管理,并且希望或者放任危害结果发生的,应认定为具有走私的主观故意。

走私主观故意中的"明知"是指行为人知道或者应当知道所从事的行为是走私行为。具有下列情形之一的,可以认定为"明知",但有证据证明确属被蒙骗的除外:

(1) 逃避海关监管,运输、携带、邮寄国家禁止进出境的货物、物品的;

(2) 用特制的设备或者运输工具走私货物、物品的;

(3) 未经海关同意,在非设关的码头、海(河)岸、陆路边境等地点,运输(驳载)、收购或者贩卖非法进出境货物、物品的;

(4) 提供虚假的合同、发票、证明等商业单证委托他人办理通关手续的;

(5) 以明显低于货物正常进(出)口的应缴税额委托他人代理进(出)口业务的;

(6) 曾因同一种走私行为受过刑事处罚或者行政处罚的;

(7) 其他有证据证明的情形。

30. 最高人民法院 2000 年《关于审理破坏森林资源刑事案件具体应用法律若干问题的解释》

第 10 条 刑法第 345 条规定的"非法收购明知是盗伐、滥伐的林木"中的"明知",是指知道或者应当知道。具有下列情形之一的,可以视为应当知道,但是有证据证明确属被蒙骗的除外:

(1) 在非法的木材交易场所或者销售单位收购木材的;

(2) 收购以明显低于市场价格出售的木材的;

(3) 收购违反规定出售的木材的。

31. "两高"、公安部、国家工商行政管理局 1998 年《关于依法查处盗窃、抢劫机动车案件的规定》

第 17 条 本规定所称的"明知",是指知道或者应当知道。有下列情形之一的,可视为应当知道,但有证据证明确属被蒙骗的除外:

(1) 在非法的机动车交易场所和销售单位购买的;

（2）机动车证件手续不全或者明显违反规定的；

（3）机动车发动机号或者车架号有更改痕迹，没有合法证明的；

（4）以明显低于市场价格购买机动车的。

32."两高"2022年《关于办理危害药品安全刑事案件适用法律若干问题的解释》

第10条 办理生产、销售、提供假药、生产、销售、提供劣药、妨害药品管理等刑事案件，应当结合行为人的从业经历、认知能力、药品质量、进货渠道和价格、销售渠道和价格以及生产、销售方式等事实综合判断认定行为人的主观故意。具有下列情形之一的，可以认定行为人有实施相关犯罪的主观故意，但有证据证明确实不具有故意的除外：

（一）药品价格明显异于市场价格的；

（二）向不具有资质的生产者、销售者购买药品，且不能提供合法有效的来历证明的；

（三）逃避、抗拒监督检查的；

（四）转移、隐匿、销毁涉案药品、进销货记录的；

（五）曾因实施危害药品安全违法犯罪行为受过处罚，又实施同类行为的；

（六）其他足以认定行为人主观故意的情形。

第13条 明知系利用医保骗保购买的药品而非法收购、销售，金额五万元以上的，应当依照刑法第312条的规定，以掩饰、隐瞒犯罪所得罪定罪处罚；指使、教唆、授意他人利用医保骗保购买药品，进而非法收购、销售，符合刑法第266条规定的，以诈骗罪定罪处罚。

对于利用医保骗保购买药品的行为人是否追究刑事责任，应当综合骗取医保基金的数额、手段、认罪悔罪态度等案件具体情节，依法妥当决定。利用医保骗保购买药品的行为人是否被追究刑事责任，不影响对非法收购、销售有关药品的行为人定罪处罚。

对于第1款规定的主观明知，应当根据药品标志、收购渠道、价格、规模及药品追溯信息等综合认定。

主要参考文献

一、著作类

1. 高铭暄、马克昌主编：《刑法学》（第 9 版），北京大学出版社、高等教育出版社 2019 年版。
2. 高铭暄主编：《刑法学原理》（第 2 卷），中国人民大学出版社 2005 年版。
3. 高铭暄主编：《刑法专论》（第 2 版），高等教育出版社 2006 年版。
4. 马克昌：《比较刑法学原理——外国刑法学总论》，武汉大学出版社 2012 年版。
5. 马克昌主编：《犯罪通论》，武汉大学出版社 1999 年版。
6. 张明楷：《刑法学》（第 5 版），法律出版社 2016 年版。
7. 张明楷：《外国刑法纲要》（第 3 版），法律出版社 2020 年版。
8. 张明楷：《刑法的基本立场》（修订版），中国法制出版社 2019 年版。
9. 陈兴良：《共同犯罪论》（第 3 版），中国人民大学出版社 2017 年版。
10. 陈兴良：《教义刑法学》，中国人民大学出版社 2010 年版。
11. 陈兴良：《刑法哲学》（第 6 版），中国人民大学出版社 2017 年版。
12. 周光权：《刑法总论》（第 3 版），中国人民大学出版社 2016 年版。
13. 储槐植：《美国刑法》（第 4 版），北京大学出版社 2005 年版。
14. 于志刚、于冲：《共同犯罪的网络异化研究》，中国方正出版社 2010 年版。
15. 许玉秀：《当代刑法思潮》，中国法制出版社 2005 年版。
16. 许玉秀：《主观与客观之间》，春风照日论坛 1997 年版。
17. 郑泽善：《刑法总论争议问题研究》，北京大学出版社 2013 年版。
18. 何秉松：《犯罪构成系统论》，中国法制出版社 1995 年版。
19. 陈子平：《刑法总论》（2008 年增修版），中国人民大学出版社 2009 年版。
20. 李海东：《刑法原理入门》，法律出版社 1998 年版。
21. 柯耀程：《变动中的刑法思想》，元照出版公司 2001 年版。
22. 黄荣坚：《基础刑法学》（第 4 版），元照出版社有限公司 2012 年版。
23. 黎宏：《刑法总论问题思考》（第 2 版），中国人民大学出版社 2016 年版。
24. 钱叶六：《共犯论的基础及其展开》，中国政法大学出版社 2014 年版。
25. 江溯：《犯罪参与体系——以单一正犯体系为视角》，中国人民公安大学出版社 2010 年版。
26. 林钰雄：《新刑法总则》（第 3 版），元照出版社有限公司 2011 年版。
27. 张丽卿：《刑法总则理论与运用》（第 4 版），五南图书出版股份有限公司 2011 年版。
28. 韩忠谟：《刑法原理》，北京大学出版社 2009 年版。
29. 林山田：《刑法通论》（增订 10 版），北京大学出版社 2012 年版。
30. 林山田：《刑法各罪论》，北京大学出版社 2012 年版。
31. 周啸天：《共犯与身份论的重构和应用》法律出版社 2017 年版。
32. 任彦君：《犯罪的网络异化与治理研究》，中国政法大学出版社 2017 年版。
33. 郭旨龙：《网络犯罪公约的修正思路》，中国法制出版社 2016 年版。

34. 刘军:《网络犯罪治理刑事政策研究》,知识产权出版社 2017 年版。

35. 廖斌:《电信与网络犯罪防控研究》,中国政法大学出版社 2017 年版。

36. 谢望原主编:《网络犯罪与安全(2017)》,法律出版社 2017 年版。

37. 周新:《淫秽电子信息犯罪研究》,法律出版社 2017 年版。

38. 张开骏:《共犯从属性研究》,法律出版社 2015 年版。

39. 陈世伟:《论共犯的二重性》,中国检察出版社 2008 年版。

40. 于冲:《网络刑法的体系构建》,中国法制出版社 2016 年版。

41. 陈家林:《共同正犯研究》,武汉大学出版社 2004 年版。

42. 刘斯凡:《共犯界限论》,中国人民公安大学出版社 2011 年版。

43. 邹兵:《过失共同正犯研究》,人民出版社 2012 年版。

44. 陈伟强:《共同犯罪刑事责任研究》,清华大学出版社 2013 年版。

45. 朱道华:《教唆犯研究》,法律出版社 2014 年版。

46. 魏东:《教唆犯诠释与适用》,中国人民公安大学出版社 2012 年版。

47. 李凤梅:《教唆犯论:以独立构成说为视角的建构》,中国社会科学出版社 2011 年版。

48. 张伟:《帮助犯研究》,中国政法大学出版社 2012 年版。

49. 杨金彪:《共犯的处罚根据》公安大学出版社 2008 年版。

50. 刘凌梅:《帮助犯研究》,武汉大学出版社 2003 年版。

51. 李光灿、马克昌、罗平:《论共同犯罪》,中国政法大学出版社 1987 年版。

52. 赵秉志主编:《犯罪总论问题研究》,法律出版社 2003 年版。

53. 范德繁:《犯罪实行行为论》,中国检察出版社 2005 年版。

54. 黄茂荣:《法学方法与现代民法》(第 5 版),法律出版社 2007 年版。

55. 薛晓源、周战超主编:《全球化与风险社会》,社会科学文献出版社 2005 年版。

56. 薛晓源、李惠斌主编:《当代西方学术前沿研究报告 2005—2006》,华东师范大学出版社 2006 年版。

57. 张晶:《风险刑法:以预防机能为视角的展开》,中国法制出版社 2012 年版。

58. 焦旭鹏:《风险刑法的基本立场》,法律出版社 2014 年版。

59. 冯军、肖中华主编:《刑法总论》(第 3 版),中国人民大学出版社 2016 年版。

60. 田淼:《共犯之共犯的规范理论研究》,中国长安出版社 2013 年版。

61. 吴飞飞:《身份犯论:基于犯罪形态视野的考察》,中国检察出版社 2014 年版。

62. 吴振兴:《犯罪形态研究精要》,法律出版社 2005 年版。

63. 吴振兴:《罪数形态论》(修订版),中国检察出版社 2006 年版。

64. 孙茂利:《最新刑法条文释义与公安实务指南》,中国人民公安大学出版社 2016 年版。

65. 赵秉志主编:《〈中华人民共和国刑法修正案(九)〉的理解与适用》,中国法制出版社 2016 年版。

66. 中国法制出版社编:《中华人民共和国刑法配套解读与案例注释》,中国法制出版社 2015 年版。

67. 全国人大法工委编:《中华人民共和国刑法解读》(第 4 版),中国法制出版社 2015 年版。

68. [德]克劳斯·罗克辛:《德国刑法学总论(第 2 卷)》,王世洲等译,法律出版社 2013 年版。

69. [德]克劳斯·罗克辛:《德国刑法学总论(第 1 卷)》,王世洲译,法律出版社 2005 年版。

70. [德]施特拉腾韦特、[德]库伦:《刑法总论 I——犯罪论》,杨萌译,法律出版社 2006 年版。

71. [德]耶赛克、魏根特:《德国刑法教科书》,徐久生译,中国法制出版社 2017 年版。

72. [德]乌尔斯·金德霍伊泽尔:《刑法总论教科书》(第 6 版),蔡桂生译,北京大学出版社 2015 年版。

73. ［德］冯·费尔巴哈：《德国刑法教科书》（第 14 版），徐久生译，中国方正出版社 2010 年版。

74. ［德］贝林：《构成要件理论》，王安异译，中国人民公安大学出版社 2006 年版。

75. ［德］拉德布鲁赫：《法哲学》，王朴译，法律出版社 2013 年版。

76. ［德］乌尔里希·齐白：《全球风险社会与信息社会中的刑法：21 世纪刑法模式的转换》，周遵友等译，中国法制出版社 2012 年版。

77. ［德］李斯特：《德国刑法教科书》，徐久生译，法律出版社 2000 年版。

78. ［德］阿图尔·考夫曼：《当代法哲学和法律理论导论》，温弗里德·哈斯默尔编，郑永流译，法律出版社 2002 年版。

79. ［德］考夫曼：《法律哲学》，刘幸义等译，法律出版社 2004 年版。

80. ［德］考夫曼：《类推与事物本质》，吴从周译，学林文化事业有限公司 1999 年版。

81. ［德］卡尔·拉伦茨：《法学方法论》（全本·第 6 版），黄家镇译，商务印书馆 2020 年版。

82. ［德］伽达默尔：《真理与方法》，洪汉鼎译，上海译文出版社 1999 年版。

83. ［德］拉德布鲁赫：《法学导论》，米健等译，中国大百科全书出版社 1997 年版。

84. ［德］贝克：《风险社会》，何博闻译，译林出版社 2004 年版。

85. ［德］贝克：《世界风险社会》，吴英姿、孙淑敏译，南京大学出版社 2004 年版。

86. ［德］乌尔里希·贝克、［德］约翰内斯·威尔姆斯：《自由与资本主义》，路国林译，浙江人民出版社 2001 版。

87. ［日］大塚仁：《刑法概说（总论）》（第 3 版），冯军译，中国人民大学出版社 2009 年版。

88. ［日］大塚仁：《犯罪论的基本问题》，冯军译，中国政法大学出版社 1993 年版。

89. ［日］西田典之：《共犯理论的展开》，江溯、李世阳译，中国法制出版社 2017 年版。

90. ［日］西田典之：《日本刑法总论》（第 2 版），王昭武、刘明祥译，法律出版社 2013 年版。

91. ［日］大谷实：《刑法讲义总论》（新版第 2 版），黎宏译，中国人民大学出版社 2008 年版。

92. ［日］山口厚：《刑法总论》（第 3 版），付立庆译，中国人民大学出版社 2018 年版。

93. ［日］小野清一郎：《犯罪构成要件理论》，王泰译，中国人民公安大学出版社 2004 年版。

94. ［日］松原芳博：《刑法总论的重要问题》，王昭武译，中国政法大学出版社 2014 年版。

95. ［日］松宫孝明：《刑法总论讲义》，钱叶六译，中国人民大学出版社 2013 年版。

96. ［日］高桥则夫：《共犯体系和共犯理论》，冯军、毛乃纯译，中国人民大学出版社 2010 年版。

97. ［日］野村稔：《刑法总论》，全理其、何力译，法律出版社 2000 年版。

98. ［日］曾根威彦：《刑法学基础》，黎宏译，法律出版社 2005 年版。

99. ［日］西原春夫：《刑法总论》（改订准备版·下卷），成文堂 1995 年版。

100. ［日］山口厚：《危险犯的研究》，东京大学出版会 1982 年版。

101. ［日］团藤重光：《刑法总论》，创文社 1980 年版。

102. ［日］西原春夫：《犯罪实行行为论》，成文堂 1998 年版。

103. ［日］前田雅英：《现代社会和实质的犯罪论》，东京大学出版社 1992 年版。

104. ［日］前田雅英：《刑法的基础（总论）》，有斐阁 1993 年版。

105. ［日］川端博：《刑法总论讲义》，成文堂 1997 年版。

106. ［日］曾根威彦：《刑法的重要问题（总论）》（补订版），成文堂 1996 年版。

107. ［日］西原春夫：《刑法的根基与哲学》，顾肖荣译，法律出版社 2004 年版。

108. ［日］西原春夫：《犯罪实行行为论》，戴波、江溯译，北京大学出版社 2006 年版。

109. ［日］藤木英雄：《公害犯罪》，丛选功等译，中国政法大学出版社1992年版。
110. ［苏］H. A. 别利亚耶夫等主编：《苏维埃刑法总论》，马改秀等译，群众出版社1987年版。
111. ［俄］H. Q. 库兹涅佐娃、［俄］H. M. 佳日科娃主编：《俄罗斯刑法教程（总论）》，黄道秀译，中国法制出版社2002年版。
112. ［美］E. 博登海默：《法理学：法律哲学与法律方法》，邓正来译，中国政法大学出版社1999年版。
113. ［法］雅克·盖斯旦、［法］吉勒·古博：《法国民法总论》，陈鹏等译，法律出版社2004年版。
114. ［韩］金日秀、［韩］徐辅鹤：《韩国刑法总论》（第11版），郑军男译，武汉大学出版社2008年版。
115. ［韩］李在祥：《韩国刑法总论》，［韩］韩相敦译，中国人民大学出版社2005年版。

二、论文类
1. 张明楷：《论〈刑法修正案（九）〉关于恐怖犯罪的规定》，载《现代法学》2016年第1期。
2. 张明楷：《论帮助信息网络犯罪活动罪》，载《政治与法律》2016年第2期。
3. 刘明祥：《主犯正犯化质疑》，载《法学研究》2013年第5期。
4. 刘明祥：《论中国特色的犯罪参与体系》，载《中国法学》2013年第6期。
5. 刘明祥：《"被教唆的人没有犯被教唆的罪"之解释》，载《法学研究》2011年第1期。
6. 刘明祥：《论我国刑法不采取共犯从属性说及利弊》，载《中国法学》2015年第2期。
7. 刘明祥：《再释"被教唆的人没有犯被教唆的罪"》，载《法学》2014年第12期。
8. 刘宪权：《网络犯罪的刑法应对新理念》，载《政治与法律》2016年第9期。
9. 阎二鹏：《共犯行为正犯化及其反思》，载《国家检察官学院学报》2013年第3期。
10. 金光旭：《日本刑法中的实行行为》，载《中外法学》2008年第2期。
11. 周光权：《"被教唆的人没有犯被教唆的罪"之理解》，载《法学研究》2013年第4期。
12. 周光权：《教唆、帮助自杀行为的定性——"法外空间说"的展开》，载《中外法学》2014年第5期。
13. 王志远：《共犯制度模式比较研究——以解读我国共犯制度模式为线索》，载《刑法论丛》第15卷。
14. 张伟：《我国犯罪参与体系与双层次共犯评价理论》，载《刑法论丛》2013年第4卷。
15. 柯庆仁：《归责视野下共同犯罪的区分制与单一制》，载《法学研究》2016年第3期。
16. 钱叶六：《双层区分制下正犯与共犯的区分》，载《法学研究》2012年第1期。
17. 钱叶六：《共犯的实行从属性说之提倡》，载《法学》2012年第11期。
18. 钱叶六：《共犯违法连带性说的合理性及其应用》，载《清华法学》2014年第3期。
19. 江溯：《超越共犯独立性与共犯从属性之争》，载《苏州大学学报（法学版）》2014年第2期。
20. 秦雪娜：《共犯的实行从属性说在我国的困境与出路》，载《法学家》2015年第4期。
21. 秦雪娜：《共犯处罚根据的全新定位》，载《环球法律评论》2015年第5期。
22. 何庆仁：《我国刑法中教唆犯的两种涵义》，载《法学研究》2004年第5期。
23. 伍柳村：《试论教唆犯的二重性》，载《法学研究》1982年第1期。
24. 马克昌：《论教唆犯》，载《法律学习与研究》1987年第3期。
25. 余淦才：《试论教唆犯的刑事责任》，载《安徽大学学报（哲学社会科学版）》1983年第2期。
26. 陆诗忠：《"教唆犯从属性说"之批判》，载《东方法学》2015年第3期。
27. ［日］山中敬一：《中立帮助行为的可罚性研究》，载《关西大学法学论集》2006年56卷第1号。
28. 陈子平：《论共犯之独立性与从属性》，载《东吴法律学报》第19卷第3期。

29. 黄惠婷：《帮助犯的帮助行为》，载《中原财经法学》第 5 期。

30. 卢映洁：《由危险概念论网络服务提供者或网站管理人成立刑事责任之可能性》，载《中正大学法学集刊》第 6 期。

31. 徐伟群：《通往正犯之路：透视正共犯区分理论的思路》，载《台大法学论丛》第 40 卷第 1 期。

32. 许泽天：《共犯之处罚基础与从属性》，载《罪与刑——林山田教授六十岁生日祝贺论文集》，台湾五南图书出版公司 1998 年版。

33. 蔡蕙芳：《P2P 网站经营者之作为帮助犯责任与中性业务行为理论之适用》，载《东吴法律学报》第 18 卷第 1 期。

34. ［日］山中敬一：《中立帮助行为的可罚性研究》，载《关西大学法学论集》2006 年 56 卷第 1 号。

35. 黎宏：《论中立的诈骗帮助行为之定性》，载《法律科学》2012 年第 6 期。

36. 黎宏：《论"帮助信息网络犯罪活动罪"的性质及其适用》，载《法律适用》2017 年第 21 期。

37. 黎宏：《论中立的诈骗帮助行为之定性》，载《法律科学》2012 年第 6 期。

38. 孙万怀、郑梦凌：《中立的帮助行为》，载《法学》2016 年第 1 期。

39. 陈洪兵：《论中立帮助行为的处罚边界》，载《中国法学》2017 年第 1 期。

40. 刘艳红：《网络犯罪帮助行为正犯化之批判》，载《法商研究》2016 年第 3 期。

41. 刘艳红：《论正犯理论的客观实质化》，载《中国法学》2011 年第 4 期。

42. 于志刚：《共犯行为正犯化的立法探索与理论梳理》，载《法律科学》2017 年第 3 期。

43. 聂立泽、胡洋：《帮助信息网络犯罪活动的规范属性及司法适用》，载《法治论丛》2017 年第 1 期。

44. 陈洪兵：《帮助信息网络犯罪活动罪的限缩解释适用》，载《辽宁大学学报（哲学社会科学版）》2018 年第 1 期。

45. 于志刚：《网络空间中犯罪帮助行为的制裁体系与完善思路》，载《中国法学》2016 年第 2 期。

46. 于志刚：《论共同犯罪的网络异化》，载《人民论坛》2010 年第 29 期。

47. 赵运锋：《帮助信息网络犯罪活动罪的立法依据与法理分析》，载《上海政法学院学报》2017 年第 1 期。

48. 章文忠、丁后盾：《论片面帮助犯成立的依据》，载《公安大学学报》1997 年第 5 期。

49. 赵秉志：《"片面帮助犯"不能构成共同犯罪》，载《检察日报》2004 年 7 月 8 日第 003 版。

50. 龚培华、肖中华：《刑法疑难争议问题与司法对策》，中国检察出版社 2002 年版。

51. 肖中华：《片面帮助犯与间接正犯观念之破与立》，载《云南法学》2000 年第 3 期。

52. 聂立泽、苑民丽：《片面帮助犯评析》，载《河南省政法管理干部学院学报》2003 年第 6 期。

53. 曹子丹、汪保康：《共同犯罪的若干问题研究》，载甘雨沛：《刑法学专论》，北京大学出版社 1989 年版。

54. 舒洪水、张永江：《论共同过失犯罪》，载《当代法学》2006 年第 3 期。

55. 熊亚文、黄雅珠：《帮助信息网络犯罪活动罪的司法适用》，载《人民司法》2016 年第 31 期。

56. 周铭川：《论刑法中的注意规定》，载《东北大学学报（社会科学版）》2016 年第 5 期。

57. 吴学斌：《我国刑法分则中的注意规定与法定拟制》，载《法商研究》2004 年第 5 期。

58. 李振林：《无身份者构成身份犯共犯乃法律拟制——对〈刑法〉第 382 条第 3 款性质之辨析》，载《南阳师范学院学报（社会科学版）》2012 年第 4 期。

59. 李振林：《刑法中被误读之注意规定辨析》，载《华东政法大学学报》2014 年第 5 期。

60. 蔡新苗：《法律拟制条款的考察》，载《兰州学刊》2007 年第 8 期。

61. 王焕婷：《保险诈骗罪共犯法条性质分析》，载《河南司法警官职业学院学报》2013

年第 1 期。

62. 刘仁文、杨学文：《帮助行为正犯化的网络语境》，载《法律科学》2017 年第 3 期。

63. 杨金彪：《分工分类与作用分类的同一——重新划分共犯类型的尝试》，载《环球法律评论》2010 年第 5 期。

64. 张铁军：《帮助信息网络犯罪活动罪的若干司法适用难题疏解》，载《中国刑事法杂志》2017 年第 6 期。

65. ［德］米夏埃尔·帕夫利克：《最近几代人所取得的最为重要的教义学进步？——评刑法中不法与责任的区分》，陈璇译，载《刑事法评论》2014 年第 2 卷。

66. 何庆仁：《"归责视野下共同犯罪的区分制与单一制"》，载《法学研究》2016 第 3 期。

67. 刘明祥：《不能用行为共同说解释我国刑法中的共同犯罪》，载《法律科学》2017 年第 1 期。

68. 孙道萃：《网络片面共同犯罪的制裁边界：兼议"快播"案》，载《浙江工商大学学报》2016 年第 4 期。

69. 谢望原：《共同犯罪成立范围与共犯转化犯之共犯认定》，载《国家检察官学院学报》2010 年第 4 期。

70. ［日］植松正：《片面的共犯否定之道标》，载《齐藤金作博士还历祝贺——现代的共犯理论》，有斐阁 1964 年版。

71. 黎宏：《共同犯罪行为共同说的合理性及其应用》，载《法学》2012 年第 11 期。

72. 吕翰岳：《互联网共同犯罪中的意思联络》，载《法学评论》2017 年第 2 期。

73. 孙道萃：《网络共同犯罪的多元挑战与有组织应对》，载《华南师范大学学报（社会科学版）》2016 第 3 期。

74. 王志远：《多元身份主体共同犯罪之定性难题及前提性批判》，载《法律科学》2010 年第 2 期。

75. ［日］大谷实：《日本刑法中正犯与共犯的区别——与中国刑法中的"共同犯罪"相比照》，王昭武译，载《法学评论》2002 第 6 期。

76. 陈洪兵：《"二人以上共同故意犯罪"的再解释——全面检讨关于共同犯罪成立条件之通说》，载《当代法学》2015 年第 4 期。

77. 邵维国：《论共同犯罪人的意思联络》，载《大连海事大学学报（社会科学版）》2003 年第 5 期。

78. 钱叶六：《我国犯罪构成体系的阶层化及共同犯罪的认定》，载《法商研究》2015 年第 2 期。

79. 赵丙贵：《共同犯罪的想象竞合犯问题》，载《中国刑事法杂志》2011 年第 6 期。

80. 柳忠卫：《中国共同犯罪立法模式的归属与选择——"双层递进式"共犯立法模式的提倡》，载《政法论丛》2017 年第 2 期。

81. 李娟：《网络语境下恐怖犯罪活动组织形式及防范——网络语境下共同犯罪组织形式的异化与防范》，载《新疆社会科学》2010 年第 5 期。

82. 赵微：《论共同犯罪"意思联络"的客观预备性》，载《武汉大学学报（哲学社会科学版）》2007 年第 6 期。

83. 周新：《秽电子信息犯罪共犯问题研究》，载《法学评论》2012 年第 3 期。

84. 李凤梅：《教唆行为：共犯行为抑或实行行为？》，载《中国刑事法杂志》2009 年第 1 期。

85. 王志远：《英美刑法共犯制度研究》，载《甘肃政法学院学报》2010 年第 5 期。

86. 陈山：《共犯之处罚根据的理论与实践》，载《四川师范大学学报（社会科学版）》2011 年第 1 期。

87. 阎二鹏：《共犯处罚根据之我见——以结果无价值为中心的思考》，载《甘肃政法学院学报》2008 年第 6 期。

88. 钱叶六：《共犯违法连带性说的合理性及其应用——基于共犯处罚根据论的探讨》，载《清华法学》2014 年第 3 期。

89. 张开骏：《共犯限制从属性说之提倡——以共犯处罚根据和共犯本质为切入点》，载《法律科学》2015年第5期。

90. 阎二鹏、吴飞飞：《帮助犯因果关系检讨——以共犯处罚根据论为视角》，载《法治研究》2012年第5期。

91. 陈洪兵：《共犯处罚根据论》，载《刑事法评论》2008年第4卷。

92. 陈璇：《客观的未遂犯处罚根据论之提倡》，载《法学研究》2011年第2期。

93. 王志远：《从参与犯处罚根据反思我国参与犯处罚条件设定》，载《法治研究》2012年第3期。

94. 李凤梅：《教唆犯处罚根据论》，载《河南师范大学学报（哲学社会科学版）》2009年第5期。

95. 张忠国：《教唆犯处罚根据之新解》，载《中国刑事法杂志》2005年第4期。

96. 江溯：《本土语境中帮助犯处罚根据新论——共同引起说之提倡》，载《江淮论坛》2015年第4期。

97. 张伟：《帮助犯概念与范畴的现代展开》，载《现代法学》2012年第4期。

98. 温登平：《以不作为参与他人的法益侵害行为的性质——兼及不作为的正犯与帮助犯的区分》，载《法学家》2016年第4期。

99. 张伟：《不作为帮助犯研究》，载《法学论坛》2013年第2期。

100. 杨兴培：《共同犯罪的正犯、帮助犯理论的反思与批评》，载《法治研究》2012年第5期。

101. 师晓东：《网络帮助犯正犯化之检讨》，载《山西高等学校社会科学学报》2016年第6期。

102. 温登平：《论帮助犯的因果关系》，载《甘肃政法学院学报》2015年第6期。

103. 蒋晓云：《论帮助犯的因果关系》，载《长白学刊》2017年第1期。

104. 刘瑞瑞：《德日不作为帮助犯犯罪构成的争议》，载《社会科学辑刊》2011年第3期。

105. 陆敏：《"帮助犯正犯化"立法实践的教义学展开》，载《山西农业大学学报（社会科学版）》2017年第5期。

106. 李民、高凤立：《必要帮助犯之主犯化——以网络涉枪犯罪中提供"交易平台"和"技术信息"为例》，载《大连海事大学学报（社会科学版）》2015年第3期。

107. 孙晶晶：《论帮助犯的成立界限》，载《江西警察学院学报》2015年第1期。

108. 于冲：《帮助行为正犯化的类型研究与入罪化思路》，载《政法论坛》2016年第4期。

109. 阎二鹏：《法教义学视角下帮助行为正犯化的省思》，载《社会科学辑刊》2016年第4期。

110. 于冲：《网络犯罪帮助行为正犯化的规范解读与理论省思》，载《中国刑事法杂志》2017年第1期。

111. 郭旨龙：《网络犯罪共犯行为的正犯化与定量评价》，载《科技与法律》2014年第6期。

112. 王爱鲜：《帮助行为正犯化视野下的帮助信息网络犯罪活动罪研究》，载《河南大学学报（社会科学版）》2017年第2期。

113. 阎二鹏：《预备行为实行化的法教义学审视与重构》，载《法商研究》2016年第5期。

114. 丁瑶：《论非法利用信息网络罪的预备行为实行化》，载《武汉交通职业学院学报》2016年第5期。

115. 商浩文：《预备行为实行化的罪名体系与司法限缩》，载《法学评论》2017年第6期。

116. 郑伟：《预备行为实行化问题研究》，载《浙江万里学院学报》2016年第3期。

117. 刘艳红：《网络中立帮助行为可罚性的流变及批判》，载《法学评论》2016年第

5 期。

118. 曹波:《中立帮助行为刑事可罚性研究》,载《国家检察官学院学报》2016 年第 6 期。

119. 张伟:《中立帮助行为探微》,载《中国刑事法杂志》2010 年第 5 期。

120. 马荣春:《中立帮助行为及其过当》,载《东方法学》2017 年第 2 期。

121. 付玉明:《论刑法中的中立帮助行为》,载《法学杂志》2017 年第 10 期。

122. 李灿:《风险社会背景下中立帮助行为可罚性探究》,载《东南大学学报(哲学社会科学版)》2016 年第 6 期。

123. 陈伟、谢可君:《网络中立帮助行为处罚范围的限定》,载《法治论丛》2018 年第 1 期。

124. 纪康:《网络犯罪中立帮助行为的认定》,载《安徽警官职业学院学报》2017 年第 2 期。

125. 姚万勤:《中立的帮助行为与客观归责理论》,载《法学家》2017 年第 6 期。

126. 杜文俊、陈洪兵:《从判例切入审视亲属窝藏罪的处罚边界——以中立的帮助行为论为视角》,载《贵州警官职业学院学报》2008 年第 5 期。

127. 郭玮:《中立的帮助行为司法犯罪化的标准探讨》,载《西部法学评论》2018 年第 1 期。

128. 刘科:《帮助信息网络犯罪活动罪探析》,载《知识产权》2015 年第 12 期。

129. 花岳亮:《帮助信息网络犯罪活动罪中"明知"的理解适用》,载《预防青少年犯罪研究》2016 年第 2 期。

130. 张勇、王杰:《帮助信息网络犯罪活动罪的"从犯主犯化"及共犯责任》,载《法治论丛》2017 年第 1 期。

131. 王兵兵:《"共犯正犯化"立法质疑——以帮助信息网络犯罪活动罪的增设为视角》,载《苏州大学学报(法学版)》2017 年第 1 期。

132. 李冠煜、吕明利:《帮助信息网络犯罪活动罪司法适用问题研究》,载《河南财经政法大学学报》2017 年第 2 期。

133. 赵娟:《网络犯罪帮助行为正犯化相关问题研究》,载《四川警察学院学报》2017 年第 6 期。

134. 刘宪权、房慧颖:《帮助信息网络犯罪活动罪的认定疑难》,载《人民检察》2017 年第 10 期。

135. 吴炜佳:《帮助信息网络犯罪活动罪司法适用状况研究》,载《哈尔滨师范大学社会科学学报》2018 年第 1 期。

136. 邵栋豪:《法律拟制及其刑法视域的中国检讨》,载《刑法论丛》2009 年第 1 卷。

137. 刘宪权、李振林:《论刑法中法律拟制的法理基础》,载《苏州大学学报(哲学社会科学版)》2014 年第 2 期。

138. 苏彩霞:《法律拟制的功能评价与运用规则》,载《法学家》2011 年第 6 期。

139. 周东平、武胜:《我国历代刑法中的法定拟制综论》,载《当代法学》2010 年第 5 期。

140. 赵春玉:《相似构成要件的等同评价:刑法中拟制的对象》,载《法制与社会发展》2013 年第 4 期。

141. 赵春玉:《刑法中拟制规定与准用规定之别》,载《法商研究》2016 年第 4 期。

142. 杜文俊:《以故意伤害罪、故意杀人罪论处的规定应属法律拟制》,载《河南社会科学》2011 年第 6 期。

143. 利子平、詹红星:《转化型故意杀人罪立论之质疑》,载《法学》2006 年第 5 期。

144. 吴学斌:《我国刑法分则中的注意规定与法定拟制》,载《法商研究》2004 年第 5 期。

145. 李振林:《刑法中被误读之注意规定辨析》,载《华东政法大学学报》2014 年第 5 期。

146. 李凤梅:《刑法立法拟制研究》,载《北京师范大学学报(社会科学版)》2013 年第

4 期。

147. 刘艳红：《转化型抢劫罪前提条件范围的实质解释》，载《刑法论丛》2008 年第
1 卷。

三、法典翻译

1. 《意大利刑法典》，黄风译，中国政法大学出版社 1998 年版。

2. 《德国刑法典》，徐久生、庄敬华译，中国方正出版社 2004 年版。

3. 《奥地利联邦共和国刑法典》，徐久生译，中国方正出版社 2004 年版。

4. 《捷克刑法典》，陈志军译，中国人民公安大学出版社 2011 年版。

5. 《斯洛伐克刑法典》，陈志军译，中国人民公安大学出版社 2011 年版。

6. 《波兰刑法典》，陈志军译，中国人民公安大学出版社 2009 年版。

7. 《巴西刑法典》，陈志军译，中国人民公安大学出版社 2009 年版。

8. 《冰岛刑法典》，陈志军译，中国人民公安大学出版社 2009 年版。

9. 《西班牙刑法典》，潘灯译，中国检察出版社 2015 年版。

10. 《白俄罗斯共和国刑法典》，陈志军译，中国政法大学出版社 2016 年版。

11. 《俄罗斯联邦刑事法典》，赵路译，中国人民公安大学出版社 2009 年版。

12. 《菲律宾刑法典》，陈志军译，中国人民公安大学出版社 2007 年版。

13. 《智利刑法典》，陈志军译，中国政法大学出版社 2015 年版。

14. 《俄罗斯联邦刑法典》，黄道秀译，中国法制出版社 2004 年版。

15. 《阿尔巴尼亚共和国刑法典》，陈志军译，中国人民公安大学出版社 2011 年版。

16. 《塔吉克斯坦共和国刑法典》，徐玲等译，中国人民公安大学出版社 2015 年版。

17. 《大洋洲十国刑法典（下册）》，于志刚、李洪磊译，中国方正出版社 2009 年版。

18. 《越南刑法典》，米良译，中国人民公安大学出版社 2005 年版。

19. 《黑山刑法典》，王立志译，中国人民公安大学出版社 2012 年版。

20. 《科索沃地区刑法典》，汤海军、徐留成译，中国人民公安大学出版社 2011 年版。

图书在版编目(CIP)数据

中国刑法帮助犯理论体系研究/黄丽勤著.—上海：上海三联书店，2024.8
ISBN 978-7-5426-7681-8

Ⅰ.①中…　Ⅱ.①黄…　Ⅲ.①刑法－研究－中国
Ⅳ.①D924.04

中国版本图书馆 CIP 数据核字(2022)第 032233 号

中国刑法帮助犯理论体系研究

著　　者 / 黄丽勤

责任编辑 / 宋寅悦
装帧设计 / 一本好书
监　　制 / 姚　军
责任校对 / 王凌霄

出版发行 / 上海三联书店
　　　　　(200041)中国上海市静安区威海路 755 号 30 楼
邮　　箱 / sdxsanlian@sina.com
联系电话 / 编辑部：021-22895517
　　　　　发行部：021-22895559
印　　刷 / 上海惠敦印务科技有限公司

版　　次 / 2024 年 8 月第 1 版
印　　次 / 2024 年 8 月第 1 次印刷
开　　本 / 710mm×1000mm　1/16
字　　数 / 360 千字
印　　张 / 20.5
书　　号 / ISBN 978-7-5426-7681-8/D·531
定　　价 / 108.00 元

敬启读者,如发现本书有印装质量问题,请与印刷厂联系 021-63779028